CONTENTS

＊表紙写真：多和平キャンプ場

北海道ドライブNAVI

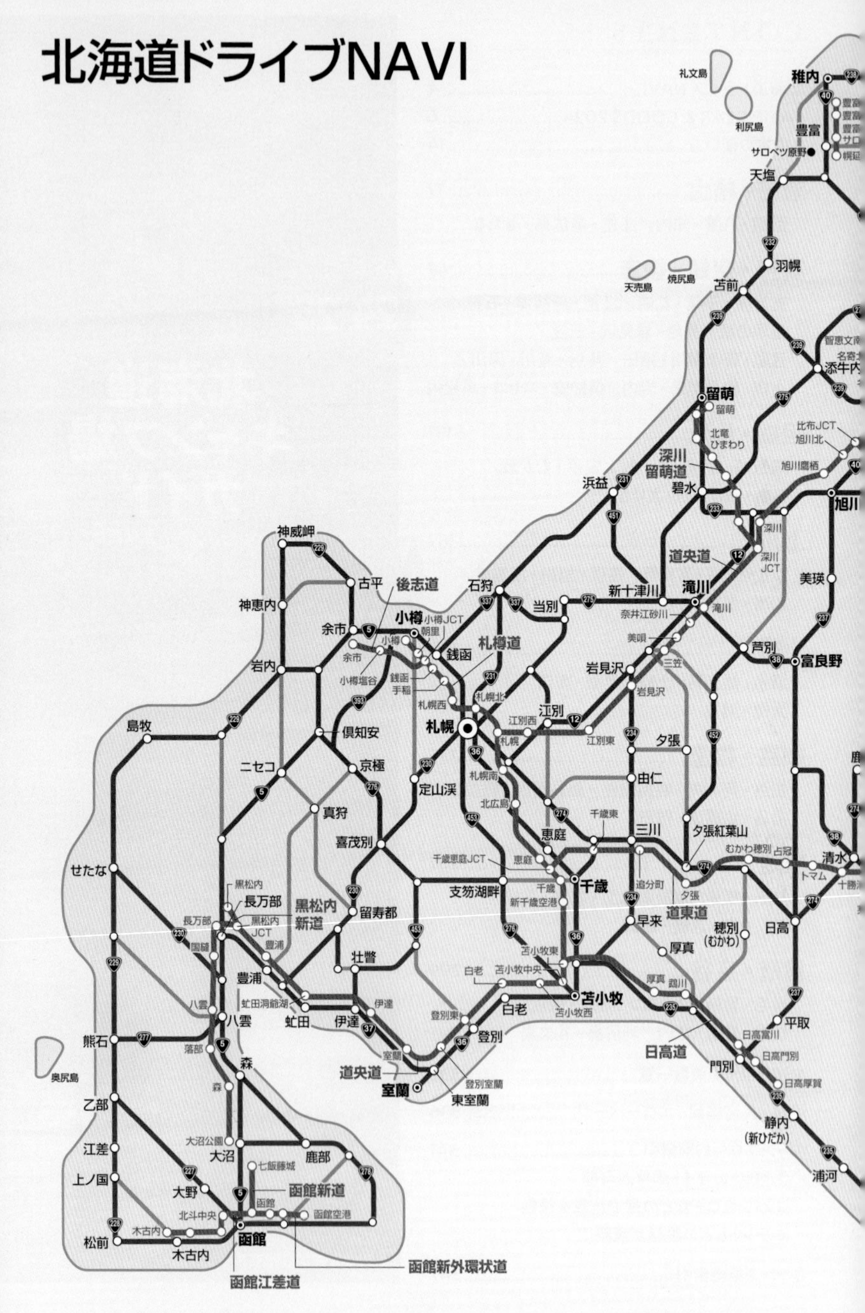

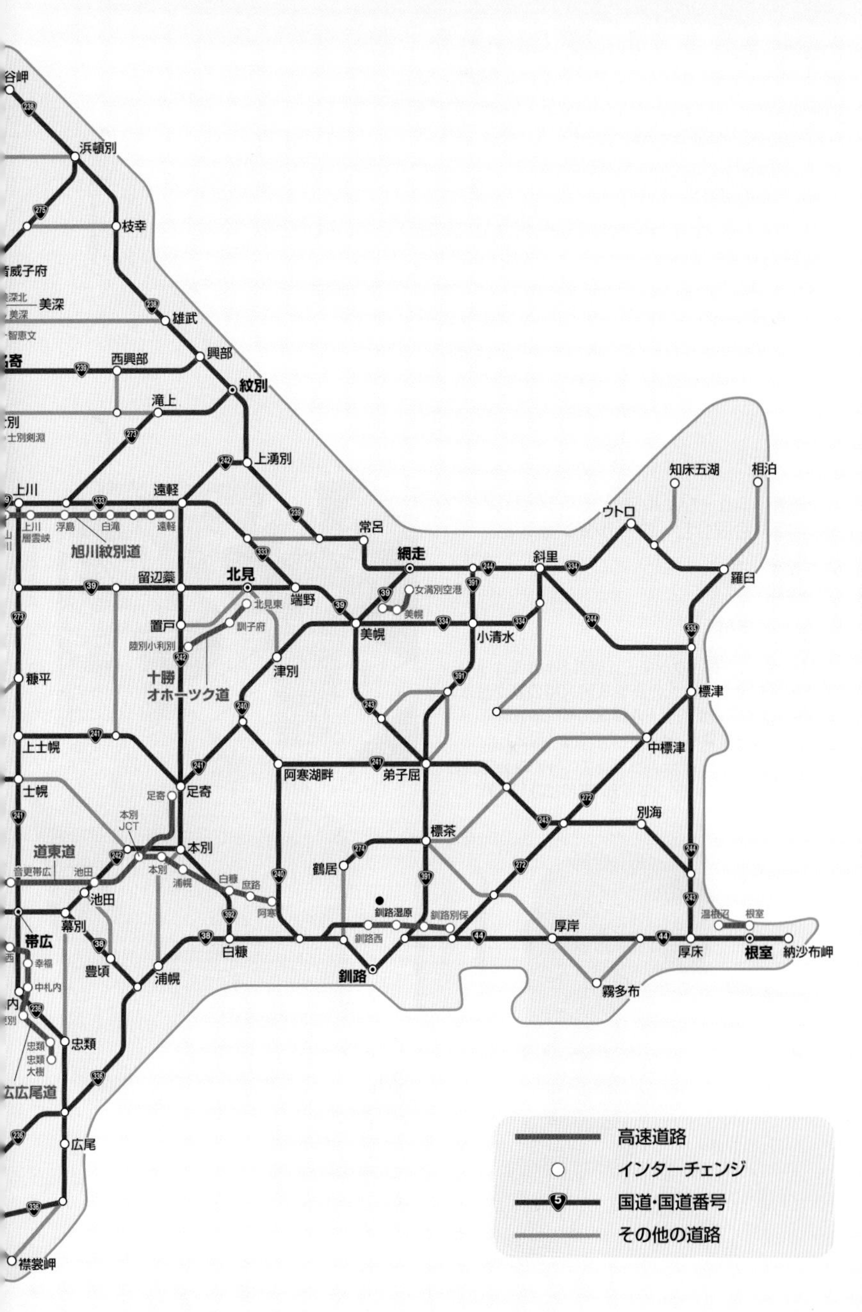

浜頓別
枝幸
美深
雄武
興部
西興部
紋別
滝上
上湧別
上川
遠軽
上川
層雲峡
浮島
白滝
遠軽
旭川紋別道
常呂
網走
留辺蘂
北見
端野
北見東
女満別空港
美幌
置戸
訓子府
陸別小利別
美幌
小清水
津別
十勝
オホーツク道
糠平
斜里
ウトロ
知床五湖
相泊
羅臼
標津
中標津
上士幌
阿寒湖畔
弟子屈
士幌
足寄
足寄
本別
JCT
本別
道東道
音更帯広
池田
池田
本別
浦幌
白糠
庶路
阿寒
標茶
別海
鶴居
釧路湿原
釧路別保
釧路西
幕別
帯広
豊頃
浦幌
白糠
釧路
厚岸
厚床
根室
納沙布岬
温根沼
根室
霧多布
幸福
中札内
忠類
忠類
大樹
忠類
広尾
襟裳岬
高速道路
インターチェンジ
国道・国道番号
その他の道路

CAMP GEAR & GOODS 2024

15アイテムを計28名の読者にプレゼント!

アウトドアメーカーやアウトドアショップなどが
セレクトしてくれた人気のキャンプ・ギアや
キャンプのお供が勢ぞろい。応募しない手はありませんぞ。

1 ニューウェルブランズ・ジャパン合同会社　コールマン事業部／コンパクトアルコールバーナー&クッカーセット

1名様

バーナー、五徳、クッカー、燃料ボトルをキャリーケースにセット。火力調整＆消火用の蓋が付き、300mlサイズの燃料ボトルは連泊利用にも対応。
＊メーカー希望小売価格：9,990円（税込）
☆問合先：ニューウェルブランズ・ジャパン合同会社
コールマン事業部 ☎(0120) 111-957

2 ダーラム／トナカイファー（S）
★秀岳荘提供

1名様

北欧の先住民族が放牧するトナカイの毛皮を使用。保温性が高く、現地では日用品として流通する。冬キャンプでチェアに敷くのはもちろん、インテリアとしても人気。サイズは40㎝×40㎝（個体差あり）
＊メーカー希望小売価格：9,350円（税込）

☆問合先：秀岳荘白石店 ☎(011)860-1111
☆店頭販売価格は店舗までお問い合わせください

3 ゼインアーツ／OZ HANGER（オズハンガー）
★秀岳荘提供

1名様

軽量なアルミ製ポールを採用したランタンハンガー。140㎝と170㎝の２段階に調整でき、セッティングも簡単。シンプルなデザインだけに、どんなランタンにもマッチする。専用ケース付き。
＊メーカー希望小売価格：8,338円（税込）

☆問合先：秀岳荘白石店 ☎(011)860-1111
☆店頭販売価格は店舗までお問い合わせください

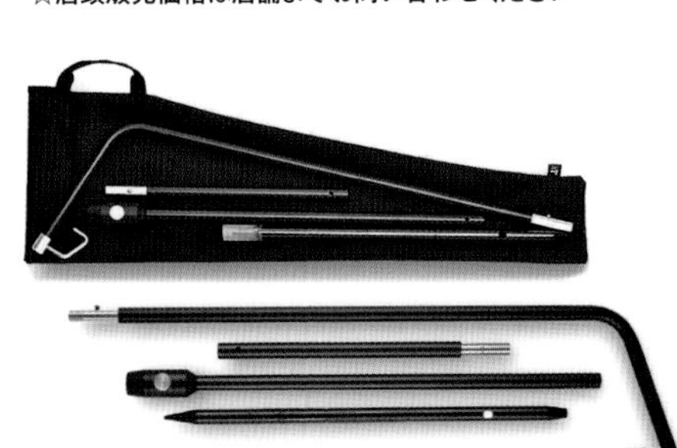

4 ゼインアーツ／スタッキングタンブラー（ブラック）
★秀岳荘提供

1名様

スマートに収納ができるスタッキング（重ね収納）仕様の真空断熱タンブラー。最大６個まで重ねられるので、省スペース化で快適に。
＊メーカー希望小売価格：1,320円（税込）

☆問合先：秀岳荘白石店 ☎(011)860-1111
☆店頭販売価格は店舗までお問い合わせください

5 フジ本 芳川商会／サンドキャンドル
★秀岳荘提供

2名様

４色ある砂状のロウを自由にガラス瓶に詰めて作るキャンドル作成キット（２個セット）。蚊の嫌がるシトロネラの香りで防虫効果も。
＊在庫分のみにつき特価提供：1,980円（税込）

☆問合先：秀岳荘白石店 ☎(011)860-1111

6 ユニフレーム／インスタントスモーカー 進誠産業／スモークチップ（サクラ）

★秀岳荘提供

１名様にセットで

【インスタントスモーカー】高めの温度で作る燻製に向く、初心者でも気軽に楽しめるスモーカー。チーズなど小さめの食材に最適だ。
＊メーカー希望小売価格：6,600円（税込）

【スモークチップ】天然木100％の高品質スモークチップ。サクラは肉類のスモークにおすすめ。
＊メーカー希望小売価格：470円（税込）

☆問合先：秀岳荘白石店 ☎(011) 860-1111
☆店頭販売価格は店舗までお問い合わせください

7 SOTO・新富士バーナー／ステンレスヘビーポット GORA（ゴーラ）

１名様

重厚なポット＆リッドの３種（大・中・小）セット。３種重ねてステンレスダッチオーブン10インチにピッタリ収納。リッドはお皿、鍋敷きにも使える。ＩＨ電磁調理器対応。
＊メーカー希望小売価格：19,800円（税込）

☆問合先：新富士バーナー ☎(0533) 75-5000

8 トリパスプロダクツ／GURU GURU FIRE(S)

1名様

工具不要で組み立てられる視覚で楽しむ焚き火台。コンパクトに収納でき、ケースが灰受けと薪おき台に。鹿のツノ状のパーツはケトルや鍋などを吊り下げられる強度を持つ。
＊メーカー希望小売価格：20,680円（税込）

☆問合先：トリパス ☎(0133)73-8585

9 トリパスプロダクツ／UCHIWA(WHITE)

1名様

見た目にも涼しげなメタル仕様のうちわ。暑さをしのぐだけでなく、アルミ素材だから火の周りで使っても安心。持ち手には木材を使い、柄の先がフック状なのでぶら下げての収納もOK。
＊メーカー希望小売価格：3,850円（税込）

☆問合先：トリパス ☎(0133)73-8585

10 ユニフレーム／スキレット 7インチ

1名様

透明シリコーン焼付け塗装鉄3.2㎜厚を使用した、ソロキャンパー向きの本格スキレット。炒め物はもちろん、付属のフタを使えばロースト、揚げ物、ピザまで調理できる万能さが魅力。
＊メーカー希望小売価格：5,940円（税込）

☆問合先：新越ワークス
東京営業所
☎(03) 3264-8311

11 ユニフレーム／薪グリル solo

1名様

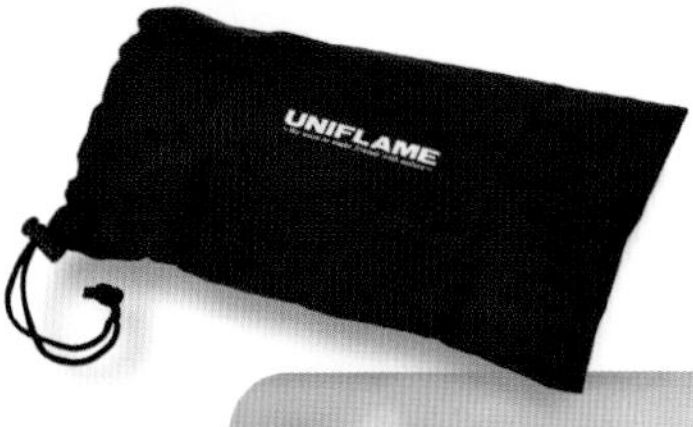

小さいながらも本格的な料理や焚き火が楽しめる、かまど型のステンレス製焚き火台。安定感あるヘビーなゴトクを使いながらコンパクトに収納でき、ソロキャンパーにぴったり。
＊メーカー希望小売価格：6,600円（税込）

☆問合先：新越ワークス 東京営業所 ☎(03) 3264-8311

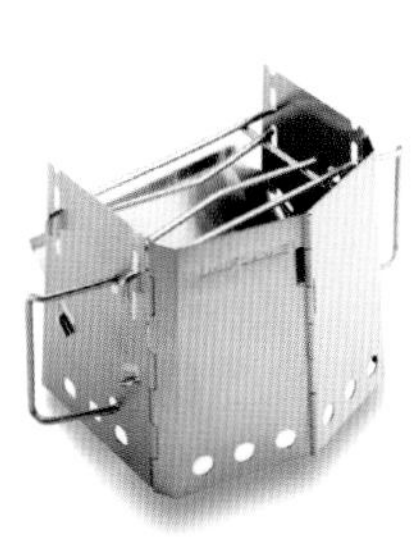

※写真の羽釜と鉄板は別売り

12 サッポロビール／
サッポロ生ビール黒ラベル
（350mℓ×6缶パック）

4名様

生のうまさにこだわり、味や香りを新鮮に保つ「旨さ長持ち麦芽」を使用。何杯飲んでも飲み飽きない、ビール好きの大人のためのビール。
＊メーカー希望小売価格：オープン価格

☆問合先：サッポロビールお客様センター
☎(0120) 207-800

13 ソラチ／
ソラチのたれ
スペシャルセット

5名様

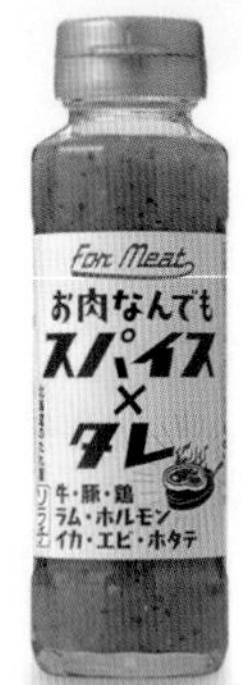

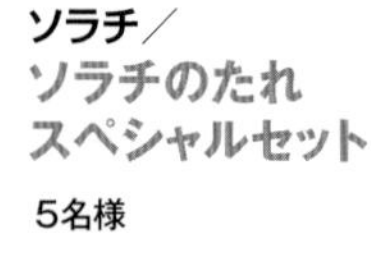

左から定番の「十勝豚丼のたれ」とスパイスの風味とたれの旨味が魅力の「お肉なんでもスパイス×タレ」、お店と同じ味わいの「成吉思汗大黒屋ジンギスカンのたれ」、「北海道の味 三升漬入り焼肉のたれ」を収めたスペシャルセット。
＊メーカー希望小売価格：各オープン価格

☆問合先：ソラチ☎(011) 871-2911

14

亜璃西社／
改訂版 さっぽろ野鳥観察手帖

3名様

「写真集のような図鑑」と愛鳥家の支持を受け、累計１万部を突破した入門者向けの識別ガイドが初の改訂！ 札幌で近年よく見られるようになった「ダイサギ」を増補。リビングでバードウォッチング感覚が楽しめる都市型図鑑最新版。
＊定価：2,200円（税込）

15

亜璃西社／
新装版
知りたい北海道の木100

3名様

散歩でよく見かける近所の街路や公園、庭の木から基本100種をセレクト。豊富な写真を使って特徴から名前の由来までを解説した、身近な木の名前を覚えたいあなたのための入門図鑑。
＊定価：1,980円（税込）

応 募 方 法

本書挟み込みの愛読者カードのアンケートにお答えの上、プレゼント欄の商品から、第１希望の商品に○印、第２希望の商品に△印を記入し、63円切手を貼ってご応募ください。締め切りは、2024年10月31日（当日消印有効）です。当選者はアンケートにお答えくださった方の中から抽選で決定いたします。なお、当選者の発表は、発送をもって代えさせていただきます。

この本の使い方

本書は、北海道にあるキャンプ施設の大半と思われる、383カ所を掲載しています。その中には、立派な設備が整った所もあれば、必要最小限しかない所もあります。

しかし、設備の優劣がキャンプ場の価値を決めるわけではありません。周辺の自然環境に価値を置く人もいれば、静けさを最上とする人もいるはずです。

そこで、本書ではあえて星印などで評価をせず、代わりに細かなデータと解説に重きをおいています。そうすることで、どこが自分に最も適したキャンプ場かを、読者自身が選べるようにしました。

読者のみなさんから星印の評価を望む声もいただきますが、このような編集方針から、本書ではあえてランク付けをしていません。

❖キャンプ場の配列は旧支庁区分を基準に

これまで北海道は、14の支庁に行政区分されていましたが、2010年4月より名称が総合振興局・振興局に改められました。とはいえ、「網走」支庁が「オホーツク」総合振興局に変更された以外は、これまでの支庁名が継承されています（ただし、幌延町が留萌から宗谷へ、幌加内町は空知から上川へ移管）。

しかし、長年にわたって道民に親しまれてきた支庁区分は、今も生活の中に息づいています。そこで本書は、旧来の行政区分名を生かしながら、南から北へ配列しました。具体的な区分けは下図の通りです。また、4·5ページには「北海道ドライブNAVI」として道内ルートマップを掲載しました。

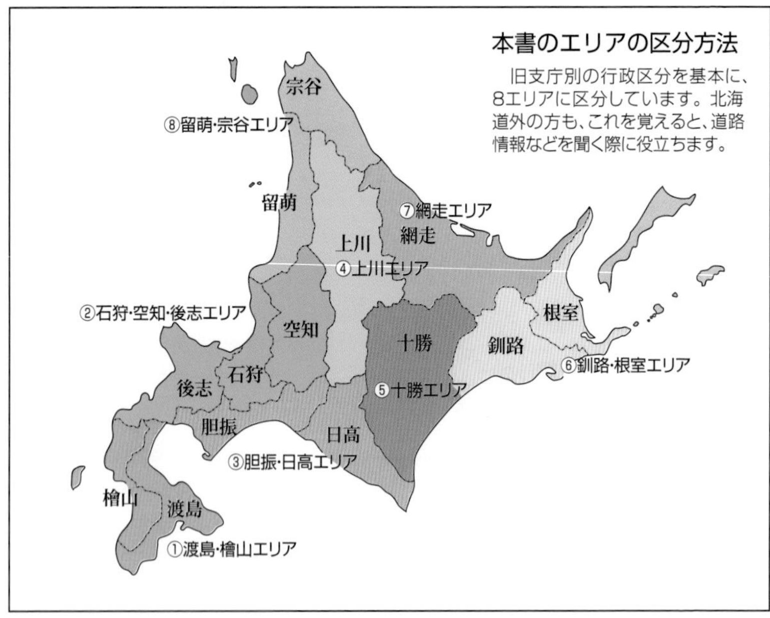

❖ガイド本文の構成内容

ガイド部分は、1ページ単位での紹介を基本としていますが、ページ数の都合で2分の1や3分の2、3分の1ページ扱いで紹介した施設もあります。しかし、扱いの大小が施設の評価を表しているわけではありません。

◆1ページ扱いのキャンプ場

施設名の左に開設期間を表示しました。開設期間右の QRマップ のQRコードをスマートフォンなどで読み取ると、その施設のGoogleマップが表示されます。*

施設名下のアイコンは、場内外の主な施設や特徴、禁止事項を示しています(詳細は後述)。また、施設名の前に各エリアマップに掲載した施設の番号を、後にはファミリー向きと思われる施設に マークを、テントサイトに二輪車を持ち込める施設に マークを、さらに新たに掲載した施設には NEW マークをつけました。

解説本文では、最初に MAPCODE® マップコードを掲載しました。これは、各キャンプ場の位置を数字に置き換えたもので、施設ごとに個別のマップコードが設定されています。

マップコード対応のカーナビなら、入力画面から数字を入れるだけで、目的地を設定できます。機種によっては対応しないものもありますが、パソコンや携帯のマップコード対応地図サイト「マピオン」で利用可能です。

データ欄の施設利用時間は IN がチェックイン、OUT はチェックアウトの時間を表しています。下段には、キャンプ場への順路を示したルート解説、さらに場内の様子がわかるレイアウト図（図内のアイコン解説は後述）も掲載しています。また、欄外上段には予約方法などの特記事項、下段には 買い物 のアイコン以下に、食料品の買い出しに役立つ各施設の買い物情報を掲載しました。

◆1ページに満たない扱いのキャンプ場

この扱いのキャンプ場・適地については、QRコードや場内レイアウト図、ルート解説などを割愛しました。

❖アイコンの利用方法

本書では、前述のアイコンを使って、キャンパー（読者）の利便性を図りました。

【1】キャンプ場名下のアイコン

青のアイコンは、キャンプ場内の施設・設備、利用条件、周辺の施設や自然環境で楽しめる要素を表しています。ただし、すべてを表示できないため、一部省略しています。

場内の施設・設備については、後述の場内レイアウト図(1ページ扱いの施設のみ掲示)で表示するため、ここでは宿泊施設の有無、オートキャンプの可否、水洗トイレの有無を中心に表示。温泉については5km以内にある場合、施設駐車場での車中泊は有料・無料に関わらず可能な場合、Wi-Fiは場内等で利用できる場合、焚き火台についてはサイトで使用できる場合に、それぞれ表示しました。また釣りについては、可能の表示があっても、河川湖沼の場合は魚種により禁漁期間があるので、ご注意ください。

赤のアイコンは、禁止事項を表しています。焚き火台禁止の表示は、地面の上で火を使う直火行為も含めた禁止を意味します。ファイヤーサークルなどがあれば、そこで焚き火が可能ですし、サイト内でも足の付いた焚き火台など、芝生に影響を与えない器具を使えば、焚き火を楽しめる施設が増えています。花火については、ロケット花火など打ち上げ式のみ禁止の所が大半ですが、全面禁止の場合もあるので確認を。カヌー禁止の場合は、場内

＊動作環境により正確に表示されない場合があります

への持込も禁止されています。また、グレーのアイコンは条件付きで利用できることを意味し、詳細は本文や欄外で説明しています。

【2】場内レイアウト図のアイコン

図内のアイコンは、基本的にそのキャンプ場内の施設・設備と北の方位を表しています。ただし、場合によっては隣接の施設・設備も表示しました。このうち炊事炉の表示は、バーベキューハウスも含み、テーブル・ベンチについては、野外炉表示と並列する場合のみ、野外卓に炉が付いたものを表します。また、施設の数が多い場合、アイコンを記号化して表示し、例はその都度図内に示しました。

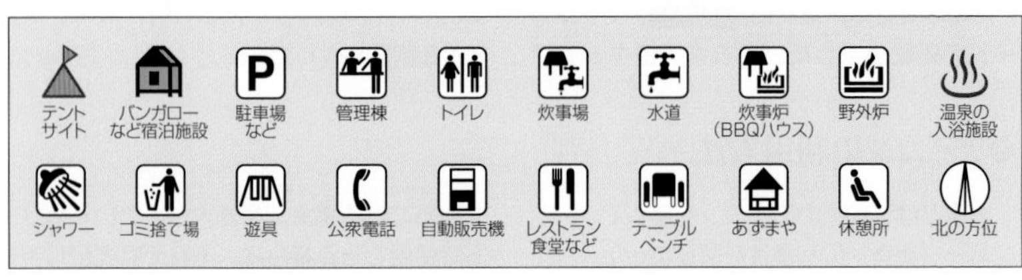

❖役立つコラムや温泉情報も掲載

本書掲載のキャンプ場の目次は、各エリアの最初に掲載された「エリアマップ」に併記しました。キャンプ場名がわかっている場合は、巻末の総索引を使うと便利です。

また、エリアマップに続いて、該当エリアの「立ち寄りスポット」を紹介。ご当地グルメを中心に、旅に役立つ情報を網羅しました。さらに巻末には「ラジオ周波数一覧表」や、「温泉・入浴施設イエローページ」などを掲載。簡易な温泉ガイドとしても利用可能です。

そのほか、キャンプで役立つ知識や読み物、エリア情報など、アウトドアに関するさまざまな情報をコラム形式で掲載しています。ぜひ、ご一読ください。

＊この本に掲載したすべてのデータは、2024（令和6）年2月上旬現在のものです。不確定のデータは予定としていますのでご了承ください。また、掲載施設を利用する際は、必ず事前に最新の運営状況を電話等で確認してからお出掛けください。

※新型コロナウイルス感染症の拡大状況により、掲載施設の運営内容に急な変更が生じる可能性があります。利用の際は事前に、各施設の開設状況を確認してからお出掛けください。

夷王山キャンプ場

渡島

函館・八雲・知内

檜山

江差・奥尻島・せたな

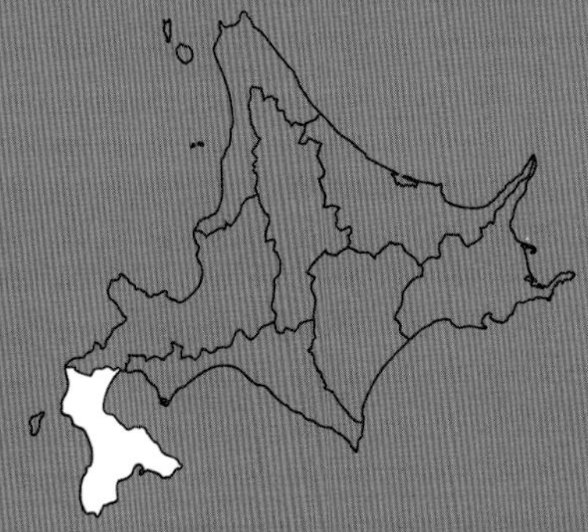

渡島・檜山エリア CONTENTS＆MAP

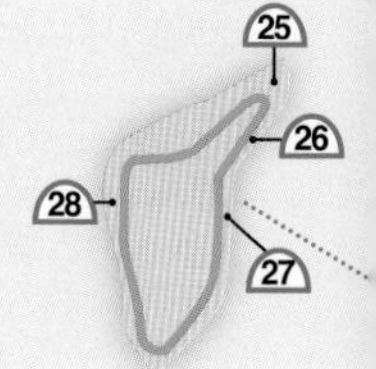

長万部IC
長万部
16
31
29
30
瀬棚
北檜山
230
33
32
15
大成
八雲
277
6
7
熊石
伊達
室蘭
もり
さわら
5
森
18
しかべ
14
13
5
大沼公園IC
12
南かやべ
278
元和台
あっさぶ
227
4
ななえ
11
七飯藤城IC
江差
23
24
22
江差
10
函館IC
上ノ国
赤川IC
9
3
函館空港IC
21
北斗
茂辺地IC
1
2
函館
8
木古内IC
えさん
きこない
228
木古内
19
17
しりうち
20
松前
ふくしま
松前
30km
229
37
276
230
453

渡島･檜山エリアの立ち寄りスポット

好みのネタを選べる勝手丼が人気！

海鮮味処 すずや食堂

かいせんあじどころ すずやしょくどう

函館朝市にある、海鮮物卸問屋直営の海鮮食堂。北海道産を中心とした新鮮魚介を、「勝手丼」1,870円などの海鮮丼や種類豊富な定食で味わえる。併設の海産物店では活イカ釣りを楽しむことも！【DATA】住所：函館市若松町10-4　電話：0138-26-9695　営業：6:00～14:00（13:30LO、10～4月は6:30～）定休：なし　P：函館朝市駐車場、駅前駐車場、提携駐車場を利用（2,200円以上の利用で60分無料）

国宝「中空土偶」を常設展示

函館市縄文文化交流センター

はこだてしじょうもんぶんかこうりゅうせんたー

道の駅を併設した、国宝「中空土偶」を常設展示する博物館施設。南茅部縄文遺跡群の出土品を中心に、様々な土器や石器などを展示する。常時楽しめる縄文体験メニューも用意。【DATA】住所：函館市臼尻町551-1　電話：0138-25-2030　営業：9:00～17:00（11／1～3／31は～16:30）　定休：月曜（祝日の場合は翌平日）、毎月最終金曜、年末年始　入館料：一般300円　P：33台

函館市民が愛するご当地バーガーチェーン

ラッキーピエロ 峠下総本店

らっきーぴえろ とうげしたそうほんてん

函館を中心に17店舗を展開。同店はそのなかでも席数208席と最大規模のテーマパークレストランで、店内の様々な所に鳥や動物のモチーフが配されている。鶏唐揚げを挟んだチャイニーズチキンバーガー420円（税別）など個性派バーガーほか、オムライスやカレーなどメニューは多彩。【DATA】住所：亀田郡七飯町峠下337-11　電話：0138-66-6566　営業：10:00～22:00　定休：なし　P：145台

こだわりの道産牛ハンバーグを堪能！

レストラン ケルン

れすとらん けるん

道央道・大沼公園ICから約2kmの場所にある、1984年創業の人気レストラン。道産牛の肩ロースや和牛切り落とし、牛脂などを使う粗挽きハンバーグは肉汁＆うま味たっぷりだ。18種のハンバーグほか、ステーキやカレー、ドリアなど豊富なメニューが揃う。【DATA】住所：茅部郡森町赤井川106-5　電話：01374-5-2837　営業：11:30～18:00（土・日曜・祝日は～19:30）　定休：月曜（祝日の場合は翌日）　P：40台

新鮮ミルクのなめらかアイス

エルフィン・元山牧場牛乳

えるふぃん・もとやまぼくじょうぎゅうにゅう

北海道における近代酪農発祥の地・八雲町で４代続く元山牧場の直営店。搾りたて牛乳の味わいを生かした舌触りなめらかな手作りアイスのほか、４～10月にはすっきりとした後味のソフトクリームも味わえる。低温殺菌のノンホモ牛乳もぜひ！【DATA】住所：二海郡八雲町浜松366-10　電話：0137-62-2078　営業：10:00～18:00（11～３月は～17：00）定休：不定　Ｐ：15台

松前が誇る高級魚介を満喫！

和風レストラン 浦里

わふうれすとらん うらさと

松前で水揚げされる本マグロやエゾアワビなどの高級魚介を、多彩な料理で味わえる。店主が元力士ということもあり、味はもちろん盛りの良さも魅力大。「鮑ご飯定食」1,870円などの各種定食ほか、海の幸満載の「松前ラーメン」1,100円や「丼ぶりからはみでる穴子天丼」1,000円も人気。【DATA】住所：松前郡松前町福山195　電話:0139-42-2158　営業：11:00～14:00　定休：日曜　Ｐ：約20台

看板メニューは店主自ら水揚げしたウニ

手造り工房 北の岬さくらばな

てづくりこうぼう きたのみさきさくらばな

漁師の店主自ら水揚げした新鮮なウニを看板に、アワビが丸ごと１個入ったなべつるカレーなど島の海の幸が味わえる。うに丼定食をはじめ、その場で焼いて食べられる活アワビやホヤなどは、どれも新鮮で風味豊か。手作りの魚介類の加工品も見逃せない。【DATA】住所：奥尻郡奥尻町字稲穂108　電話：01397-2-3630　営業：8:00～17:00　定休：なし（10～３月は休業）　Ｐ：20台

鮮度抜群のぷりぷりホタテを直売

漁師の直売店 斉藤漁業

りょうしのちょくばいてん さいとうぎょぎょう

三本杉海水浴場（ｐ46）から寿都方面へ車で５分ほどの、国道229号沿いにある直売店。ホタテや活ヒラメ、エゾアワビなど、前浜で揚がった新鮮魚介が揃う。４月下旬から10月末までは、購入した魚介を店頭でさばいてもらい、食事処で味わうことも可能だ。【DATA】住所：久遠郡せたな町瀬棚区元浦930　電話：0137-87-3788　営業：10:00～16:00前後　定休：不定（食堂は11～３月休業）　Ｐ：５台

※予約制（利用２カ月前の月の１日より電話・公式サイトで受付、ただし４・５月分のみ３月１日より受付開始。キャンセル料あり）
※繁忙期は20:00にチェックイン延長 ※ペット同伴はキャンピングカーサイトと一部キャビン以外不可 ※Wi-Fi環境はセンター棟内

期間	QRマップ
4月20日 ▼ 10月末	

MAP 1
はこだておーときゃんぷじょう
はこだてオートキャンプ場

☎0138-58-4880
函館市白石町208
◎問合先／㈱マルゼンシステムズ ☎ 26-9335

MAPCODE® 582 303 496＊78

予約　可（詳細は欄外参照）
フリーテントサイト　持込テント１張2,500円50張（バイク利用者は500円）
オートサイト　スタンダードカーサイトＡ：１区画4,000円22区画（設備なし）／同Ｂ：１区画5,000円18区画（電源・上下水道付）／キャンピングカーサイト：1区画6,000円10区画（電源・上下水道付、ペットの同伴可）
宿泊施設　キャビンＡ：４人用１棟10,000円４棟／キャビンＢ：６人用12,000円４棟、浴室付６人用14,000円２棟（内１棟は車イス対応型）
貸用具　寝袋など各種有料で
管理人　24時間駐在
施設利用時間　IN 13:00～17:00　OUT 8:00～11:00
施設・設備　サニタリーハウス（炊事場・水洗トイレ・ランドリー）３棟、センター棟
Ⓟ　86台（フリーサイト用）
温泉　大盛湯（大人490円、8:00～21:00、水曜休）ほか、湯の川温泉まで約10km
MEMO　ゲートは、22:00～翌7:00まで閉鎖となる

木々に包まれた場内のスタンダードカーサイト（左下はサイトＢの流し台）

林間部分もあるフリーサイト

トイレ・流しを完備するキャビン

道南観光にも便利な本格オートキャンプ場

丘の上に広がる白石公園内のオートキャンプ場。フリーサイトやキャビンもあって幅広い層に対応、函館市街にも近く道南観光の拠点に最適だ。花火は指定場所で手持ち式のみ可。当日の宿泊利用は、時間帯により受付不可の場合も。

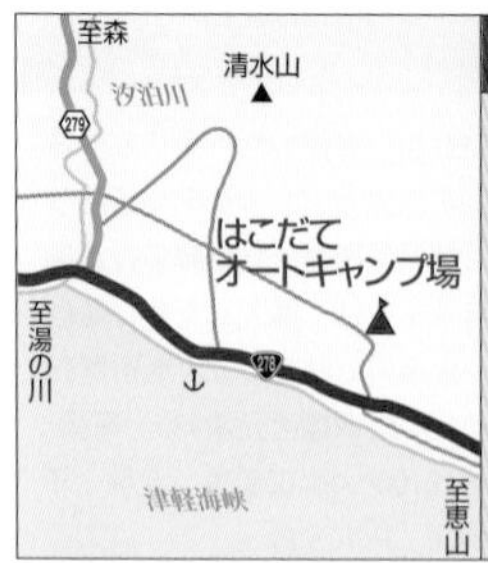

ROUTE

ＪＲはこだて駅前から国道278号で恵山岬方面に進む。函館市街から約17km、旧戸井町エリアに入って約400m先を左折。畑に囲まれた農道を函館市街方向に約1km進むと、右手のゆるやかな斜面にキャンプ場が広がる。

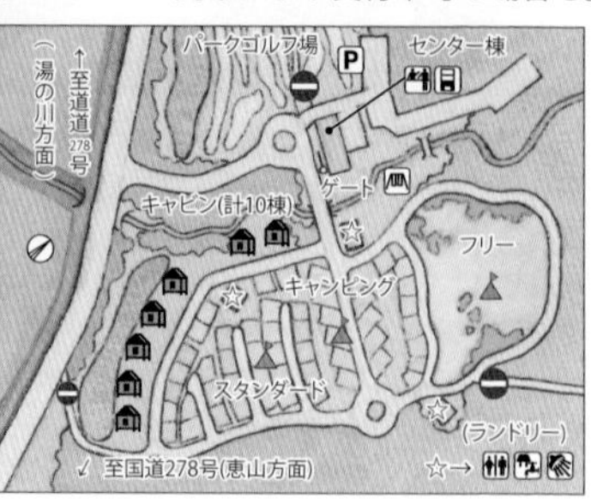

買い物　函館市小安町のセイコーマートまで約4km

※予約制(予約は利用日の90日前から電話・公式サイト〈http://www.toi-wp.com〉で受付開始、キャンセル料あり)
※一部料金改定の予定あり　※GWと7・8月、祝日の前日、金・土曜を除く閑散期は宿泊料が半額　※花火は手持ち式のみ可

期間	QRマップ
4月26日▼10月31日	

MAP 2 はこだてしというぉーたーぱーくおーときゃんぷじょう

函館市戸井ウォーターパークオートキャンプ場

☎0138-82-2000　函館市原木町281
◎期間外問合先／ふれあい湯遊館 ☎ 82-2001

MAPCODE® 582 229 481＊57

予約　可(詳細は欄外参照)
フリーサイト　計20区画で車1台5人まで2,625円(6人以上は追加1人525円を加算)
オートサイト　1区画5,250円(車1台5人まで、追加1人1,050円加算)計21区画(電源20A付、条件付3人用区画割引あり)
サークルコテージ　2人用(和1・洋2)、3人用(和1・洋1)、4〜5人用(洋2)で、各大人1人4,620円、小学生3,360円
貸用具　マット・寝袋・調理用具は無料、テント等は有料で
管理人　期間中24時間駐在
施設利用時間　IN 14:00〜 OUT 10:00まで
施設・設備　水洗トイレ・炊事場各2棟、管理棟(売店・ランドリー併設)など
P　管理棟前に15台、フリーサイト専用20台(それぞれ事前の届け出が必要)
温泉　ふれあい湯遊館(大人360円、10:00〜21:00、月曜休)に隣接
MEMO　ペットの同伴は、コテージとオートサイトの一部を除き、事前申請で可

緑豊かな谷間を流れる原木川沿いのオートサイト(右下は炊事場とトイレ)

ペット同伴可の林間フリーサイト

コテージはホテル級でシャワー付

鮭の遡上も観察できる緑豊かなテントサイト

緑濃い川沿いの明るい谷間に、芝生のフラットなオートサイトと林間のフリーサイトが広がる。温泉施設に隣接し、水遊びができる原木海岸にも近い。場内を流れる原木川(禁漁河川)では、夏にサクラマス、秋にはサケの遡上が見られるので、お見逃しなく。

ROUTE

通称恵山国道と呼ばれる国道278号を函館方面から恵山へ向けて進む。戸井トンネルを抜けて800mほどで左折、原木温泉トンネルを抜けて300mほど進んだ奥にある。その手前に函館市営温泉保養センターが建つ。

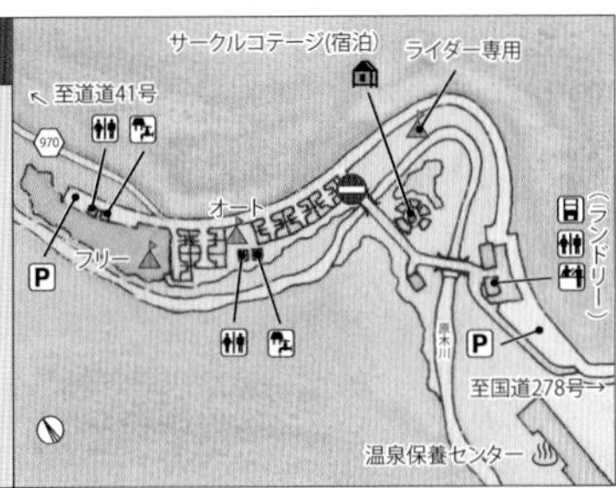

買い物　恵山地区川上のコンビニまで約7km

※ペットの同伴は、リードの使用などマナー厳守でOK　※テントサイトへの二輪車乗り入れは、オートサイトのみOK

期間	QRマップ
4月中旬 ▼ 10月下旬	

MAP 3

ゆのさわみずべこうえん
湯の沢水辺公園

☎0138-73-3111

北斗市茂辺地市の渡462-1 ※現地TELなし
←問合先／北斗市都市住宅課都市計画係

MAPCODE® 774 171 071＊47

予約　不可
持込テント料金　無料
オートキャンプ　計35区画、無料（特に設備なし、先着順での利用となる）
バンガロー・貸用具　なし
管理人　清掃・管理を兼ねて、１日に２度巡回
施設・設備　簡易水洗トイレ・炊事場各１棟
Ⓟ　約15台（無料）
温泉　北斗市健康センターせせらぎ温泉（p25参照）まで約23㎞
MEMO　ゴミは使用済みの炭・灰を除き、持ち帰り制

テントサイトは日当たり抜群の芝生。オートサイトもゆったりしている

区画オートサイトもある無料の人気キャンプ場

無料でオートキャンプができる人気の公園。区画化されたオートサイトは、電源などの設備こそ特にないものの、これで充分だ。

フリーサイトはその周辺にある芝生のスペースで、すべて先着順で好きな場所にテントを張ることができる。あとは簡易水洗トイレと炊事場があるだけで、余計なものは特にないというシンプルさがかえって好ましい。

キャンプ場は、茂辺地川中流域の河川敷に作られており、背後を森に囲まれた抜群の自然環境を誇る。さらに、サイトのすぐ横には茂辺地川に流れ込むせせらぎがあり、小さな子どもでも安全に水遊びを楽しめる。ただし、夏場は大量の虫に悩まされるかも。

炊事場（左）と簡易水洗トイレ（右奥）

サイト横を流れるせせらぎで水遊び

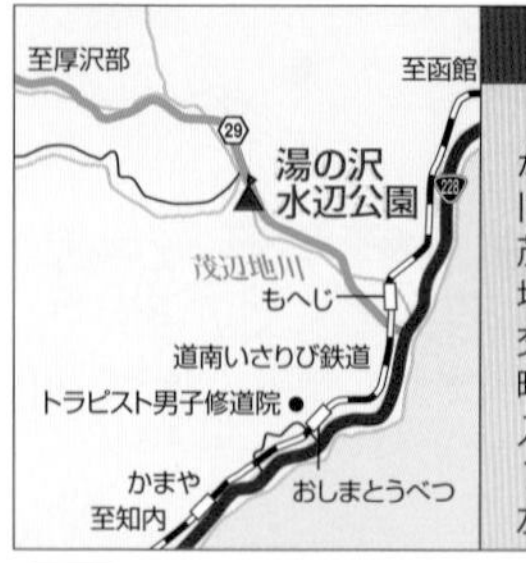

ROUTE

国道228号を函館側から松前方面に進み、旧上磯市街を通り越し、茂辺地川に架かる茂辺地大橋を渡ってすぐの交差点を右折、厚沢部町へ通じる道道29号に入る。国道入口から約７㎞ほど道道を進んだ左手が現地。

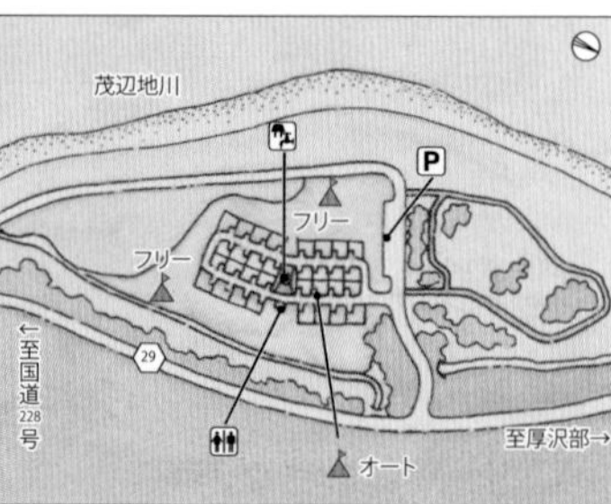

買い物 スーパー、コンビニの多数ある北斗市街まで約15㎞

※バンガローの予約は、4月1日より都市住宅課で受付開始（オープン後は現地）
※ペットの同伴OK、ただしバンガロー内は同伴禁止　※二輪車の乗り入れは、オートキャンプ専用エリアのみ可

期間	QRマップ
4月中旬 ▼ 10月下旬	

MAP 4

ほくとしきじひきこうげんきゃんぷじょう

北斗市きじひき高原キャンプ場

☎0138-77-8381

北斗市村山174
◎問合先／北斗市都市住宅課 ☎ 73-3111

MAPCODE® 490 014 575＊28

予約　バンガローのみ可
持込テント料金　６人用以下１張320円、７人用以上530円
オートキャンプ　先着順（車10組程度）
バンガロー　７人用1棟2,130円12棟（照明付）
貸用具　なし
管理人　期間中24時間駐在
施設利用時間　IN 13:00〜 OUT 11:00まで（ゲートは、21:00〜翌6:30閉鎖）
施設・設備　簡易水洗トイレ・炊事場各２棟、管理棟内に温水シャワー（５分100円）
P　約120台（無料）
温泉　北斗市健康センターせせらぎ温泉（露天風呂付、大人400円、9:00〜22:00、月曜休で祝日は営業）まで約８km
MEMO　リヤカー２台あり

丘の上のテントサイトには眺望抜群の場所も（右上は入口にある管理棟）

高床式のバンガローとその内部

かけ流しのせせらぎ温泉露天風呂

大沼や函館山を一望！眺望抜群の高原サイト

道南の観光地巡りの拠点に格好の高原キャンプ場。ここをベースに周辺観光を楽しむキャンパーも多い。晴れた日はバンガロー側から函館市街や函館山、奥のテントサイトからは大沼が一望という絶好のロケーションも魅力で、特に函館市街の夜景は見事。

丘上のテントサイトは、高台にありながら風の影響が意外に少なく、蚊もあまりいない。またバンガロー側の多目的広場では、オートキャンプも楽しめるようになった。

なお、ゴミは使用済みの炭、灰を除いて持ち帰り制。

ROUTE

国道227号を旧大野市街から厚沢部・江差方面へ進み、国道左手のＧＳから約２kmで右手にキャンプ場の看板（夜間もライトアップされている）。ここを右折して、舗装された山道を約５km上った右手が現地。

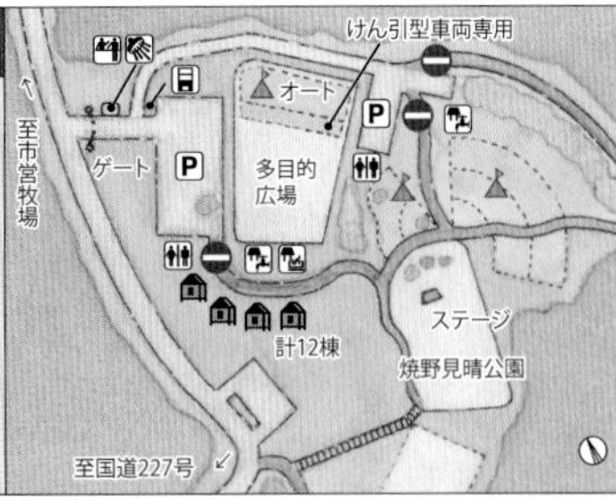

買い物　スーパー、コンビニの多数ある北斗市街まで約7km

※遊泳は禁止されているが、カヌー・釣りは可で魚種はヘラブナなど　※花火はすべて禁止
※渡島総合振興局の公式サイトに最新情報を掲載中　※ペットの同伴はリード使用などマナー厳守でＯＫ

期間　4月下旬 ▼ 11月上旬　QRマップ

MAP 5

東大沼キャンプ場

ひがしおおぬまきゃんぷじょう

☎0138-47-9439

亀田郡七飯町字東大沼 ※現地TELなし
←問合先／渡島総合振興局環境生活課自然環境係

MAPCODE® 490 356 248＊84

予約　不可
持込テント料金　無料
オートキャンプ　不可
バンガロー　なし
貸用具　なし
管理人　不在
施設・設備　水洗トイレ・炊事場（炉付）各２棟、遊水路１カ所
Ⓟ　約100台（無料）
温泉　駒ヶ峯温泉ちゃっぷ林館（露天風呂付、大人600円、10:00〜21:00、不定休）まで約８㎞
MEMO　ゴミは完全持ち帰り制

大沼に面した芝生のテントサイト。岸辺には砂地の部分も（右下は炊事場）

カヌーや釣りもできる沼のほとりの人気施設

道南屈指の人気を誇るキャンプ場。オートキャンプはできず、蚊なども多い正統派の施設で、ゴミも持ち帰り制だが、ライダーからファミリーまで利用者層は実に幅広い。

繁忙期には、駐車場至近の林間に広がる草地サイトから湖岸の草地＆砂浜サイトまで、100張は 収容可能な広い場内がテントで埋めつくされる。

その理由は、大沼や駒ヶ岳の眺望と、自然と一体化した簡素なサイトが生み出す素朴な環境にあるのだろう。それだけに、本来の静かな雰囲気の中で過ごしたい向きは、夏場の最盛期を避けて訪れた方が賢明かもしれない。

なお、サイトは湖岸を巡る道道に隣接しているため、車の走行音が気になることも。

木立に囲まれた草地の林間サイト

駒ヶ峯温泉ちゃっぷ林館の内湯

ROUTE

札幌側からは信号機のある大沼プリンスホテルへの道で国道より左折、道道43号・道道338 号経由で、約８㎞。函館側からは国道５号新大沼トンネルを過ぎてすぐの交差点を右折、公園入口の交差点右折で約７㎞。

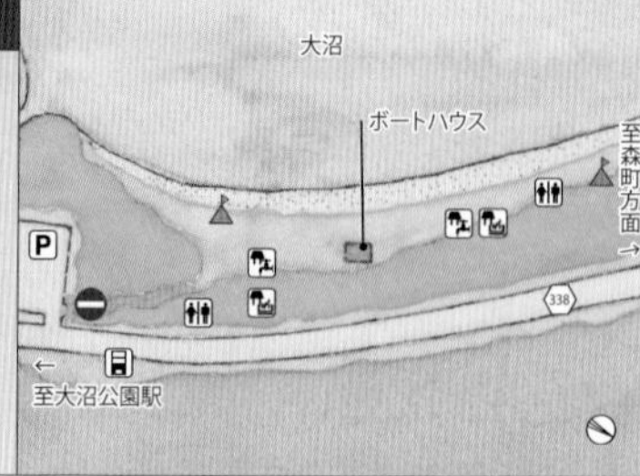

買い物　コンビニのある大沼市街まで約7km

※予約制（予約は公式サイトで3月下旬から受付開始、夏期料金は7月20日〜8月20日適用） ※花火は指定場所で手持ち式のみ可
※キャンセル料あり ※ペット同伴はオートBサイトのみOK ※ゴミは有料袋購入で受け入れ ※焚き火台はカーサイトのみ使用可

期間	QRマップ
4月初旬 ▼ 12月上旬	

MAP 6 おーとりぞーとやくも

オートリゾート八雲

☎0120-415-992 二海郡八雲町浜松368-1

MAPCODE® 687 517 097＊50

予約 可（詳細は欄外参照）
入場料 中学生以上1,000円、小学生500円、土・祝前日と夏期は中学生以上1,100円、小学生550円（各未就学児無料）
フリーサイト 1張1泊550円、土・祝前日1,100円、夏期一律1,650円（計50区画）
オートサイト A・B・D（キャンピングカー用）：1区画4,290円計20区画／C：3,190円計10区画（各電源・流し・野外炉・野外卓付、Cのみ流しなし）※各土・祝前日は440〜550円引、平日は1,100〜1,210円引
ロッジ 5人用1棟10,560円（土・祝前日は12,650円、夏期は13,750円）計12棟 ※うち2棟は車イス対応）
貸用具 各種有料で
管理人 期間中24時間駐在
施設利用時間 IN 13:00〜18:00（ロッジ15:00〜18:00）OUT 11:00まで
施設・設備 水洗トイレ・炊事場各2棟、センターハウス
Ⓟ なし（完全指定制）
温泉 八雲遊楽亭（露天風呂付、大人550円、12:00〜20:30受付終了）まで約2㎞

高台のカーサイトと奥にセンターハウス（左上はピザ釜、右下は五右衛門風呂）

フリーサイトの駐車場隣接部分

設備完備ながら寝具は寝袋のロッジ

噴火湾を眼下に望む大型オートキャンプ場

道立公園「噴火湾パノラマパーク」内の大型施設。充実した設備を誇りながら、少しずつ不便さを残す配慮も。場内にはピザ釜を用意するほか、体験プログラムも豊富だ。センターハウスにはシャワーを設備し、Wi-Fi環境も完備。

ROUTE

国道5号八雲町浜松地区の浜松小学校付近、または公園管理施設のパノラマ館へ向かう道から山側へ。あとは案内標示に従って道なりに進むが、一度高速道路上の橋を渡って回り込んでから、エントランスゲートへ入る。

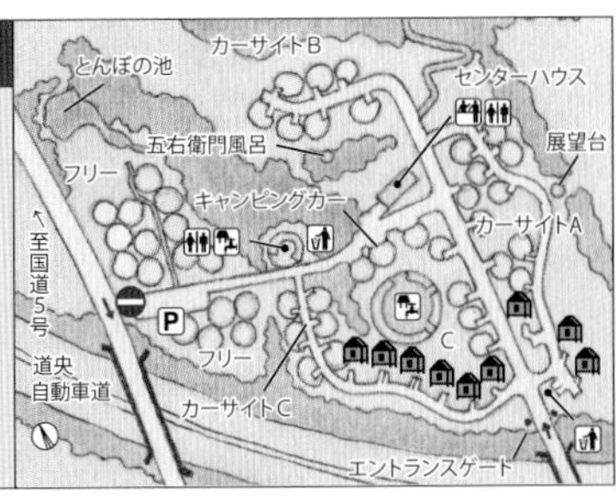

買い物 スーパー、コンビニのある八雲市街まで約4km

※宿泊施設のみ予約制（予約は電話〈期間外は下記問合先〉か「なっぷ」で受付） ※管理棟周辺のみWi-Fi環境あり
※露天風呂「熊の湯」（無料）は４～10月のみ開放（今年度は休止） ※ペットの同伴はマナー厳守でOK（繁忙期は要相談）

期間	QRマップ
4月下旬 ▼ 9月末	

MAP 7

くまいしせいしょうねんりょこうむら
熊石青少年旅行村

☎01398-2-3716

二海郡八雲町熊石平町145
◎問合先／八雲町熊石総合支所商工観光労働係 ☎ 2-3111

MAPCODE® 718 465 327＊26

予約　宿泊施設のみ可
入村料　小中学生220円、高校生以上450円
持込テント料金　３人用以下1張670円、タープ・スクリーン各220円、４人用以上1張900円
オートキャンプ　不可
宿泊施設　ケビン：５人用１棟10, 470円５棟（諸設備完備の住宅）／ツリーハウス：５人用5, 230円10棟／バンガロー：４人用 5, 230 円５棟／きのこログ：４人用5, 230円４棟（照明付）
貸用具　貸毛布１枚390円
管理人　駐在（8：00～17：00）
施設利用時間　IN 14：00～ OUT 10：00まで
施設・設備　トイレ（うち水洗２棟）・炊事場各３棟、管理棟、バーベキューコーナー、パークゴルフ場（18Ｈ・有料）、ちゃぷちゃぷ公園など
Ⓟ　約90台（無料）
温泉　あわびの湯（露天風呂付、中学生以上500円、11：00～20：30受付終了）まで徒歩５分
MEMO　リヤカー20台あり。ゴミは中身が見える袋で分別の上、無料で受け入れ

サイトは平田内川沿いの谷間（右上はちゃぷちゃぷ公園の遊具、左下は炊事場）

きのこログと右下がバンガロー

あわびの湯は弱食塩泉の温泉施設

適度な不便さもあって ファミリーにぴったり

平田内川沿いの谷間にあるキャンプ場。遊具が揃う子供の国や温泉施設に隣接し、ファミリーにぴったり。適度な不便さもあり、キャンプ初心者に向く。自分で割った薪を無料でもらえる、場内の薪割り体験コーナーも要チェック。

ROUTE

国道5号側からは、国道 277 号で熊石方面へ。国道 229 号とのＴ字路を右折し、せたな方面へ約１km進んだ先を右折すると、約１km先右手に管理棟。せたな町瀬棚区側からは、国道 229 号を乙部方面へ約50km進んだ先左手。

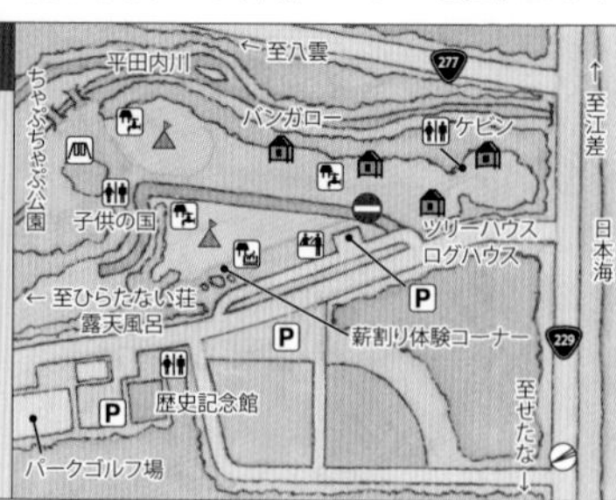

買い物 熊石市街のセイコーマートまで約2km

※隣接の「道の駅なとわ・えさん」にWi-Fi環境あり　※ゴミは持ち帰り制

期間	QRマップ
5月上旬 ▼ 9月末	

MAP 8
はこだてしえさんかいひんこうえん
函館市恵山海浜公園

☎0138-85-4010　函館市日ノ浜町31-2
◎問合先／函館市恵山支所産業建設課 ☎ 85-2336

MAPCODE® 582 417 136＊88

予約　不可
持込テント料金　２人用以下１張300円、３人用以上１張500円
オートキャンプ　不可

場内は太平洋に面した開放的な芝生サイトと、写真左が道の駅（左）。上は駐車場横の炊事場

バンガロー・貸用具　なし
管理人　隣接の道の駅に駐在（9:00～18:00、月曜休で祝日は翌日休）
施設・設備　炊事場１棟、道の駅に水洗トイレ（24時間利用可）・有料シャワー室など
Ⓟ　約100台（無料）
温泉　函館市恵山福祉センター（大人300円、10:00～20:00受付終了、月曜休で祝日は翌日休）まで約５㎞

■遊泳禁止の海浜キャンプ場

津軽海峡を一望の海浜施設ながら、波打ち際までは100mほどあり遊泳も禁止。虫の少ない場内は、開放的な空間だ。屋内遊具施設などを備える道の駅「なとわ・えさん」やコンビニに隣接し、利便性は高い。

※予約制（予約は予約サイト「なっぷ」で利用の３カ月前から受付開始、キャンセル料あり）
※直火は指定場所でのみOK　※ペットの同伴はリード使用でOK　※ゴミは完全持ち帰り制

期間	QRマップ
通　年	

MAP 9
じゅんふぁーむきゃんぷじょう
ＪＵＮファームキャンプ場

☎090-4874-0100　函館市旭岡町29-13

MAPCODE® 86 145 317*31

予約　可（詳細は欄外参照）
利用料　小学生以上１人１泊2,000円（日帰り1,000円、車中泊2,000円）、未就学児無料
バンガロー・貸用具　薪600円

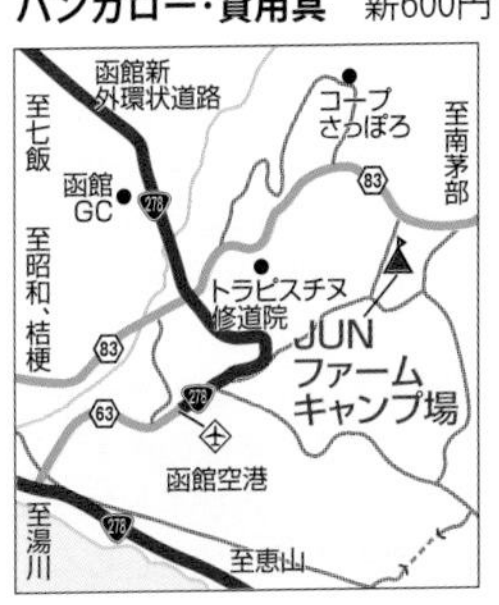

開拓地の雰囲気が漂うワイルドなテントサイト（左）。上はサイトに隣接の屋根付き足湯カフェ

施設利用時間　IN 11:00～17:00　OUT 11:00まで
施設・設備　管理棟、流し台１カ所、簡易水洗トイレ２棟
Ⓟ　約50台（無料）
温泉　湯の川温泉の銭湯大盛湯（大人490円、8:00～21:00、水曜休）まで約５㎞

■フリーオートサイトの場内

函館市街から南茅部方面へ車で約25分、農地に囲まれたキャンプ場は車の乗り入れが全面ＯＫのフリーサイトのみ。利用料でテント・タープ各１張、車１台の横付けが可能だ。場内には、無料の足湯カフェ（11:00～16:00、夏期のみ）が併設され、1日1組限定の足湯付き貸切サイト（平日20,000円、休前日30,000円）もある。

買い物　（上段）：隣接のコンビニまで約100m
（下段）：函館市旭岡町のコープさっぽろまで約２㎞

※ペットの同伴はマナー厳守でＯＫ

期間　4月中旬▼10月下旬　QRマップ

MAP 10

上磯ダム公園キャンプ場

かみいそだむこうえんきゃんぷじょう

☎0138-73-7648

北斗市戸切地21-12
◎問合先／北斗市都市住宅課都市計画係 ☎ 73-3111

MAPCODE® 774 416 803＊44

予約　不可
持込テント料金　無料
オートキャンプ　不可
バンガロー・貸用具　なし
管理人　期間中駐在（8:30～17:00）

芝生のテントサイトは湖畔側がフラット（左）。上は車イス対応トイレや休憩所を併設の管理棟

施設・設備　簡易水洗トイレ・炊事場各１棟、野外炉３基、管理棟（車イス対応トイレ・休憩室併設）など
Ⓟ　約100台（無料）
温泉　せせらぎ温泉（ｐ25参照）まで約10km

■無料ながら設備は快適

ダム湖の湖畔に広がる、持込テント専用の無料施設。芝生のサイトは穏やかな斜面で、湖畔側が平坦になっている。

無料ということもあり、禁止事項は多いものの、場内設備は手入れが行き届いているので、快適なキャンプが楽しめるはず。なお、ゴミは使用済みの炭と灰を除き、すべて持ち帰り制となっている。

※予約制（４月３日より電話で受付開始）　※ゴミは分別した上で無料収集　※花火は21：00まで

期間　4月中旬▼10月31日　QRマップ

MAP 11

遊食広場ニヤマオートキャンプ場

ゆうしょくひろばにやまおーときゃんぷじょう

☎0138-64-8855

亀田郡七飯町仁山629
◎期間外問合先／☎ 65-9000（函館ニヤマレジャーセンター）

MAPCODE® 86 631 202*53

予約　可（詳細は欄外参照）
サイト料　フリー1区画2,000円～／オート1区画3,000円～（電源設備なし）
宿泊施設　ニヤマ温泉ホテルＮＫヴィラ（大人１人１泊素泊まり6,000円～）に隣接
貸用具　一輪車２台（無料）
管理人　駐在（ニヤマ温泉ホテルにて管理・受付）
施設利用時間　IN 13:00～18:00　OUT 8:00～12:00
施設・設備　管理棟（水洗トイレ・炊事場・洗濯機・売店併設）、流し台２カ所
Ⓟ　約50台（無料）
温泉　ニヤマ温泉あじさいの湯（露天風呂付、大人500円、キャンプ場利用者は16：00～19:00入浴可で100円引き、火曜休）まで約200m

眺めのいいフリーサイトには、テント床も設備（左）。手前がフリー、奥がオートサイト（上）

■函館市街を一望のサイト

JRにやま駅そばのキャンプ場。広々としたサイトからは函館市街の眺望が楽しめる。

買い物　（上段）：スーパー、コンビニの多数ある北斗市街まで約7km
（下段）：七飯市街のコンビニまで約2km

※完全予約制（利用の２カ月前より公式サイト〈http://beyondvillage.com/〉等で受付開始、キャンセル料あり）
※ペットの同伴はリード使用の上、マナー厳守で可　※ゴミは生ゴミのみ受け入れ　※花火は22：00まで可

期間	QRマップ
3月▼12月中旬	

MAP 12 びやんどびれっじ おおぬまきゃんぷぐらうんど

BEYOND VILLAGE 大沼キャンプグラウンド

☎Web事前予約制　亀田郡七飯町字大沼町158

MAPCODE® 86 816 688*44

予約　可（詳細は欄外参照）
サイト料　オート：2,000円～9区画／RV：2,400円～3区画（大型用）コード付電源1泊1,000円

湖畔沿いにあるがサイトから湖は見えない（左）。上はベッドや寝具が揃うグランピングテント

グランピング　1泊11,000円～（２人まで、追加１人4,000円）
計６棟 ※諸設備完備
コテージ　1棟18,000円～
貸用具　テント、テーブル、イス、コンロなど各種有料で
管理人　巡回（10:00～16:00）
施設利用時間　IN 13:00～ OUT 11:00まで

施設・設備　ウォシュレット付き水洗トイレ・炊事場各1棟、管理受付のセンターハウス
Ⓟ　約20台（無料）
温泉　駒ヶ峯温泉ちゃっぷ林館（p26参照）まで約７km

■気軽におしゃれキャンプ

大沼湖畔沿いにある民営施設。オートサイトは設備が特にない分、料金は手頃だ。

※要予約（予約は電話か「なっぷ」で、土・日曜・祝日は☎080-6975-6416へ。キャンセル料あり）　※ペット同伴はリード使用でOK

期間	QRマップ
通年	

MAP 13 ゆーから おーと きゃんぷ（あーるぶいぱーく おおぬま）

YUKARA AUTO CAMP（RVパークおおぬま）

☎0138-67-2311　亀田郡七飯町大沼町206-1（ユーカラパーキング）

Wi-Fi

MAPCODE® 86 816 454*40

予約　可（詳細は欄外参照）
オートサイト　電源付：１台4,500円計６区画／電源なし：１人2,000円（中学生以下無料）計100区画

駒ヶ岳を望む広大な草地のテントサイト（左）。上は飲用可の温泉水が使い放題という炊事場

RVサイト　キャンピングカーなど１台4,000円計６区画
宿泊施設　民泊あり（料金など詳細は要問合せ）
貸用具　薪販売など有料で
管理人　巡回（8:00～17:00）
施設利用時間　IN 13：00～17：00　OUT 11：00
施設・設備　受付棟、温泉水利用の水場２カ所、水洗トイレ２棟、シャワー、コインランドリーなど
Ⓟ　あり（有料）
温泉　駒ヶ嶺温泉ちゃっぷ林館（p26参照）まで約７km

■広大な敷地を持つ大型施設

広々とした草地の駐車場を活用。ゴミは分別の上、8:00～9:00に無料回収する。車中泊も１台2,000円でＯＫだ。

買い物　（上段）：大沼駅前のコンビニまで約2km
（下段）：大沼駅前のコンビニまで約1.5km

※予約制（利用月の１カ月前よりWebサイトや電話で受付、空きがあれば当日予約も可）　※花火は指定場所で手持ち式のみ可

期間　4月22日▼11月末　QRマップ

MAP 14
ぐりーんぴあおおぬまきゃんぷじょう
グリーンピア大沼キャンプ場

☎01374-5-2277　茅部郡森町字赤井川229（グリーンピア大沼）

MAPCODE® 490 313 035*14

予約　可（詳細は欄外参照）
入場料　車1台4,400円（予定）
オートキャンプ　可
貸用具　各種用具を有料で
管理人　巡回（ホテルフロントでも対応）

施設入口横にある、駒ヶ岳を一望の芝生サイト（左）。上は天然温泉「しゅくのべの湯」の内湯

施設利用時間　IN 13:00～18:00　OUT 7:00～11:00
施設・設備　水洗トイレ・炊事場各1棟、ホテル内に車イス対応トイレ・ランドリーなど
Ⓟ　約600台（無料）
温泉　併設のほっとぴあ「しゅくのべの湯」（露天風呂付、大人600円・キャンパー無料、6:00～8:00受付終了、11:00～20:00受付終了、朝湯のみホテル受付）まで約500m

■リゾート施設内のサイト
大型リゾート「グリーピア大沼」内のキャンプ場。全50区画あり、フリーや電源付など３種類のサイトから選べる。生ゴミと燃えるゴミのみ指定の有料袋で受け入れ。

※予約は利用月の３カ月前から電話かSNS、予約サイト「なっぷ」で受付（キャンセル料あり）　※管理棟は９:00～17:00
※サイトへの車両乗入れ不可（2～3月のみ可）　※ペットは屋外のみ同伴可　※ゴミは原則持ち帰り。生ゴミのみ有料で受け入れ

期間　通年（年末・年始休）　QRマップ

MAP 15
ぺこれらがくしゃ
ペコレラ学舎

☎090-1230-2808　二海郡八雲町上八雲296-1

MAPCODE® 762 124 274*61

予約　可（詳細は欄外参照）
入場料　中学生以上1,000円、小学生500円、未就学児無料
フリーサイト　テント１張１泊1,500円（８人まで）

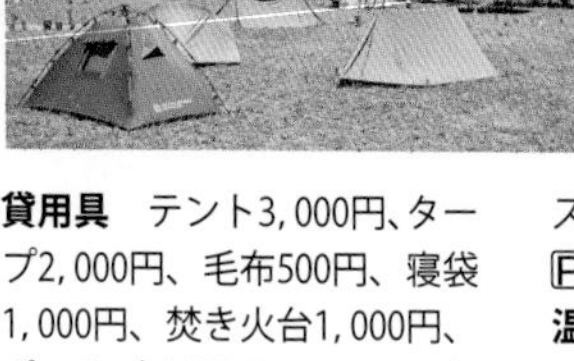

テントスペースへの車両の乗り入れは不可（左）。管理棟内には本格的なサウナも設備する（上）

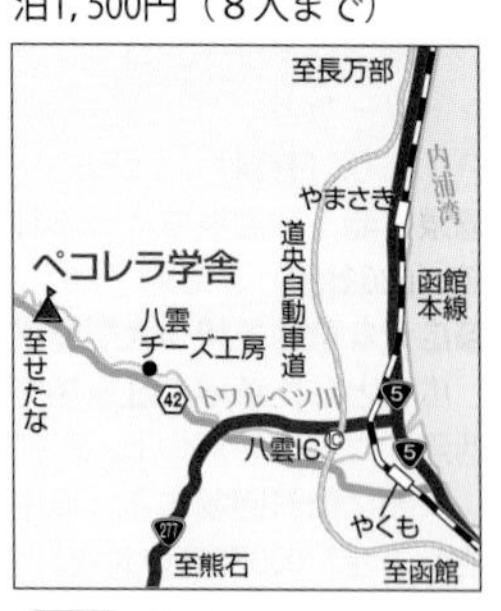

貸用具　テント3,000円、タープ2,000円、毛布500円、寝袋1,000円、焚き火台1,000円、ポータブル電源3,000円など
管理人　駐在（９:00～17:00、または13:00～17:00）
施設利用時間　IN 13:00～17:00　OUT 11:00まで
施設・設備　管理棟（キッチン・トイレ・レンタルスペース・無料シャワー室など）
Ⓟ　20台（無料）
温泉　和（やわらぎ）の湯（露天風呂付、大人480円、12:30～21:30受付終了）まで約９km

■廃校リノベーション施設
廃校のグラウンドをキャンプ場に再生。イベントや合宿利用もＯＫだ。管理棟に昨年誕生した本格サウナも好評。

買い物（上段）：国道５号沿いのコンビニまで約3km
（下段）：スーパー、コンビニのある八雲市街まで約10km

※バンガローのみ予約制（予約は４月１日より建設課で受付開始、土・日曜・祝日は現地管理棟で受付）
※ゴミは持ち帰り制　※焚き火台は炭のみ使用可

期間	QRマップ
4月下旬 ▼ 10月31日	

MAP 16 おしゃまんべこうえんきゃんぷじょう

長万部公園キャンプ場

☎01377-2-5854　山越郡長万部町字富野
◎問合先／長万部町建設課 ☎ 2-2456

MAPCODE® 521 041 319＊61

予約　バンガローのみ可
持込テント料金　大人600円、小中学生300円
オートキャンプ　不可
バンガロー　５～７人用１棟6,000円５棟（トイレ・流し・野外卓付、要予約）
貸用具　なし
管理人　駐在（8:30～17:00が基本で、季節により変動）
施設利用時間　IN 13:00～17:00　OUT 10:00まで
施設・設備　水洗トイレ1棟、炊事場２棟、管理棟など
Ⓟ　約50台（無料）
温泉　長万部温泉ホテル（大人490円、6:00～21:00）まで約４㎞

中央広場周辺に広がる芝生のテントサイト（左）。上はキッチン・トイレ付で人気のバンガロー

■バンガローが人気の施設

長万部市街から約３㎞の公園内にあり、水遊びのできる小川や遊具がある。サイトは広場周辺と川岸の園路沿いのみ。ペット同伴はマナー厳守で可（バンガロー内は禁止）。

※現地に管理人不在のため、利用の際は必ず事前に予約を　※焚き火、直火ともにOK

期間	QRマップ
4月25日 ▼ 9月30日	

MAP 17 しりうちすたーひるずきゃんぴんぐやーど

知内スターヒルズキャンピングヤード

☎090-8903-2047　上磯郡知内町字元町 ※現地TELなし
◎予約・問合先／NKクラブ、夜間 ☎ (01392) 5-5031

MAPCODE® 584 349 410＊30

予約　可（詳細は欄外参照）
持込テント料金　１張500円
オートキャンプ　上記料金で４～５台が可能（先着順）
バンガロー　４人用3,680円５棟、６人用4,200円４棟（各照明付）
貸用具　テントなど各種有料
管理人　不在
施設・設備　簡易水洗トイレ・炊事場各１棟
Ⓟ　約10台（無料）
温泉　知内町健康保養センターこもれび温泉（露天風呂付、大人350円、10:00～20:00、月曜休）まで約1.5㎞

左は周囲にバンガローが立ち並ぶ広々としたテントサイト（写真左下はトイレ）。上は炊事場

■二輪車の乗り入れもＯＫ

住宅地に隣接する知内川河岸のサイトは、眺望こそきかないがスペースはゆったり。二輪車の乗り入れもOKだ。周囲にはタイプの異なるバンガローが立ち並ぶほか、BBQハウスもあり設備は整う。ゴミは有料ゴミ袋の利用で受け入れ。

買い物　（上段）：スーパー、コンビニのある長万部市街まで約3km
（下段）：コンビニのある知内市街まで約2km

MAP もりまちみどりとろっくのひろば ※ゴミは原則持ち帰り制 ※ペットの同伴は、排せつ物を管理すればOK ※ダム湖でのカヌーは禁止

⑱ 森町みどりとロックの広場

茅部郡森町字霞台 ※現地TELなし
問合先／森町商工労働観光課 ☎ (01374) 7-1284

MAPCODE® 490 510 416＊36

予約 不可

期間 5月上旬～10月末

持込テント料金 無料

オートキャンプ 不可

バンガロー・貸用具 なし

管理人 不在

施設・設備 簡易トイレ１カ所、炊事場１棟、野外炉など

Ⓟ 約100台（無料）

温泉 駒ヶ峯温泉ちゃっぷ林館（露天風呂付、大人600円、10:00～21:00、不定休）まで約21km

■ダム堤下の緑豊かなサイト

景勝「鳥崎八景」奥の駒ヶ岳ダム堤下の施設。サイトは駐車場から100mほど先にある。周辺工事の影響で閉場の可能性があり、クマの目撃情報も多いため、利用の際は事前に確認を。

MAP しりうちちょうのうそんこうえん ※焚き火台を使用する場合は、燃え殻を必ず持ち帰ること ※花火と発電機の使用は21:00まで

⑲ 知内町農村公園

上磯郡知内町字湯の里 ※現地TELなし
問合先／知内町産業振興課 ☎ (01392) 5-6161

MAPCODE® 584 340 807＊63

予約 不可

期間 4月下旬～10月下旬

持込テント料金 無料

オートキャンプ 不可

バンガロー・貸用具 なし

管理人 不在

施設・設備 簡易トイレ２基、炊事場１カ所、観察ゾーンなど

Ⓟ 約20台（無料）

温泉 知内温泉ユートピア和楽園（露天風呂付、大人800円、7:00～20:30）まで約４km

■道の駅近くの緑豊かなサイト

知内市街から福島方面へ約７kmの「道の駅しりうち」手前にある、知内川河川敷の緑豊かな無料施設。環境はいいが、悪天候時は河川の増水に注意が必要だ。ゴミは持ち帰り制。

MAP いかりかいちゅうしゃこうえん ※焚き火台を使用する場合は、燃え殻を必ず持ち帰ること ※ゴミはすべて持ち帰り制

⑳ イカリカイ駐車公園

上磯郡知内町字小谷石 ※現地TELなし
問合先／知内町産業振興課 ☎ (01392) 5-6161

MAPCODE® 584 111 804＊42

予約 不可

期間 4月下旬～10月末

持込テント料金 無料

オートキャンプ 駐車場隣接部分でセミオートキャンプが可能

バンガロー・貸用具 なし

管理人 不在

施設・設備 水洗トイレ１棟、水飲み場１カ所

Ⓟ 約10台（無料）

温泉 知内町健康保養センター（p33参照）まで約６km

■風光明媚なキャンプ適地

知内町市街から、道道531号を海岸沿いに約８km進んだ左手にある。正式なキャンプ場ではないが、夏場は公園下の海岸で磯遊びが楽しめる。砂利のサイトは、設営にひと工夫が必要だ。

買い物 (上段)：スーパー、コンビニのある森市街まで約10km　(中段)：コンビニのある知内市街まで約7km
(下段)：コンビニのある知内市街まで約8km

キャンプ談話室①

災害時に役立つ新しいキャンプ道具たち

沖田 雅生

災害時に役立てたいキャンプ体験＆ギア

自然災害、特に地震が多い日本。ボクがキャンプを楽しんで欲しいと思うのは、アウトドア体験が災害時に必ず活かされると信じているからです。極端な話、ナイフを活用し、火をコントロールできさえすれば生きていけます。

情報の入手に必要な電源

ただ、災害時になくてはならない必需品に、現代は「情報」が加わります。スマートフォンや携帯ラジオから得るライフライン情報をベースに、災害時の生活を組み立てる必要があるからです。そのためには電気が欠かせませんが、停電することが多いので、自家用の発電システムも用意しておきたいものです。

バッテリーとチャージャー

そこでおすすめしたいのが、ポータブル電源とソーラーチャージャーです。ボクはスマホやPC、LEDランタンの充電に使っていますが、購入するに至った一番の決め手は、やはり災害の際など「いざ」というときのためです。

普段はそれほど電源を必要としないので、手頃な価格のものでよいと思います。何よりも慣れが必要で、ソーラーチャージャーでの充電時、どれくらいでバッテリーに蓄電されるのかなどを、前もって知っておくことが大事です。

最低限の飲み水と食料を

日本では災害時、飲み水と食料はいち早く供給されます。ただ、準備を怠って後悔してからでは遅いので、急場をしのぐためにも、水のろ過器とフリーズドライの食料は用意しておくとよいでしょう。

甲羅干しじゃないけれど、普段はこんな感じでソーラー蓄電してます

呑み口のフィルターがポイント

選ぶのが楽しいフリーズドライ

最近のろ過器は、水に含まれる微生物を99.9%、バクテリアを99.9999%除去と書かれているものもあります。ボクは普段、川の水をろ過して釣行時に利用しています。

また、フリーズドライ食品も数種類常備しています。消費期限は長いものの、一年に一度は味見を兼ねて食べるようにしています。事前に経験しておくことが必要です。

生活利用水もお忘れなく

キャンプと話はそれますが、災害時はトイレなどに使う排水用の水も必要です。ボクはお風呂の水を次の日に入れ替えるまで溜めておき、その水を利用できるようにしています。ろ過器があれば飲み水にもなるので、「いざ」という時のためにも普段から水を溜めておきたいものです。

新商品をチェックするなら

こうしたキャンプギアの最前線を知ってもらうためにボクが始めたのが、アウトドアデイジャパンです。東京、福岡、名古屋、神戸、そして札幌でも開催します。そしてイベント終了後は、北海道でキャンプを楽しんで帰ります！

24年の情報は下記サイトで

https://outdoorday.jp/

■おきた･まさお　アウトドア雑誌編集長を経て、現在、アウトドアデイジャパン実行委員長。少年時代にボーイスカウト活動を通じて、アウトドアの魅力に目覚める。著書に『オートキャンプを楽しむ』(地球丸)。

※ペットの同伴は、リードの使用などマナー厳守でOK　※ゴミはすべて持ち帰り制

期間	QRマップ
4月下旬▼10月31日	

MAP 21

いおうざんきゃんぷじょう

夷王山キャンプ場

☎0139-55-2311

檜山郡上ノ国町字勝山 ※現地TELなし
←問合先／上ノ国町施設課

MAPCODE® 807 762 185＊64

予約　不可
持込テント料金　無料
オートキャンプ　車10台分のオートサイトあり（先着順で無料だが個別設備はなし）
バンガロー・貸用具　なし
管理人　不在
施設・設備　Aサイト（窪地側）：水洗トイレ（木工芸センター内）・炊事場各１棟、テーブルベンチ、野外炉、フィールドアスレチック、大型ドッググラン／Bサイト（高台側）：水洗トイレ・炊事場（坂下）、テーブルベンチ、野外炉
Ⓟ　約120台（無料）
温泉　花沢温泉（露天風呂付、大人200円、10：00～20：30受付終了、火曜休で祝日は翌日休）まで約３km
MEMO　市街地まで約４km。天の川は渓流釣りの聖地

高台の窪地に広がる広々としたAサイト（下写真は、左から無料の薪が置かれたAサイトの炊事場と大型ドッグラン、入館無料の勝山館跡ガイダンス施設）

強風時は注意が必要な新設Bサイト

源泉をかけ流す花沢温泉にも近い

中世の史跡に囲まれた天空のテントサイト

アイヌと倭人が共存した山城「勝山館」を中心とする、中世の史跡が残る夷王山頂上付近に広がるキャンプ場。

場内は、窪地に広がる既存のAサイトと、隣接する高台のBサイトに分かれる。サイト内にアスレチック遊具やドッグランがあるAは、ファミリーに人気。Bは日本海や上ノ国市街を臨む眺望のよさが魅力で、夜には漁火も。

隣接する勝山館の歴史を伝えるガイダンス施設周辺では、毎年6月第3週に「夷王山まつり」が開催され、大いに賑わう。

ROUTE

国道228号を松前町側から進むと上ノ国町市街の手前約３km左手の海側に、道の駅上ノ国もんじゅが立つ。キャンプ場への入口は、その国道を挟んだ向かい側にあり、看板に従い１kmほど上った高台にキャンプ場が広がる。

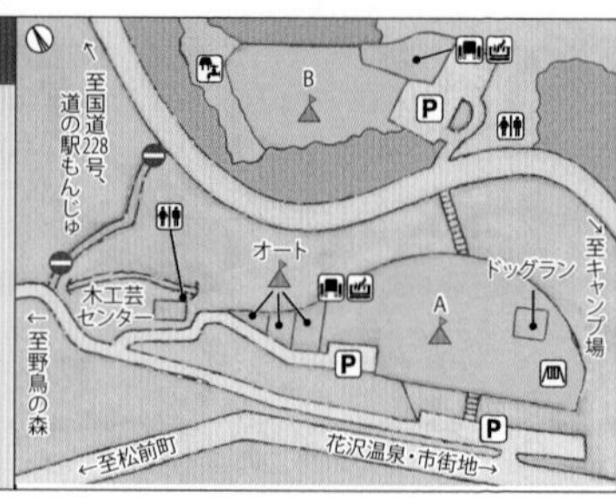

買い物　スーパー、コンビニのある上ノ国市街まで約4km

※かもめ島マリンピングの詳細は、公式サイト（https://marineping.esashi.town/）を参照
※駐車場所については、町財政課住宅管財係まで事前に問合せを　※ゴミは完全持ち帰り制

MAP 22 かもめじまきゃんぷじょう
かもめ島キャンプ場

☎0139-52-6715
檜山郡江差町字鴎島 ※現地TELなし
←問合先／江差町財政課住宅管財係

MAPCODE® 1108 134 036＊22

予約　不可
持込テント料金　無料
オートキャンプ　不可
バンガロー・貸用具　なし
管理人　巡回（夏期平日のみ）
施設・設備　水洗トイレ１棟、炊事場１カ所、水飲場１カ所、島の玄関口前にある海水浴場に無料冷水シャワー（７月中旬～８月中旬）を設備
P　なし
温泉　緑丘温泉みどりヶ丘の湯っこ（露天風呂付、大人390円、16：00～20：30閉館、土・日曜は14：00～、水～金曜休）まで約２km ※料金・営業時間などは変更の可能性あり
MEMO　管理小屋横のリヤカーは業務用のため使用不可

島の北側に位置する開放的なテントサイト。サイトには簡易炊事場も（右下）

これが170段ある石段の入り口

マリンピングイベントも実施

日本海を見渡す開放感抜群のサイト

かもめ島は江差市街からわずか200mの位置にある、陸続きの島。キャンプ場は砂浜の先、170段の石段を上った島の北側部分にあり、キャリーカート用スロープ付きの階段を上って場内へ入ると、360度開けた素晴らしい眺望が広がっている。その上、島の周辺は好ポイントだらけの釣り場。サイトまでは少し距離があるものの、その苦労も報われる魅力がある。

４～10月までは、グランピングや手ぶらキャンプ、日帰り海洋体験などが楽しめるロングランイベント「かもめ島マリンピング」も実施。詳しくは公式サイトで確認を。

ROUTE

国道227号の江差町市街交差点を案内表示に従って海側に入ると左手に開陽丸が見えてくる。その先、右手がキャンプ場のあるかもめ島。砂浜を通って、島へ上る石段へ。上り切った頂上付近の北側がサイトとなる。

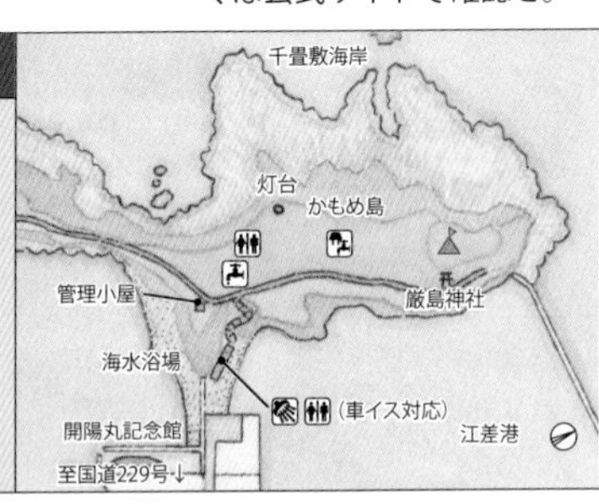

買い物　江差町姥神町のコンビニまで約500m、橋本町のスーパーまで約1km

※バンガローのみ予約制（4月1日より商工観光係で受付開始）　※焚き火台の使用は要問合せ　※ゴミは完全持ち帰り制

MAP 23

あっさぶちょうれくのもりきゃんぷじょう

厚沢部町レクの森キャンプ場

☎0139-67-2463

檜山郡厚沢部町緑町
◎予約・問合先／厚沢部町政策推進課商工観光係 ☎ 64-3312

MAPCODE® 482 581 411＊21

予約　バンガローのみ可
持込テント料金　無料
オートキャンプ　不可
バンガロー　要予約で４人用２棟・5人用２棟・7人用１棟（設備は各棟共通で流し・簡易水洗トイレ・照明・電源付）各大人2,400円、小人1,200円
貸用具　なし
管理人　駐在（8:30～12:00、13：00～17:00）
施設利用時間　バンガローは IN 13:00～17:00 OUT 10:00まで
施設・設備　水洗トイレ・炊事場各１棟、管理棟（森林展示館内に併設）、予約制のバーベキューハウス２棟など
Ⓟ　約40台（無料）
温泉　上里温泉上里ふれあい交流センター（露天風呂付、大人400円、13:00～20:00、月曜休）まで約３km

木立の中に広がる草地のテントサイト（左上は上が炊事場、下がトイレ）

4～7人用まで各種揃うバンガロー

町営の日帰り施設「上里温泉」

テント設営が無料の上、環境も抜群の人気施設

約560種もの植物が生育する「土橋自然観察教育林」を中心とする教育林内のキャンプ場。林間の草地がメインのテントサイトは、恵まれた自然環境に加え、テント設営も無料とあっていつも賑わう。炊事場など場内の設備も手入れが行き届いている。

サイトの隣には、造りの異なるバンガローが５棟立ち並ぶ（うち２棟は２段ベッド付）。室内にトイレや流しを設備する割りに料金は格安。財布に優しいキャンプ場である。

ROUTE

国道229号江差町柳崎の交差点で国道227号に入り、函館・北斗市方向へ約５kmの右手に「道の駅あっさぶ」（物産センター）。さらに約300m先の国道沿い右手に「レクの森」の案内塔があり、細い道の奥がキャンプ場。

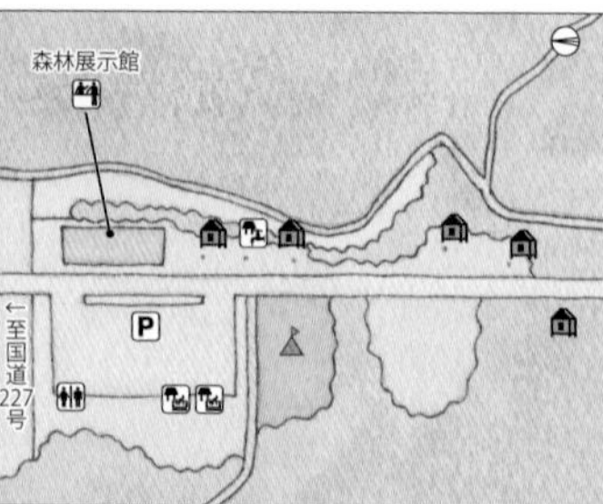

買い物　スーパー、コンビニのある厚沢部市街まで約1km

※完全予約制（４月１日より現地で受付開始、受付時間は期間外９：00～17：00、期間中９：00～20：00）
※車イス対応トイレは20：00で閉鎖　※焚き火台の使用は要問合せ　※花火は手持ち式のみ可

期間	QRマップ
4月下旬▼9月下旬	

MAP 24 うずらだむおーときゃんぷじょう はちゃむのもり

鶉ダムオートキャンプ場 ハチャムの森

☎0139-65-6886
檜山郡厚沢部町字木間内60-1
◎問合先／厚沢部町政策推進課商工観光係 ☎ 64-3312

MAPCODE® 774 691 412＊10

予約　可（詳細は欄外参照）
フリーサイト　持込テント１張1,500円20区画
オートサイト　Ａサイト：1区画 3,500円16区画（電源付）／Ｂサイト：１区画3,000円14区画（設備なし）／キャンピングカーサイト：1区画5,000円３区画（電源・上水道付）
宿泊施設　コテージＡ：４人用１棟12,000円４棟（トイレ・台所・ＴＶ・暖房付）／コテージＢ：４人用相部屋ベッド１台2,000円（計４室で定員16人、各室２段ベッド付、共用トイレ・シャワー室あり）１棟
貸用具　テント・コンロ・ランタンなど各種有料
管理人　駐在（8:30～20:00、夜間は警備員駐在）
施設利用時間　IN 13:00～20:00　OUT 9:00～10:00
施設・設備　水洗トイレ・炊事場各３棟、センターハウス（売店・シャワー・ランドリー）
Ⓟ　約20台（無料）
温泉　うずら温泉（大人400円、13:00～21:00、月曜休、祝日の場合は翌日休）まで約６km

厚沢部川支流の鶉川沿いに広がるオートサイト（左下はフリーサイト）

貸別荘タイプのコテージＡ内部

可愛らしい炊事場とトイレ

山間のダム下に広がる設備充実のキャンプ場

鶉ダム下に広がる、リゾート型のオートキャンプ場。ファミリー向けコテージに加えて、ライダーなど単身者向けの割安な相部屋式コテージもあり、幅広い層に対応する。

また、７～８月を除く平日には、割引料金も設定する。詳細は現地に問合せを。

ROUTE

厚沢部町市街から国道227号を北斗・函館方面に約11km進み、鶉川に架かる稲倉石橋手前の分岐で 右折、800ｍほど進んだ左手にある。函館側から行く場合は国道沿いの入口まで、北斗市街の道道96号との交差点から約26km。

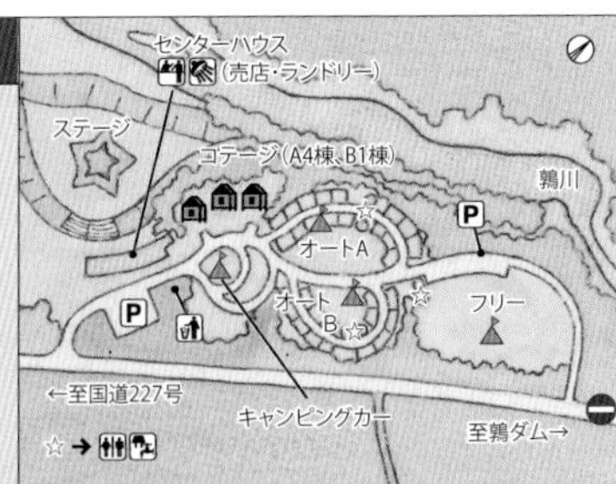

買い物　厚沢部町鶉地区のコンビニ「ハマナスクラブうずら店」まで約6km

奥尻GUIDE
大自然に抱かれた島の魅力に触れよう！

日本海の荒波が作り出した奇岩・なべつる岩。夜はライトアップされる

四方を海に囲まれ磯釣りには最適

奥尻ワイナリーは予約で見学も可

恵まれた島の自然環境を海で、野山で満喫しよう

日本海に浮かぶ奥尻島は、周囲約84kmの離島。観光スポットが島内に点在するため、移動手段が必要だ。自家用車のほか、路線バスや7～8月限定の定期観光タクシー、レンタカーなどを利用しよう。

奥尻島最大の魅力は、自然環境の素晴らしさ。特に水深25mの透明度を誇る、美しい海が自慢だ。海水浴を楽しむなら、更衣室やシャワーを完備する東風泊海岸がいい。

さらに海岸線には、東海岸に島のシンボル・なべつる(鍋釣)岩があるほか、西海岸にも奇岩が点在。島の周囲全体が好釣り場になっている。春から初夏はホッケやアブラコ、カレイ、秋からはカジカやソイ、アブラコが狙える。

面積の約8割が原生林に覆われた島の野山を探訪するなら、「奥尻島フットパス」がおすすめだ。3つのコースには案内板が設置され、ゆっくり歩きながら島の自然や暮らし、歴史に触れることができる。

また、西海岸の神威脇漁港近くには、奥尻ワイナリーTEL(01397)3-1414の工場がある。島で栽培する、潮風が運ぶミネラルを含んだブドウを使い、2008年からワイン造りに取り組んでいて、工場では限定ワインも販売している。

◎奥尻島へのフェリー情報

キャンプ期間内のフェリー時刻表は、次ページ下段の通り。また下記料金は、今年6月までのものとなる。7月以降の料金ならびに運航状況などは、下記の電話・Webサイトで事前に確認してほしい。

《ハートランドフェリー》
＊フリーダイヤル
予約専用:TEL(0570)02-8010
問 合 先:TEL(0570)09-8010
＊公式Webサイト
http://www.heartlandferry.jp

◎フェリー料金（片道）

《旅客運賃／江差～奥尻》
1等:アイランドビュー　大人6,280円、2等:大人3,350円～

《特殊手荷物運賃》
自転車・バイクなどをフェリーに持ち込む際に別途必要となる料金（1人1台分）。
自転車等 ……………1,890円
125cc未満二輪車……3,810円
750cc未満二輪車……5,710円
750cc以上二輪車……7,590円

《自動車航送運賃》
車両の長さにより3m未満から10段階に運賃が設定され、運転者1人分の2等旅客運賃を含む。手続きの際に車検証が必要となる。ここでは普通車に相当する4m以上5m未満の片道料金を紹介する。
江差～奥尻…26,490円～

◎レンタカー

フェリーターミナル内の奥尻島観光協会レンタカー事業部TEL(01397)2-3456ほかで。レンタカー3時間5,000円～。

このほかの奥尻島情報は、奥尻町商工観光係 TEL(01397)2-2351、奥尻島観光協会TEL(01397)2-3456まで。

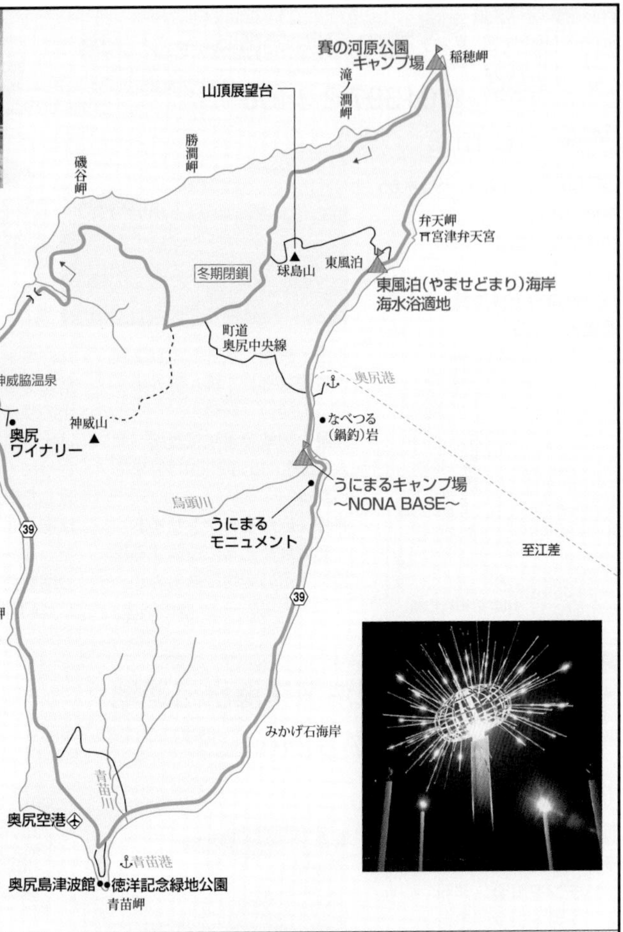

賽の河原公園
キャンプ場
稲穂岬
滝ノ澗岬
山頂展望台
勝澗岬
磯谷岬
弁天岬
宮津弁天宮
東風泊
球島山
冬期閉鎖
東風泊（やませどまり）海岸
海水浴適地
町道
奥尻中央線
屏風立岩
神威脇温泉
神威脇漁港
奥尻港
北追岬公園
キャンプ場
奥尻
ワイナリー
神威山
なべつる
（鍋釣）岩
カブト岩
うにまるキャンプ場
～NONA BASE～
鳥頭川
うにまる
モニュメント
39
至江差
39
ホヤ石岬
無縁島
みかげ石海岸
青苗川
奥尻空港
青苗港
奥尻島津波館
徳洋記念緑地公園
青苗岬

フェリー時刻表（ハートランドフェリー／2024年2月現在）

■江差～奥尻島航路 ※下掲以外の期間については、フェリー会社に問い合わせを

期　　間	江差発～奥尻着	奥尻発～江差着
4月1日～4月26日	12:00～14:10	07:00～09:10
4月27日～5月8日	09:40～11:50 17:40～19:50	07:00～09:10 15:00～17:10
5月9日～6月30日	12:00～14:10	07:00～09:10
7月1日～8月31日	09:40～11:50 17:40～19:50	07:00～09:10 15:00～17:10
9月1日～11月30日	12:00～14:10	07:00～09:10

※二輪車は手押しならサイト乗り入れ可　※焚き火、直火とも禁止(焚き火台は使用可)　※ゴミは指定の有料ゴミ袋利用で受け入れ

期間	QRマップ
4月下旬 ▼ 10月下旬	

MAP 25

さいのかわらこうえんきゃんぷじょう

賽の河原公園キャンプ場

☎01397-2-3406

奥尻郡奥尻町字稲穂 ※現地TELなし
←問合先／奥尻町産業振興課商工観光係

MAPCODE® 781 892 793＊65

予約　不可
持込テント料金　無料
オートキャンプ　不可
バンガロー・貸用具　なし
管理人　不在

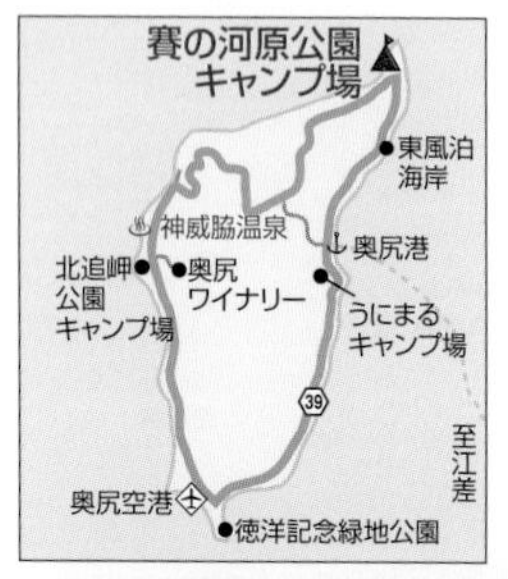

広々としたテントサイトは砂混じりの土(左)。炊事場や写真奥のトイレは立派な造りだ(上)

施設・設備　水洗トイレ２棟、炊事場(炉付)１棟、野外炉
Ⓟ　約60台（無料）
温泉　神威脇温泉保養所（大人420円、10:30～20:30）まで約27km

■岬に広がるテントサイト

奥尻島最北端に位置する稲穂岬。その突端にあるのが、道南五霊場の一つ「賽の河原」だ。キャンプ場はそのすぐ手前にある。日本海が目の前の土のサイトは、風の強い日には土ぼこりが舞う。ペグも刺さりにくく、丈夫なものを用意したい。サイト周辺に草地はあるが、テント設営は禁止だ。なお、毎年６月22日には公園を会場に「賽の河原まつり」が開催され、大いに賑わう。

※ゴミは指定有料ゴミ袋を利用の上、受け入れ

期間	QRマップ
4月下旬 ▼ 10月下旬	

MAP 26

やませどまりかいがんかいすいよくてきち

東風泊海岸海水浴適地

☎01397-2-3406

奥尻郡奥尻町字球浦 ※現地TELなし
←問合先／奥尻町産業振興課商工観光係

MAPCODE® 781 709 564*74

予約　不可
持込テント料金　無料
オートキャンプ　不可
バンガロー・貸用具　なし
管理人　不在

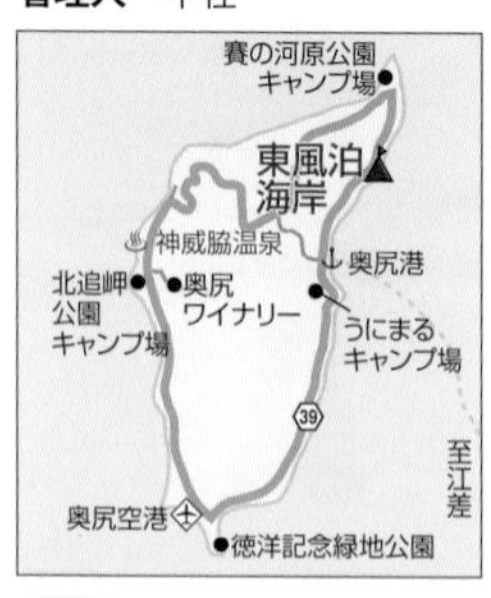

奥尻島では稀少な砂浜海岸の海水浴場。炊事場もある(左)。上はシャワー室併設の水洗トイレ

施設・設備　水洗トイレ１棟（シャワー併設）、炊事場（流し台）1カ所
Ⓟ　約15台（無料）
温泉　神威脇温泉保養所（前項参照）まで約21km

■島民に親しまれる海水浴場

奥尻港のフェリーターミナルから北に向かい、車で５分ほどの所にある海水浴場。島内では貴重な砂浜とあって、夏場は海水浴やバーベキューを楽しむ島民で賑わう。

テントは砂浜での設営が基本だが、繁忙期を除いて内陸側の草地も利用できる。なお、近隣に民家があるため、花火や発電機などの使用は禁止されている。騒音で周囲に迷惑をかけないよう注意しよう。

買い物　(上段)：奥尻市街のセイコーマートまで約10km
(下段)：奥尻市街のセイコーマートまで約4km

※ゴミは指定有料ゴミ袋を利用の上、奥尻港フェリーターミナルのゴミステーションで受け入れ

期間	QRマップ
4月下旬 ▼ 10月下旬	

MAP 27 うにまるきゃんぷじょう のなべーす

うにまるキャンプ場 ～NONA BASE～

☎01397-2-3406　奥尻郡奥尻町字赤石 ※現地TELなし
←問合先／奥尻町産業振興課商工観光係

MAPCODE® 781 557 086*18

予約　不可
持込テント料金　無料
オートキャンプ　不可
バンガロー・貸用具　なし
管理人　不在

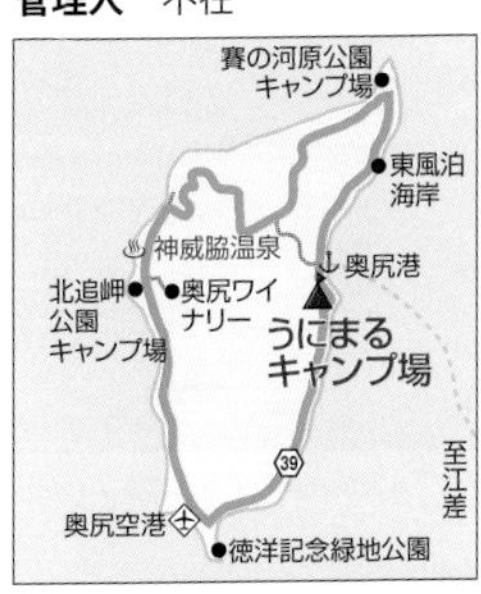

ほぼ平坦な芝生のテントサイト。サイト内への車の乗り入れはできない（左）。上は簡素な炊事場

施設・設備　水洗トイレ１棟、炊事場（流し台）１カ所、炭捨て場
Ⓟ　約40台（無料）
温泉　神威脇温泉保養所（p42参照）まで約20km

■眺望が自慢の高台サイト

奥尻島の名産・キタムラサキウニをモチーフにしたモニュメントの名を冠する「うにまる公園」。その園内の空き地を利用したキャンプ場。

海側に面した芝生のサイトは、車の乗り入れこそできないものの、奥尻港一帯をはじめ、天気さえ良ければ対岸の檜山沿岸も望める抜群の眺望が自慢だ。無料なだけに設備はシンプルだが、島内観光を楽しむ拠点に活用したい。

※ゴミは指定の有料ゴミ袋利用で受け入れ

期間	QRマップ
4月下旬 ▼ 10月下旬	

MAP 28 きたおいみさきこうえんきゃんぷじょう

北追岬公園キャンプ場

☎01397-2-3406　奥尻郡奥尻町字湯浜 ※現地TELなし
←問合先/奥尻町産業振興課商工観光係

MAPCODE® 781 574 281＊32

予約　不可
持込テント料金　無料
オートキャンプ　スペースがあれば無料で可（先着順で、特に設備なし）

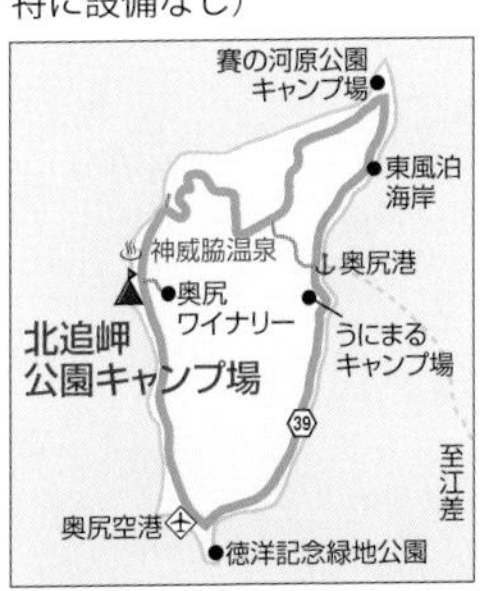

岬突端に広がるテントサイトは少々狭いので譲り合いを（左）。上は場内出入口にあるトイレ棟

バンガロー・貸用具　なし
管理人　不在
施設・設備　水洗トイレ１棟、流し１カ所（園内の広場にも流しあり）など
Ⓟ　約30台（無料）
温泉　神威脇温泉保養所（p42参照）まで約１km

■岬突端にあるビューサイト

奥尻港の反対側にある北追岬の無料キャンプ場。テントサイトはクズレ岬の突端に位置し、日本海を一望する眺めのよさが魅力だ。夜には漁り火や美しい星空も楽しめる。

場内ではテントへの車の横付けもできるが、サイトはさほど広くないため先着順となる。混雑時は手前の駐車スペースに車を置いた方が無難。

買い物（上段）：奥尻市街のセイコーマートまで約2km
（下段）：奥尻市街のセイコーマートまで約28km

※宿泊施設のみ要予約（利用日の３カ月前より受付。今季は４月10日より受付開始、期間中は現地）
※ペットの同伴は、リード使用などマナー厳守でＯＫ　※ゴミは分別の上、無料で受け入れ　※リヤカーあり

期間　5月1日▼10月31日　QRマップ

MAP 29

せたな青少年旅行村

せたなせいしょうねんりょこうむら

☎0137-87-3819

久遠郡せたな町瀬棚区西大里11
◎期間外問合先／せたな町まちづくり推進課☎84-5111

MAPCODE® 809 432 565＊85

予約　宿泊施設のみ可
入村料　高校生以上1泊420円、中学生以下210円（3泊以上は、高校生以上1,040円、中学生以下520円を１回だけ徴収）
持込テント料金　1張840円
オートキャンプ　不可
宿泊施設　バンガロー：３人用1棟2,090円３棟（電源・照明付）／ケビンＡ（６人用）：10,470円２棟／ケビンＢ（４人用）7,340円４棟（Ａ・Ｂともに水洗トイレ・キッチン・コンロ・冷蔵庫・テレビなどを設備、うち１棟はバリアフリー仕様）※各要予約
貸用具　なし
管理人　駐在(9:00～17:00)
施設利用時間　IN 13:00～ OUT 10:00まで
施設・設備　水洗トイレ・炊事場各２棟、中央管理棟（有料のコインシャワー・コインランドリー）など
Ⓟ　約60台（無料）
温泉　せたな公営温泉浴場やすらぎ館（露天風呂付、大人450円、10:00～21:00、第1・３月曜休）まで約2.5km

山上に広がるフラットな芝生のテントサイト（左下は設備完備のテラス付きケビン）

内部設備は照明のみのバンガロー

海に面したサイトは見晴らしがいい

山の上の芝生サイトは市街至近で眺望も抜群

瀬棚区市街からすぐの、立象山頂上付近にあるキャンプ場。眺望は抜群だが、吹きさらしのため特に春先は強風の影響を受けやすく、しっかりしたペグが必要だ。とはいえ、ここの眺めの良さは捨て難い。釣りは瀬棚港のほか、季節により馬場川でも楽しめるそう。

ROUTE

国道229号の瀬棚区市街から道道447号に入り（交差点に目立たない看板あり）、馬場川沿いに少し進んだ左手に明瞭な案内塔。これに従って左折、立象山への山道を上り詰めた所が駐車場で、そのすぐ先に管理棟がある。

買い物　スーパー、コンビニのある瀬棚市街まで約2km

※ペットの同伴は、リードの使用などマナー厳守でＯＫ　※ゴミはすべて持ち帰り制

期間	QRマップ
4月下旬 ▼ 10月下旬	

MAP 30

まこまないだむこうえんきゃんぷじょう

真駒内ダム公園キャンプ場

☎0137-84-5111

久遠郡せたな町北檜山区松岡 ※現地TELなし
←問合先／せたな町商工労働観光係

MAPCODE® 467 814 225＊52

予約　不可
入場料　小中学生110円、高校生以上210円
持込テント料金　1張520円
オートキャンプ　1区画1,040円計８区画
バンガロー・貸用具　なし
管理人　巡回で料金を徴収
施設・設備　水洗トイレ・炊事場各１棟、多目的広場など
Ⓟ　約40台（無料）
温泉　温泉ホテルきたひやま（露天風呂付、大人450円、10:30～21:00受付終了）まで約10km

ダム堤下に広がるオートサイト。通路沿いに区画が並ぶ（左下はトイレ）

ダム堤下に整備された自然豊かなキャンプ場

後志利別川支流のひとつ、真駒内川中流域にある真駒内ダム堤下の施設。ダムの彼方には狩場山地の山容を望める。

テントサイトは、園内をめぐる車路沿いがオートサイトで、その周囲の平坦な芝生がフリーサイトとなる。炊事場や水洗トイレなど設備はいずれも立派で快適だ。逆に整備が行き届き過ぎて、ワイルドさに欠けるきらいもあるが、自然環境は素晴らしい。

真駒内川での釣りは、禁漁期間中のヤマメを除いて、いつでもＯＫ。そのほか、アメマスやイワナなどが狙える。さらにクワガタなどの昆虫採集も楽しめるので、ちびっ子たちは大満足できるはずだ。

そうした周囲の自然を守るためにも、ゴミの持ち帰りは徹底してほしい。

オートサイト横の大きな炊事場

フリーサイトはオートサイト周辺の芝地

ROUTE

国道229号のせたな町北檜山区市街から、道道345号を熊戻渓谷方面へ向かう。約10km先の真駒内ダム手前を左折し、ダム堤下の園地に進入する。水車小屋が建つせせらぎ広場を通り過ぎた奥側に、テントサイトが広がる。

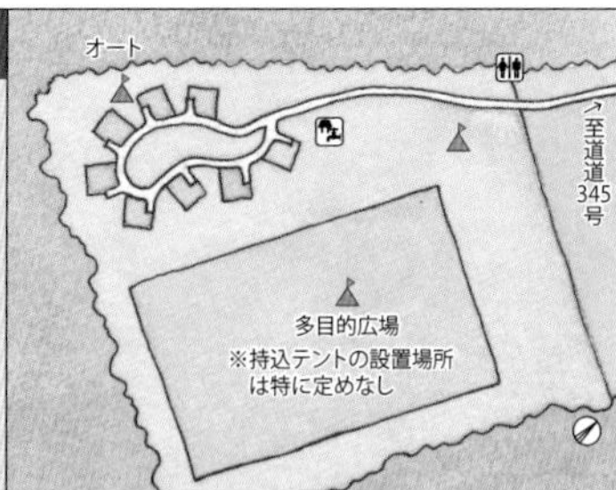

買い物　スーパー、コンビニのある北檜山市街まで約9km

MAP さんぼんすぎかいすいよくじょう ※ペットの同伴は、リードの使用などマナー厳守でOK

31 三本杉海水浴場

久遠郡せたな町瀬棚区三本杉
問合先／せたな観光協会 ☎(0137) 84-6205

MAPCODE® 809 432 548＊16

予約 不可

期間 7月中旬～8月中旬

持込テント料金 1シーズンにつき1,000円(タープは500円)

オートキャンプ 不可

バンガロー・貸用具 なし

管理人 駐在(10:00～16:00)

施設・設備 車イス対応水洗トイレ(有料温水シャワー併設、3分100円)・炊事場各1棟など

Ⓟ 約150台（無料）

温泉 公営温泉浴場やすらぎ館(p44参照)まで約1.2km

■奇岩・三本杉岩が目印

環境省の調査でも高評価を受ける、水質のよさが自慢の海水浴場。トイレや炊事場などの設備は、すべて砂浜サイトの一段上、国道沿いにある。

MAP ふとろかいすいよくじょう ※ペットの同伴は、リードの使用などマナー厳守でOK

32 ふとろ海水浴場

久遠郡せたな町北檜山区太櫓
問合先／せたな観光協会 ☎(0137) 84-6205

MAPCODE® 809 128 515＊21

予約 不可

期間 7月中旬～8月中旬

持込テント料金 1シーズンにつき1,000円(タープは500円)

バンガロー・貸用具 なし

管理人 駐在(10:00～16:00)

施設・設備 水洗トイレ・炊事場各1棟、脱衣所、有料温水シャワー(3分100円)など

Ⓟ 約30台（無料）

温泉 温泉ホテルきたひやま(p45参照)まで約11km

■環境省も認めた抜群の水質

炊事場に温水シャワーと、最小限ながら設備が整っている上、環境省の調査で高評価を受けている透明度の高い水質も魅力。周辺の太櫓漁港や平磯では、釣りを楽しむ人も多い。

MAP くあぷらざぴりかきゃんぷじょう ※ロッジキャンプ等の予約は4月下旬より電話等で受付 ※車中泊はサイト使用料を徴収

33 クアプラザピリカキャンプ場

瀬棚郡今金町字美利河205-1 ☎(0137) 83-7111
※クアプラザピリカ

MAPCODE® 762 759 828*57

予約 フリーサイト以外は可

期間 4月下旬～10月31日

サイト使用料 中学生以上1名1,500円、小学生以下700円

ロッジキャンプ 1棟20,000円～※1日1組限定で最大8名

オートキャンプ 不可

貸用具 有料で各種

管理人 隣接のクアプラザピリカに駐在（7:00～22:00）

施設・設備 水洗トイレ・炊事場各1棟など

Ⓟ 約80台（無料）

温泉 クアプラザピリカ（露天風呂付、中学生以上550円、12:00～21:00最終受付）に隣接

■温泉施設隣接のキャンプ場

フリーサイトは計60区画。ゴミは分別の上、有料で受け入れ。

買い物 (上段):スーパー、コンビニのある瀬棚市街まで約1km
(中段):スーパー、コンビニのある北檜山市街まで約11km (下段):スーパー、コンビニのある長万部市街まで約20km

ベルパークちっぷべつキャンプ場

石狩

支笏湖・千歳・札幌
江別・新篠津・石狩／道民の森

空知

長沼・岩見沢・三笠
月形・新十津川・沼田
芦別・滝川・深川

後志

小樽・積丹半島・岩内
倶知安・ニセコ・黒松内

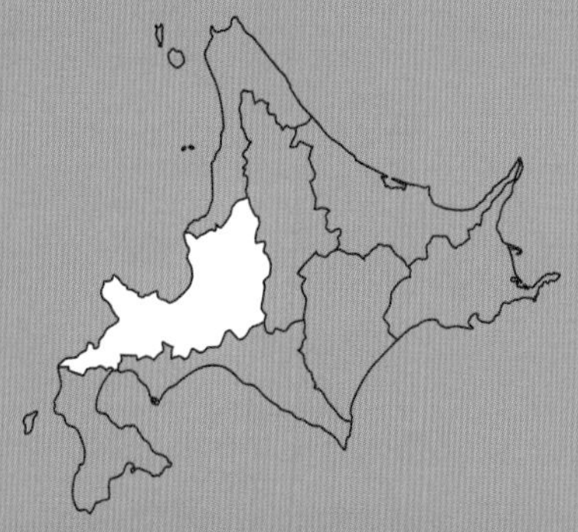

石狩・後志エリア CONTENTS & MAP

01 本目海岸　117
02 大平海岸　118
03 江の島海岸　118
04 賀老高原キャンプ場　118
倶知安・ニセコ・黒松内
05 Youtei Outdoor キャンプサイト　119
06 羊蹄山自然公園真狩キャンプ場　120
07 旧双葉小史料館「雪月花廊」キャンプ場　121
08 ニセコサヒナキャンプ場　122
09 蘭越町ふるさとの丘キャンプ場　123
10 歌才オートキャンプ場 L'PIC　124
11 倶知安町旭ケ丘公園キャンプ場　125
12 半月湖野営場　125
13 MEMUの森キャンプ場
（旧羊蹄ぼうけんの森キャンプ場）　126
14 冒険家族　126
15 Rusan Village ルサンキャンプ場　127
16 京極町スリー・ユー・パークキャンプ場　127
17 ルスツ山はともだちキャンプ場　128
18 ルスツふるさと公園　128
19 風の谷キャンプ場　129
20 NISEKO KAMA_HALE VILLAGE　129
21 ニセコ野営場　130
22 湯本温泉野営場　130
至滝川→
至砂川↗
美唄→
厚田
とうべつ
しんしのつ
岩見沢
小樽
小樽IC
余市IC
小樽JCT
石狩
江別
札幌
札幌JCT
あかいがわ
えにわ
千歳
千歳・恵庭JCT
新千歳空港IC
きょうごく
中山（喜茂別）
喜茂別
ルスツ
苫小牧
30km

空知エリア CONTENTS＆MAP

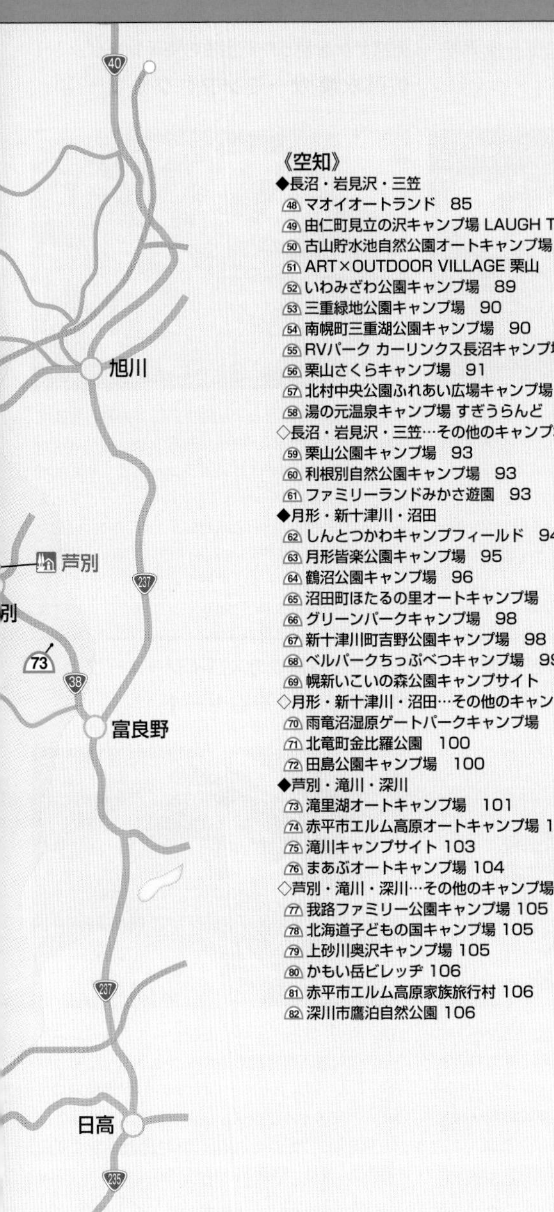

《空知》

石狩・空知・後志エリアの立ち寄りスポット

のどかな緑の牧場で体験メニューを満喫

北海道箱根牧場

ほっかいどうはこねぼくじょう

広々とした北海道らしい風景の中で、生キャラメル造りやチーズ造り、牛の乳搾りなど、牧場ならではの体験メニューが楽しめる。7～10月は巨大コーン迷路が登場。新鮮牛乳のソフトクリームも人気だ。【DATA】住所：千歳市東丘1201　電話：0123-21-3066　営業：10：00～16：00（体験は事前予約が必要）　定休：4月下旬～10月下旬は火曜（冬季不定、このほか臨時休業あり）　入場料：無料　P：50台

天然サケを使った高品質の海産物をゲット！

佐藤水産 サーモンファクトリー店

さとうすいさん さーもんふぁくとりーてん

天然サケにこだわる海産物専門店が直営。看板商品の手まり筋子やロッキーサーモンなど約1,000点を販売する。２階にはレストランがあり、海鮮味噌ラーメン1,280円や小丼セット950円～などが味わえる。【DATA】住所：石狩市新港東１-54　電話：0133-62-5511　営業：９：30～17：30（１～３月は～17：00、レストランは11：00開店で閉店時間は季節により変動）　定休：なし　P：250台

うれしい驚きがある創作パンが充実

エクスクラメーションベーカリー

えくすくらめーしょんべーかりー

定山渓温泉で話題の新スポット「山ノ風マチ」にある大人気ベーカリー。「檸檬と珈琲」や「抹茶とママレード」など、食材の組み合わせにセンスが光る創作系パンが揃う。11：30～15：00の時間・数量限定のハンバーガーもおすすめ。ドリンク購入でイートインも可。【DATA】住所：札幌市南区定山渓温泉西２-１　電話：011-252-7710　営業：10：00～17：00　定休：水曜　P：共用40台

旬野菜たっぷりのスパイシースープ

キッチンファームヤード

きっちんふぁーむやーど

由仁町の「ファーム大塚」が営む、大人気のレストラン。自社農園産野菜のうま味がたっぷり詰まった「スープスパイス」（セット1,600円～）が看板メニューだ。１階のセルフスタイルカフェでは手作りのケーキやドリンクが楽しめる。【DATA】住所：夕張郡由仁町西三川913　電話：0123-86-2580　営業：11：00～17：00LO（土・日曜・祝日は～18：00LO）　定休：火・水曜（祝日の場合は営業、振替休日あり）　P：60台

伝統の美唄焼鳥に舌鼓

焼鳥 たつみ

やきとり たつみ

鶏のモモ肉やキンカン、レバー、皮などを1串に刺す「美唄焼鳥」の人気店。定番の「もつ」と「精肉」は各1本150円。持ち帰りもでき、電話予約で焼きたてを購入できる。昼食時には、焼鳥が付くお得なランチセットも提供。【DATA】住所：美唄市西1南1-1-15　電話：0126-63-4589　営業：11:00～21:00(20:30LO、ランチタイムは14:30LO)　定休：火曜(祝日の場合は営業)　P：10台

できたてスイーツを召し上がれ！

北菓楼 砂川本店

きたかろう すながわほんてん

道産素材にこだわる人気菓子店「北菓楼」の砂川本店。店内の喫茶スペースでは、できたてのスイーツや洋食が味わえる。お好みのケーキ1個とシフォンケーキ、ソフトクリームが一皿に盛られたケーキセット(ドリンク付)が大人気。【DATA】住所：砂川市西1北19-2-1　電話：0125-53-1515　営業:9:00～18:30(喫茶11:00～15:30LO、食事は11:00～14:00LO)　定休：元日　P：50台

濃厚な無添加生ウニを丼で！

食堂うしお

しょくどううしお

神威岬の手前にある創業約50年の老舗海鮮食堂。6月中旬～8月末のウニ漁期間中には、地元漁師から仕入れる濃厚な甘みの無添加生ウニを、ウニ丼や刺身などで味わえる。店内のおみやげコーナーでは、粒ウニや自家製ワカメ佃煮など加工品を販売。【DATA】住所：積丹郡積丹町神威岬9-1　電話：0135-46-5118　営業：14:00～16:00(状況により変動あり)　定休：期間中なし(11～4月は休業)　P：100台

自家製チーズの具だくさんピザ

ニセコ高橋牧場 マンドリアーノ

にせこたかはしぼくじょう まんどりあーの

ニセコ高橋牧場が直営する、チーズ工房に併設されたピザレストラン。自社牧場産牛乳で作るチーズをたっぷり使った、焼きたてピザが味わえる。ピザは「4種チーズのピザ」1,480円(写真)や「きのことハムのピザ」1,650円など7種類を用意。いずれのピザもテイクアウト可能だ。【DATA】住所：虻田郡ニセコ町曽我888-1　電話：0136-44-3735　営業：11:00～18:00(17:30LO)　定休：なし　P：230台

※完全予約制（予約は電話・予約サイト「なっぷ」・現地管理棟で、利用の２カ月前から受付開始、キャンセル料あり）
※利用料は繁忙期（7・8月）割増し、冬季割引あり　※花火は指定エリアでのみ可　※ゴミは300円の指定袋購入で受け入れ

期間	QRマップ
4月中旬 ▼ 3月中旬	

MAP 1

きたひろしまかえるきゃんぷじょう

北広島かえるキャンプ場

☎011-377-2205　北広島市三島62-1

MAPCODE® 230 273 819*67

予約　可（詳細は欄外参照）
入場料　区画：大人1, 200円／フリーオート：大人2, 000円〜2, 500円（小学生〜高校生500円、未就学児無料は各共通）
区画サイト利用料　オートA（電源30A付）：4, 500円／同B（電源15A付）：3, 600円／ワンぱく第1・第2（ペット柵・電源15A付）：6, 000円 ※以上は4〜6月と9〜11月の料金。7・8月は各1, 000円程度割増し、冬季は割引あり）／ブッシュ（ソロ専用、オート不可）：1, 000円
キャンピングトレーラー　1泊8, 000円〜（設備はベッド・電源ほか、簡易朝食付）
貸用具　テントなど各種有料
管理人　期間中24時間駐在
施設利用時間　IN 11：00〜19：00（トレーラーは13：00〜）OUT 10：30まで（トレーラーは〜11：00）
施設・設備　管理棟（炊事場・車イス対応トイレ・シャワー・ランドリー併設）、ドッグラン
Ⓟ　約20台（無料）
温泉　恵庭温泉ラ・フォーレ（p55）まで約10km

管理棟を中心にサイトが配された第１エリア。第２は道路を挟んだ反対側に。遮熱シート使用で焚き火台も利用可。右上はトレーラーサイト専用の炊事場

常設の各種キャンピングトレーラー

管理棟の前には湧水を使う遊水路も

ファミリーに最適！設備充実の安心サイト

フリー＆区画オートに加え、愛犬と泊まれるワンぱくサイトやソロ専用のブッシュサイトなど、広大な敷地に多種多様なサイトを設備。キャンピングトレーラーを使う宿泊施設もあり、まさにキャンプの宝石箱だ。充実の設備と緑濃い自然の中で１日を過ごそう。

ROUTE

札幌市内からの場合は、国道36号で北広島市輪厚まで進み、輪厚中央４の交差点を右折。約1. 4km先の分岐を「札幌エルムCC」の看板を目印に左折し、突き当たりの丁字路を左折。約1. 2km先が現地で、左手に管理棟がある。

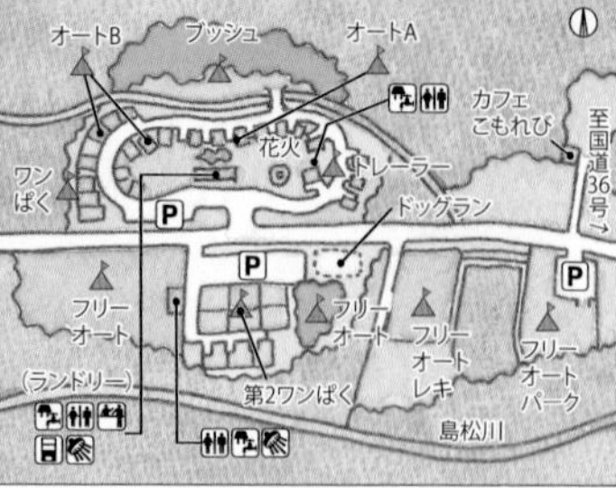

買い物　北広島市輪厚中央のローソンまで約5km。またスーパー、コンビニのある恵み野市街まで約6km

※予約制（予約は4月から受付開始。開設期間中は現地）　※5月は土・日曜・祝日、6月は金・土・日曜のみ開場

期間 5月1日 ▼ 9月30日　QRマップ

MAP 2　きたひろしましぜんのもりきゃんぷじょう
北広島市自然の森キャンプ場

☎011-377-8112
北広島市島松577-1
◎問合先／北広島市経済部 ☎ 372-3311

MAPCODE® 230 330 359＊55

自然林に囲まれた草原のテントサイトには、木立ちの部分（写真左下）もある

予約　可（詳細は欄外参照）
サイト使用料　大人1人400円、高校生以下・65歳以上200円、未就学児無料（日帰り利用は各半額）
オートキャンプ　不可
バンガロー・貸用具　なし
管理人　駐在（9：00～17：00）
施設利用時間　IN 13：00～17：00　OUT ～12：00（日帰り利用は9：30～17：00）
施設・設備　管理棟に車イス対応水洗トイレと炊事場1カ所併設、屋根付炉場など
Ⓟ　約35台（無料）
温泉　恵庭温泉ラ・フォーレ（露天風呂付、大人440円、11：00～22：20受付終了）まで約11km
MEMO　管理棟横にリヤカー3台あり。ゴミは完全持ち帰り制。花火は手持ち式のみ可

キャンプ場の入口に建つ管理棟

三別川で水遊びをする子どもたち

自然林の森に囲まれた居心地良いフィールド

国道36号の輪厚市街から南西へ約1.5km、「札幌リージェントGC」近くにある、自然いっぱいのキャンプ場。テントサイトは、針葉樹や広葉樹の茂る自然林の森に包まれ、実に居心地が良い。

ここはフリーサイトしかなく、整備の行き届いたゆるやかな起伏のある草原がサイト。周りを森に囲まれており、上場内にも自然木が適度に残されているのがいい。また、場内のすぐ横には三別川が流れており、ちびっ子の遊び場として人気を集めている。

ROUTE

国道36号を札幌から千歳方面に向かう場合、輪厚市街の南、ローソン付近の交差点から右折し、札幌リージェントGC方向へ約1.5km進んだ先が現地。仁井別川に架かる橋を渡ってすぐの分岐に、キャンプ場の看板が立つ。

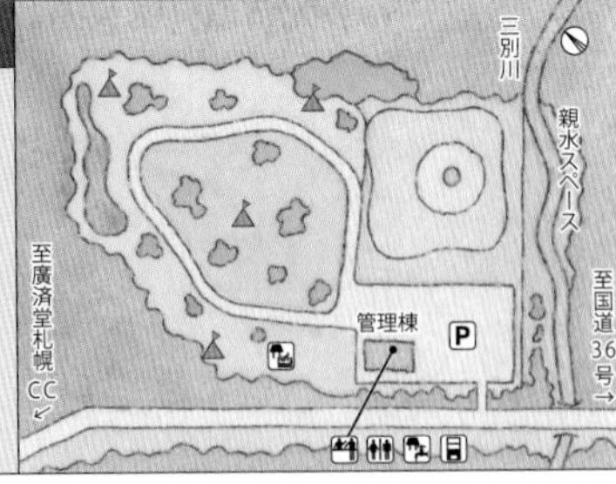

買い物　北広島市輪厚中央のローソンまで約2km。またスーパー、コンビニの多数ある北広島市街まで約10km

※予約制（予約は公式サイト<https://www.shikotuko.jp/checklist/>で2か月前から随時受付、同サイト「支笏湖ルール」の確認を）
※ペットの同伴は、マナー厳守でOK　※ゴミは原則持ち帰り制（やむを得ず投棄する場合は分別の上、指定のゴミ庫で受け入れ）

MAP 3

美笛キャンプ場
（びふえきゃんぷじょう）

☎090-5987-1284

千歳市美笛
◎期間外問合先／千歳市観光課 ☎ 24-0366

MAPCODE® 545 811 478＊20

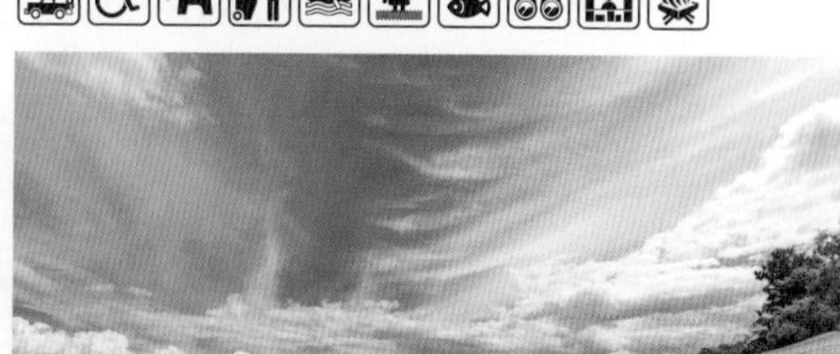

予約　可（詳細は欄外参照）
サイト使用料　大人2,000円、小中学生1,000円、4歳以上400円（デイキャンプは別料金。千歳市在住者は半額）
オートキャンプ　上記料金で可だが、特に設備なし
バンガロー・貸用具　なし
管理人　24時間駐在（受付は7:00～19:00）
施設利用時間　IN 11:00～19:00　OUT 7:00～10:00まで
施設・設備　水洗トイレ・炊事場各２棟、センターハウス（受付・水洗トイレ・シャワー・ランドリー・売店を併設）
Ⓟ　場内に約200台（無料）
温泉　休暇村支笏湖（ｐ57参照）まで約20km
MEMO　打ち上げ花火禁止

岸辺からカヌーを漕ぎ出せる開放的な湖岸サイト（左下は水洗トイレ）

木漏れ日の射す林間サイトは広々

入口ゲート横にあるセンターハウス

巨木の森と美しい湖に囲まれた自然派サイト

場内への車の乗り入れが自由で、リードをつければペットの持ち込みもできることから、幅広い層に支持される。恵庭岳山麓の原生林が場内を取り囲み、目の前の支笏湖と織りなす大自然も魅力だ。

場内は、草地の林間サイトと湖岸の砂地サイトに分かれる。カヌーや釣りを楽しむなら湖岸サイトとなるが、木漏れ日のある林間も捨て難い。

ただし夏場の混雑ぶりはすさまじく、昨年からWebサイトでの予約制を導入。利用の際は公式サイトを確認してほしい。ゆったり派は、平日もしくは時期をずらしてご利用を。

ROUTE

国道276号を、モラップから伊達市大滝区方面に進み、湖畔をはずれるあたりから案内板に従い右折、森の中の細いダート道を湖岸に向けて入った所。なお、道道78号の奥潭（オコタン）側から向かう道は、現在通行できない。

買い物　スーパー、コンビニの多数ある千歳市街まで約40km

※予約制（公式サイト〈https://www.qkamura.or.jp/shikotsu/camp/〉でのみ随時受付、当日は管理棟で正午まで受付）
※ペットの同伴は、リードの使用などマナー厳守でOK　※ゴミは生ゴミのみ、時間制で無料回収

期間　4月下旬 ▼ 10月上旬　QRマップ

MAP 4

もらっぷきゃんぷじょう
モラップキャンプ場

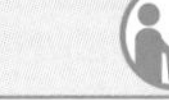

☎0123-25-2201　千歳市モラップ ※現地TELなし ←問合先／休暇村支笏湖

MAPCODE® 545 889 014＊46

予約　可（詳細は欄外参照）
管理費　中学生以上1,300円、小学生700円、4歳以上500円
フリーサイト　管理費のみ
ユニバーサルサイト（オートサイト）　1区画1,000円計8区画（設備は特になし、上記管理費を加算）
バンガロー・貸用具　手ぶらキャンプ食材付き:8,000円／食材なし：6,000円（大人1人、料金は変更の場合あり）、調理器具や毛布など有料で各種
管理人　夏期のみ駐在（8:00～18:00）
施設利用時間　IN 11:00～ OUT 11:00まで
施設・設備　水洗トイレ・炊事場各３棟、管理棟、キャンプセンターに車イス対応水洗トイレを併設、リヤカー（無料）
Ⓟ　約80台（無料）
温泉　休暇村支笏湖（大人800円、11:00～14:30受付終了、火・水曜休）まで約5km

湖岸のテントサイトは、砂地に小石混じりなので丈夫なペグが必要だ

サイト内陸側にもテントサイトが

炊事場はサイト内に３カ所設備

開放的な湖畔のサイトに区画オートサイトが誕生

支笏湖東岸の湖畔にあり、西南岸の美笛キャンプ場（p56）と並ぶ人気の施設。夏場はもちろん、春や秋の週末もキャンパーで賑わう。支笏湖の対岸に恵庭岳がそびえる雄大なロケーションの中、カヌーや水遊びが楽しめる。

湖岸のサイトは緩い傾斜のある小石混じりの砂地。ペグ選びは慎重に。また、今季より新たに区画オートサイトが、湖岸南側にオープンした。

ROUTE

札幌から国道453号利用だと、ホテルの集中する支笏湖温泉街を通り、苫小牧方面に向かう 国道276号 との分岐を美笛方面に右折して間もなく。右手にある案内板に従い少し入った湖岸が現地。支笏湖東岸に位置する。

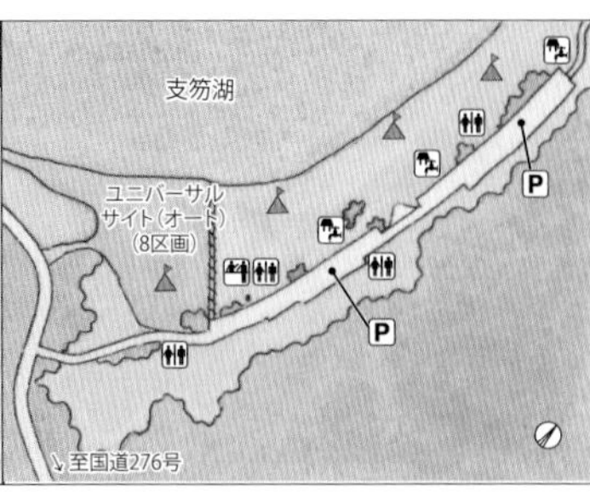

買い物　スーパー、コンビニの多数ある千歳市街まで約26km

※予約制（予約サイト〈https://reserva.be/tcsvillage〉、もしくはインスタグラムのDMで随時受付）
※ゴミは完全持ち帰り制　※Wi-Fi環境は管理棟周辺のみ

期間	QRマップ
5月上旬▼3月上旬	

MAP 5

てぃーしーえすびれっじきゃんぱーずえりあえにわ

TCS village キャンパーズエリア恵庭

☎090-6007-5026　恵庭市盤尻307-1

MAPCODE® 867 344 509*56

予約　可（詳細は欄外参照）

入場料　1人1,100円

サイト利用料　フリー・オート共通：宿泊1,650円、日帰り1,100円 ※入場料加算、高校生以下は入場料のみで利用可

宿泊施設　エアストリーム：1泊5,500円（3人用、土・祝前日＋1,100円、暖房費＋2,200円）／ホビー：5,500円（7人用、土曜・祝前日＋1,100円、暖房費＋2,200円）※入場料加算

貸用具　キャンプ用品セット（夏用テント・テーブル・イス・寝袋・BBQコンロ・調理器具）7,700円、テントサウナ5,500円、薪ストーブ3,300円、薪約8kg1,870円～など各種

管理人　駐在（9:00～18:00）

施設利用時間　IN 9：00～18:00　OUT 9:00～11:00

施設・設備　炊事場・水洗トイレ各１棟、屋根付き野外炉１棟など

Ⓟ　約15台（無料）

温泉　恵庭温泉ラ・フォーレ（p55参照）まで約９㎞

MEMO　テントサイトはスペースがあれば車の横付ＯＫ

木々に囲まれた土のフリーサイトは区画分けがなく、思い思いの場所にテントを設営できる。トイレと炊事場は、写真中央奥の出入り口側に各１棟を設備

手作りのピザ窯や井戸水ポンプもある

エアコン完備の宿泊施設エアストリーム

テントサウナでととのう キャンピングカー泊も！

漁川沿いの水辺と緑豊かな森が広がる、恵庭市街から至近のキャンプ場。サイト内は全面オートキャンプ可で、宿泊施設として外国製高級キャンプトレーラーも設備する。このほかテントサウナのレンタルも用意。２月18日からは冬キャンプも受け付ける。

ROUTE

道央自動車道利用の場合、恵庭ICを降りて道道117号をえにわ湖方面へ。約６㎞進むと左手が現地。一般道利用では、国道36号で恵庭方面へ向かい、恵庭市街の道道46号を経由して道道117号へ。道なりに約８㎞で現地。

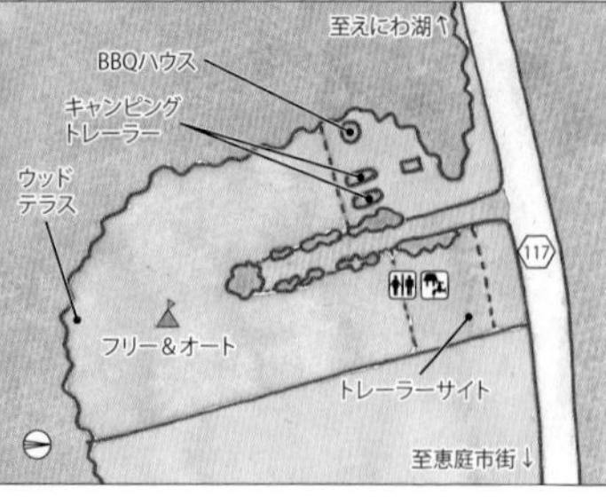

買い物　スーパー、コンビニの多数ある恵庭市街まで約7km

※予約制（予約は公式サイト〈https://redoor-sapporo.com〉か楽天トラベルキャンプで随時受付） ※ゴミは完全持ち帰り制
※連絡先の電話番号はWebでの予約後に通知（支払いは現金のみ） ※ペットの同伴は、フンの始末などマナー厳守でOK

期間	QRマップ
通年	

MAP 6 りどあ さっぽろ
Redoor Sapporo

☎Web事前予約制　札幌市中央区盤渓213-28

MAPCODE® 9 394 759*05

予約 可（詳細は欄外参照）

利用料 大人泊3,300円、17歳以下1,100円、４歳以下無料

デイキャンプ 受入時間帯：12:00～18:00／大人1,650円、17歳以下550円、４歳以下無料（9:00からの早入りは、大人のみ1,100円追加徴収、20:00までの滞在延長は550円追加）

イブニングキャンプ 受入時間帯：17:00～21:00（日曜を除く）／大人1,650円、17歳以下無料

ドーム １棟10,000円計２棟（上記利用料に加算）

貸用具 BBQセット3,500円など有料で各種

管理人 巡回（9:00～21:00）

施設利用時間 IN 12:00～ OUT 11：00まで

施設・設備 管理棟、仮設トイレ１基、上水道１カ所

Ⓟ 15台（無料）

銭湯 神宮温泉（大人490円、15:00～21:00、月曜休）まで約４㎞

MEMO 大型キャンピングカーの乗り入れは１台につき別途3,300円徴収

テントサイトに設置したスラックラインで遊ぶ子供たち。サイトは計8区画あり、すべての区画で車を横付けできるほか、直火での焚き火も楽しめる

電源付きのスタンドキッチンも設備

冬キャンプもドームで手軽に

札幌中心部から車で20分 中央区のキャンプ場！

思い立ったらすぐ行ける中央区盤渓にあり、抜群のアクセスを誇るリドアサッポロ。直火での焚き火や湧水池での水遊びが楽しめる環境が自慢だ。宿泊やデイキャンプに加え、珍しいイブニングキャンプも用意しており、こちらもおすすめだ。

ROUTE

札幌市中心部からは南１条通を西方面にほぼ道なりに進む。北海道神宮、札幌市円山動物園の脇を走り、セイコーマートはまざき店をそのまま通過。宮の森の住宅街を抜けて盤渓に入り、しばらく走ると左側に現地。

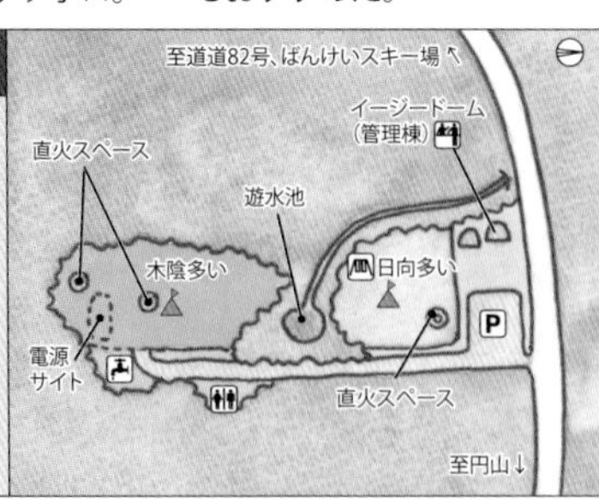

買い物 札幌市中央区宮の森のセイコーマートまで約3km

※予約優先制（公式サイト〈https://w-awesome.com/〉で随時受付、キャンセル料あり）
※焚き火台は、焚き火シートの使用が必須　※ペット同伴の宿泊は、専用サイトのみ可　※宿泊施設屋内での火気使用厳禁

期間	QRマップ
4月▼11月	

MAP 7

げいもりわーさむ
芸森ワーサム

☎011-558-1770　札幌市南区芸術の森3丁目915-21

MAPCODE® 9 040 568*22

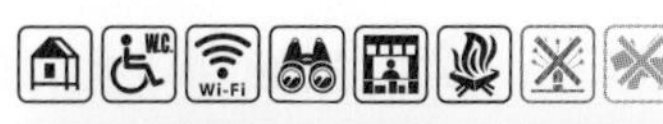

予約　可（詳細は欄外参照）
施設利用料　大人１人500円
持込テント料金　フォレストテント：1区画2,000円～計３区画、ドッグキャンプ：１区画8,000円～計３区画
宿泊施設　グランドテントサイト（常設テント）：1～5人用1人11,000円～計1棟、1～2人用1人10,000円～計5棟／キャビン：1～3人用1人9,000円～計3棟／タイニーホテル：1～2人用1人15,000円～計3棟（ベッド・サウナ・シャワー・トイレ・冷暖房などを完備）
貸用具　ガスグリル3,000円など有料で各種
管理人　センターハウスに駐在（10:00～18:00）
施設利用時間　IN 14:00～19:00　OUT 10:00まで
施設・設備　スタッフ駐在の管理棟、男女別棟のサニタリーハウス（トイレ・洗面台・シャワー併設）、センタービルディング（レストラン・売店・車イス対応トイレ併設）
P　約30台（無料）
MEMO　ゴミ無料受け入れ

野趣たっぷりのブッシュクラフトが楽しめるフォレストテントサイト。右下はレストランや売店、車イス対応トイレを併設するセンタービルディング

愛犬と過ごせるドッグキャンプサイト

場内ではグランピングも楽しめる

温泉　小金湯温泉湯元旬の御宿まつの湯（p62）まで約13km

札幌郊外の芸森エリアに誕生したアウトドア基地

「札幌芸術の森」周辺の自然を生かしたキャンプ場。ペットとノーリードで過ごせるサイトや各種宿泊施設を設備し、選択枝はいろいろ。なお場内に炊事場はなく、洗い物ができないので注意してほしい。

ROUTE

札幌中心部からは、国道453号を支笏湖方面へ。「札幌芸術の森」正面入口を通り過ぎ、道道341号との分岐から約200m先の「札幌アートヴィレッジ」青看板を目印に、右斜めの枝道に進入。道なりに進んだ左手が現地。

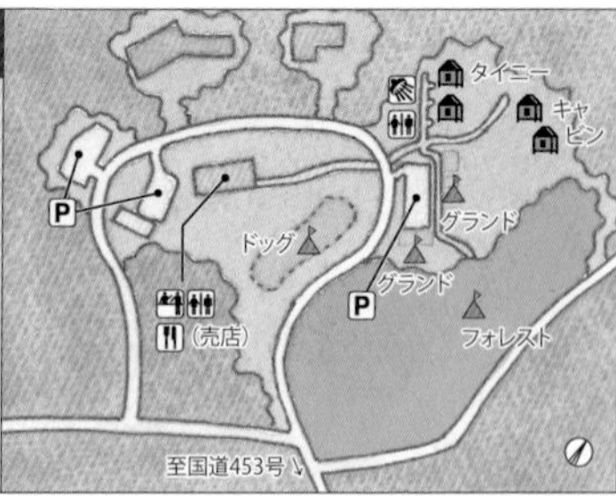

買い物　札幌市南区石山のラルズマート石山店まで約4Km

※完全予約制（予約は公式サイトで3月1日より受付開始。以降、利用日の2カ月前から随時受付、キャンセル料あり）
※ペットの同伴は、ペットサイト（フリー）5区画に限定（予約は電話でのみ受付） ※Wi-Fi環境はセンターハウス内のみ

MAP 8

おーとりぞーとたきの

オートリゾート滝野

☎011-594-2121 札幌市南区滝野 国営滝野すずらん丘陵公園内

MAPCODE® 867 572 250＊33

予約 可（詳細は欄外参照）

利用料 高校生以上870円（2泊目1,340円）、小中学生120円（2泊目240円）、65歳以上630円（2泊目1,090円）※各公園入園料込

サイト使用料 フリー：1区画1,600円計55区画／スタンダードカーサイト：4,200円40区画（電源20Ａ付）／キャンピングカーサイト：5,250円23区画（電源30A・上下水道・TV端子）

キャビン A：6人用9,400円14棟／B：5人用8,400円5棟／S：6人用バリアフリー15,750円6棟 ※上記料金は通常日（土・祝日・連休）のもの。夏休み期間やお盆などは割増に、それ以外の平日は割引となる。詳細は公式サイトで確認を

貸用具 有料で各種あり

管理人 期間中24時間駐在

施設利用時間 IN 13：00～17：00（6～8月は、18：00まで）OUT 8：00～11：00

施設・設備 水洗トイレ３棟、炊事場７棟、センターハウスに売店・シャワー・ランドリー

Ⓟ ２台目から１台1,050円

広々としたキャンピングカーサイトと円写真は併設の流し台（左下は炊事場）

場内の最も奥にあるフリーサイト

センターハウス横の６人用キャビン

ビギナーにぴったりのオート＆フリーサイト

札幌郊外にある、約400haの面積を持つ国営滝野すずらん丘陵公園内の施設。オートサイトはゆったりした間隔で区画が配置され、キャビンも含め適度な不便さが残されていてビギナー向きだ。ゴミは燃えないゴミ以外、無料で受け入れ。花火は手持ち式のみ可。

ROUTE

札幌市内中心部から国道453号経由、道道341号で真駒内から約12km、道央自動車道の北広島ＩＣからだと国道36号経由、道道341号で約15km。公園への入り口はいくつかあるが、オートリゾート滝野へは渓流口を利用する。

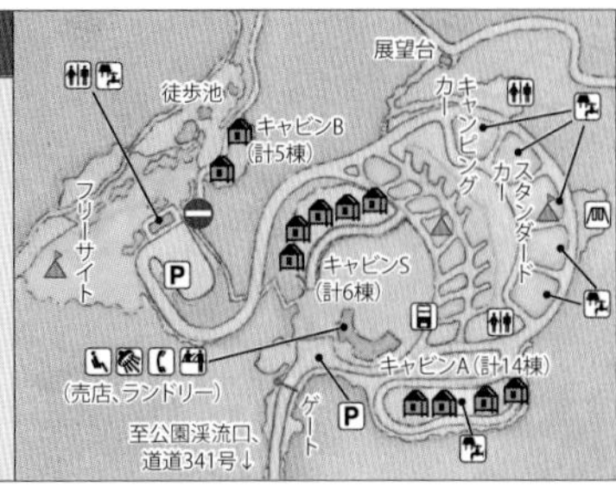

買い物 札幌市南区常盤のセイコーマートまで約10km、札幌市清田区真栄のスーパーまで約20km

※予約制（電話で7:00〜19:30受付、予約は3カ月前から当日まで）　※車イス対応トイレは、レストラン営業時間内のみ利用可
※花火は手持ち式のみOK　※発電機の使用は原則禁止　※ゴミは持ち帰り制　※ペットの同伴はリード使用などマナー厳守でOK

期間	QRマップ
4月下旬 ▼ 3月中旬	

MAP 9

はっけんざんわいなりーたきびきゃんぷじょう

八剣山ワイナリー焚き火キャンプ場

☎011-211-4384　札幌市南区砥山150

MAPCODE® 708 763 341*07

予約　可（詳細は欄外参照）

入場料　高校生以上1人1,500円（土曜2,000円）、小学生300円／ナイトキャンプ：高校生以上1,000円／日帰り：中学生以上1,000円、小学生300円

追加料金　ドッグラン（計3区画）・ブッシュクラフ（計1区画）のみ、各1区画3,000円を入場料に加算

貸用具　テント2,000円、タープ1,500円、焚き火台1,000円、ハンモック1,000円など各種

管理人　期間中24時間駐在

施設利用時間　IN 4〜11月8:00〜18:00（12〜3月は〜16:00）　OUT 11:00まで

施設・設備　管理兼務のレストラン＆マルシェ、炊事場（温水付）1棟、水洗トイレ4棟、非水洗トイレ4棟（冬季は閉鎖）、ドッグランなど

P　約20台（無料）

温泉　小金湯温泉御宿まつの湯（露天風呂付、大人800円、9:00〜21:00〈土・日・祝日〜22:00〉受付終了）まで約2㎞

MEMO　ナイトキャンプは18:00（冬期16:00）〜22:00

サイトは主にファミリー、フォレスト、ツリーハウスの3エリアで構成される

雰囲気のいい林間のフォレストサイト

八剣山ワイナリーのマルシェが管理棟

ワイナリーに併設された札幌至近のキャンプ場

札幌中心部から国道230号で約30分の八剣山山麓に位置する人気キャンプ場。3張までテントが張れる広々としたドッグランサイトなど、多彩なサイトを用意する。また、話題のテントサウナが、予約制ながら薪代のみで無料レンタルできるのもうれしい。

ROUTE

札幌中心部から国道230号（石山通）を定山渓方面へ。石山1-4の交差点で右折し、八剣山トンネルを抜けて最初のT字路を右折。約300m直進し、右手に見えてくるワイナリーの赤い屋根を目印に右折。駐車場奥から場内へ。

買い物　札幌市南区簾舞のセイコーマートまで約3.5km

※予約制（予約は利用日の2カ月前より電話、公式サイトで受付〈9:00～17:00〉、2カ月前が土・日曜・祝日の場合は翌平日受付。キャンセル料あり）
※焚き火をする場合は、施設での薪購入が必須となる　※ゴミは完全持ち帰り制

期間	QRマップ
通年	

MAP 10

さっぽろしじょうざんけいしぜんのむら
札幌市定山渓自然の村

☎011-598-3100　札幌市南区定山渓豊平峡ダム下流国有林野

MAPCODE® 708 633 471＊81

予約　可（詳細は欄外参照）

サイト使用料　普通サイト（6m×6m）：1区画５名まで500円計8区画／連結サイト（6m×12m）：1区画10名まで1,000円計7区画／特別サイト：1カ所10人まで1,000円（2区画分のスペースに内部設備なしの５人用キャビンと５人用テントが設営可のサイト併設）計2カ所

宿泊施設　コテージ：１室５人用4,700円（流し・トイレ・2段寝台付）計20室／テントハウス（ゲル）：7人用１棟3,900円計10棟　※各照明・暖房付

貸用具　有料で各種あり

管理人　駐在

施設利用時間　IN 13:00～ OUT 11:30まで（宿泊の場合）

施設・設備　水洗トイレ・炊事場（炉付）各１棟、受付の管理センター、ふれあいハウス（シャワー室、トイレほか併設）など

Ⓟ　あり（台数は変動で無料、管理センター横の駐車場を利用する。予約時に説明あり）

温泉　豊平峡温泉（p71参照）まで約2.5km

サイトは通路沿いに配されたテント床。村内にはせせらぎも流れる（左下）

ユニークなゲル型のテントハウス

１棟に２室が入る５人用コテージ

多彩なアウトドア体験ができる通年型の施設

豊平峡ダムの下流にある、野外教育が目的の自然体験型施設。豊かな自然環境を守るための配慮が随所に見られる。通年開設（年末年始および一部臨時休業あり）するので、冬キャンプなど多彩なアウトドア体験が可能。しかも料金設定が安価なのがうれしい。

ROUTE

札幌市内中心部からは国道230号で、定山渓温泉を過ぎ、豊平峡ダム方向へ左折、道なりに進むと電気バス乗り場への道との分岐が現れる。これをそのまま直進して入り口ゲートまで進み、管理センター横の駐車場を使用。

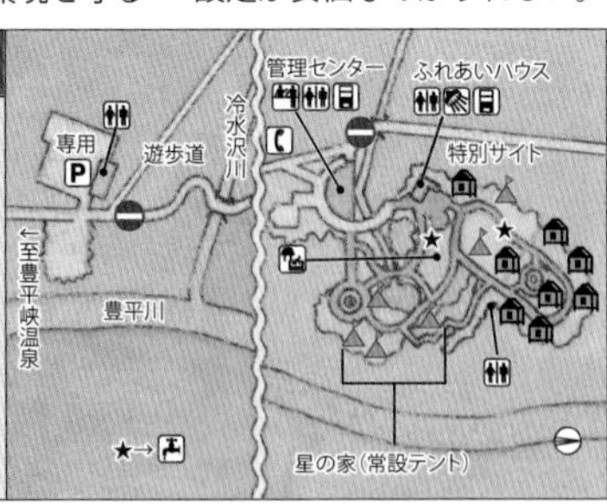

買い物　コンビニのある定山渓温泉街まで約5km

※予約制（土・日・祝日とリバーサイドなどの人気サイトは要予約。予約は公式サイト、メール〈toretafujii@yahoo.co.jp〉、電話で受付）
※営業期間はＧＷと６月下旬〜11月下旬、冬は12月頃〜３月下旬を予定　※ペットの同伴はリード使用でOK

期間	QRマップ
4月下旬 ▼ 3月下旬	

MAP 11
とれたこやふじいきゃんぷじょう ぱらとさんせっとりばー

とれた小屋ふじいキャンプ場 para-to sunset river

☎011-773-5519　札幌市北区篠路町拓北243-2

MAPCODE® 9 886 733*18

予約　可（詳細は欄外参照）
オートサイト　1区画1, 500円（特に設備なし、大型テントは１張1, 500円を別途徴収）、デイキャンプ１区画1, 000円
予約限定サイト　リバーサイドと森林：各1区画3, 000円（うち電源付き4区画）
宿泊施設　キャンピングカー体験1台、トレーラーキャンプ体験（デッキ付）２台、コンテナハウス体験１台 ※利用料・利用時間は要問合せ
貸用具　手ぶらセット４人用デイキャンプ16, 000円（テント・タープ・テーブル・イスなど）、ほか単品も有料で各種
管理人　巡回（6:00〜18:00）
施設利用時間　IN 9:00〜18:00　OUT 10:30まで
施設・設備　管理棟（直売所併設）、流し台3カ所、水洗トイレ2棟（女性専用あり）、女性専用シャワー300円、ランドリー
Ⓟ　約６台（無料）
温泉　札幌あいの里温泉なごみ（露天風呂付、大人490円、10:00〜22:30受付終了）まで約４km

農地の一部をサイトに改良。ゴミは持ち帰り推奨だが有料で回収も（40L以内1, 000円）

屋根付きの流し台。横には炭捨て場も

受付の隣には直売所兼レストランも

MEMO　花火は専用スペースで手持ち式のみ可

茨戸川河畔の広々サイト 冬季はワカサギ釣りも

茨戸川河畔で収穫体験や冬のワカサギ釣りを手掛けるふじい農場が開いた、通年営業のオートキャンプ場。水辺の豊かな自然と雄大な風景、アクセスのよさで、多くのキャンパーの人気を集めている。

ROUTE

札幌市中心部から創成川通（国道５号〜国道231号）を北進。東茨戸1-1の交差点を右折、道道128号を道なりに約２km進んだ先、篠路町拓北交差点を左折。約600ｍ先を右折して藍の道へ。左側の看板を目印に場内へ。

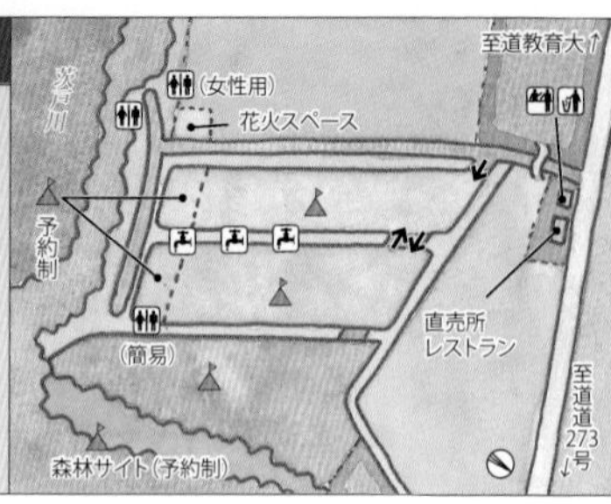

買い物　札幌市北区あいの里のセイコーマートまで約2km

※完全予約制（予約は利用日の60日前から、予約サイト「なっぷ」で随時受付）
※ペットの同伴は、リードの使用などマナー厳守でOK　※ゴミは指定の有料袋利用で受け入れ

期間	QRマップ
4月下旬 ▼ 10月中旬	

MAP 12

泉沢自然の森キャンプ場
いずみさわしぜんのもりきゃんぷじょう

☎0123-28-5588

千歳市泉沢100-15
◎予約・問合先／千歳市環境整備事業協同組合 ☎ 24-1366

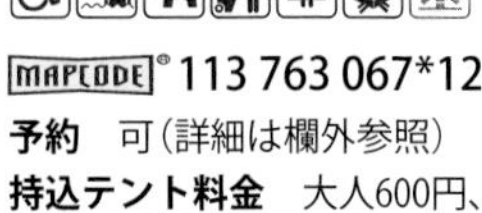

MAPCODE® 113 763 067*12

予約　可（詳細は欄外参照）

持込テント料金　大人600円、小中学生 300 円（千歳市民は大人半額、小中学生100円）

オートキャンプ　不可

小川沿いのサイトは、階段状に森の奥へと広がっている（左）。上は屋根付きの立派な炊事場

バンガロー・貸用具　なし

管理人　駐在（9:00～17:00）

施設利用時間　IN 12:00～17:00（バーベキューサイトは 9:00～14:00）　OUT 11:00まで（同17:00まで）

施設・設備　水洗トイレ・炊事場・炊事炉各１棟など

Ⓟ　約30台（無料）

銭湯　千歳乃湯えん（露天風呂付、大人 490 円、10：00～22:30受付終了）まで約４㎞

■森に包まれたテントサイト

千歳市の西方、緑豊かな「泉沢自然の森」にあるキャンプ場。駐車場は泉沢東大通から林間の誘導路に入った突き当たりに。荷物の搬出入時のみサイトに車で近づける。なお利用には事前の申請が必要だ。

※完全予約制（予約方法については前項参照）※ペットの同伴は、リードの使用などマナー厳守でOK

期間	QRマップ
4月下旬 ▼ 10月下旬	

MAP 13

青葉公園ピクニック広場
あおばこうえんぴくにっくひろば

☎0123-23-1216

千歳市泉沢青葉総合公園
◎予約・問合先／千歳市環境整備事業協同組合 ☎ 24-1366

MAPCODE® 113 825 264*06

予約　可（詳細は欄外参照）

持込テント料金　大人600円、小中学生300円（千歳市民は大人半額、小中学生100円）

オートキャンプ　不可

森の中に広がるテントサイトは土混じりの芝生（左）。上は堅牢な野外炉を併設する炊事場

管理人　駐在（9:00～17:00）

施設利用時間　IN 12:00～17:00（バーベキューサイトは 9:00～14:00）　OUT 11:00まで（同17:00まで）

施設・設備　水洗トイレ1棟、炊事場2棟、管理棟、有料のBBQコーナー・野外炉、遊具など

Ⓟ　約160台（無料）

銭湯　千歳乃湯えん（露天風呂付、大人 490 円、10：00～22:30受付終了）まで約1.5㎞

■事前予約制の公園内施設

自然環境に恵まれた大型公園内のキャンプ場。園内の「なかよし広場」には遊具が揃う。駐車場とサイトは600mほど離れていて、荷物は駐車場からリヤカーで運ぶことに。ゴミは有料袋の利用で受け入れ。

買い物（上段）：千歳市若草のセイコーマートまで約2km。またスーパー、コンビニの多数ある千歳市街まで約7km
（下段）：千歳市真々地のセブンイレブンまで約1km

※予約制（予約は利用日の1カ月前より現地で受付開始、開設期間外はそなえーるにて受付）
※ペットの同伴は、リードの使用などマナー厳守でOK　※ゴミは完全持ち帰り制

MAP 14

ちとせしぼうさいがくしゅうこうりゅうしせつ ぼうさいのもり

千歳市防災学習交流施設 防災の森

☎0123-26-9993　千歳市北信濃583-1
◎期間外問合先／千歳市防災学習交流センター そなえーる ☎26-9991

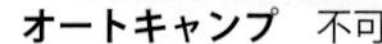

MAPCODE® 230 048 414*24

予約　可（詳細は欄外参照）
持込テント料金　高校生以上1人1泊600円、中学生以下300円（千歳市民は割引あり）
オートキャンプ　不可

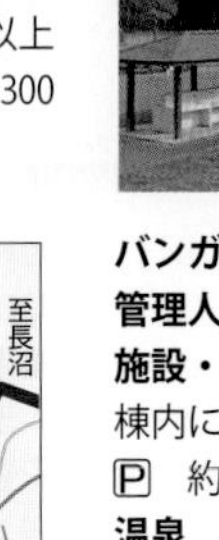

炊事場を囲むように広がる芝生のサイト（左）。上は手前が炊事場、奥が自販機もある管理棟

バンガロー・貸用具　なし
管理人　駐在（9:00～17:00）
施設・設備　炊事場1棟、管理棟内に車イス対応トイレなど
Ⓟ　約50台（無料）
温泉　根志越温泉くるみの湯（大人490円、12：00～20：00受付終了、無休）まで約３km

■防災学習施設内の野営場

災害を想定した訓練を体験するための施設で、サイトの名称は「野営生活訓練広場」と少々いかめしい。緑濃い環境ながら市街地に近く、買い出しにも便利だ。芝生のサイトは、ゆるやかな斜面に階段状に造られ、利用する区画が指定される。駐車場とは少し離れるので、備え付けのリヤカーを使って荷物を運ぼう。

※一部予約制（予約は電源付サイトとキャンピングカーサイトのみ可、利用日の１カ月前より受付開始）
※毎年３月中旬～４月中旬は、場内整備のため休業　※Wi-Fi環境は管理棟内とその周辺のみ

期間　QRマップ
4月中旬
▼
3月中旬

MAP 15

めいぷるきゃんぷじょう

メイプルキャンプ場

☎0123-39-3345　恵庭市西島松576-1

MAPCODE® 230 247 720*75

予約　可（詳細は欄外参照）
サイト使用料　中学生以上１人1,700円、小学生500円、未就学児無料（冬季は大人のみ500円増）

開放的な芝生のサイト（左）。上の屋内型炊事場は温水が使えるほか場内のトイレも自動洗浄機付だ

オートキャンプ　上記料金で可（電源利用は1サイトにつき1,000円徴収）
貸用具　各種有料であり
管理人　駐在（10:00～19:30、冬季は18:00まで）
施設利用時間　IN 10:00～ OUT 11:00まで
施設・設備　センターハウス（売店併設）、簡易水洗トイレ・炊事場各１棟など
Ⓟ　約50台（無料）
温泉　えにわ温泉ほのか（p67参照）まで約６km

■冬季も人気のキャンプ場

元パークゴルフ場を活用した通年営業施設。恵庭市街に近く買い物にも便利だ。夏季は広々したドッグランを用意。女子専用トイレも設備された。

買い物（上段）：コンビニまで約400m。またスーパー、コンビニの多数ある千歳市街まで約2.5km
（下段）：スーパー、コンビニのある恵み野市街まで約2km

※キャンパーはチェックアウトするまで、温泉入浴が自由にできる　※ゴミは完全持ち帰り制

期間 4月下旬▼10月下旬　QRマップ

MAP 16 えにわおんせんほのか ほのきゃんぷじょう
えにわ温泉ほのか ほのキャンプ場

☎0123-32-2615　恵庭市戸磯397-2（えにわ温泉ほのか）

MAPCODE® 230 133 790*76

予約　不可
入場料　中学生以上1,950円、小学生800円（金・土・祝前日は中学生以上2,050円、小学生850円）、未就学児無料（各えにわ温泉の入浴料込）

区画分けされていない広々としたフリーサイト（左）。別館の炊事場（上）は流しを２台設備する

持込テント料金　テント・タープ各1張500円20～30区画
貸用具　リヤカー（無料）
管理人　駐在（9:00～24:00）
施設利用時間　IN 11:00～19:00　OUT 11:00
施設・設備　管理施設（水洗トイレ・シャワー併設）、別館（水洗トイレ・炊事場併設）
Ⓟ　170台（無料）
温泉　えにわ温泉ほのか（露天風呂付、大人950円、土・日曜・祝日1,050円、9:00～23:30受付終了）に隣接

■2種の天然温泉に入り放題!
希少なモール泉と塩泉の２種を有する温泉施設が運営。場内設備も充実し、キャンプと温泉入浴を存分に楽しめる。

※完全予約制（利用日の１カ月前より予約サイト「なっぷ」で受付開始）　※水・木曜定休（夏休み期間は営業の予定）
※ゴミは完全持ち帰り制　※ペット同伴は専用サイトのみOK　※花火は手持ち式のみ指定場所でOK　※無料のキャリーワゴンあり

期間 6月1日▼11月4日　QRマップ

MAP 17 しーぷしーぷきゃんぴんぐふぃーるど
Sheep sheep camping field

☎0123-34-7800　恵庭市牧場281-1 えこりん村内（えこりん村サポートセンター、受付は9:30～17:00）

MAPCODE® 230 126 139*18

予約　可（詳細は欄外参照）
入場料　大人1,200円、小中学生500円、未就学児無料
フリーサイト　ひつじ：テント・タープ各１張700円計33組／森林Ｂ：1,500円計２区画

羊牧場隣接のフリーサイト（左）に加え、ドッグランサイトを新設。上は木々に囲まれた森林サイト

区画サイト　まきば：１区画700円計７区画／かまど（オートサイト）：1,200円４区画（直火・車横付け可、電源なし）／ドッグラン：5,000円４区画／森林Ａ：4,000円３区画
貸用具　各種有料で
管理人　駐在（10:00～17:00）
施設利用時間　IN 12:00～16:00　OUT 6:00～10:00
施設・設備　管理棟（水洗トイレ・売店併設）、簡易水洗トイレ・炊事場各１棟
Ⓟ　あり（無料）
温泉　恵庭温泉ラ・フォーレ（p55参照）まで約４km

■えこりん村の魅力を満喫
新設のドッグランサイトなど様々なスタイルで楽しめる。

買い物（上段）：恵庭市街のセイコーマートまで約1km
（下段）：恵庭市街のセイコーマートまで約2km

※予約制（公式サイト〈https://sapporo-camp.jp〉で利用状況を確認し、メール〈info@sapporo-camp.jp〉で予約。キャンセル料あり）

期間 通年 QRマップ

MAP 18 さっぽろやえいじょう ばい たきびと

札幌野営場 by 焚火人

☎Web予約制　札幌市中央区宮の森1872-1

MAPCODE® 9 454 262*54

予約　可（詳細は欄外参照）

フリーサイト　ビジター：1区画1,000円＋入場料大人1人2,000円（小学生以下2人まで無料、追加1人につき＋500円、駐車1台無料、2台目から1台＋2,000円）／焚火人々（メンバー）：月額10,000円で大人3人まで入場無料（追加1人につき＋500円。区画料など利用条件はビジターと同様）

最小限の設備でワイルド感を漂わすサイト（左）。写真右上は流し台付のトイレ棟。上は管理棟

貸用具　要問合せ

管理人　利用者滞在時は常駐

施設利用時間　IN 13:00〜 OUT 11:00まで

施設・設備　管理棟、水洗トイレ1棟（流し台併設）

Ⓟ　約20台（2台目から有料）

銭湯　神宮温泉（p59参照）まで約3.5km

■焚き火好きが集う野営場

特典のある月額メンバー優先制を採用。都心部に近い立地ながら、サイトは野趣たっぷり。ゴミは持ち帰り制。

※完全予約制（5月中旬より電話と公式サイト〈https://www.bankei.co.jp/summer/campground/〉で受付開始。キャンセル料あり）

期間 5月下旬▼10月下旬 QRマップ

MAP 19 ばんけいきゃんぷふぃーるど

ばんけいキャンプフィールド

☎011-641-0071　札幌市中央区盤渓410

MAPCODE® 9 393 354*66

予約　可（詳細は欄外参照）

入場料　小学生以上1人600円

フリーサイト　1区画2,500円 計24区画（デイキャンプ1区画1,000円〜と共用）

ゲレンデに作られた階段状のサイト。1区画最大6人まで（左）。上のセンターハウスは売店併設

カーサイト　1区画3,500円〜 計16区画（電源なし）

手ぶらキャンプサイト　1区画15,000円2区画（テント・タープ・テーブル・イスなど）

貸用具　テントなど有料で各種。リヤカー4台（無料）

管理人　駐在（8:00〜18:00）

施設利用時間　IN 13:00〜17:00　OUT 9:00〜10:00

施設・設備　管理棟、水洗トイレ・炊事場各1棟、流し台2カ所

Ⓟ　約200台（2カ所、無料）

銭湯　神宮温泉（p59参照）まで約5km

■ファミリーに人気の遊び場

札幌中心部に近く、釣り堀やジップラインなどアクティビティが豊富だ。ゴミ処理は有料、花火は手持ち式のみ可。

買い物（上段）：札幌市中央区のセイコーマートまで約2km
（下段）：札幌市中央区のセイコーマートまで約3.5km

※完全予約制（予約サイト〈https://www.takibi-reservation.style/ca5067/plan〉で随時受付）
※８月下旬から10月下旬の期間は、金・土・日曜のみ開設の予定　※ゴミは一部有料で回収

期間	QRマップ
7月下旬 ▼ 10月下旬	

MAP 20　ふっずそといくふぃーるど
Fu's SOTOIKU FIELD

☎011-206-6583　札幌市南区藤野473-1（合同会社SOTOIKU）

MAPCODE® 9 123 236*12

予約　可（詳細は欄外参照）

利用料　DAICHIサイト１区画3, 300円計６区画／SORAサイト5, 500円計３区画、CARサイト5, 500円計３区画、手ぶらサイト16, 500円計５区画

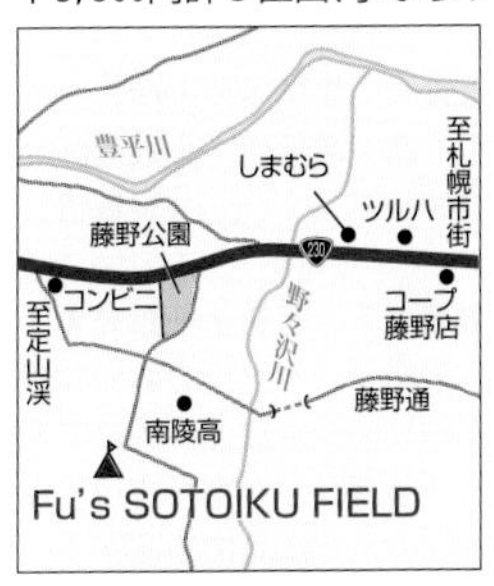

見晴らしのよい芝生サイト。スキー場のロッジが管理棟に（左）。上は手ぶらサイトのセット一式

バンガロー　なし

貸用具　有料で各種あり

管理人　期間中駐在

施設利用時間　IN 13:00～ OUT 7:30～11:00

施設・設備　管理棟（水洗トイレ・売店・自販機併設）、トイレ１棟、流し台１カ所

Ⓟ　あり（無料）

温泉　小金湯温泉旬の御宿まつの湯（p70参照）まで約７㎞

■ファミリーのための施設

SORAサイトを除き、子ども連れ限定というキャンプ場。スキー場のゲレンデをサイトに使うため、眺望は抜群だ。21：00までナイター照明が点くので、小さな子どもがいても安心。遊具も充実している。

※完全予約制(利用月前月の1日より〈https://benizakuraog.com〉で受付開始）　※10名以上での利用は１区画無料

期間	QRマップ
4月29日 ▼ 11月14日	

MAP 21　べにざくらあうとどあがーでん
紅櫻アウトドアガーデン

☎090-9252-6575　札幌市南区澄川389-6

MAPCODE® 9 254 759*76

予約　可（詳細は欄外参照）

入場料　中校生以上1人1, 000円、小学生500円、未就学児無料（金・土・祝前日のみ中学生以上１人1, 500円）

谷間に広がるサイト（左）。場内には水辺も多い。サイトには屋根付き流し台（上）が２カ所ある

区画料　テントサイト（10区画）：１泊2, 500円（金・土、祝前日のみ3, 500円）／カーサイト（1区画）：6, 500円（電源付）

貸用具　各種有料で

管理人　駐在（10:00～17:30）

施設利用時間　IN 13:00～ OUT 11:00まで（週末と祝前日は10:00まで）

施設・設備　車イス対応水洗トイレ１棟、流し台２カ所

Ⓟ　約20台（無料）

風呂　札幌市保養センター駒岡（大人490円、10:00～20:00）まで約５㎞

■紅櫻公園内のテントサイト

草地のサイトは木々に囲まれた谷間に。場内と駐車場は50mほど離れ、荷物運びが必要。ゴミは500円で受け入れ。

買い物　（上段）：藤野市街のコープさっぽろ藤野店まで約3km
（下段）：札幌市南区のコンビニまで約1.5km

※予約制（予約は現地にて電話受付、受付時間は12:00～17:00） ※Wi-Fi環境は管理棟内と周辺のみ
※ペットの同伴は、リード使用などマナー厳守でOK ※焚き火台は焚き火シート使用に協力を ※ゴミは持ち帰り制

期間	QRマップ
4月下旬 ▼ 10月下旬	

MAP 22

八剣山果樹園キャンプ場
はっけんざんかじゅえんきゃんぷじょう

☎011-596-2280 札幌市南区砥山126（八剣山果樹園）

MAPCODE® 708 763 351*06

予約 可（詳細は欄外参照）
使用料 中学生以上1人600円、小学生300円、未就学児無料
持込テント料金 テント・タープ・スクリーンテントなど各１張800円
貸用具 円台テーブル、５人用コンロ一式など各種有料で
管理人 駐在（8:00～18:00）
施設利用時間 IN 12:00～18:00 OUT 8:00～11:00
施設・設備 管理棟（トイレ・炊事場・売店・バーベキューレストラン併設）、トイレ１棟、流し台１カ所
Ⓟ 約150台（無料）
温泉 小金湯温泉御宿まつの湯（露天風呂付、大人800円、9:00～21:00〈土・日・祝日～22:00〉受付終了）まで約２㎞

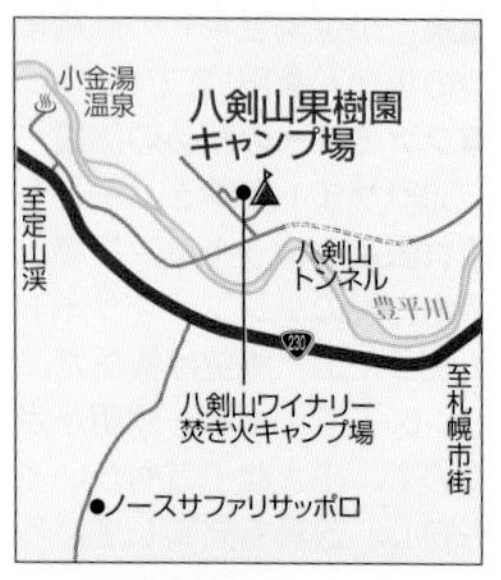

果樹が点在する芝生サイト（左）。上は場内の釣り堀、管理棟はバーベキューレストラン八剣山

■アクティビティーが充実
果物狩りや野菜の収穫体験、魚釣りに乗馬など、家族で楽しめる遊びが充実。片道約１時間の八剣山登山もおすすめ。

※予約制（予約は公式サイト〈https://www.seicouki.com〉で随時受付） ※花火は手持ち式のみ20:00まで可 ※ゴミは持ち帰り制

期間	QRマップ
通年	

MAP 23

晴好雨喜
せいこううき

☎Web予約制 札幌市南区定山渓937

MAPCODE® 708 785 664*58

予約 可（詳細は欄外参照）
入場料 中学生以上1人1,000円、小学生500円、未就学児無料
サイト利用料 フリー：1区画1,500円／オート：1区画2,000円（設備なし）／プライベート：１区画3,000円
貸用具 運搬用の一輪車１台（無料）、薪（約8kg）800円
管理人 駐在（8:00～18:00）
施設利用時間 IN 12:00～ OUT 11:00まで
施設・設備 受付、水洗トイレ１棟、流し台３カ所
温泉 旅籠屋定山渓商店（露天風呂付、13歳以上1,200円、13:30～18:00受付終了）まで750m

オーナー夫妻が地形を生かしてつくりあげた素朴なテントサイト（左）。野趣溢れる部分も（上）

■定山渓の手作りキャンプ場
直火炉のあるプライベートや林間のオートなど、自然に包まれた森の中のサイトは、ソロキャンパーの人気が高い。料金は季節により変動の予定。

買い物 （上段）：札幌市南区簾舞のセイコーマートまで約3.3km
（下段）：コンビニのある定山渓温泉街まで約1.5km

※完全予約制（予約は現地で随時受付、キャンセル料あり）　※ペットの同伴は不可
※焚き火台は、焚き火シートの利用で使用OK　※キャンパーの温泉入浴料（子ども500円）は、1泊ごとに利用人数分が必要

期間	QRマップ
5月初旬 ▼ 10月末	

MAP 24 豊平峡温泉オートキャンプ場
ほうへいきょうおんせんおーときゃんぷじょう

☎011-598-2410　札幌市南区定山渓608（豊平峡温泉）

MAPCODE® 708 694 601*73

予約　可（詳細は欄外参照）
オートサイト　サイト①（6m×6m）：3,500円計6区画／サイト②（10m×6m）：4,000円計4区画（1区画テント1張、キャンピングカーは1台分、一部電源付、ゴミ廃棄料込）
バンガロー・貸用具　なし
管理人　豊平峡温泉に駐在
施設利用時間　IN 14:00〜　OUT 11:00まで
施設・設備　簡易水洗トイレ・炊事場各1棟、テーブル・ベンチ、温泉内に食堂・売店
P　完全オートキャンプ場

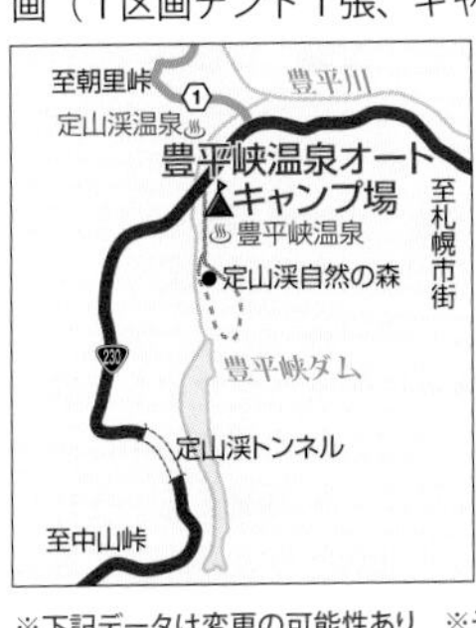

温泉施設から一段低い場所に広がるオートサイト（左）。上は流しや調理台を設備する炊事場

温泉　豊平峡温泉（露天風呂付、大人1,000円、10：00〜21:45受付終了）に隣接

■入浴者限定のオートサイト
源泉かけ流しの湯と、北インド料理や十割そばが人気の豊平峡温泉にある、入浴者専用施設。1泊1名につき1回分の入浴料でチェックアウトまで何度でも入浴できる。

※下記データは変更の可能性あり　※予約制（公式サイト〈https://horippa.com〉優先。電話予約も可。キャンセル料あり）

期間	QRマップ
通年	

MAP 25 札幌手稲キャンプリゾート ホリッパ
さっぽろていねきゃんぷりぞーと ほりっぱ

☎090-5012-6796　札幌市手稲区手稲前田452-1

MAPCODE® 493 539 387*54

予約　可（詳細は欄外参照）
利用料　中学生以上1人880円、小学生以下無料（以下に加算）
区画料　電源なし：1区画880円／電源付き：2,750円（全区画シンク付）※夏期は休前日と土・祝日料金が割増し、初回のみ会員登録料500円が発生
貸用具　各種有料で
管理人　駐在（9:00〜17:00）
施設利用時間　IN 10:00〜　OUT 入場から24時間以内
施設・設備　管理棟、トイレ5棟（女性専用あり）
P　約150台（無料）

サイト（左）には全区画に専用シンクを設備する。シンク用のタンク（上）に水を入れてサイトへ

温泉　ていね温泉ほのか（露天風呂付、大人1,200円、土・日・祝日1,300円、早朝割引あり、24時間営業）まで約7㎞

■元農地の都市型キャンプ場
元農地にオートやウッドデッキなど多彩なサイトを設備。グランピング施設などの増設も計画中だ。なお、混雑時の花火は指定場所に限りOK。

買い物　（上段）：コンビニのある定山渓温泉街まで約3km
（下段）：札幌市手稲区のコンビニまで約2km

※完全予約制（5月1日からInstagramのDMか公式サイトで受付開始。キャンセル料あり）
※花火は管理棟前で21:00まで　※ゴミは完全持ち帰り制　※ペットの同伴は１日３組まで受け入れ

期間　5月中旬 ▼ 11月中旬　QRマップ

MAP 26 あなざーすかいきゃんぴんぐふぃーるど

Another Sky Camping Field

☎Web事前予約制　札幌市清田区有明254-1

MAPCODE® 9 083 586*33

予約　可（詳細は欄外参照）
利用料　中学生以上1,000円、小学生500円、未就学児無料
持込テント料金　1張500円、大型１張1,000円

左は炊事場とトイレ。テントサイトは森の中に広がる。飲用水は売店（上）で購入するか持参を

車両費　車1台500円、キャンピングカー１台1,000円
電源サイト　1区画3,000円計２区画
貸用具　テント3,000円など
管理人　駐在（9:30〜18:30、受付不在時あり）
施設利用時間　IN 13:00〜19:00（有料アーリーチェックイン9:30〜）　OUT 11:00
施設・設備　管理棟（受付・売店）、簡易水洗トイレ2棟など
P　あり（有料）
風呂　札幌市保養センター駒岡（大人490円、10:00〜20:00）まで約14km

■森に包まれたサイトが魅力

緑濃い有明の森の中に多様なサイトを設備する。ただし水道設備がないのでご注意を。

※完全予約制（予約は公式サイト〈https://toreta-fujii.com/〉、メール〈info@toreta-fujii.com〉、電話で随時受付）
※花火は手持ち式のみ可　※ゴミは有料で受け入れ　※ペットの同伴はリード使用でOK

期間　4月下旬 ▼ 3月下旬　QRマップ

MAP 27 ぱらとさんせっとりばーぷらいべーとさいと

para-to sunset river プライベートサイト

☎090-8903-9958　札幌市北区篠路町298

MAPCODE® 514 048 335*53

予約　可（詳細は欄外参照）
入場料　中学生以上1,000円、小学生500円、未就学児無料
サイト料　１区画2,000円
バンガロー　なし

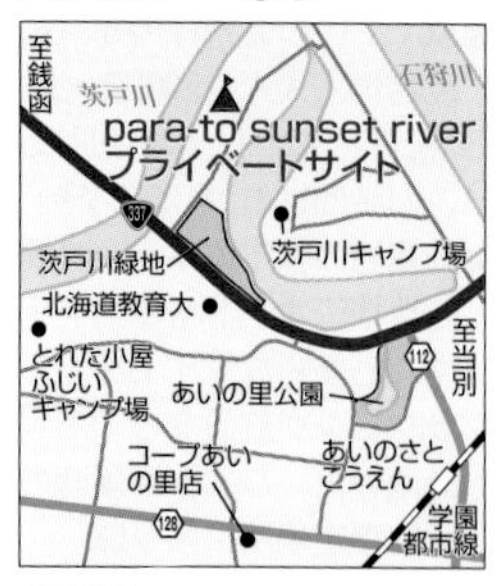

茨戸川緑地の一角に整備されたプライベートサイト（左）。サイトには車の乗り入れＯＫ（上）

貸用具　テントなど有料で
管理人　不在（管理・受付は「ふじいキャンプ場」で行う）
施設利用時間　IN 9:00〜18:00　OUT 10:30まで
施設・設備　なし（ふじいキャンプ場の施設を利用）
P　なし（場内に4、5台収容）
温泉　札幌あいの里温泉なごみ（p64参照）まで約６km

■茨戸川緑地の貸切サイト

とれた小屋ふじいキャンプ場（p64）が、茨戸川緑地の一角に造った姉妹サイト。プライベートに過ごせる貸し切り専用で、オートキャンプも自由にできる。ただし、炊事場やトイレなどの設備はなく、約２km離れたふじいキャンプ場の施設を利用することになる。

買い物　（上段）：札幌市清田区のコンビニまで約10km
（下段）：札幌市北区あいの里のセイコーマートあいの里店まで約２km

MAP ふぉーえばーきゃんぴんぐぱらだいす ※完全予約制（予約は電話で随時受付。キャンセル料あり） ※ゴミは分別の上、専用袋3枚まで440円で回収

㉘ フォーエバーキャンピングパラダイス

千歳市駒里2320-2
◎予約・問合先／080-9616-5510

MAPCODE® 113 804 444*16

予約 可（詳細は注記参照）

期間 通年

利用料 中学生以上1,650円、小学生825円（デイキャンプは半額）、未就学児無料、駐車料：車1台550円／オートバイ1台330円

貸用具 テント880円、薪880円

管理人 駐在（9:00〜18:00）

施設利用時間 IN 12：00〜18:00 OUT 8:00〜11:00

施設・設備 管理・受付のセンターロッジ（水洗トイレ・炊事場・休憩室・売店併設）

Ⓟ 約50台（有料）

温泉 根志越温泉くるみの湯（p66参照）まで約7km

■千歳の平原に広がるサイト

好みの場所で設営が楽しめ、通年営業なので冬キャンプも。

MAP かしわぎちくれくりえーしょんしせつ ※完全予約制（利用日の1カ月前から協同組合で受付） ※ペットの同伴はリードの使用などマナー厳守でOK（大型犬は不可）

㉙ 柏木地区レクリエーション施設

恵庭市柏木町672 ※現地TELなし
◎問合先／恵庭まちづくり協同組合 ☎ (0123)29-4836

MAPCODE® 230 185 308*22

予約 可（詳細は注記参照）

期間 5月中旬〜9月30日

持込テント料金 無料

オートキャンプ 不可

バンガロー・貸用具 なし

管理人 巡回

施設利用時間 IN 13：00〜 OUT 11:00まで

施設・設備 水洗トイレ・炊事場各1棟、リヤカーなど

Ⓟ 約30台（無料）

温泉 恵庭温泉ラ・フォーレ（p55参照）まで約6km

■区画指定の公園キャンプ場

道立水産孵化場そばの公園内キャンプ場。計15区画ある芝生サイトは完全予約制で、電話予約の上、事前の申請書提出が必要となる。ゴミは持ち帰り制。

MAP むらかみぼくじょうきゃんぷじょう ※予約制（3月1日から電話で受付開始、キャンセル料あり） ※焚き火台は耐火シート使用が必須

㉚ むらかみ牧場キャンプ場

恵庭市戸磯156
◎問合先／むらかみ牧場 ☎ 070-8539-6474

MAPCODE® 230 163 085*68

予約 可（詳細は注記参照）

期間 4月29日〜10月30日

入場料 中学生以上500円、3歳〜小学生250円（日帰りは中学生以上250円、小学生以下無料）

サイト使用料 ソロサイト：1区画500円5〜7区画／カーサイト：1区画800円13区画

管理人 駐在（9:00〜17:00）

施設利用時間 IN 12:00〜17:00 OUT 11:00

施設・設備 管理棟、水洗トイレ・炊事場各2棟、売店など

Ⓟ 約50台（無料）

温泉 えにわ温泉ほのか（p67参照）まで約550m

■人気牧場が営むキャンプ場

牧場の敷地内にサイトがあり乳搾り体験などが楽しめる。

買い物 （上段）：千歳市街のコンビニまで約5km
（中段）：恵庭市柏木町のセイコーマートまで約2km　（下段）：恵庭市街のセイコーマートまで約1.5km

MAP わんだーらんどさっぽろ ※要予約（予約は利用の1カ月前から公式サイトと電話で受付。空きがあれば当日も可） ※キャンピングカー・車中泊は応相談

31 ワンダーランドサッポロ

札幌市西区福井478 ☎(011) 661-5355

MAPCODE® 9 420 440*85

予約 可（詳細は注記参照）

期間 通年

オートサイト 1区画5, 500円計25区画（テント・タープは２張まで、追加は１張2, 200円）、ソロキャンプは１名2, 750円

貸用具 有料で各種

管理人 駐在（9:00～17:00）

施設利用時間 IN 13:00～17:00 OUT 11:00まで

施設・設備 水洗トイレ男女各１棟、給湯器付き洗い場など

P 約50台（無料）

風呂 扇の湯（大人490円、13：40～22：00、月曜休）まで約７km

■遊びの要素が盛りだくさん

石炉で直火ができるオート専用施設。二輪車が乗り入れでき、４輪バギーなども楽しめる。

MAP あおやまえん ※予約制（利用日の2カ月前より電話〈11:00～17:00〉、公式サイト、SNSで受付） ※ペットの同伴はマナー厳守でOK

32 AOYAMAEN

札幌市南区常盤136 支笏湖線沿い ☎(011) 591-3749

MAPCODE® 9 041 366*57

予約 可（詳細は注記参照）

期間 通年

入場料 中学生以上１人500円、小学生以下無料

サイト利用料 ソロ1, 500円、オート2, 000円、林間2, 500円

貸用具 各種有料で

管理人 24時間駐在

施設利用時間 IN 13：00～ OUT 11:00

施設・設備 管理小屋（～18:00、炊事場・売店・トイレ併設）

P 約10台（無料）

温泉 小金湯温泉まつの湯（p70参照）まで約14km

■老舗釣り堀にあるキャンプ場

大物のコイが棲む池のほとりがサイト。全区画に車両1台乗入れ可。花火は手持ち式のみOKだ。

MAP あいりんきゃんぷじょう ※予約制（利用日の１週間前より電話で受付、土・日曜は要予約） ※ゴミは完全持ち帰り制

33 藍鱗キャンプ場

札幌市清田区有明376-3
◎問合先／藍鱗 ☎(011) 882-1261

MAPCODE® 9 049 539*64

予約 可（詳細は注記参照）

期間 ４月中旬～未定（要確認）

サイト使用料 大人1, 000円、中学生以下無料（使用面積により追加料金徴収、日帰り半額）

貸用具 コンロなど各種有料

管理人 駐在（9:00～16:00）

施設利用時間 IN 9：00～15:00（予約の場合は～17:00）、土・日曜・祝日は8:00～18:00 OUT 10:00頃まで

施設・設備 簡易水洗トイレ２棟、管理棟、釣り堀（有料）など

P 約50台（無料）

風呂 札幌市保養センター駒岡（p69参照）まで約11km

■釣り堀に併設のフリーオート

釣り堀「藍鱗」が運営。釣った魚をサイトで調理して味わえる。

買い物 （上段）：福井市街のコンビニ、平和市街のスーパーまで各3km
（中段）：札幌市南区のセイコーマートまで約750m （下段）：札幌市清田区のコンビニまで約9km

※団体のみ事前予約が必要　※ゴミは持ち帰り制　※車中泊は使用料課金で可

期間	QRマップ
5月1日 ▼ 10月末	

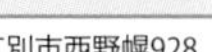

MAP 34　えべつししんりんきゃんぷじょう

江別市森林キャンプ場

☎011-389-6493

江別市西野幌928
◎期間外問合先／エコ・グリーン事業協同組合 ☎ 391-1515

MAPCODE® 139 243 041*22

予約　不可（団体のみ必要）
使用料　1人1泊400円（日帰り200円）、小中学生1人80円（日帰り40円）
オートキャンプ　不可
バンガロー　なし
貸用具　荷物運搬用のリヤカーあり（無料）
管理人　駐在（8：00～22：00、6～9月の土・日・祝日の前日は24時間駐在）
施設利用時間　IN 8：00～20：00　OUT 11：00まで
設備・施設　水洗トイレ・炊事場各1棟、管理事務所、日帰り用炊飯広場（大型炉7基）、あずまや、木製遊具など
P　約100台（無料）
温泉　江別市街の「北のたまゆら江別」（露天風呂付、大人490円、8：00～24：00受付終了）まで約7㎞

野幌森林公園に隣接する自然豊かな芝生のサイト（右下は受付兼務の管理事務所）

流しに屋根をかけた炊事場

トイレは男女別の個室タイプ

野幌森林公園隣接のとっても贅沢なサイト

野幌森林公園の北端、野幌総合運動公園との間にあり、緑豊かな自然を手軽に満喫できる。そのため最小限の設備しかないのに、週末になると多くのキャンパーで賑う。

おかげでサイトが倍近く拡張され、以前よりゆったり過ごせるようになった。とはいえ、ここは青少年のための野外研修施設。夏休み期間は学校行事が優先される場合があるので、どうかご理解を。

また隣接する「杜の蕎麦屋コロポックル山荘」では、おいしい手打ちそばを味わえる。

ROUTE

国道12号・274号・36号のいずれからでも道道46号（江別・恵庭線）で野幌総合運動公園を目指す。道道沿いの看板から入り、約2.5㎞先が現地。案内表示従って進み、鬱蒼とした森間のダート道の奥にキャンプ場がある。

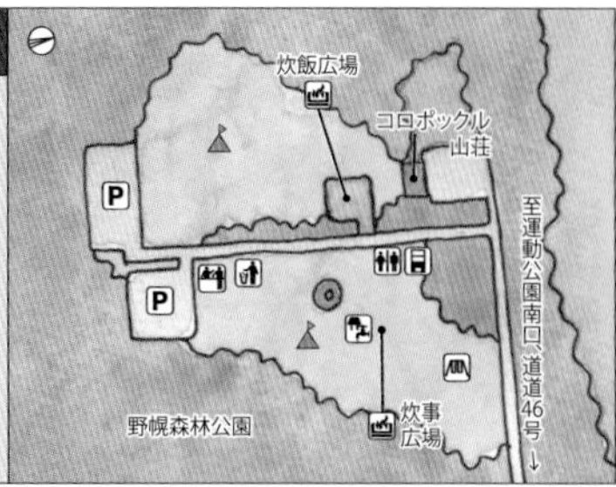

買い物　スーパー、コンビニの多数ある江別市野幌市街まで約6km

※予約制（予約は予約サイト「なっぷ」か電話で受付、各料金に予約料100円を加算。サイト利用は予約分100組、当日100組限定）
※下記料金は変更の可能性あり　※焚き火台は専用エリアでのみ利用可（シート必須）　※ゴミはすべて持ち帰り制

期間　4月下旬▼10月下旬　QRマップ

MAP 35

しのつこうえんきゃんぷじょう
しのつ公園キャンプ場

☎0126-58-3508
石狩郡新篠津村第46線南3
◎期間外問合先／新篠津振興公社(たっぷの湯) ☎ 58-3166

MAPCODE® 139 767 202*30

予約　可（詳細は欄外参照）
入場料　中学生以上1人1,500円、小学生1,000円、未就学児無料（テント等持込料含む、予約の場合は各100円加算）
オートキャンプ　不可
バンガロー・貸用具　コンロ3,000円、イス1,000円
管理人　土・日曜・祝日のみ駐在（9:00〜16:00、16:00以降と平日はたっぷの湯で受付）
施設利用時間　IN 11:00〜18:00（平日は9:00〜）
OUT 10:00まで（日帰りは当日18:00まで）
施設・設備　水洗トイレ・炊事場(炉付)各１棟、野外炉６基、遊水路など
Ⓟ　約200台（無料）
温泉　たっぷの湯（露天風呂付、大人700円、10:00〜20:00）に隣接

しのつ湖岸に広がる芝生のサイト。場内にはちびっ子が喜ぶ遊水路も（右下）

ゆったりとした炊事場（右）と管理棟

源泉をかけ流すたっぷの湯露天風呂

三日月湖岸に広がるファミリー向きの施設

石狩川の三日月湖・しのつ湖岸に広がるキャンプ場。道の駅しんしのつや産地直売所、温泉施設たっぷの湯に隣接するほか、スポーツ施設や遊具もありファミリーで賑わう。

フリーサイトは200組収容と広大。場内に30張限定の焚き火エリア（予約制、使用料1,000円加算）を用意するほか、遊水路も設備されている。

緩やかな斜面の部分もある芝生のテントサイトには、水はけのあまりよくない部分も。雨天時の床下浸水に備えて、対策は忘れないように。

ROUTE

国道12号の岩見沢市上幌向から、道道81号で当別方面へ。たっぷ大橋を渡って約1.5㎞の交差点（目印はホクレンGS）を左折、約1.5㎞先の旧アイリス向かいが現地。当別市街からは国道275号、道道81号経由で約12㎞。

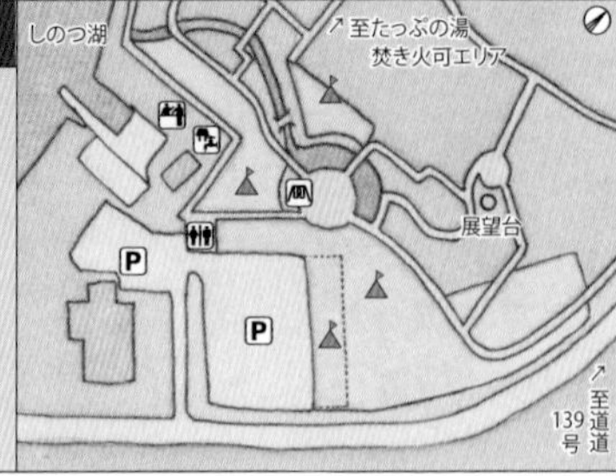

買い物　コンビニのある新篠津市街まで約2km

※予約制（予約は公式サイトのメールフォーム、または公式LINEで随時受付）
※ゴミは分別の上、1袋500円で受け入れ　※焚き火台は、焚き火シートの使用が必須

期間	QRマップ
4月中旬 ▼ 11月下旬	

MAP 36

えいときゃんぷじょう

えいときゃんぷ場

☎080-9891-4682　石狩市厚田区聚富（しっぷ）216-33

MAPCODE® 514 322 755*57

予約　可（詳細は欄外参照）

入場料　大学生以上2,000円、中学・高校生1,000円、小学生500円、未就学児無料

サイト使用料　フリー・林間：各入場料のみ／オート：1区画1台2,000円計5区画／ドッグランフリー：1張1,000円計5区画／プライベート：3,500円計7区画　※上記料金はテント・タープ各1張まで

宿泊施設　なし

貸用具　リヤカー4台ほか

管理人　24時間駐在

施設利用時間　IN 12:00〜16:00　OUT 11:00まで

施設・設備　管理棟、受付、水洗トイレ4基、炊事場1カ所、子供用プールなど

Ⓟ　約50台（無料）

温泉　番屋の湯（p79参照）まで約11km

MEMO　ペットの同伴は、リード使用などマナー厳守でOK。花火は20:30まで

フリーや林間サイトのほか、ペット同伴サイトやプライベートサイトなども用意。思い思いのスタイルで過ごせる（右下は自動洗浄機を設備するトイレ棟）

場内には区画オートサイトもある

炊事場など設備はしっかり整う

飲食店主が立ち上げた本格派の手作りサイト

札幌市北区麻生の老舗居酒屋「八十吉」のオーナーが、仲間たちと手作りしたキャンプ場。ゴルフ場や海水浴場に近く、遊びの拠点にもいい。

愛犬と過ごせるサイトからソロ・ファミリー・グループまで、多様な滞在スタイルに対応。また、予約時に相談すれば、人数や好みに合わせて厳選食材を用意してくれるほか、厚田港の漁師による新鮮魚介の直売も見逃せない。

ROUTE

札幌方面からの場合は、道道112号で当別方面へ。札幌大橋を過ぎてすぐを左折し、道なりに直進。突き当りを左に入り、道道81号から高岡入口の交差点で右折。八幡町高岡の十字路を左折し、500m先左手が現地入口。

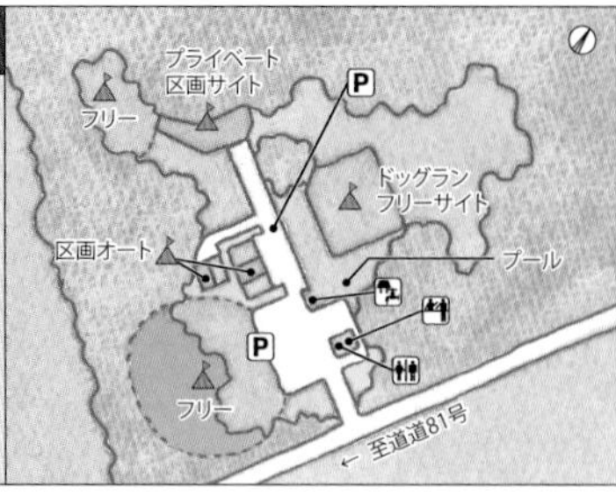

買い物　石狩市八幡のセイコーマートまで約6km

※完全予約制（予約方法やキャンセル料など詳細は、公式サイト〈https://atsutacamp.snack.chillnn.com/〉参照）
※ペットはペットサイトのみ同伴可　※花火は手持ち式のみ可　※ゴミはすべて持ち帰り制

期間	QRマップ
4月29日▼10月末	

MAP 37

あつたきゃんぷじょう
厚田キャンプ場

☎0133-78-2100

石狩市厚田区厚田 あいろーどパーク内
◎期間外問合先／㈱あい風 ☎ 78-2300

MAPCODE® 514 864 523*14

予約　可（詳細は欄外参照）
サイト使用料　中学生以上1人1泊1,000円、小学生500円（日帰りは各半額）、ペット1匹500円
オートキャンプ　上記料金で一部可能（特に設備なし）
バンガロー・貸用具　なし
管理人　駐在（9:00〜17:00）
施設利用時間　IN 12:00〜（日帰り10:00〜）OUT 10:00まで（日帰り17:00まで）
施設・設備　水洗トイレ・炊事場各2棟、野外卓、管理棟、ジップライン（夏休み期間の土・日曜・祝日限定）など
Ⓟ　約40台（無料）
温泉　石狩市浜益保養センター（p80参照）まで約35km
MEMO　管理棟前に荷物運搬用のリヤカー3台あり

森に囲まれたキャンプ場は、A〜Cの3エリアに分かれる。写真は車で進入できるAの芝生サイト、写真中央奥が炊事場となる（右上はAのトイレ棟）

Aエリアの林間にある区画オート

秋にサケが遡上する清流で水遊びを

静かな山間に広がる清流沿いの自然派施設

国道231号（石狩国道）から道道11号（月形・厚田線）にかけて広がる「石狩市あいろーどパーク」内のキャンプ場。緑豊かな場内を流れる小川では、水遊びが楽しめるほか、秋にはサケも遡上する。

そんな恵まれた自然環境を満喫できる場内は、A〜Cの3つのエリアに分かれ、今のところ設備はAエリアが充実。しかし今季以降、ペットサイトの設置やトイレ・炊事場の増設、シャワー棟の新設が予定されるなど変貌中だ。場内からは道の駅や厚田港朝市に近く、観光の拠点にもいい。

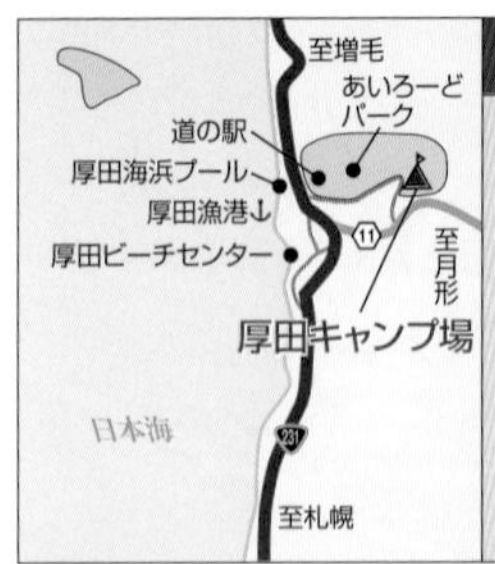

ROUTE

国道231号を札幌側から進むと、厚田川に架かる橋を越えてすぐの分岐を右折、道道11号（月形・厚田線）を月形方向に3kmほど進んだ左手に看板。この表示に沿って左折、林道を道なりに進むと右手に現地が見える。

買い物　道の駅石狩「あいろーど厚田」まで約1km

※予約制（利用月の２カ月前から公式サイト〈https://reserva.be/ishikarifield〉で受付開始、キャンセル料あり）
※ペットの同伴は、リード使用などマナー厳守でOK　※ゴミは有料の指定ゴミ袋利用で受け入れ

期間	QRマップ
通年	

MAP 38

あーるぶいぱーくいしかりふぃーるど

RVパーク石狩FIELD

☎090-2201-9090　石狩市横町39（旧石狩小学校グラウンド）

MAPCODE® 514 252 879*58

予約　可（詳細は欄外参照）

オートサイト　オート：９区画／トレーラー：４区画（各1区画3,300円、電源20Ａ付）

バンガロー　なし

サイトは旧小学校のグラウンド（左）。上はシャワートレーラー。災害支援用機材を活用する

貸用具　なし

管理人　不在

施設利用時間　IN 13:00〜18:00　OUT 6:00〜12:00

施設・設備　トイレトレーラー・シャワートレーラー各１台、炊事場１棟、ドッグラン

Ⓟ　約10台（利用は要相談）

温泉　番屋の湯（次項参照）に隣接

■グラウンド跡地を活用

札幌市中心部から車で約50分、北海道最古の円形校舎が残る旧石狩小学校のグラウンドを、車中泊専用サイトとして整備。海水浴場や温泉施設も至近にあり、遊びの拠点に最適だ。トイレやシャワーは、災害支援用機材となる専用トレーラーを活用したもの。

※指定区域を除き、遊泳区域内でのテント設営や釣り、カヌーは禁止　※ペットの同伴は、リード使用などマナー厳守でOK

期間	QRマップ
7月上旬▼8月中旬	

MAP 39

いしかりはまかいすいよくじょうあそびーちいしかり

石狩浜海水浴場あそびーち石狩

☎0133-62-5554　石狩市弁天町地先　◎問合先／石狩観光協会 ☎ 62-4611

MAPCODE® 514 282 247*35

予約　不可

持込テント料金　無料

オートキャンプ　不可（海浜植物保護地区のため厳禁）

貸用具　海の家に各種（有料）

広々とした砂浜だが、テント設営は指定区域内に限られる（左）。上は屋根付きの簡素な炊事場

管理人　管理事務所に駐在

施設・設備　車イス対応トイレほか水洗トイレ４棟、炊事場（流し程度）２カ所など

Ⓟ　４カ所計1,500台（１日につき普通車1,000円、二輪車300円、マイクロバス等1,500円、大型バス2,500円）

温泉　番屋の湯（露天風呂付、大人750円、10:00〜24:00閉館、不定休）まで約200m

■札幌至近の大型海水浴場

道央圏屈指の大型海水浴場。海水浴はもちろん、指定区域内ならキャンプやバーベキューも楽しめる。砂地のサイトは、海水浴指定区域を間に挟んだ両サイドとなる。開設期間や設備内容は変更の可能性あり。ゴミは完全持ち帰り制。

買い物（上段）：石狩市街のセイコーマート親船店まで約3km
（下段）：石狩市船場町のセイコーマートまで約4km

※隣接の海水浴場は、釣りやボートの持ち込み、車両乗入れ禁止　※ペットの同伴は、リード使用などマナー厳守でOK

期間	QRマップ
5月上旬 ▼ 10月下旬	

MAP 40

かわしもかいひんこうえん(きゃんぷじょう)
川下海浜公園（キャンプ場）

☎0133-79-5700　石狩市浜益区川下 ※現地TELなし ←問合先／石狩観光協会浜益事務所

MAPCODE® 794 571 807*00

予約　不可
持込テント料金　無料
オートキャンプ　不可
バンガロー・貸用具　なし
管理人　海水浴場の開設期間のみ駐在（8：00〜17：00）

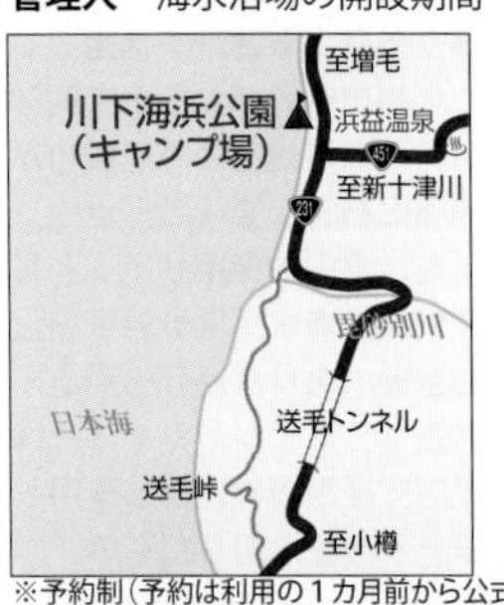

夏場のサイトはこの通りの賑わいぶり（左）。上はテント設営可の海水浴場。いずれも利用無料

施設・設備　トイレ２棟（うち車イス対応水洗１棟）、炊事場２棟、管理棟、有料シャワー
Ⓟ　夏期のみ有料で３カ所計500台（軽・普通車1日各1,000円など。民営駐車場もあり）
温泉　石狩市浜益保養センター（露天風呂付、大人500円、10：00〜21：00、毎月1日休、土・日曜・祝日は翌日）まで約4km

■海水浴場隣接の無料サイト

海岸に面した芝生サイトに加え、隣接するテント設営可の砂浜海水浴場も含めて、すべて無料でキャンプができる人気の施設。設備もしっかり整うことから、海水浴客で賑わう夏場の最盛期は、立錐の余地がないほど混雑する。

※予約制（予約は利用の１カ月前から公式サイト〈https://barato-camp.com〉で受付開始）
※ペットの同伴は、リード使用などマナー厳守でOK　※ゴミは分別の上、無料で受け入れ　※場内は完全禁煙

期間	QRマップ
通年	

MAP 41

ばらとがわきゃんぷじょう
茨戸川キャンプ場

☎Web予約制　石狩郡当別町ビトエ5269 ◎問合せはメールで対応（support-barato@barato-camp.com）

MAPCODE® 514 018 648*10

予約　可（詳細は欄外参照）
入場料　中学生以上1人1,000円、小学生以下500円
サイト利用料　フリー・林間サイト：各無料／貸切サイト：1,000〜2,000円

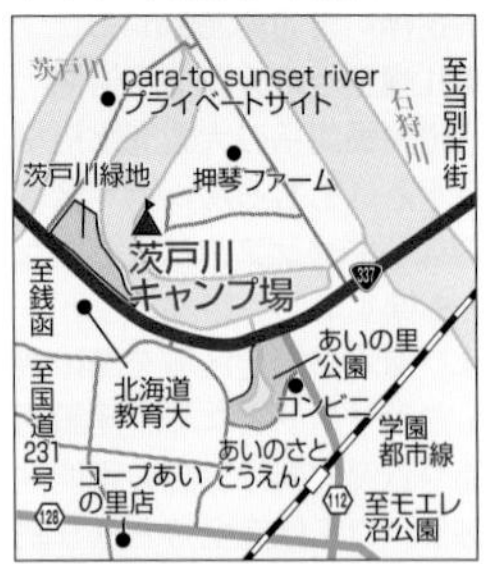

河畔（左）から草原（上）、林間までとサイトは多彩。現在も場内整備が続き、サイトは拡大中

オートキャンプ　可
貸用具　薪（7〜8kg）1,000円、電源（15A）1日1,000円、焚き火台・ピザ窯など有料で各種
管理人　駐在（不在時あり）
施設利用時間　IN 13：00〜 OUT 12：30まで
施設・設備　簡易水洗トイレ２棟、野外炉
Ⓟ　約５台（無料）
温泉　札幌あいの里温泉なごみ（p64参照）まで約５km

■自由度の高い広々サイト

カヌーや釣りが楽しめる茨戸川河畔のキャンプ場。自然豊かなサイトは広大で、自由度の高いキャンプが楽しめる。ただし、場内に水道設備がないので飲料水は持参すること。

買い物　（上段）：石狩市浜益区のセイコーマートまで約100m
（下段）：札幌市北区あいの里のセイコーマートまで約3km

MAP じぇっとびーちいしかり ※テントサイトは駐車料のみで利用可

42 ジェットビーチ石狩

石狩市厚田区望来68-1 ☎ 080-4047-0513
◎期間外問合先／☎ (011) 633-2940

MAPCODE® 514 529 384*80

予約 不可

期間 4月29日～9月30日

駐車料 普通車1台1日1,500円

コテージ 6人用30,000円1棟（ベッド・キッチンなどを完備）

貸用具 なし

管理人 期間中駐在

施設利用時間 IN 14:00～ OUT 12:00まで

施設・設備 管理棟（簡易水洗トイレ・売店併設）、炊事場（炉付）1棟、有料シャワー室、売店

Ⓟ 約250台（有料）

温泉 番屋の湯（p79参照）まで約15km

■駐車料のみでテント設営OK

望来浜の海水浴場併設キャンプ場。芝と砂浜のフリーサイトがあり、海上遊具も設備する。

MAP あつたびーちせんたー ※予約制（6月下旬から現地で随時受付、キャンセル料あり） ※ペットの同伴はマナー厳守でOK ※ゴミは一部受け入れ

43 厚田ビーチセンター

石狩市厚田区別狩10 ☎ (0133)78-2950
◎期間外問合先／北当自動車 ☎ 26-2552

MAPCODE® 514 832 185*00

予約 可（詳細は注記参照）

期間 7月上旬～8月下旬

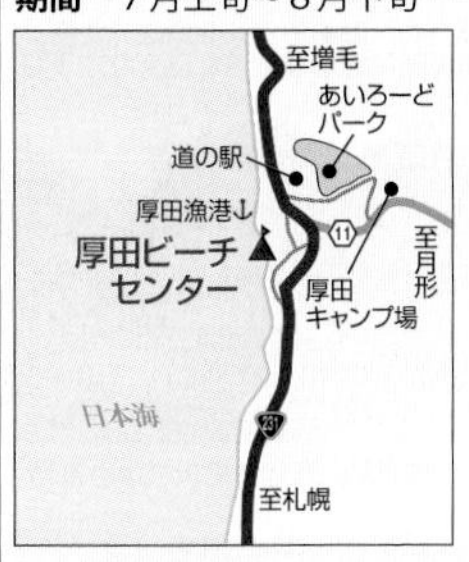

キャンプ料金 中学生以上600円、1歳以上400円（日帰り半額）

持込テント料金 1張1,000円

オートキャンプ 第2・3Ⓟで可

バンガロー・貸用具 有料で各種。海の家での宿泊可（有料）

管理人 期間中24時間駐在

施設・設備 水洗トイレ・炊事場各1カ所、有料シャワーなど

Ⓟ 約250台（乗用車：土・日・祝日・お盆1,000円、宿泊者は2倍）

温泉 番屋の湯（p79参照）まで約28km

■厚田漁港に近い砂浜のサイト

夕陽が魅力の厚田川南岸にある海水浴場。焚き火台は使用OK。魚介類は隣接する漁港朝市で。

MAP ごきびるきゃんぷじょう ※料金変更の可能性あり ※ペットの同伴はマナー厳守でOK ※花火は手持ち式のみOK ※ゴミは完全持ち帰り制

44 濃昼キャンプ場

石狩市厚田区濃昼 ※現地☎なし

MAPCODE® 794 212 137*72

予約 不可

期間 7月上旬～9月中旬

持込テント料金 1張600円

駐車料 普通車2,000円、ワゴンなど2,400円、大型車5,000円、バイク400円（デイキャンプ半額）

オートキャンプ 不可

管理人 駐在（8:00～17:00）

施設・設備 トイレ・流し台各1カ所

Ⓟ 約100台（有料）

温泉 石狩市浜益保養センター（p80参照）まで約21km

■厚田区北端にある小砂利の浜

濃昼漁港隣接の小さな浜にある民間施設。すべての対応は現地で行う。小砂利のサイトは厚手のマットが必須だが、家庭的な雰囲気から固定ファンも多い。

買い物 （上段）：石狩市厚田区望来のセイコーマートまで約250m
（中段）：厚田市街のセイコーマートまで約800m （下段）：厚田市街のセイコーマートまで約11km

※完全予約制（予約は利用日の３カ月前より公式サイトと電話で受付開始、キャンセル料は宿泊施設のみ発生）
※道民の森公式サイトで予約状況の確認が可能（https://www.dominno-mori.org/）

期間 5月1日 ▼ 10月31日　QRマップ

MAP 45 どうみんのもりかむいしりちくきゃんぷじょう

道民の森神居尻地区キャンプ場

☎0133-22-3911

石狩郡当別町字青山奥三番川（現地案内所 ☎ 28-2431）
←予約・問合先／道民の森管理事務所

MAPCODE® 963 001 540*18

予約　可（詳細は欄外参照）
持込テント料金　1張2,000円
オートキャンプ　不可
宿泊施設　コテージ：４人用12,000円・６人用14,000円各16室（台所・トイレ付のロフトタイプ）／管理棟：４人用10,000円・６人用12,000円各４室（台所・トイレ共用タイプ）※管理棟には浴場併設
貸用具　テントなど各種有料
管理人　駐在（9:30～16:30、宿泊者がいれば24時間駐在）
施設利用時間　IN 14:00～ OUT 12:30まで（コテージは10:00まで）
施設・設備　案内所、水洗トイレ３棟、炊事場１棟、ＢＢＱ広場（9:30～16:30、申し込みは現地案内所）、シャワー室（有料）など
P　約150台（無料）
MEMO　リヤカー数台あり。ゴミは生ゴミ以外、持ち帰り制（ゴミ袋は要持参）

芝生広場に面したテントサイトには林間部分も。27あるテント床は見た目よりも広々としている。右下は荒天時の避難場所にもなりそうな巨大な炊事場

貸別荘タイプの長屋型コテージ室内

総合案内所は神居尻の中心基地

林間のテントサイトと長屋型コテージが人気

総合案内所や森林学習センターなどがある、道民の森の中心地区・神居尻。日帰り客が多いせいか、サイトは場内の最も奥にあり、その分、静かに過ごせそうだ。テントなどを一式にした「初めてセット」3,000円も用意する。

地区内に建つ完全予約制の宿泊施設は、棟続きのコテージと宿泊管理棟に分かれる。食材と食器以外は完備する上、料金も手頃とあっておすすめ。

ROUTE

国道275号当別市街から道道28号（当別・浜益港線）に入り約40km。道道沿いに案内看板があり、これに従って右折し道なりに進むと案内所が見え、その手前に駐車場がある。石狩市厚田区からは道道11号経由で約35km。

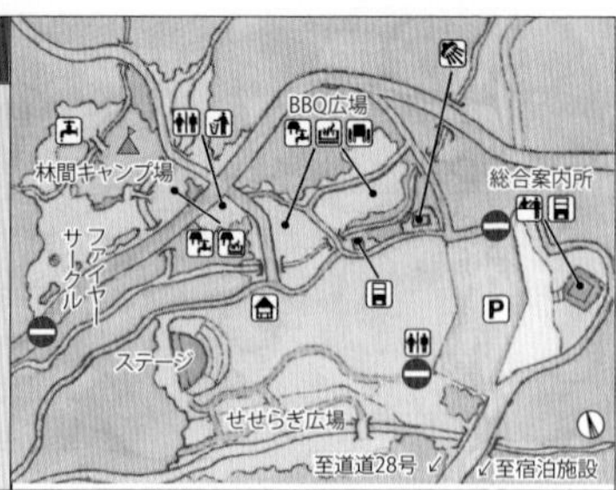

買い物　スーパー、コンビニのある月形市街まで約30km、当別市街まで35km

※完全予約制（予約は利用日の３カ月前より公式サイトと電話で受付開始、キャンセル料はオートサイトのみ発生）
※道民の森公式サイトで予約状況の確認が可能（https://www.dominno-mori.org/）

期間	QRマップ
5月1日 ▼ 9月30日	

MAP 46

道民の森一番川地区キャンプ場

どうみんのもりいちばんがわちくきゃんぷじょう

☎0133-22-3911

石狩郡当別町字青山奥二番川 ※現地案内所に衛星電話を設置
←予約・問合先／道民の森管理事務所

MAPCODE® 575 648 041*38

予約　可（詳細は欄外参照）

料金　オートキャンプ場：１区画１台5,000円50区画（上水道・流し台付）／自然体験キャンプ場：持込テント１張2,000円

バンガロー　なし

貸用具　テントなど各種有料

管理人　駐在（9：30〜16：30、宿泊者がいれば24時間駐在）

施設利用時間　IN 14：00〜 OUT 12：30まで

施設・設備　水洗トイレ２棟、炊事場１棟、バーベキューハウス２棟、管理棟など

Ⓟ　約50台（無料）

風呂　自然体験キャンプ場内に五右衛門風呂体験施設３棟（自分で沸かす無料方式）

MEMO　管理棟内に無料岩風呂（16：00〜20：00利用可）も設備。ゴミは生ゴミ以外持ち帰り制（ゴミ袋は要持参）

樹木に囲まれた林間の趣のオートキャンプ場（右下は岩風呂を併設する管理棟）

管理棟裏手の自然体験キャンプ場

一番川では水遊びや釣りが楽しめる

諸設備完備のオートと自然と触れ合うフリー

全50区画の各流し台・卓付きオートキャンプ場と、少し不便な自然体験キャンプ場が選べる一番川地区。道道11号から20km以上入るだけに、周辺は野鳥の多い鬱蒼とした原始の森といった印象だ（おまけに携帯電話も通じない）。

そばを流れる一番川は水遊びや釣りに最適で、自ら薪を割って沸かす五右衛門風呂も親子連れに大人気（利用は先着順）。子どもたちが自然と触れ合うきっかけを、ふんだん用意してくれるところだ。

ROUTE

当別市街からは国道275号で道道28号（当別・浜益港線）に入り約27km先の一番川地区の看板を右折。約4.5km先の林道青月線分岐を左折し、約３km進んだ先が現地。月形市街からは道道11号、同28号経由で約24km。

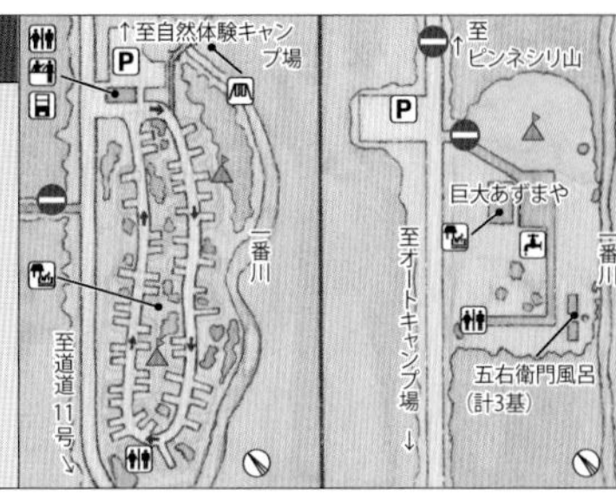

買い物　スーパー、コンビニのある月形市街まで約18km

※完全予約制（予約は利用日の３カ月前より公式サイトと電話で受付開始、キャンセル料はバンガローのみ発生）
※道民の森公式サイトで予約状況の確認が可能（https://www.dominno-mori.org/）

期間	QRマップ
5月1日 ▼ 10月31日	

MAP 47

どうみんのもりつきがたちくきゃんぷじょう

道民の森月形地区キャンプ場

☎0133-22-3911

樺戸郡月形町892-1（陶芸館 ☎ 0126-53-2355）
←予約・問合先／道民の森管理事務所

MAPCODE® 575 434 812*42

予約　可（詳細は欄外参照）
持込テント料金　1張2,000円
オートキャンプ　不可
バンガロー　4人用１棟5,000円10棟、10人用10,000円６棟（各２段寝台定員分・卓とイス・照明・電源を設備）
貸用具　テントなど各種有料
管理人　駐在（9:30～16:30、宿泊者がいれば24時間駐在）
施設利用時間　IN 14:00～ OUT 12:30まで
施設・設備　水洗トイレ・炊事場（炉付）各１棟、管理・受付の陶芸館（水洗トイレ・有料シャワー室併設）など
Ⓟ　約50台（無料）
温泉　月形温泉ゆりかご（p95参照）まで約10km
MEMO　キャリー、リヤカー、１輪車数台あり。ゴミは生ゴミ以外、持ち帰り制

バンガローサイトとその炊事場（円写真）。室内には寝台や卓もある（右上）

小川の周辺に広がるテントサイト

サイト隣接の木工芸館では体験も可

キャンプはもちろん、工芸体験も楽しもう！

　月形ダム方面に向かう途中の谷間にあるキャンプ場。管理・受付兼務の陶芸館では陶芸体験、木工芸館ではクラフト体験を用意しており、工芸体験が楽しめる。キャンプにプラスαの楽しみを提供してくれそうだ。

　持込テントサイトは小川沿いの明るい草地で、計25張を収容。こちらも事前予約が必要だがサイト内のみペットの同伴が可能だ（バンガローエリアは不可）。なお、駐車場からサイトまではリヤカーで荷物を運ぶことになる。

ROUTE

　国道275号から道道11号（月形・厚田線）に入る。約2.5kmで知来乙駐車公園前の分岐を右折、約３kmの月形ダムとの分岐を左折して一番川地区へ向い、約３km先の標識を右折すると現地。地区の入口に受付の陶芸館がある。

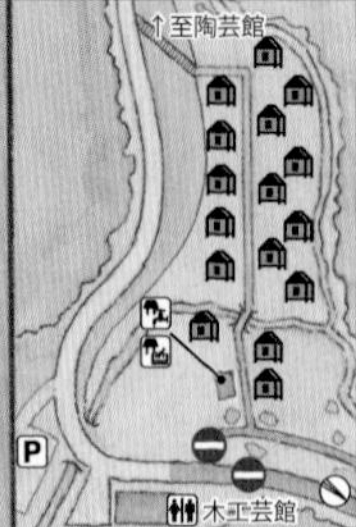

買い物　スーパー、コンビニのある月形市街まで約10km

※完全予約制（予約は４月上旬より電話・FAXで受付開始、キャンセル料あり）　※ゴミは指定袋で分別の上、無料受け入れ
※ペットの同伴は、キャンピングカーサイト６区画とスタンダードカーサイト５区画のみOK

期間	QRマップ
4月28日 ▼ 10月31日	

MAP 48 まおいおーとらんど

マオイオートランド

☎0123-88-0700

夕張郡長沼町東７線北４
◎期間外問合先／長沼町産業振興課 ☎ 76-8019（FAX 88-0057）

MAPCODE® 230 597 611*15

予約　可（詳細は欄外参照）
入場料　ながぬま温泉半額入館券付で中学生以上1人1,040円、小学生520円
オートサイト　キャンピングカーサイト（電源・給水栓付）：1区画3,140円計６区画／スタンダードカーサイト（電源付）：1区画2,090円計27区画
フリーサイト　1区画520円計19区画（特に設備なし）
コテージ　4人用1棟10,400円5棟（台所・トイレ・寝具など）
貸用具　コンロなど各種有料
管理人　期間中24時間駐在
施設利用時間　IN 13:00〜18:00　OUT 7:00〜11:00
施設・設備　水洗トイレ３棟、炊事場２練、管理受付のセンターハウス内に売店・コインランドリー・無料シャワー室を併設、木製遊具、パークゴルフ場（18H・有料）など
Ⓟ　約100台（無料）
温泉　ながぬま温泉（露天風呂付、大人700円、町民は650円、9:00〜21:30受付終了）に隣接
MEMO　ゲートの閉鎖時間は23:00〜翌7:00

緑の芝生で覆われたカーサイトは広々（右下は売店併設のセンターハウス）

別荘並みの設備で人気のコテージ

ながぬま温泉には露天風呂もある

初心者にぴったりの本格オートキャンプ場

長沼の田園地帯の中にある、設備充実のキャンプ場。各種オートサイトやコテージなど選択肢が多く、温泉やパークゴルフ場にも隣接するため、ファミリーに人気が高い。周囲を畑と道路に囲まれた箱庭的な施設だが、利便性は高く、初心者向きの施設といえる。

ROUTE

国道274号からだとハイジ牧場・ながぬま温泉方面へ向かう枝道に入り、同牧場も通り過ぎてしばらく直進し、長沼町市街へ回り込む途中にある。長沼町市街からの場合は、馬追山を目指してほぼ直進した先が現地。

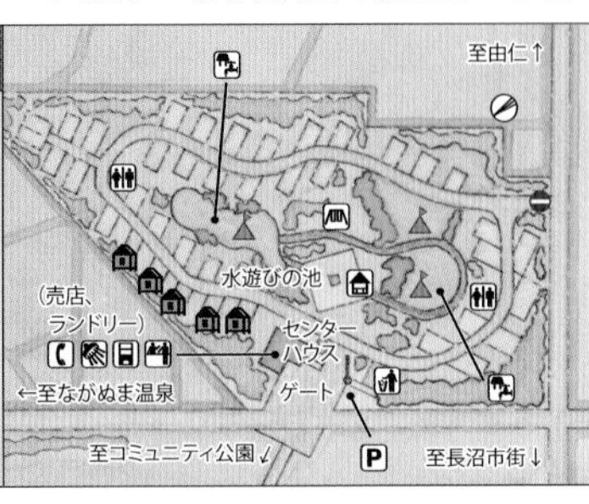

買い物　長沼市街のコンビニまで約2km

※林間サイトは完全予約制（予約は公式LINEで受付。詳細は要問合せ） ※アーリーチェックインあり（10:00～）
※焚き火は、焚き火シートの使用を推奨

期間	QRマップ
5月上旬 ▼ 10月下旬	

MAP 49

ゆにちょうみたてのさわきゃんぷじょう らふ てる
由仁町見立の沢キャンプ場 LAUGH TALE NEW

☎080-2890-8391 ←受付不在時の連絡先
夕張郡由仁町山形641

MAPCODE® 320 663 174*53

予約 可（詳細は欄外参照）
サイト利用料 フリーサイト：中学生以上１人500円、小学生以下無料／トンタッタの森（LINE予約制の林間サイト）：中学生以上１人1,000円、小学生以下 ※ペット利用不可
宿泊施設 なし
貸用具 テント、タープ、テーブル・椅子、クーラーボックス、焼肉台、防火シート付焚き火台、薪など各種有料で
管理人 駐在（13:00～19:00）
施設利用時間 IN 13:00～（デイキャンプは 10:00～）OUT 11:00まで
施設・設備 管理棟、炊事場1棟、簡易水洗トイレ（女性専用あり）、BBQコーナー、野菜直売所、ドッグラン１頭100円
Ⓟ 約50台（無料）
温泉 ユンニの湯（p87）まで約４km
MEMO 約400坪のドッグラン完備。ゴミは持ち帰り制

草地のフリーサイトは通路沿いに駐車ができ、オートサイト感覚で利用できる。このほか予約制の林間サイトやペットサイトを設備。左上はキャンプ場入口

管理棟そばのBBQコーナーと炊事場

味わいのある管理棟で受付を

森に囲まれたサイトで ぜいたくなひとときを

オーナーが手作りでオープンさせたキャンプ場。森と小川に囲まれ、時期が合えばホタルと出合えるほど自然豊か。広々とした草地のフリーサイトを中心に、ノーリードで愛犬と過ごせるペットサイトやキャンピングカーサイト（電源なし）、完全予約制の林間サイトなど、サイトのバリエーションも豊富だ。生ビールサーバーを事前予約できるので、グループでの利用も◎。

ROUTE

札幌からの場合、国道275号を江別方面へ。南幌町北町３丁目で左折し、道道1009号を北長沼で右折。道道1080号・694号を経由して、由仁町方面へ向かう右カーブ手前の交差点を右折、約450ｍ先を左折した先が現地。

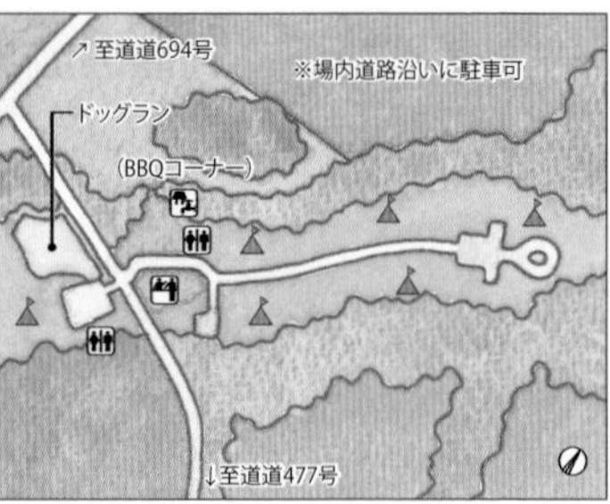

買い物 由仁市街のコンビニやスーパーまで約1.2km

※完全予約制(予約は4月10日から協同組合で電話受付開始、受付時間は9:00～12:00、14:00～17:00)
※ペットの同伴は、フリーサイトＡを除きOK(予約時に申請が必要、リードの使用などマナー厳守のこと)

MAP 50

ふるさんちょすいちしぜんこうえんおーときゃんぷじょう

古山貯水池自然公園オートキャンプ場

☎090-8630-6374

夕張郡由仁町古山430-1
◎問合先／ゆに建設事業協同組合(住建興業) ☎ 0123-83-3979

MAPCODE® 320 512 169*05

予約　可(詳細は欄外参照)
入場料　中学生以上１人１泊1,300円、小学生700円（連泊の場合、２泊目以降は不要）
フリーサイト　テント・タープ・ハンモック各１張 700 円(Aサイト15張、Bサイト40張)
オートサイト　キャンピングカーサイト：１区画 1,700 円計2区画／カーサイト：1区画1,700円19区画(各設備なし)
バンガロー・貸用具　なし
管理人　駐在(8:30～17:00)
施設利用時間　IN 13:00～17:00　OUT 11:00まで
施設・設備　水洗トイレ３棟(車イス対応1棟)、炊事場(温水付)１棟、管理棟
Ⓟ　約35台(無料)
温泉　ユンニの湯（露天風呂付、大人800円、5:30～8:00、10:00～21:00）まで約2.5km
MEMO　日帰り利用(10:00～17:00)は各料金が半額に

フリーサイトの周囲に配された林間のカーサイト。右下は炊事場(左)とトイレ

明るい草原に広がるフリーサイトＢ

ユンニの湯はキャンパー割引あり

林間のオート＆フリーに草原フリーと選択肢豊富

由仁伏見台公園からユンニの湯の前を通過、さらに南へ進んだ左手にある由仁町の施設。管理・運営は地元の民間団体が行っている。

場内は大きく２カ所に分かれ、木立に遮られ池は見えないが、古山貯水池を見下ろす林間にフリーサイトＡとオートサイトが。そして場内入口横の草原にフリーサイトＢがある。貯水池でのカヌーや遊泳、釣りは禁止。ゴミはすべて持ち帰り制。

ROUTE

札幌方面からの場合、国道274号・道道3号経由で馬追峠を越え、国道 234 号との交差点手前にあるユンニの湯看板を右折。温泉を通過し、約1km先の分岐を右へ。さらに1.5km進んだ左手が現地。サイトは管理棟のさらに奥。

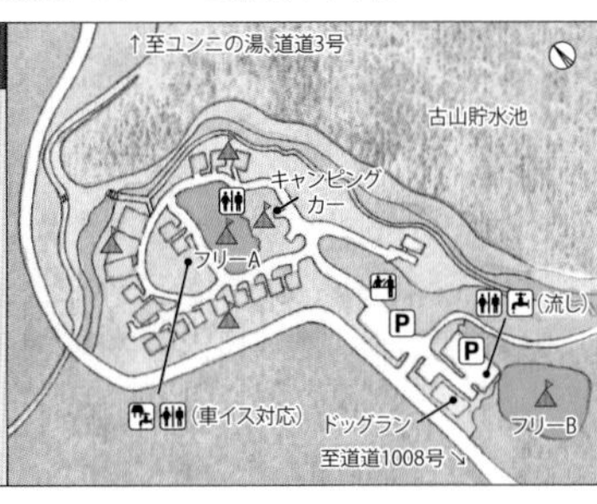

買い物　スーパー、コンビニのある由仁市街まで約6km

※予約制（予約は電話や各種Webで利用月の５カ月前から受付、空きがあれば当日利用可、冬季は完全予約制。キャンセル料あり）
※夏季は不定休、冬季は火・水曜休　※ペット同伴はリード使用などマナー厳守でOK（建物内は不可）　※生ゴミのみ有料で受け入れ

期間	QRマップ
通年	

MAP 51 あーと × あうとどあ びれっじ くりやま

ART×OUTDOOR VILLAGE 栗山

☎080-7537-5728　夕張郡栗山町字継立189-2（旧継立中学校）

MAPCODE® 320 643 854*14

予約　可（詳細は欄外参照）
入場料　中学生以上1,500円、小学生500円、未就学児無料
サイト利用料　夏季オートサイト：1区画3,000円（電源なし・車2台まで）／ハイブリッドサイト：１区画12,000円～（屋内と野外をつなげた、全天候型サイト・利用は２人～）／夏季フリー・冬季ワイルド：各入場料のみで利用可
貸用具　カート２台（無料）、テント５人用15,000円、シュラフ1,000円、ポータブル電源1,500円、BBQコンロ2,000円ほか、有料で各種あり
管理人　利用者滞在時は24時間駐在
施設利用時間　IN 11:00～18:00（ハイブリッドサイトは14:00～）　OUT 7:00～10:00
施設・設備　旧校舎内に管理受付施設、シャワー、水洗トイレ、炊事場、売店を併設
Ⓟ　約50台（無料、規定台数超過の場合は1台1,000円追加）
温泉　くりやま温泉ホテルパラダイスヒルズ（露天風呂付、大人650円、6:00～23:00受付終了、不定休）まで約８㎞

廃校のグラウンド部分草地がフリーやオートなどのメインサイト。屋内外を行き来できるハイブリッドサイトも（右下はバリアフリー仕様の旧校舎内トイレ）

ハイブリットサイトの屋内サイト

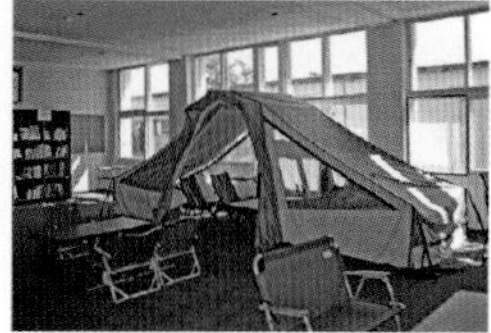

旧校舎内にはブックカフェも

廃校活用の複合型施設で芸術とアウトドアが融合

旧中学校をリノベーションした複合型アウトドア施設。屋内外をつなげて利用できる全天候型ハイブリッドサイトに加え、フリーサイトやオートサイトも備える。さらに旧校舎内には、ブックカフェやアート作品のショップも併設。

ROUTE

札幌から高速道路を利用する場合、道央自動車道・江別東ICで降り、国道337号から道道1009号・道道45号経由で、夕張方面に向かう道道３号へ。岩見沢・三笠方面への分岐となる道道749号との交差点直前を右折で現地。

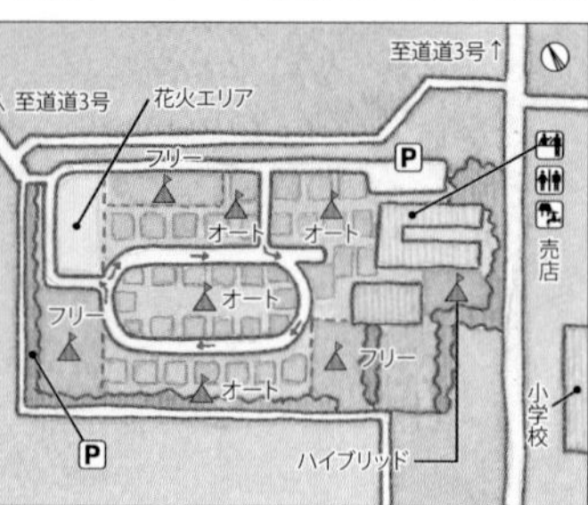

買い物　栗山市街のセブン-イレブンまで約400m

※完全予約制（予約はWebサイト「なっぷ」でのみ受付、キャンセル料あり）
※ゴミは完全持ち帰り制　※花火は手持ち式のみアスファルトの上でならOK

期間	QRマップ
4月29日 ▼ 11月3日	

MAP 52
いわみざわこうえんきゃんぷじょう
いわみざわ公園キャンプ場

☎0126-25-6111　岩見沢市志文町794 いわみざわ公園内（色彩館）

MAPCODE® 180 004 444*88

予約　可（詳細は欄外参照）
フリーサイト　1区画1,000円 22区画（岩見沢市民半額）
オートサイト　1区画4,000円 20区画（電源・上水道・流し付、岩見沢市民半額）
貸用具　なし
管理人　繁忙期のみ駐在（夜間は警備員が対応）
施設利用時間　IN 12:00〜 OUT 12:00まで
施設・設備　水洗トイレ２棟（車イス対応１棟・コインシャワー付）、炊事場１棟、管理棟、アスレチック遊具、冒険の河、パークゴルフ場（54H・有料）、バラ園、レストランなど
Ⓟ　約30台（無料）
温泉　湯元岩見沢温泉なごみ（露天風呂付、大人490円、11:00〜23:00）まで約３km

木立に囲まれたオートサイト（右上は岩見沢温泉、左下はシャワー併設トイレ）

斜面に作られたフリーサイト

フリー側の管理棟（右）と炊事場

大型遊園地に隣接する本格オートキャンプ場

約183haという広大な敷地を持つ大型公園内のキャンプ場。サイトへの進入口は、遊園地「北海道グリーンランド」北側の駐車場脇にある。

場内は斜面に作られた階段状のフリーサイトと、その奥に広がるフラットなオートサイトに分かれる。楽ちん派は、各区画に電源や流しも設備するオートサイトを、昔ながらの少し不便なキャンプを楽しみたいなら、フリーサイトがいいだろう。

なお、キャンプ場の使用料は岩見沢市民の場合、一般の半額に優遇される。

ROUTE

国道12号だと岩見沢市街から、国道234号経由で道道38号（夕張・岩見沢線）に入るとグリーンランドの看板があるので目印に。道央自動車道の岩見沢ＩＣから約２km。公園の北駐車場の横にゲートがあり、その500m先。

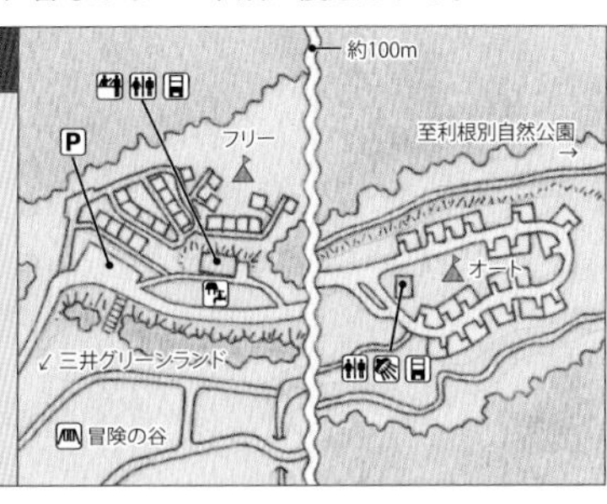

買い物　スーパー、コンビニの多数ある岩見沢市街まで約3km

※ゴミは完全持ち帰り制　※デイキャンプおよび駐車場での車中泊は、1組および1台1泊各500円を徴収

期間　4月中旬▼11月中旬　QRマップ

MAP 53 三重緑地公園キャンプ場
みえりょくちこうえんきゃんぷじょう

☎011-378-3606

空知郡南幌町南12線西3（リバーサイド遊友館）
◎問合先／南幌町建設業協会 ☎ 378-3955

MAPCODE® 139 321 373*35

予約　不可

持込テント料金　テント２張まで500円（タープ・スクリーンテントを含む）。BBQなど日帰り利用も1組500円を徴収

左は遊友館（写真左下）の裏手に広がる芝生のメインサイト。上はサイト中央に立つ炊事場

オートキャンプ　不可

バンガロー・貸用具　なし

管理人　リバーサイド遊友館に駐在（8:30〜17:00）

施設・設備　水洗トイレ・炊事場各１棟、管理兼務の遊友館（車イス対応トイレ併設）、パークゴルフ場（36H・無料）

Ⓟ　約500台（無料）

温泉　南幌温泉ハート＆ハート（次項参照）まで約８㎞

■広々とした芝生のサイト

夕張川沿いに建つ、管理・受付のリバーサイド遊友館周辺に広がる芝地がテントサイト。駐車場から遊友館裏手にかけてがメインとなる。料金が安価で設備が整うこともあり、繁忙期には河川敷に面した芝地にもテントが並ぶ。

※バンガローは予約制(予約は４月１日より現地で受付開始)　※焚き火台は高さ30cm以上なら使用OK　※ゴミは完全持ち帰り制

期間　4月中旬▼10月31日　QRマップ

MAP 54 南幌町三重湖公園キャンプ場
なんぽろちょうみえこうえんきゃんぷじょう

☎011-378-1270

空知郡南幌町南13線西3（三重レークハウス）
◎不在時問合先／管理人 ☎ (080) 1860-4277

MAPCODE® 139 292 720*06

予約　バンガローのみ可

持込テント料金　テント２張まで500円（タープ・スクリーンテント含む、日帰り無料）

オートキャンプ　不可

サイトのすぐ横に水遊び場や遊具が並ぶ(左)。上はさまざまなタイプが揃う安価なバンガロー

バンガロー　６〜７人用１棟2,000〜3,000円７棟（各照明付、要予約）

貸用具　なし

管理人　レークハウスに駐在（9:00〜17:00、月曜休）

施設利用時間　IN 12:00〜　OUT 12:00まで

施設・設備　水洗トイレ・BBQハウス各１棟、炊事場２カ所、児童遊具など

Ⓟ　約100台（無料）

温泉　南幌温泉ハート＆ハート（露天風呂付、大人750円、10:00〜21:00）まで約６㎞

■のどかな水辺のサイト

三重湖の水辺にある公園内の施設。安価なバンガローも人気だ。ペット同伴はリード使用などマナー厳守でＯＫ。

買い物 （上段）：南幌市街のセブンイレブンまで約4km
（下段）：南幌市街のセブンイレブンまで約3km

※完全予約制（予約サイト<https://car-linx.jp/rvpark/>で利用の3カ月前から当日まで受付、キャンセル料あり）
※ペットの同伴はリードの使用やトイレなどマナー厳守でOK　※ゴミは分別で無料受け入れ　※花火は手持ち式のみOK

期間	QRマップ
4月29日 ▼ 10月31日	

MAP 55
あーるぶいぱーくかーりんくすながぬまきゃんぷじょう

RVパーク カーリンクス長沼キャンプ場

☎011-215-8893　夕張郡長沼町東15

MAPCODE® 139 237 228*35

予約　可（詳細は欄外参照）

オートサイト　1区画2,750円　計11区画（約10×10m、電源15A付）

バンガロー・貸用具　なし

サイトは砂利敷きなので厚手のマットなどが必要だ（左）。上の施設内にトイレ、屋外に流しがある

管理人　不在

施設利用時間　IN 12:00～ OUT 10:30まで

施設・設備　水洗トイレ（建物内）、流し1カ所

Ⓟ　なし

温泉　ながぬま温泉（露天風呂付、大人700円、町民は650円、9:00～21:30受付終了）まで約10km

■**廃線跡を使う広々サイト**

農業用の倉庫に囲まれた、旧夕張鉄道線の廃線跡を利用したオートキャンプ場。木柵で仕切られた各区画に電源が設備され、車を横付けしてのテント設営やBBQが楽しめる。予約や決済はWebで完結し、チェックイン＆アウトも不要。空きがあれば当日予約もOKだ。

※予約制（予約はホテルで随時受付、キャンセル料あり）　※不定休あり　※ゴミは分別の上、専用袋500円で受け入れ
※ペットの同伴は、小型犬のみマナー厳守でOK　※アーリイン、レイトアウトあり（各＋500円）　※冬季は各価格やデータなど変更の可能性あり

期間	QRマップ
通年	

MAP 56
くりやまさくらきゃんぷじょう

栗山さくらキャンプ場

☎0123-72-1123　夕張郡栗山町湯地91（ホテルパラダイスヒルズ）

MAPCODE® 320 786 575*76

予約　可（詳細は欄外参照）

利用料　中学生以上1泊500円、小学生200円（金・土・祝前日は＋100円）、温泉入り放題は中学生以上900円（土・日・祝1,100円）、小学生500円（同600円）

駐車場に面した起伏あるテントサイト（左）。上はホテルに併設された炊事場と男女別のトイレ

持込テント料金　1張300円（金・土・祝前日1,000円）、7～8月は1,200円（同1,800円）、タープは金・土・祝前日と7～8月のみ1張500円

オートキャンプ　不可

貸用具　各種有料で

管理人　ホテルパラダイスヒルズに駐在（6:00～23:00）

施設利用時間　IN 14:00～ OUT 11:00まで

施設・設備　水洗トイレ・炊事場各1カ所など

Ⓟ　約150台（無料）

温泉　ホテル内のくりやま温泉（p88参照）で

■**ホテル敷地内のキャンプ場**

サイトは起伏のある草地。温泉施設隣接で利便性は高い。

買い物（上段）：北長沼市街のAコープ北長沼店まで約300m
（下段）：栗山市街のスーパーまで約200m

※ペットの同伴は、リードの使用やトイレなどマナー厳守でOK　※ゴミは完全持ち帰り制

期間	QRマップ
4月29日▼10月31日	

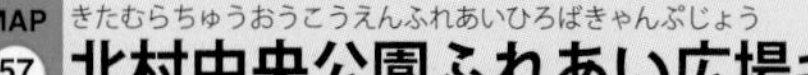

MAP 57

きたむらちゅうおうこうえんふれあいひろばきゃんぷじょう

北村中央公園ふれあい広場キャンプ場

☎0126-55-3670

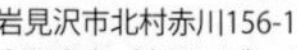

岩見沢市北村赤川156-1

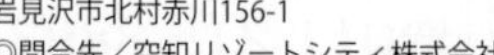

◎問合先／空知リゾートシティ株式会社 ☎ 55-3388

MAPCODE® 575 024 782*82

予約　不可

持込テント料金　無料

オートキャンプ　不可

貸用具　リヤカーなど

管理人　駐在（8：30～17：00）

サイトは温泉側の平坦部分（左）と沼側の斜面部分に分かれる。上は北村温泉ホテルの露天風呂

施設・設備　水洗トイレ１棟、炊事場（管理棟併設１カ所と場内に水場１カ所）、児童遊具、貸しボート、隣接地にパークゴルフ場（27H・有料）・親水広場など

Ⓟ　約100台（無料）

温泉　北村温泉ホテル（露天風呂付、大人650円、6：00～23：00受付終了）に隣接

■温泉隣接の無料キャンプ場

北村温泉ホテル裏手の、トロッコ沼のある公園内の施設。温泉隣接でテント設営も無料とあって、夏場の週末はいつも混み合う。サイトは温泉側の遊具と隣合うフラットな芝地と、沼の周りの起伏ある小高い部分に分かれる。トロッコ沼では釣りやボート遊びも。

※予約制（予約は電話か公式サイト〈https://yunomoto-onsen.com〉で随時受付）　※花火は音が出ない手持ち式のみOK

期間	QRマップ
通年	

MAP 58

ゆのもとおんせんきゃんぷじょう すぎうらんど

湯の元温泉キャンプ場 すぎうらんど

☎01267-6-8518　三笠市桂沢94（湯の元温泉）

MAPCODE® 180 299 397*77

予約　可（詳細は欄外参照）

持込テント料金　テント１張２人まで1,500円計10区画

宿泊施設　湯の元温泉旅館で１人１泊3,000円から

ワイルドなサイトは車やバイクの乗り入れ可（左）。車中泊も有料でOK、冬キャンプも楽しめる

貸用具　リヤカー１台、一輪車１台（各無料）

管理人　駐在（5：00～20：00）

施設利用時間　IN 12：00～　OUT 12：00まで

施設・設備　管理棟（旅館内に簡易水洗トイレ・食堂・売店・ランドリー併設）、流し１カ所、あずまや１棟

Ⓟ　約30台（無料）

温泉　湯の元温泉（露天風呂付、大人600円、15：00～19：30受付終了、土・日・月曜・祝日は10：00～）に隣接

■温泉旅館直営のキャンプ場

山間の温泉旅館の敷地内にあり、山を切り拓いたサイトは野趣満点。宿名物の合鴨鍋をサイトで味わうのも一興だ。ゴミは旅館で無料回収。

買い物（上段）：岩見沢市北村のセイコーマートまで約300m。またスーパー、コンビニの多数ある岩見沢市街まで約10km
（下段）：三笠市街地のコンビニまで約11km

MAP くりやまこうえんきゃんぷじょう ※完全予約制（予約は公園案内所で随時受付、デイ利用は予約不可） ※ゴミは持ち帰り制

59 栗山公園キャンプ場

夕張郡栗山町桜丘２丁目 ☎(0123) 72-0706
※栗山公園案内所

MAPCODE® 320 814 483*37

予約 可（詳細は注記参照）

期間 ４月27日～11月３日

サイト使用料 1区画500円計10区画（デイキャンプも同額）

オートキャンプ 不可

バンガロー・貸用具 なし

管理人 公園管理室に駐在（9:00～17:00）

施設利用時間 IN 14：00～ OUT 10:00まで

施設・設備 水洗トイレ・炊事棟各1棟、BBQコーナー（要予約）

温泉 天然温泉くりやま（p88参照）まで約１km

Ⓟ 22台（無料）

■10区画限定の予約制サイト

園内にある芝生のサイトは予約制。アーリーチェックインプラン（10:00～、1,000円）もある。

MAP とねべつしぜんこうえんきゃんぷじょう

60 利根別自然公園キャンプ場

岩見沢市緑が丘 ☎(0126) 32-2488
※利根別原生林ウォーキングセンター

MAPCODE® 180 034 502*12

予約 不可

期間 ４月21日～10月31日

持込テント料金 無料

オートキャンプ 不可

貸用具 リヤカーあり

管理人 利根別原生林ウォーキングセンターに駐在（9:00～17:00、月曜休）

設備・施設 水洗トイレ・炊事場各１棟

Ⓟ 約15台（無料）

温泉 湯元岩見沢温泉なごみ（p89参照）まで約3.5km

■設備は最小限のシンプル施設

大正池周辺に広がる自然休養林内にあり、自然環境が魅力。駐車場からサイトまでは500mほどあるのでリヤカーを利用しよう。ゴミは完全持ち帰り制。

MAP ふぁみりーらんどみかさゆうえん ※料金等変更の可能性あり ※焚き火台は事前に使用条件を要確認 ※ゴミは完全持ち帰り制

61 ファミリーランドみかさ遊園

三笠市西桂沢57 ☎(01267) 6-8000 ※みかさ遊園
期間外問合先／三笠市商工観光係 ☎ 2-3997

MAPCODE® 180 298 842*46

予約 不可

期間 ４月29日～10月31日

持込テント料金 無料

オートキャンプ 不可

バンガロー・貸用具 なし

管理人 駐在（9:00～17:00）

施設・設備 車イス対応水洗トイレ（流し併設）１棟、遊具（一部有料）など

Ⓟ 約250台（無料）

温泉 湯の元温泉旅館（ｐ92参照）まで約２km

■遊具豊富でちびっ子に人気

桂沢ダム下流の谷間にある遊園地内の施設。場内にはじゃぶじゃぶ池（6月下旬～9月上旬）やゴーカートなどが揃う。芝生のサイトは、雨の後にぬかるむ部分もあるので気をつけよう。

買い物 （上段）:栗山市街のスーパーまで約180m （中段）:スーパー、コンビニの多数ある岩見沢市街まで約1km
（下段）:三笠市幸町のコンビニまで約10km

※完全予約制（予約は利用日の6カ月前より文化伝習館で受付開始）
※ゴミはすべて持ち帰り制（使用済の炭のみ受け入れ）

期間	QRマップ
4月28日 ▼ 10月31日	

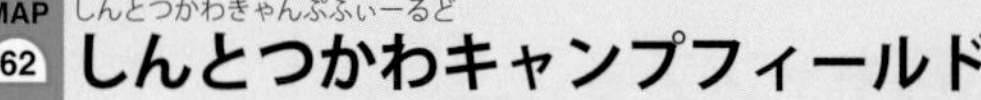

MAP 62

しんとつかわきゃんぷふぃーるど

しんとつかわキャンプフィールド

☎0125-76-2991　樺戸郡新十津川町字総進191-3（文化伝習館）

MAPCODE® 360 401 293*77

予約　可（詳細は欄外参照）
オートサイト　1区画1,500円 計11区画（各サイト電源付き）
バンガロー　4人用１棟2,000円５棟、６人用3,000円５棟（各野外炉・車１台分の駐車スペース付）※サイト・バンガローともに繁忙期（7月15日～8月15日の全日と、宿泊日と翌日の両日が土・日・祝日となる場合）は上記料金が倍額に
貸用具　なし
管理人　駐在（9:00～17:00）
施設利用時間　IN 13:00～16:00　OUT 10:00まで
施設・設備　水洗トイレ・炊事場各１棟、有料のテニスコートやパークゴルフ場（27H）
P　約15台（無料）
温泉　ホテルグリーンパークしんとつかわ（大人600円、8:00～20:00受付終了）に隣接
MEMO　新十津川物語記念館横に貸別荘「ヴィラトップ」（１棟１泊22,000円～、休前日26,400円～、各種家電や食器付きキッチン、浴室など完備）５棟とホテル「サンヒルズサライ」がある

高台にあり眺めのいい場内には、電源付きのオートサイトを11区画設備（上）。下写真は右が管理・受付を兼務する新十津川町文化伝習館、左が炊事場

風除室を設けて虫の侵入を防ぐトイレ

野外炉付のバンガローと左上が内部

ふるさと公園内にあるファミリー向け施設

多彩なスポーツ施設を擁する「ふるさと公園」内にあり、2022年にリニューアルオープン。フリーサイトを廃止し、オート専用施設に生まれ変わったが、既設のバンガローは健在だ。管理兼務の文化伝習館では、豊富な体験メニューを用意。挑戦してみては？

ROUTE

道央自動車道の滝川ＩＣで下り、国道38号滝川市街から石狩川を渡り、国道275号に合流、浦臼町方面に進むと右手に「ふるさと公園」の案内表示が。国道から枝道に右折し、随所に立つ案内表示に沿って道なりに進めば現地。

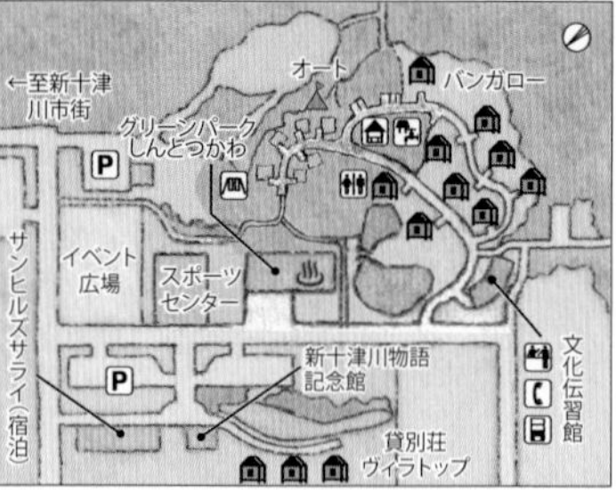

買い物　スーパー、コンビニのある新十津川市街まで約5km

※バンガローは予約制（予約は公式サイト〈https://kairakukoen.com/〉でのみ受付、キャンセル料あり）　※ペット同伴はリード使用などマナー厳守でOK（バンガロー内は不可）　※月形温泉ゆりかごは改修工事のため８月まで休業予定。改修後、料金や営業時間等変更の可能性あり

期間	QRマップ
4月下旬 ▼ 10月31日	

MAP 63

つきがたかいらくこうえんきゃんぷじょう
月形皆楽公園キャンプ場

☎0126-53-2577

樺戸郡月形町北農場
◎問合先／月形町振興公社 ☎ 37-2110

MAPCODE® 575 322 542*77

予約　バンガローのみ可
利用料　１人200円
持込テント料金　1張1,000円
オートキャンプ　上記料金で可（特に設備なし）
バンガロー　高床式４～５人用5,000円計６棟
貸用具　貸自転車・貸ボートなど各種有料で
管理人　駐在（9:00～17:00）
施設利用時間　テントサイト IN 8:00～ OUT 12:00まで／バンガロー IN 13:00～ OUT 10:00まで
施設・設備　水洗トイレ４棟、炊事場（流し程度）２棟、水辺の家にランドリー、パークゴルフ場（18H・有料）など
P　約150台（無料）
温泉　月形温泉ゆりかご（露天風呂付、大人650円、10:00～20:30受付終了、第3火曜休）に隣接 ※８月まで休業予定
MEMO　花火と夜21：00以降の車両の出入りは禁止

バンガローサイトの対岸にあるフリーサイト。車は通路沿いに停められるが、あくまでも先着順。芝生への車の乗り入れは厳禁だ（右上は月形温泉露天風呂）

こちらは温泉側のバンガローサイト

バンガロー横の明るいサイトも人気

緑濃いテントサイトは石狩川旧河川のほとり

皆楽公園のシンボルである水辺は、本流と今もつながる石狩川の旧河川。その岸辺にテントサイトが広がる。

公園入口からサイトへ向かう狭い進入路は荷物搬入用。まずは管理棟にひと声かけて左に回り込むとテントサイトとバンガロー、逆から回り込むと水辺のサイトにつく。車は通路沿いに駐車できるが、芝生への進入は厳禁。ゴミは分別の上、無料で受け入れ。

ROUTE

札幌からの場合、国道275号だとホクレンGSのある交差点で右折して右手。国道12号からだと美唄市街からは道道33号、岩見沢市街からだと道道６号の逆回りで国道275号へ合流して右折。岩見沢市街から約23km。

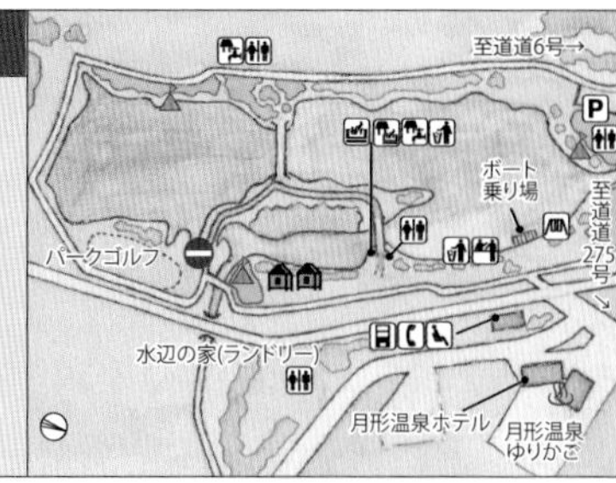

買い物　スーパー、コンビニのある月形市街まで約600m

※オートサイト・バンガローは予約制（予約は３月よりweb予約開始、電話予約は４月１日9:00から現地で受付）
※花火は指定場所でのみ可（手持ち式で音の大きくないタイプに限る） ※Wi-Fi環境は事務所周辺のみ

期間 4月下旬▼10月中旬　QRマップ

MAP 64

つるぬまこうえんきゃんぷじょう

鶴沼公園キャンプ場

☎0125-67-3109

樺戸郡浦臼町キナウスナイ188
◎問合先／浦臼町商工観光係 ☎ 68-2114

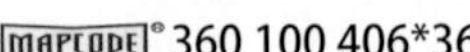

MAPCODE® 360 100 406*36

予約　オートサイトとバンガローのみ可
フリーサイト　テント・タープ各1張600円（5m超1,200円）
オートサイト　電源付：１区画3,000円14区画／電源なし：2,000円10区画
バンガロー　４～５人用３棟（流し・寝台・トイレ・電源付）、５～６人用２棟（電源付）、７～８人用１棟（電源付）で、全棟各4,500円（各P・照明付）
貸用具　BBQ台など有料で
管理人　駐在（9:00～7:00）
施設利用時間　IN 10:00～（バンガローは13:00～）OUT 11:00まで
施設・設備　サニタリーハウス（トイレ・洗面所・ランドリー）、管理事務所（トイレ・有料シャワー）、炊事場２棟など
P　約100台（無料）
温泉　浦臼町自然休養村センター（大人450円、10:00～20:30受付終了）まで約900m

広々としたオートサイトと右下がサニタリーハウス（円写真は浦臼温泉の浴場）

フリーサイトは1日30グループまで

駐車スペースもあるバンガロー

田園と水辺に囲まれた設備充実の人気施設

田園地帯に囲まれた公園内にあり、サイトは鶴沼のほとりに広がる。オートサイトにバンガロー、サニタリーハウスと設備が整い、繁忙期にはかなりの賑わいを見せる。

フリーサイトの予約はできないが、オートサイトとバンガローはWebか電話で予約可。

ちなみに鶴沼での遊泳や釣り、カヌー使用はすべて禁止なのでご注意を。ゴミは持ち帰り制となる。

ROUTE

国道275号の月形側から新十津川方面に進むと、役場のある浦臼町市街から約４km先、国道沿いにある浦臼町自然休養村センターが目印。その手前のキャンプ場の案内表示から右手に入ると、現地管理棟のある駐車場へ。

買い物　浦臼町浦臼内のピコルＡマートうらうす店やローソンまで約3km

※完全予約制（予約は4月第2月曜より現地ガイドセンターで受付開始、受付時間は9:00～17:00）
※下記料金は変更の可能性あり　※キャンセル料あり（利用の7日前から前日までが50%、当日は100%）

期間	QRマップ
6月1日 ▼ 9月末	

MAP 65

ぬまたちょうほたるのさとおーときゃんぷじょう

沼田町ほたるの里オートキャンプ場

☎0164-35-1166

雨竜郡沼田町字幌新612
◎期間外問合先／ほたる館 ☎ 35-1188

MAPCODE® 495 486 015*62

予約　可（詳細は欄外参照）

オートサイト　プライベートカーサイト：1区画3,000円計25区画／キャンピングカーサイト：1区画5,000円9区画（電源・上下水道付）

コテージ　10人用15,000円3棟（設備完備の貸別荘タイプ）

貸用具　なし

管理人　8：30～17：00（繁忙期～20：00）

施設利用時間　IN カーサイト14：00～17：00／コテージ15：00～　OUT 8：30～11：00

施設・設備　車イス対応水洗トイレ１棟、炊事室併設のサニタリー棟１棟、受付のガイドセンター（売店併設）など

Ⓟ　約150台（無料）

温泉　ほろしん温泉ほたる館（露天風呂付、大人500円、10：00～21：30最終受付）に隣接

MEMO　ゴミは分別の上、有料（200円）で受け入れ

ゆったりとしたスペースのプライベートカーサイトとガイドセンター（左下）

トレーラーハウスを使うコテージ

ほろしん温泉ほたる館の内湯

周辺にほたるが舞う本格オートキャンプ場

　キャンプ場のすぐそばにある温泉ホテル「ほたる館」の敷地内や周辺では、７月上旬～８月上旬の夜、ホタルの姿が見られる。そんな恵まれた自然環境から、「ほたるの里」の愛称がつけられた。

　ホタルとの出あいを求めてファミリーを中心に人気が高く、夏休み期間の混雑は必至。また、オート専用施設のためフリー派は近くの幌新ダムえん堤下にあるキャンプ場（p99参照）を利用してほしい。

ROUTE

　道央自動車道利用の場合、深川JCTから深川留萌自動車道へ入る。約20km先の沼田ICから国道275号・道道549号（峠下・沼田線）を経由、旧JRえびしま駅手前で右折。道道867号（達布・石狩・沼田線）を道なりで現地。

買い物　沼田市街のセイコーマートまで約12km

※予約制（利用月の2カ月前からホテルで受付開始、当日も空きがあれば利用可、キャンセル料あり）　※ゴミは完全持ち帰り制

期間	QRマップ
5月中旬 ▼ 10月末	

MAP 66

ぐりーんぱーくきゃんぷじょう

グリーンパークキャンプ場

☎0125-76-4000

樺戸郡新十津川町字総進189-1
(グリーンパークしんとつかわ)

MAPCODE® 360 401 443*61

予約　可（詳細は欄外参照）

入場料　大人600円、小学生300円

サイト使用料　1区画1,000円 計8区画（上記料金に加算）

サイトは温泉施設とスポーツセンターの間（左）。上はグリーンパークしんとつかわの内湯浴場

オートキャンプ　不可

バンガロー・貸用具　なし

管理人　温泉施設のフロントで対応（7:00〜21:00）

施設利用時間　IN 13:00〜 OUT 11:00まで

施設・設備　水洗トイレ２棟（温泉施設内の車イス対応も21:00〜翌7:00を除き利用可）、炊事場１棟など

Ⓟ　専用駐車場18台（無料）

温泉　グリーンパークしんとつかわ（p94参照）に隣接

■キャンプ＆温泉を満喫

民営温泉「グリーンパークしんとつかわ」が管理・運営。お手製の芝生サイトは、ゆったりとした造りだ。キャンパーは、21:00〜翌7:00を除き、何度でも無料入浴が楽しめる。

※ペットの同伴は、リードの使用やトイレなどマナー厳守でOK

期間	QRマップ
5月上旬 ▼ 10月下旬	

MAP 67

しんとつかわちょうよしのこうえんきゃんぷじょう

新十津川町吉野公園キャンプ場

☎0125-73-2632

樺戸郡新十津川町吉野1-39（吉野地区活性化センター）
◎問合先／新十津川町商工観光グループ ☎ 76-2134

MAPCODE® 763 013 609*84

予約　不可

持込テント料金　1張500円

オートキャンプ　なし（キャンピングカーなど駐車場での車中泊は1台500円を徴収）

平坦で開放的な、公園内の芝生サイト（左）。上は隣接する温泉併設の吉野地区活性化センター

バンガロー・貸用具　なし

管理人　駐在（右記参照）

施設・設備　公園管理棟内に水洗トイレ併設、流し１カ所

Ⓟ　約30台（無料）

温泉　吉野地区活性化センター（大人300円、6〜9月は14:00〜21:00、10〜5月は15:00〜19:00、月・木・金曜休）に隣接

MEMO　ゴミは持ち帰り制

■温泉もある公園内のサイト

湖に面した公園内の施設。芝生のサイトは駐車場隣接部分にテントを設営すれば、オートキャンプ感覚も楽しめる。

なお、キャンプ場の管理・受付は、温泉施設を併設する隣接の活性化センターで、施設が休みの日は管理人が巡回して料金を徴収する。

買い物 （上段）:スーパー、コンビニのある新十津川市街まで約4km
（下段）:スーパー、コンビニのある新十津川市街まで約15km

※完全予約制（予約は利用の１カ月前より公式サイト、または「なっぷ」で受付開始）　※ゴミは原則持ち帰り制

期間	QRマップ
4月下旬 ▼ 9月30日	

MAP 68

べるぱーくちっぷべつきゃんぷじょう

ベルパークちっぷべつキャンプ場

☎0164-33-2555　雨竜郡秩父別町２条１丁目（スポーツセンター）

MAPCODE® 495 041 393*16

予約　可（詳細は欄外参照）

持込テント料金　１張500円、タープ１張500円、車中泊１台500円

オートキャンプ　不可

小川が流れる芝生のテントサイト。一部木蔭の部分もある（左）。上は隣接の秩父別温泉露天浴場

バンガロー・貸用具　なし

管理人　駐在（13:00～17:00）

施設・設備　水洗トイレ・炊事場各１棟、あずまや２棟、パークゴルフ場（27Ｈ・有料）

Ⓟ　約40台（無料）

温泉　秩父別温泉「ちっぷ・ゆう＆ゆ」（露天風呂付、大人500円、9:00～22:00）に隣接

MEMO　キャンプ場宿泊者には、温泉割引券を用意する

■遊びと見所が盛りだくさん

郷土館やスポーツ施設を擁する公園内の施設。サイトは平坦な芝生で、手入れが行き届く。ちびっ子に人気の巨大遊具や公営温泉に隣接するほか、町内にはローズガーデンや観光体験牧場もあり、遊びに見所と盛りだくさんだ。

※完全予約制（予約は４月第２月曜より現地で電話受付開始、受付時間は9:00～17:00、キャンセル料あり）

期間	QRマップ
6月1日 ▼ 9月末	

MAP 69

ほろしんいこいのもりこうえんきゃんぷさいと

幌新いこいの森公園キャンプサイト

☎0164-35-1166　雨竜郡沼田町字幌新612（ガイドセンター）
◎期間外問合先／ほたる館 ☎ 35-1188

MAPCODE® 495 486 015*07

予約　可（詳細は欄外参照）

フリーテントサイト　大人１人500円、小学生以下300円（テント・タープ各1張まで）

プライベートカーサイト　１区画2, 500円計10区画（駐車場隣接のセミオートスタイル）

ダム堤下にあるカーサイト（左）。そのサイトへ向う橋の手前右にフリーサイトが広がる（上）

貸用具　リヤカー２台

管理人　8:30～17:00（繁忙期～20:00、ガイドセンター駐在）

施設・設備　水洗トイレ・炊事場各１棟、管理受付のガイドセンター（売店）など

Ⓟ　フリー用約10台（無料）

温泉　ほろしん温泉ほたる館（p97参照）に隣接

■ダム堤下のシンプルサイト

前出「ほたるの里オートキャンプ場」（p97参照）から約500mの近場にあり、管理受付はオートキャンプ場で行う。

こちらのオートサイトは、設備がなく車を対面に停めるタイプで、ペット同伴も可能だ。ゴミは有料で受け入れる。

買い物　（上段）：秩父別市街のスーパーまで約750m、セイコーマートまで約650m
（下段）：沼田市街のセイコーマートまで約12km

MAP うりゅうぬましつげんげーとぱーくきゃんぷじょう ※ゴミは完全持ち帰り制

70 雨竜沼湿原ゲートパークキャンプ場

雨竜郡雨竜町字338 ※現地TELなし
問合先／雨竜町産業建設課商工観光担当 ☎(0125) 77-2248

MAPCODE® 763 392 567*76

予約 不可

期間 6月中旬～10月中旬

サイト使用料 無料（任意で環境美化整備協力金として、18歳以上1人500円を徴収）

オートキャンプ 不可

バンガロー・貸用具 なし

管理人 駐在(9：00～16：30)

施設・設備 水洗トイレ1棟、管理棟、南暑寒荘(4室計70人収容、無料)

Ⓟ 約150台(無料)

■登山者が集う山のキャンプ場

ここは、数多くの沼が点在する雨竜沼湿原や標高1,492mの暑寒別岳への登山基地。そのため、夜は早くから寝静まる。雨竜沼湿原へは、片道約4km・往復4時間ほど。ぜひ、チャレンジを。

MAP ほくりゅうちょうこんぴらこうえん ※ペットの同伴はマナー厳守でOK ※二輪車のサイト乗り入れ可 ※ゴミは持ち帰り制

71 北竜町金比羅公園

雨竜郡北竜町字三谷104-3 ※現地TELなし
問合先／NPOひまわり ☎(0164) 34-3221

MAPCODE® 763 538 363*55

予約 不可

期間 5月初旬～10月末

持込テント料金 無料

オートキャンプ 不可

バンガロー・貸用具 なし

管理人 不在

施設・設備 水洗トイレ・炊事場（流し程度）各1カ所、野外炉、あずまやなど

Ⓟ 約50台(無料)

温泉 サンフラワーパーク北竜温泉（露天風呂付、大人500円、9:30～22:00）まで約5㎞

■「ひまわりのまち」の桜の名所

北竜町の和市街から約3㎞の小高い丘上の公園。北竜町といえば「ひまわりのまち」で有名だがここは桜の名所。サイトは芝生で、普段は訪れる人も少ない。

MAP たじまこうえんきゃんぷじょう ※予約制(建設課で受付) ※ゴミは原則持ち帰り制 ※二輪車のサイト乗り入れ可

72 田島公園キャンプ場

雨竜郡沼田町旭町 ※現地TELなし
問合先／沼田町建設課 ☎(0164) 35-2116

MAPCODE® 495 189 694*30

予約 可(詳細は注記参照)

期間 5月初旬～10月31日

持込テント料金 無料だが事前予約が必要（町建設課まで）

オートキャンプ 不可。荷物搬出入時のみサイト付近まで可

バンガロー・貸用具 なし

管理人 不在

施設・設備 水洗トイレ・炊事場各1棟、遊具など

Ⓟ 約14台（無料）

温泉 ほろしん温泉（p97参照）まで約15㎞

■市街に位置する公園内施設

沼田町市街の国道275号沿いにあり、炊事場のある公園奥がサイト。ただしその手前のテーブル・ベンチがある芝生エリアはキャンプ禁止なのでご注意を。

買い物 (上段)：スーパー、コンビニのある雨竜市街まで約26km
(中段)：北竜町碧水のセイコーマートまで約7km (下段)：沼田市街のセイコーマートまで約2km

※予約制（予約は３月より受付開始、予約は翌々月分まで。受付は9:00〜17:00）　※オートサイトは7・8月を除き下記のほぼ半額に
※ペットの同伴は予約時に申し出の上、リードの使用などマナー厳守でOK（コテージエリア、建物内とフリーサイトへの同伴は禁止）

期間	QRマップ
4月19日 ▼ 10月20日	

MAP 73　たきさとこおーときゃんぷじょう
滝里湖オートキャンプ場

☎0124-27-3939　芦別市滝里町288（滝里ダム防災施設）

MAPCODE® 450 413 720*33

予約　可（詳細は欄外参照）
二輪車専用フリーサイト　1張850円計10区画
オートサイト料金　キャンピングカーA（電源15A×2・炊事台・上下水道付）：1区画8, 290円５区画／スタンダードカーB（電源15A・炊事台・上下水道付）：1区画7, 570円19区画／スタンダードカーC（電源15A）：1区画6, 140円16区画
コテージ　6人用1棟17, 580円3棟、8人用23, 300円〜3棟（うち２棟はバリアフリー仕様）
貸用具　追加分のふとんなど
管理人　期間中24時間駐在
施設利用時間　IN 13:00〜19:00（コテージは14：00〜）OUT 8:00〜11:00まで（コテージは8:00〜10：00）
施設・設備　サニタリーハウス（車イス対応 水洗トイレ・炊事場）１棟、管理受付のダム防災施設内にシャワーなど
Ⓟ　約50台（無料）
温泉　ハイランドふらの（露天風呂付、大人630円、6:00〜22:00受付終了 ※6:00〜8:00は大人530円）まで約10km

湖岸サイトと写真左がサニタリーハウス（円写真は炊事台、右下がコテージ）

貸別荘タイプの洒落たコテージ室内

センターハウス的役割の防災施設

湖岸のオートサイトと貸別荘級のコテージ

ダム湖として誕生した滝里湖畔のキャンプ場。二輪車等の利用者用を除き、フリーサイトのないオート専用施設で、貸別荘タイプのコテージもある。なお、ゲート閉鎖時間は21:00〜翌8:00。花火は手持ち式のみＯＫ、ゴミは指定袋で分別の上、無料で受け入れ。

ROUTE

芦別市街から向かう場合、国道38号で富良野市街へ向かった約12km先の右側湖畔が現地で、ダム防災施設の建物が目印になる。なお、進入口は国道山側にあり、国道の下をくぐって湖畔に出る。富良野市街からは約13km。

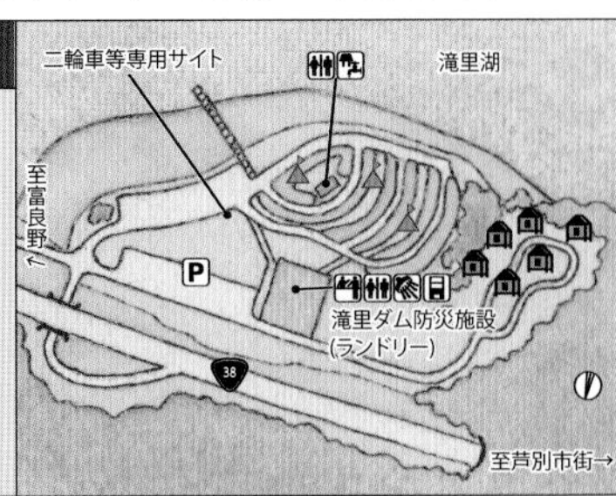

買い物　コンビニのある上芦別市街まで約12km

※完全予約制（予約は4月15日より現地で受付開始。当日も空きがあれば利用可）
※ゲートの閉鎖時間あり（22:30～翌8:00）　※ゴミは有料で受け入れ　※花火は手持ち式のみ可

期間	QRマップ
5月上旬▼10月中旬	

MAP 74

あかびらしえるむこうげんおーときゃんぷじょう

赤平市エルム高原オートキャンプ場

☎0125-34-2164　赤平市幌岡町392-1

MAPCODE® 179 321 668*70

予約　可（詳細は欄外参照）

入場料　大人1,040円、小学生520円

フリーサイト料金　1区画2,090円14区画

オートサイト料金　キャラバンサイト：電源・流し台・野外卓・野外炉付1区画6,280円4区画／Aサイト：電源・流し台・野外卓・野外炉付1区画5,230円7区画／Bサイト：電源・流し台・野外炉付1区画4,190円6区画／Cサイト：野外炉付1区画3,140円22区画

ケビン　6人用1棟8,380円8棟（流し・電源・野外卓など）

貸用具　テント2,000円、手ぶらセット6,000円など

管理人　駐在（8:00～20:00）

施設利用時間　IN 13:00～18:00　OUT 8:00～11:00

施設・設備　水洗トイレ2棟、炊事場3棟、受付のセンターハウス内にコインシャワー・ランドリー・売店など

P　各サイトにあり

温泉　エルム高原温泉（露天風呂付、大人500円、10:00～21:30受付終了）まで徒歩15分

管理・受付を行うセンターハウス（左上）下段の斜面に広がるオートサイト。写真手前のAサイトは、電源・流し台・野外卓・野外炉を設備する

ケビンの屋外には野外卓を設備

露天風呂もあるエルム高原温泉

家族旅行村に隣接する本格オートキャンプ場

温泉施設や宿泊施設「虹の山荘」、フリーサイト専用キャンプ場（p106参照）もある、エルム高原エリア内のオートキャンプ場。駐車スペース隣接のテントサイトや、2家族で使えるスペースがあるキャラバンサイトなど選択肢は豊富で、使い方もいろいろだ。

ROUTE

国道38号沿いのお城（徳川城）とローソンの間の道を山側に入り、標識に従って約4㎞。エルム高原温泉や家族旅行村への道の手前で右折、幌倉川の対岸へ回り込んだ所にある。温泉へは徒歩で近道の遊歩道もあり。

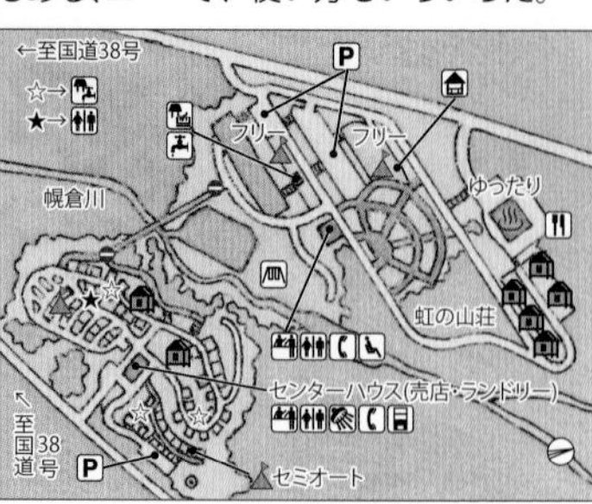

買い物　赤平市幌岡町のローソンまで約2km

※完全予約制（公式サイト〈https://marugoto-sorachi.com〉の予約フォーム、もしくは電話で受付。キャンセル料あり）
※Wi-Fiは一部エリアを除き利用可　※花火は指定場所でのみ可　※ゴミは持ち帰り制（グランピングのみ受け入れ）

期間	QRマップ
通年	

MAP 75 たきかわきゃんぷさいと

滝川キャンプサイト

☎0125-26-2000　滝川市西滝川76-1（滝川ふれ愛の里）

MAPCODE® 179 272 496*74

予約　可（詳細は欄外参照）
サイト使用料　フリー：１区画（１張１タープ６人まで）3,600円計78区画／カー：１区画（６人まで、設備なし5,000円計19区画 ※各日曜・祝日と月～木曜の平日は、料金の割引設定あり
グランピング　30,500円～計6張（1張4人まで、時期により変動あり、予約時に要確認。各寝具等完備、入浴料込）
コテージ　１棟30,000円計５棟（6人目から１人5,000円を追加徴収。定員10人）
貸用具　BBQコンロやランタンなど各種有料で用意
管理人　駐在（8:00～22:00）
施設利用時間　IN フリー12:00～（カー・グランピング14:00～、コテージ15:00～）
OUT 10:00まで
施設・設備　水洗トイレ３棟、炊事場３棟、水場３カ所、管理・受付のセンターハウス
Ⓟ　約70台（無料）
温泉　滝川ふれ愛の里（露天風呂付、大人630円、8：00～21：30受付終了）に隣接

広大な芝地のフリーサイト。上写真は左が炊事場、右が温泉側のトイレ棟

シンプルな造りの新設オートサイト

ベットも完備するグランピングテント

MEMO　リヤカー30台あり

温泉隣接の大型施設 カーサイトも便利

温泉施設の敷地内にフリーサイトが広がり、カーサイトも充実している。河畔の芝生サイトは開放的で、グランピングも用意。サイトには木立が少なく晴れの日はタープが必携だ。料金は曜日や期間で変動するため、事前確認を。

ROUTE

滝川市街の国道12号・同38号・同451号・道道227号の交差点から、国道12号で深川方向へ。約２km先の二の坂町西１の交差点を左折し、ラウネ川を越えた約２km先の西滝川交差点を左折、約200m先左手の温泉施設周辺が現地。

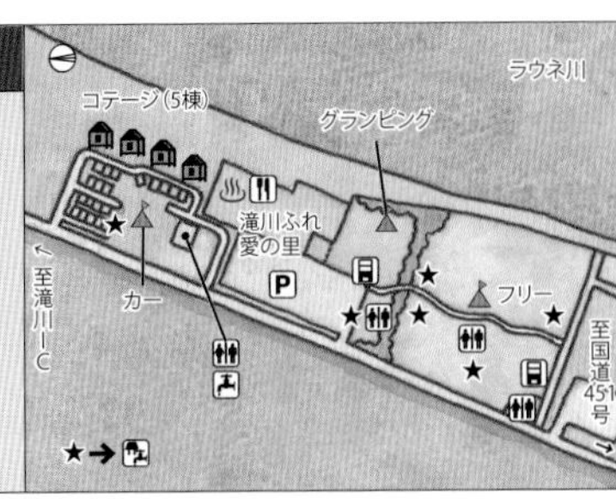

買い物　スーパー、コンビニのある滝川市街まで約4km

※完全予約制（サイトは２月１日より、コテージは利用日の１年前より現地で受付開始、キャンセル料あり）
※日帰り利用は入場料が半額に　※Wi-Fi環境はセンターハウス内のみ　※ペットの同伴は指定サイト10区画でのみOK（要予約）

MAP 76

まあぶおーときゃんぷじょう

まあぶオートキャンプ場

☎0164-26-3000　深川市音江町字音江459-1

MAPCODE® 179 685 505*55

予約　可（詳細は欄外参照）

入場料　中学生以上 1,000 円、小学生と65歳以上500円

フリーサイト　600円16区画

オートサイト　電源付：4,000円39区画／電源・上下水道付：5,000 円15区画／キャンピングカー（電源付）：6,000 円２区画（金・土曜、祝前日や繁忙期は400～600円増し）

宿泊施設　コテージ：５人用21,000円２棟、８～11人用28,000円３棟／ログハウス：４～５人用4,000円２棟（金・土曜、祝前日や繁忙期は増額）※冬季割引有

貸用具　有料で各種あり

管理人　利用時は駐在

施設利用時間　サイト IN 13:00 ～ 18:00 OUT 8:00 ～ 11:00／ コテージ IN 15:00 ～ OUT 11:00まで

施設・設備　水洗トイレ・炊事場各３棟、バーベキューハウス１棟、センターハウス（売店・シャワー・ランドリー）

Ⓟ　120台（無料）

温泉　イルム温泉（大人500円、10:00～22:00）まで徒歩７分

深川市街を眼下に望むカーサイト（だ円写真はコテージ、右下はログハウス）

カーサイト下段にあるフリーサイト

キャンパーは入浴料割引のイルムの湯

温泉入浴施設に隣接の大型オートキャンプ場

道央自動車道深川IC至近の高台にある施設。場内上段のサイトからは深川市内を一望できる。コテージも貸別荘クラスから安価なログハウスまで幅広い。花火は指定場所で手持ち式のみ可。なお各料金は変更予定なので、公式サイトで確認を。

ROUTE

国道12号の深川市音江地区から、道央自動車道深川ＩＣへ向かう道道79号に入る。国道から約１㎞、道央自動車道下をくぐってから約300m先左手に、現地への入口がある。さらに約600m先左手に、アグリ工房イルムの湯。

買い物　スーパー、コンビニの多数ある深川市街まで約5km

MAP がろふぁみりーこうえんきゃんぷじょう ※ペットの同伴は、リードの使用などマナー厳守でOK ※ゴミは完全持ち帰り制

77 我路ファミリー公園キャンプ場

美唄市東美唄町番町 ※現地TELなし
問合先／美唄市都市整備部都市整備課 ☎(0126) 63-0138

MAPCODE® 180 564 429*27

予約 不可
期間 5月1日～10月31日

持込テント料金 無料
オートキャンプ 不可
バンガロー・貸用具 なし
管理人 駐在(月・火曜は不在、祝日は駐在し翌日不在に)
施設・設備 簡易トイレ2基、炊事場1カ所など
Ⓟ 約250台（無料）
温泉 ゆ～りん館（露天風呂付、大人650円、7:00～20:30受付終了）まで約6km

■炭鉱記念館裏の林間サイト
美唄市内から道道135号に入り美唄ダムへ向かう途中、三菱美唄記念館のある公園内の施設。テントサイトは記念館裏の林間に広がり、静かに過ごせる。

MAP ほっかいどうこどものくにきゃんぷじょう ※完全予約制(予約は5月1日より北海道子どもの国管理事務所で受付開始) ※ゴミは持ち帰り制

78 北海道子どもの国キャンプ場

砂川市北光496 ☎(0125) 53-3319
※北海道子どもの国管理事務所

MAPCODE® 179 068 416*60

予約 可(詳細は注記参照)
期間 6月22日～9月8日

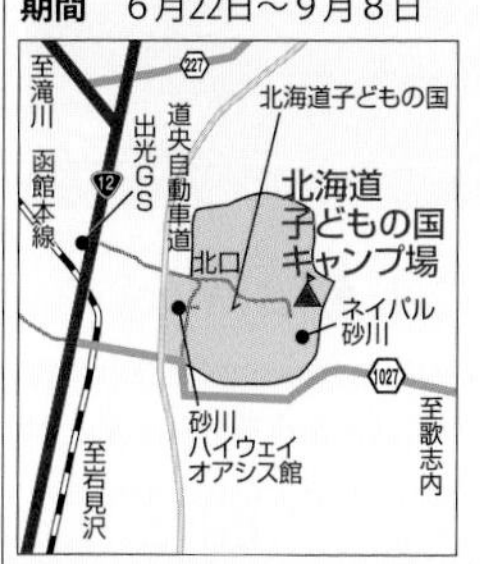

サイト使用料 1区画1,000円32区画(日帰り利用は500円)
オートキャンプ 不可
バンガロー・貸用具 なし
管理人 駐在（土・日・祝日の9:00～17:00)
施設利用時間 IN 13：00～17:00 OUT 11:00まで
施設・設備 車イス対応水洗トイレ1棟、炊事場2棟など
Ⓟ 約50台（無料）
温泉 チロルの湯（p106参照）まで約13km

■ファミリーに人気の園内施設
多数の遊具や水遊び施設が揃う公園内にあり、基本設備が整うサイトはファミリーに人気。

MAP かみすながわおくさわきゃんぷじょう ※バンガローのみ予約制(利用の3カ月前よりパンケの湯で受付開始、町民無料) ※ペットの同伴はマナー厳守でOK

79 上砂川奥沢キャンプ場

空知郡上砂川町字上砂川西山43-7 ☎(0125) 62-2526
◎問合先／上砂川町企画課産業振興係 ☎ 62-2223

MAPCODE® 940 152 613*16

予約 バンガローのみ可
期間 5月中旬～10月下旬

持込テント料金 無料
オートキャンプ 不可
バンガロー 要予約で4人用1棟1,000円2棟（照明・電源・屋外に野外炉付)
管理人 駐在（9:00～17:00)
施設利用時間 IN 12：00～ OUT 10:00まで(バンガロー)
施設・設備 水洗トイレ・炊事場（炉付）各1棟など
Ⓟ 約10台（無料）
温泉 上砂川岳温泉(大人500円、10:00～22:00、土・日・祝日は9:00～)まで約500m

■林に囲まれた無料キャンプ場
サイトには少し離れた駐車場から徒歩で。ゴミは持ち帰り制。

買い物 (上段)：スーパー、コンビニのある美唄市街まで約7km (中段)：コンビニのある砂川市空知太市街まで約2km (下段)：上砂川市街のローソンまで約4km、セイコーマートまで約5km

MAP かもいだけびれっぢ ※予約制（随時受付。コテージは通年営業、冬期のみ暖房料を別途加算） ※ゴミは持ち帰り制

80 かもい岳ビレッヂ

歌志内市字歌神94-5
問合先／かもい岳ビレッヂ開発 ☎ (0125) 42-5733

MAPCODE® 179 077 268*24

予約 可（詳細は注記参照）
期間 5月1日～9月30日

入場料 500円、未就学児無料
サイト料 フリー：2,000円8区画、カー：3,000円2区画（電源付）
宿泊施設 サウナ付のコテージ23,000～33,000円の計3棟
管理人 駐在（8：00～18：00）
施設利用時間 IN 13：00～ OUT 12：00まで（キャンプ場）
施設・設備 水洗トイレ・炊事場各1棟
Ⓟ 約15台（無料）
温泉 チロルの湯（露天風呂付、大人500円、6：00～8：00、10：00～22：00）まで約4㎞

■コテージ併設の民営施設

貸別荘級のコテージに隣接し、フリーとオート各サイトを設備。

MAP あかびらしえるむこうげんかぞくりょこうむら

81 赤平市エルム高原家族旅行村

赤平市幌岡町375 ☎ (0125) 32-6160

MAPCODE® 179 351 033*71

予約 不可
期間 通年

キャンプ料金 小学生以上1人1泊520円
オートキャンプ 不可（キャンピングカーのみ受け入れ）
貸用具 テント4～5人用2,000円、寝袋・焚き火台各550円など
管理人 駐在（8：30～17：00）
施設・設備 管理棟内に車イス対応水洗トイレ、炊事場・バーベキューハウス4カ所など
Ⓟ 約100台（無料）

■高原の温泉隣接キャンプ場

エルム高原オートキャンプ場（場内図を含めp102参照）と温泉施設の間にあるキャンプ場。水遊びができる川やロング滑り台がある。ゴミは有料で受け入れ。

MAP ふかがわしたかどまりしぜんこうえん ※ペットの同伴は、リードの使用やトイレなどマナー厳守でOK ※二輪車のサイト乗り入れ可

82 深川市鷹泊自然公園

深川市鷹泊 ※現地TELなし
問合先／深川市商工労働観光課 ☎ (0164) 26-2276

MAPCODE® 495 625 365*23

予約 不可
期間 6月初旬～10月中旬

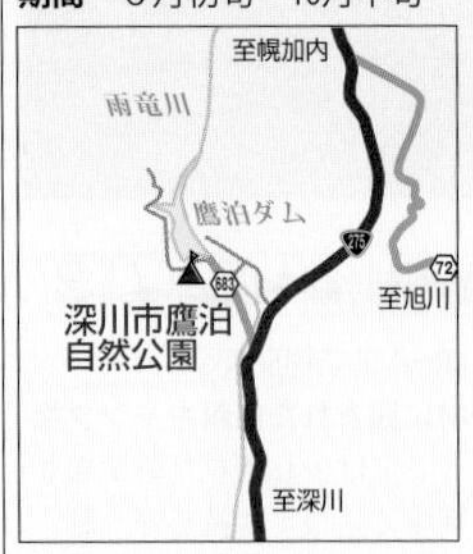

持込テント料金 無料
オートキャンプ 可（設備は特になし）
管理人 不在
施設・設備 水洗トイレ・炊事場（流し程度）各1棟など
Ⓟ 約30台（無料）
温泉 秩父別温泉（p99参照）まで約28㎞

■長期滞在派向きの無料施設

鷹泊ダム湖を見下ろす高台にあり、一見するとただの駐車場。区画や専用設備はないが、無料でオートキャンプを楽しめる。

周辺は散策路も設けられた森林公園で、自然環境は抜群だ。ゴミは持ち帰り制となる。

買い物 （上段）：歌志内市街のセイコーマートまで約3km （中段）：赤平市幌岡のローソンまで約3km。またスーパー、コンビニのある赤平市街まで約5km （下段）：深川市多度志地区のセイコーマートまで約20km

※予約制（休前日、土、GW、お盆は完全予約制、予約は公式サイト〈https://playpark.akaigawa-omo.com/ja/〉で受付、キャンセル料あり）
※ペットの同伴は、リードの使用などマナー厳守でOK　※ゴミは完全持ち帰り制

期間　5月1日 ▼ 11月3日

QRマップ

MAP 83

あかいがわ とも ぷれいぱーく きゃんぷじょう

AKAIGAWA TOMO PLAYPARK キャンプ場

☎0135-34-7575　余市郡赤井川村字明治56（AKAIGAWA TOMO PLAYPARK）

MAPCODE® 164 104 313＊47

予約　可（詳細は欄外参照）
入場料　中学生以上1,250円、小学生500円、未就学児無料
駐車料金　普通車：1,200円／キャンピングカー：2,100円／二輪車：500円／自転車無料
グランピング　トレーラーハウス住箱（4人用）：１棟１泊２名18,100円～計３棟（ベッド・寝具・ソファ・冷蔵庫、屋外にタープ・BBQコンロほか）
貸用具　テント・コンロ・ランタン・マットなどがセットの手ぶらパックあり
管理人　駐在（8:30～17:00）、グランピングは別途対応
施設利用時間　IN 11:30～13:00までの4分割で予約時に決定　OUT 翌8:00～10:30
施設・設備　水洗トイレ1棟、炊事場2棟、ビジターセンター（平日11:30～17:00・週末は10:00～、売店・住箱利用者専用シャワー併設）など
Ⓟ　約30台（受付用、グランピング専用Ⓟあり）
温泉　赤井川カルデラ温泉（露天風呂付、大人400円、10:00～21:00、月曜休で祝日の場合は翌日休）まで約９km

白樺林に囲まれた広々とした草原のテントサイト（右上はトイレと炊事場）

管理・受付のビジターセンター

グランピング仕様のトレーラーハウス

渓流のせせらぎがＢＧＭ 白井川沿いの草原サイト

清流・白井川と森に囲まれた草原に広がる人気サイト。通路の両脇が駐車スペースなので、手軽にオートキャンプ感覚を楽しめる。オンラインでの予約制（平日・日曜は直接来場も可）で、グランピングや手ぶらパックは完全予約制。

ROUTE

国道５号の小樽市街から国道393号に入り、倶知安・赤井川方面へ。毛無峠を越え、キロロリゾートとの分岐を赤井川村方向に直進。道の駅前の信号のある丁字路を左折して倶知安方面へ。道なりに約３km進んだ左手が現地。

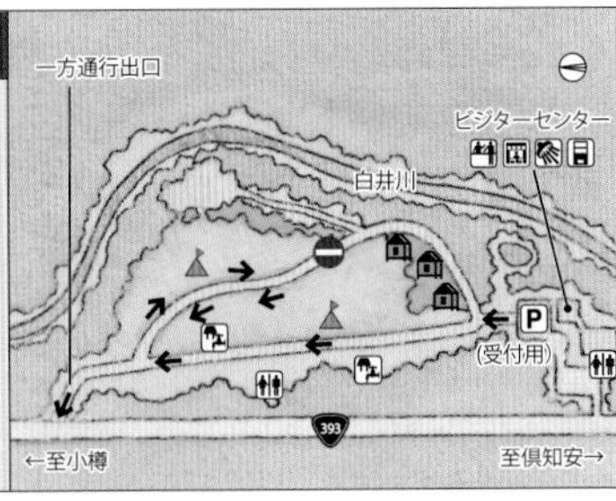

買い物　産直野菜を販売する道の駅まで約3km、赤井川市街のセイコーマートまで約9km

※予約制（予約サイト「なっぷ」<https://www.nap-camp.com/hokkaido/13192>で随時受付、キャンセル料あり）
※下記データは2022年実績。変更の可能性あり、事前に問合せを　※ペット同伴はサイト内のみ可（犬のみで大型犬含め１匹550円）

うぃんける・びれっじあさりがわおんせんおーときゃんぷじょう

ウィンケル・ビレッジ朝里川温泉オートキャンプ場

☎0134-52-1185　小樽市朝里川温泉２丁目686（ウィンケル）

MAPCODE® 493 515 155*74

予約　可（詳細は欄外参照）

入場料　中学生以上880円、小学生440円、未就学児110円（ゴミ処理協力金含む、予約なしの場合は各550円増し）

オートサイト利用料　１区画3,300円（休前日4,400円）計３区画（車１台分の駐車料金を含む。定員６名）

宿泊施設　貸別荘（諸設備完備）6名用1棟31,020円〜、温泉付貸別荘は４名用１棟37,840円〜、パオハウス 13,750円などど

貸用具　BBQ用具など有料で

管理人　駐在（9:00〜18:00）

施設利用時間　IN 13:00〜17:00（貸別荘15:00〜18:00）OUT 10:30まで

施設・設備　水洗トイレ・炊事場各１棟、管理事務所など

Ⓟ　予備用20台（貸別荘と共用、キャンパーの追加利用は別途料金が発生、18:00以降の夜間は車の出入り不可）

温泉　ホテル武蔵亭（露天風呂付、大800円、5:00〜20:00受付終了）まで約400m。※変更の場合あり

テントサイトは天然芝と砂利のミックス。場内の車路はあえて舗装していない

サイト中央にある炊事場とトイレ

温泉露天風呂付きもある貸別荘

朝里川温泉郷にある民営オートキャンプ場

朝里川温泉スキー場のゲレンデ直下、温泉街の一角にある民営のオートキャンプ場。ゆったりとしたテントサイトは電源付で、快適なキャンプが楽しめる。テントや調理器具をはじめ、各種貸用具も充実しているので、手ぶらキャンプも可能だ。

ROUTE

国道５号の朝里市街から定山渓方面に抜ける道道１号に入り、約４kmの道道沿い右手、朝里川温泉街の奥まった一角にある。札樽自動車道朝里ICからは、約３km。小樽市街からは、国道５号・道道１号経由で約10km。

買い物　小樽市新光のセイコーマートやトライアルまで約2km

※予約優先（空きがあれば当日利用可）　※水曜休（予約があれば営業）

期間	QRマップ
4月下旬 ▼ 12月下旬	

MAP 85 のちうあうとどあぱーく

ノチウアウトドアPARK

☎090-6213-0484　余市郡仁木町大江3丁目254

MAPCODE® 654 265 000*24

予約　可（電話・Webで受付）
利用料　中学生以上1泊3,000円（日帰り1,500円）、小学生1,500円（日帰り800円）、未就学児無料、手ぶらキャンプセット2人1泊10,000円～（各利用料は、平日・連泊割引500円、アーリーチェックイン・レイトチェックアウト＋1,000円）
貸用具　寝袋500円～、テント3,000円～、タープ2,000円～、テーブル1,000円～など
管理人　期間中24時間駐在
施設利用時間　IN 13:00～18:00　OUT ～11:00
施設・設備　管理・受付のセンターハウス（シャワー室・流し・パウダールーム・コミュニティスペース・売店併設）、野外に水洗トイレ男女各２基
Ⓟ　あり（無料）
風呂　いきいき88（大人410円、14:00～20:00最終受付、月曜休）まで約12km
MEMO　ペットの同伴は、リードの使用などマナー厳守でOK。花火は手持ちのみ可。ゴミは持ち帰り推奨。焚き火台はシートの使用が必須

自然環境に恵まれた場内には、貸切りスタイルのオートサイトや水辺のソロサイトなど多彩なサイトが揃う。左下はセンターハウス内のパウダールーム

チェプサイトには小川沿いの部分も

古民家をリノベしたセンターハウス

個性豊かな５タイプのサイトで自然を満喫

古民家をリノベーションしたセンターハウスを中心に、川と森に囲まれた自然豊かな環境の中にサイトが点在。３タイプのオートサイトと２種のフリーサイトで構成され、ビギナーから女性ソロ、ブッシュクラフトやファミリーまで幅広いニーズに対応する。

ROUTE

札幌方面からの場合、札幌北ICから札樽自動車道を小樽方面へ。余市ICから道道753号に入り、フルーツ街道、国道５号を進む。仁木町大江３丁目で左折、道道1022号に入り、累標橋の手前で右折すると約120m先左手に管理棟。

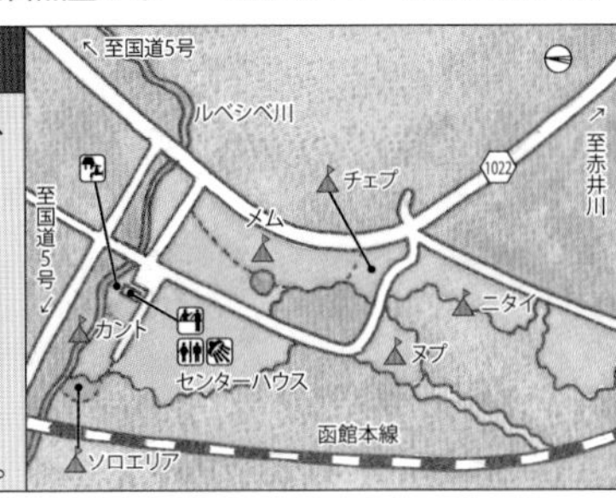

買い物　仁木市街のコンビニまで約12km

※今年度は休業（クマ出没への対策を行うため営業を休止）

期間	QRマップ
5月1日▼9月中旬	

MAP 86

かもえないせいしょうねんりょこうむら
神恵内青少年旅行村

☎0135-76-5148

古宇郡神恵内村
◎問合先／神恵内村企画振興課 ☎ 76-5011

MAPCODE® 775 215 447*88

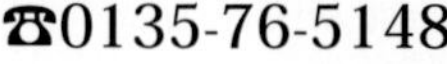

予約 可（詳細は欄外参照）
入村料 大人１人600円、４歳～高校生400円、３歳以下無料（以下に入村料を加算）
持込テント料金 ３人用以下１張300円、4～7人用800円、８人用以上1,000円（タープ使用の場合は各料金５割増）
オートキャンプ 不可
宿泊施設 バンガロー：８～10人用 5,000円 10棟（電源・照明付）／コテージ：５人用16,000円12棟（トイレ・キッチン・寝具・冷蔵庫などを設備）
貸用具 毛布200円、カンテラ400円など各種有料。薪、木炭は各１束400円
管理人 駐在（8:00～17:00）
施設利用時間 IN 14:00～17:00 OUT 10:00まで
施設・設備 簡易水洗トイレ２棟、炊事場４棟、管理棟、バーベキューハウス１棟、シャワー棟（30分200円）２棟など
Ⓟ 約150台（無料）
温泉 珊内ぬくもり温泉（大人500円、13：00～19:30受付終了、月曜休）まで約10km

高台の林間に広がる海一望の草地サイト（右下は炊事棟、円写真はバンガロー）

テラスにバーベキュー卓もあるコテージ

窓が大きい珊内ぬくもり温泉の浴場

クマ出没対策のため今シーズンは営業休止

その昔、当丸沼から川を下り、岬（竜神岬）から天に舞い戻ったという竜神伝説のある神恵内村。その岬に近い、海を見下ろす高台にキャンプ場がある。管理が厳しい分、快適なキャンプが可能だ。なお、今季はクマ出没へ対策を行うため、営業を休止する。

ROUTE
国道229号古平町の浜町十字街で道道998号（古平・神恵内線）に入り、当丸峠経由約32kmで再び国道229号の神恵内村市街へ。右手の案内看板に従い山側の旅行村への道に進むと現地。岩内側、共和町からだと約30km。

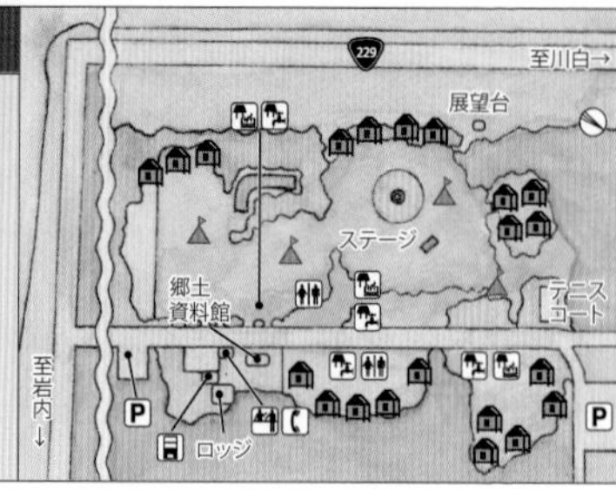

買い物 神恵内村の商店まで約2km、泊市街のセイコーマートまで約15km

※予約制（予約は4月上旬より電話、公式サイト〈https://www.iwanai-kanko.jp/iwanai_camp〉で受付開始）
※ペットの同伴は、コテージ内を除きマナー厳守でOK　※ゴミは分別の上、無料で受け入れ　※ゲートはカード式

期間	QRマップ
4月下旬 ▼ 10月末	

MAP 87

いわないおーときゃんぷじょう まりんびゅー

いわないオートキャンプ場 Marine View

☎0135-61-2200

岩内郡岩内町字野東350-8
◎期間外問合先／岩内町観光経済課 ☎ 67-7096

MAPCODE® 398 691 295*34

予約　可（詳細は欄外参照）
入場料　中学生以上1,000円、小学生500円
フリーサイト　持込テント1区画1,000円10区画
オートサイト　カーサイト：電源15A付＝1区画3,000円40区画／キャンピングカーサイト1区画5,000円13区（電源15A・30A・炊事台付）
コテージ　5人用1棟12,000円9棟（流し・電磁調理器・寝具・暖房・トイレ・TV・冷蔵庫などを完備）
貸用具　貸テントなどキャンプ道具を各種有料で
管理人　期間中24時間駐在
施設利用時間　IN 13:00～17:00　OUT 7:00～10:30
施設・設備　水洗トイレ2棟、炊事場3棟、センターハウス（売店・無料シャワー室・ランドリーほか併設）、遊具など
P　16台（無料）
温泉　サンサンの湯（大人600円、9:00～20:30受付終了）まで約1km

高台のテントサイトからの眺望は抜群（左下は9棟あるコテージ）

遊具広場と右奥がセンターハウス

5人用のコテージは貸別荘タイプ

積丹半島を一望できる絶好のロケーション

スキー場「IWANAI RESORT」西側に位置し、サイト付近から日本海と積丹半島を一望できる眺望が魅力だ。日本海に浮かぶ漁り火など、日本夜景遺産認定の夜の眺めも素晴らしい。近くにはいわない温泉やパークゴルフ場（有料）もあり、楽しみ方はいろいろ。

ROUTE

国道229号の岩内町市街から道道840号（野束・清住線）に入り、いわない温泉やスキー場「IWANAI RESORT」方面に進む。約4km先の右手に温泉施設「サンサンの湯」があり、そこからさらに約1km進んだ先の道道終点が現地。

買い物 スーパー、コンビニのある岩内市街まで約6km

※予約はインスタ(@oteranpu)のメッセージや公式サイトからのメール、電話(9:00〜17:00)で、利用日の1カ月前から受付開始
※冬期は週末のみ営業　※ペットの同伴料は1頭500円　※場内に有料の屋内スケボーパークを設備

期間	QRマップ
通年	

MAP 88　もんく きゃんぷ さいと

MONK CAMP SITE

☎090-9512-0961　小樽市塩谷2丁目27

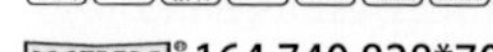

MAPCODE® 164 740 828*70

予約　可（詳細は欄外参照）
宿泊料　中学生以上1人2,000円、小学生1,000円、未就学児無料
貸用具　リヤカー1台ほか

丘上の林間にあるサイトは日本海を望める部分も（左）。上は受付の大型バスとスケボーパーク

施設利用時間　IN 12:00〜18:00　OUT 12:00まで
施設・設備　受付・売店、水洗トイレ・炊事場1カ所、有料シャワー、スケボーパーク（1日1,000円、12:00〜19:00）、スケボーショップなど
Ⓟ　約15台（キャンパー無料、場外利用者1台500円）
温泉　小樽天然温泉湯の花手宮殿（露天風呂付、大人880円、9:00〜23:00、無休）まで約10km

■海水浴場至近の林間サイト

小樽市塩谷地区の豊かな自然に包まれたキャンプ場。海水浴場にも近く、アクティビティの拠点に最適だ。後志自動車道・小樽塩谷ICから車で約5分とアクセスも良好。

※予約制（予約は携帯番号へのショートメールで随時受付）
※ゴミは1人1,000円（30リットル以下）で受け入れ　※ペットの同伴はリードの使用などマナー厳守でOK

期間	QRマップ
4月1日 ▼ 11月30日	

MAP 89　さんきんぐきゃんぷさいと

SanKing CampSite

☎090-8903-9159　小樽市新光5丁目172（ログペンションパインハウス右奥）

MAPCODE® 493 546 846*30

予約　可（詳細は欄外参照）
入場料　中学生以上1人2,000円、小学生1,000円（日帰り各500円引）、未就学児無料
持込テント料金　上記料金にテント1張分を含む（追加テント・タープ各1張1,000円）

オートキャンプも楽しめる斜面に造られたテントサイト（左）。上はWi-Fi完備のウッドデッキ

オートキャンプ　可
バンガロー　なし
貸用具　有料で各種（薪無料）
管理人　駐在（9:00〜17:00）
施設利用時間　IN 10:00〜（デイ9:30〜）　OUT 11:00まで（同17:00まで）
施設・設備　管理棟、水洗トイレ・炊事場各1棟、流し2カ所
Ⓟ　約10台（無料）
温泉　小樽天然温泉湯の花朝里殿（p116）まで約700m

■隠れ家のような穴場サイト

朝里川温泉至近の隠れ家のようなキャンプ場。フリーサイトとフリーオートサイトを設備し、きれいな芝生のサイトとウッドデッキが自慢だ。

買い物　（上段）：小樽市塩谷市街のセイコーマートまで約850m
（下段）：小樽市市街のスーパートライアル小樽朝里店まで約700m

※下記データは昨年実績、今季の運営内容については事前に問合せを　※ゴミは完全持ち帰り制
※完全予約制（予約サイト「なっぷ」で利用月の1カ月前から受付、当日の予約は電話にて要相談。キャンセル料あり）

期間	QRマップ
通年	

MAP 90 solocampers field FOREST MUSIC
そろきゃんぱーずふぃーるどふぉれすとみゅーじっく

☎090-9635-4702　小樽市張碓町94

MAPCODE® 493 554 151*01

予約　可（詳細は欄外参照）
サイト使用料　1区画3,000円（冬季4,000円）計10区画
オートキャンプ　不可
バンガロー　なし

張碓川に近い林間のテントサイト（左）。女性専用エリアも用意する。上はエントランスの様子

貸用具　各種有料、一輪車
管理人　駐在（8:00～17:00）
施設利用時間　IN 12:00～18:00　OUT 10:00まで
施設・設備　管理棟（簡易水洗トイレ・炊事場・売店併設）、受付など
Ⓟ　約10台（無料）
温泉　小樽天然温泉湯の花朝里殿（p116参照）まで約9km

■ソロオンリーの渓谷サイト
札幌から約30分。朝里地区の手前、張碓川の渓谷を望む林間に誕生した、10区画限定のソロキャンパー専用キャンプ場。女性専用サイトも用意し、女性の利用時は管理人が夜間も常駐するなど、こまやかな配慮が行き届く。ソロ用テントなど貸用具も充実。

※完全予約制（利用日の6カ月前より受付開始、キャンセル料あり）　※Wi-Fi環境あり（おこばち山荘ロビーのみ）
※花火は手持ち式のみOK　※焚き火はタープ、スクリーンテント内のみOK　※盲導犬および介護犬のみ同伴OK

期間	QRマップ
5月1日 ▼ 10月31日	

MAP 91 おたる自然の村
おたるしぜんのむら

☎0134-25-1701　小樽市天狗山1（おたる自然の村公社）

MAPCODE® 164 624 474*15

予約　可（詳細は欄外参照）
入場料　高校生以上1日200円
持込テント料金　1張500円
常設テント料金　5人用1張1,000円10張

持込テントのスペースは計20張分を用意（左）。写真右下は管理棟。上は三角屋根のバンガロー

バンガロー　5人用1棟3,000円10棟（特に設備なし）
貸用具　寝袋350円など
管理人　駐在。夜間（22:00～翌6:00）は、出入口ゲート閉鎖
施設利用時間　IN 14:00～22:00　OUT 10:00まで
施設・設備　水洗トイレ・炊事場各1棟、炊飯棟3棟など
Ⓟ　約80台（無料）
風呂　おこばち山荘（大人300円、11:00～15:00、月曜休で祝日は翌日休、5月は土・日曜、祝日のみ営業）で入浴可

■野鳥や昆虫など自然の宝庫
自然体験型のキャンプ場で、子ども中心のファミリー向き。場内の林の中には野鳥はもちろん、昆虫もいっぱいだ。ゴミは有料で受け入れる。

買い物　（上段）：小樽市桂岡のラルズマート桂岡店まで約2km
（下段）：スーパー、コンビニの多数ある小樽市街まで約7km

※予約は公式サイト〈https://ngrin-camp.com/reservation/〉で随時受付、空きがあれば当日利用可（フリーサイトは予約不要）
※ペットの同伴は、リードの使用などマナー厳守でOK

MAP 92 赤井川"Ciel"キャンプ場

あかいがわ しえる きゃんぷじょう

☎080-6076-4505　余市郡赤井川村字都221

MAPCODE® 164 193 237*20

予約　可（詳細は欄外参照）
入場料　中学生以上1,000円、小学生・未就学児無料
サイト使用料　川沿エリア：1区画1,000円計11区画／フリーエリア：入場料のみで可
バンガロー・貸用具　なし
管理人　駐在（10:00〜18:00）
施設利用時間　IN 12:00〜18:00　OUT 11:30まで
施設・設備　センターハウス（受付・自販機・売店）、水洗トイレ１棟、流し１カ所、焚き火スペース、カフェなど
Ⓟ　約５台（無料）
温泉　赤井川市街のカルデラ温泉（p107参照）まで約６km

川沿エリアは予約制だが、フリーエリアは予約不要（左）。上は写真右がカフェ、左がトイレ棟

■余市川で遊べるキャンプ場

アユの北限で知られる余市川の自然を満喫できる河畔のキャンプ場。川沿（予約制）・フリーの各サイトとも車両を乗り入れできるのがいい。水・木・金曜はカフェ、そのほかはセンターハウスで受付を。

※予約制（公式サイト〈https://outdoorparknobori.com/〉で随時受付、当日の空き状況は電話で確認を。キャンセル料あり）

MAP 93 余市アウトドアパーク ノボリ

よいちあうとどあぱーく のぼり

期間：通年　QRマップ

☎0135-22-3000　余市郡余市町登町907-1

MAPCODE® 164 610 125*18

予約　可（詳細は欄外参照）
施設利用料　中学生以上１人800円、小学生以下無料
フリーサイト　1区画2,300円10区画（土・日曜、祝前日は2,500円、車1台乗り入れ可）
管理人　駐在
施設利用時間　IN 13:00〜　OUT 11:30
施設・設備　受付棟、トイレ・炊事場各１棟
Ⓟ　あり（追加1台1,000円）
温泉　鶴亀温泉（露天風呂付、大人850円、11:30〜20:30受付終了）まで約３km

日本海
蘭島海水浴場
鶴亀温泉
5
至小樽
らんしま
函館本線
至古平
コンビニ
フルーツ街道
後志自動車道
余市IC
至余市市街
余市アウトドアパーク ノボリ
753
余市ヴィンヤードグランピング
1092
至赤井川

木々に囲まれた丘陵地の奥まった一角を切り拓いて造られたテントサイト（左）。上はトイレ棟

■発展中のシンプルなサイト

ワイン用ブドウの産地・余市の緑豊かな一画にあり、設備を最小限に留め、キャンプならではの醍醐味を追求する。余市エリアの観光拠点に最適で、今後もサイトを拡大していく計画だ。二輪車の乗り入れOK。燃えるゴミのみ無料で受け入れ、他は持ち帰り制。

買い物　（上段）：赤井川市街のセイコーマートまで約6km
（下段）：余市市街のコンビニまで約3km

※予約制（予約は電話で随時受付、キャンセル料は事前確認を）※ゴミは分別の上、有料ゴミ袋500円（3枚セット）利用で受け入れ

期間 4月20日▼10月31日 QRマップ

MAP 94 のうそんこうえんふるーつぱーくにききゃんぷさいと
農村公園フルーツパークにき

☎0135-32-3500　余市郡仁木町東町16丁目121

MAPCODE® 164 515 730*12

予約　可（詳細は欄外参照）
キャンプサイト利用料　A（4～5人用）：1区画1泊5,800円／B（6～7人用）：7,800円／手ぶらサイト（4人用）13,800円計8区画、デイ（9:00～17:00）3,000円 ※オートキャンプ不可
コテージ　1棟1人1泊15,700円計5棟（1棟6人までの料金、変更の場合あり、要問合せ）
施設利用時間　IN 9:00～17:00（コテージは14:30～18:00）　OUT 11:30まで（コテージは10:00まで）
貸用具　有料で各種あり
管理人　駐在（9:00～18:00）
施設・設備　管理棟、水洗トイレ１棟、流し３カ所
Ⓟ　約80台（無料）
風呂　いきいき88（大人410円、14:00～20:00最終受付、月曜休）まで約3.5km

サイトと3カ所ある流し（左）。左下はトイレ棟。上は５棟あるコテージ（バリアフリー対応１棟）

■仁木町の農村公園内に誕生
ジャンボ滑り台や産地直売所、ドッグランも備える。

※離岸流が発生しやすいため、水難事故には注意を

期間 5月中旬▼9月末 QRマップ

MAP 95 すっつちょうはまなかやえいじょう
寿都町浜中野営場

☎0136-62-2602　寿都郡寿都町樽岸町浜中
←問合先／寿都町産業振興課

MAPCODE® 730 033 861*85

予約　不可
持込テント料金　無料
オートキャンプ　可
バンガロー・貸用具　なし
管理人　不在
施設・設備　サニタリーハウス（車イス対応トイレ・流し台２カ所併設）
Ⓟ　約30台（無料）
温泉　ゆべつのゆ（露天風呂付、大人600円、10:30～20:30受付終了、第１月曜休で祝日の場合は翌日休）まで約４km

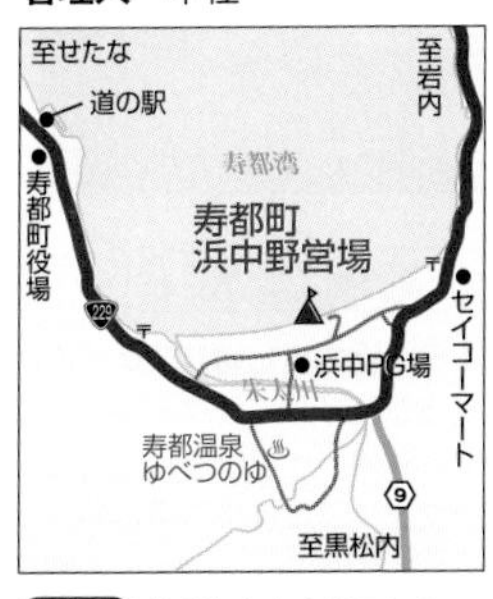

サイトは海岸沿いに広がる砂浜と周辺の砂混じりの草地（左）。上は流し台を併設するトイレ

■眺望の良い無料海浜サイト
寿都湾に面した砂浜海岸がサイトで、背後に風車が立ち並ぶ。駐車場とサイトは隣接し、荷物の出し入れも楽。節水式の流しも設備され、これで無料というのがうれしい。
近隣には、寿都湾浜中パークゴルフ場（約１km、18H・有料）やコンビニ、温泉もあり、なにかと便利な所だ。なお、ゴミはすべて持ち帰り制。

買い物　（上段）：仁木市街のセイコーマートまで約3km
（下段）：寿都町歌棄のセイコーマートまで約3km。またコンビニのある寿都市街まで約6km

MAP おたるぼうようしゃんつぇおーときゃんぷじょう ※予約制（前日18:00〜当日11:00のみ予約サイト「なっぷ」で受付） ※ペットの同伴は有料で犬のみ

96 小樽望洋シャンツェオートキャンプ場

小樽市朝里川温泉1丁目146-4外 ※現地TELなし
問合先／ウィンケル ☎ (0134) 52-1185

MAPCODE® 493 543 672*22

予約 可（詳細は注記参照）
期間 7月～9月の休前日と夏休み期間営業（臨時休場あり）

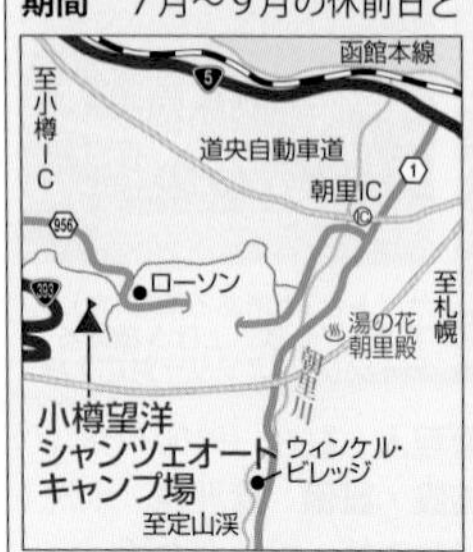

入場料 中学生以上 1, 500 円、小学生600円、2歳以上300円
サイト駐車場 車1, 200円、二輪車無料（大型車は追加料金徴収）
管理人 駐在（不在の時間あり）
施設利用時間 IN 13：00～17:00 OUT 10:30まで
施設・設備 管理棟に水洗トイレ・流しを併設
Ⓟ 完全オートキャンプ場
温泉 湯の花朝里殿（露天風呂付、大人880円、9:00～23:00）まで約3. 5km

■旧ジャンプ台下の民間施設
高台に広がる芝生サイトに車を乗り入れ、キャンプができる。

MAP らんしまかいすいよくじょうきゃんぷじょう ※ゴミはテント設営エリアの利用者に限り受け入れ ※ペットの同伴は、リードの使用などマナー厳守でOK

97 蘭島海水浴場キャンプ場

小樽市蘭島1丁目 ※現地TELなし
問合先／蘭島海水浴場組合 ☎ (0134) 64-2831

MAPCODE® 164 702 525*10

予約 可（主に団体利用対象）
期間 7月上旬～8月中旬

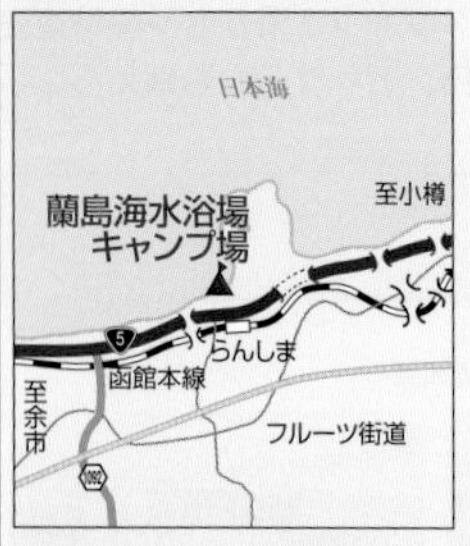

持込テント料金 1張500円～
オートキャンプ 不可
バンガロー・貸用具 海の家で貸テントなど各種有料で
管理人 駐在（8:00～17:00）
施設・設備 水洗トイレ1棟、仮設トイレ、炊事場（流し程度）3棟、有料シャワーなど
Ⓟ 約1, 000台（1台1日800円）
温泉 鶴亀温泉（p114参照）まで約3km

■小樽屈指の大型海水浴場
小樽市と余市町の境目に位置する大型海水浴場。海の家が集まる海水浴専用エリアの両側がテントサイトとなる。水洗トイレも設備され人気は高い。

MAP ぱららいふほっかいどうきゃんぷふぃーるど ※不定休 ※完全予約制（予約は公式サイト〈http://paralife-hokkaido.com/camp2/〉予約フォームにて随時受付）

98 パラライフ北海道キャンプフィールド

余市郡赤井川村日ノ出58-1（パラライフ北海道）
問合先／☎ 090-9759-1760

MAPCODE® 164 340 178*31

予約 可（詳細は欄外参照）
期間 5月1日～10月31日

サイト使用料 中学生以上1人1, 500円、小学生800円、未就学児300円（定員20人、1人利用時は2人分の料金を徴収）
貸用具 有料で各種
管理人 不在
施設利用時間 IN 12:00～17:00 OUT 8:00～10:00
施設・設備 簡易トイレ1棟、直火可能スペース、砂場など
Ⓟ 約10台（無料）
温泉 赤井川市街の赤井川カルデラ温泉（p107参照）まで約4km

■1日1組の貸し切りスタイル
パラグライダースクールの着陸場を利用。水道はなく飲料水は持参を。ゴミは持ち帰り制。

買い物 （上段）：小樽市望洋台のローソンまで約400m （中段）：コンビニのある蘭島市街まで約500m
（下段）：赤井川市街のセイコーマートまで約3km

MAP どうえいのづかやえいじょう ※ペットの同伴は、し尿の完全持ち帰りでOK ※ゴミはすべて持ち帰り制 ※炭捨て場なし、持ち帰りを

99 道営野塚野営場

積丹郡積丹町大字野塚町 ※現地TELなし
問合先／積丹町商工観光課 ☎ (0135) 44-3381

MAPCODE® 775 878 774＊65

予約 不可

開設期間 4月中旬～10月末

持込テント料金 無料
オートキャンプ 不可
バンガロー・貸用具 なし
管理人 不在
施設・設備 水洗トイレ・炊事場各２棟など
Ⓟ 約80台（無料）
温泉 岬の湯しゃこたん（露天風呂付、大人 900 円、11:00～19:30受付終了、水曜休 ※変更の可能性あり）まで約３km

■海キャンプの人気スポット

積丹半島では数少ない砂浜海

岸の野営場のため、夏休みの海水浴シーズンは家族連れやグループで大混雑する。海難事故が多い所なので遊泳時は注意を。

MAP さかずきやえいじょう ※ペットの同伴は、夏休み期間を除く閑散期に限りマナー厳守でOK ※花火は手持ち式のみOK ※ゴミは完全持ち帰り制

100 盃野営場

古宇郡泊村大字興志内村字茂岩 ※現地TELなし
問合先／泊村産業課 ☎ (0135) 75-2101

MAPCODE® 775 100 367＊51

予約 不可

開設期間 6月下旬～10月下旬

持込テント料金 無料
オートキャンプ 不可
バンガロー・貸用具 なし
管理人 巡回
施設・設備 車イス対応水洗トイレ・炊事場(炉付)各１棟
Ⓟ 約40台（無料）
温泉 潮香荘(露天風呂付、大人600円、10:00～19:00受付終了、水曜休、繁忙期は時間変動あり)まで約１km

■設備充実の無料芝生サイト

盃温泉郷に近い無料の野営場。

茂岩川沿いの谷間にあり、駐車場はサイト手前側がメイン。きれいな芝生サイトには、立派なトイレや炊事場が揃っている。

MAP ほんめかいがん

101 本目海岸

島牧郡島牧村字本目 ※現地TELなし
問合先／島牧村企画課商工観光係 ☎ (0136) 75-6212

MAPCODE® 797 617 078*51

予約 不可

期間 7月中旬～８月下旬

持込テント料金 無料
オートキャンプ 不可
バンガロー・貸用具 なし
管理人 不在
施設・設備 トイレ１棟、炊事場１棟（水道は有料のコイン式で２分100円）など
Ⓟ 約70台（無料）
温泉 宮内温泉旅館（露天風呂付、大人 500 円、10:00～20:00受付終了、不定休）まで約15km

■砂浜の無料キャンプ適地

キャンプも駐車も無料という、

うれしい砂浜海岸の適地。ただし、炊事場は有料水道なので、飲料水を持参した方が経済的だ。ゴミはすべて持ち帰り制。

買い物 (上段)：美国市街のセイコーマートまで約16km (中段)：泊市街のセイコーマートまで約9km
(下段)：島牧市街のセイコーマートまで約10km

MAP おおひらかいがん

102 大平海岸

島牧郡島牧村字大平 ※現地TELなし
問合先／島牧村企画課商工観光係 ☎ (0136) 75-6212

MAPCODE® 797 489 678*50

予約　不可

期間　6月下旬～8月下旬

持込テント料金　無料

オートキャンプ　不可

バンガロー・貸用具　なし

管理人　不在

施設・設備　簡易水洗トイレ・炊事場各１棟（ただし水は有料、コイン式２分100円）など

Ⓟ　約200台（無料）

温泉　宮内温泉旅館（前項参照）まで約８km

■遊泳禁止ながら設備良し

本目海岸（前ページ）同様、ここも水道有料の砂浜海岸。トイ

レは簡易水洗でポイントは高いが、海水浴場ではないので遊泳は禁止。海釣りは岩場もあり、魅力大だ。ゴミは持ち帰り制。

MAP えのしまかいがん

103 江の島海岸

島牧郡島牧村字江ノ島 ※現地TELなし
問合先／島牧村企画課商工観光係 ☎ (0136) 75-6212

MAPCODE® 797 364 243*18

予約　不可

期間　6月下旬～8月下旬

持込テント料金　無料

オートキャンプ　不可

バンガロー・貸用具　なし

管理人　不在

施設・設備　トイレ１棟

Ⓟ　道路脇に駐車スペースあり

温泉　宮内温泉旅館（露天風呂付、大人 500 円、10:00～20:00受付終了、不定休）まで約８km

■設備は簡素だが海釣りで人気

砂浜だが急深の海岸なので、ここも遊泳禁止。ただ、急深ゆえに海釣りには適している。水

場もなく不便な所だが、釣りのメッカとして人気が高く、シーズンにはカレイなどが釣れる。ゴミはすべて持ち帰り制。

MAP がろうこうげんきゃんぷじょう　※ペットの同伴は、リードの使用などマナー厳守でOK　※ゴミはすべて持ち帰り制

104 賀老高原キャンプ場

島牧郡島牧村字賀老 ※現地TELなし
問合先／島牧村企画課商工観光係 ☎ (0136) 75-6212

MAPCODE® 797 060 592*52

予約　不可

期間　6月中旬～10月中旬

持込テント料金　無料

オートキャンプ　不可

バンガロー・貸用具　なし

管理人　不在

施設・設備　簡易水洗トイレ・炊事場各１棟、休憩所など

Ⓟ　約100台（無料）

温泉　宮内温泉旅館（露天風呂付、大人500円、10：00～20：00受付終了、不定休）まで約22km

■開放感ある高原のサイト

標高約500mの高原にあり、駐車場横の芝生サイトは開放的な

空間。施設は賀老の滝への遊歩道入口に位置するが、遊歩道は落石の危険があるため、2018年から通行止めとなっている。

買い物　(上段)：島牧市街のセイコーマートまで約3km　(中段)：島牧市街のセイコーマートまで約2km
(下段)：島牧市街のセイコーマートまで約19km

※完全予約制（5月1日よりメール<info@youteioutdoor.com>で受付開始、キャンセル料あり）　※ゴミは完全持ち帰り制

期間	QRマップ
5月1日 ▼ 10月初旬	

MAP 105

ようてい あうとどあ きゃんぷさいと
Youtei Outdoor キャンプサイト

☎080-6075-9466　虻田郡倶知安町富士見（Youtei Outdoor）

MAPCODE® 385 753 557*53

予約　可（詳細は欄外参照）
サイト使用料　平日3,000円、土曜・祝前日4,000円（設備なし、車の横付け可）
利用料　中学生以上1人1泊1,000円、小学生1,000円、4歳以上500円
宿泊施設　なし
貸用具　初心者用レンタルパック（キャンプ用品一式）1グループ・1～4人12,000円（別途、人数分の利用料を徴収）、テント・寝袋・マット・BBQ台など各種有料で
管理人　隣接の管理事務所内に駐在（8:00～16:00）
施設利用時間　IN 14:00～17:00　OUT 10:00まで
施設・設備　管理棟に車イス対応水洗トイレ・流しを併設
Ⓟ　約10台（無料）
温泉　京極温泉（p125参照）まで約5km

遊水池に面した芝生のテントサイト。サイトの拡張で4人用テントが4張まで設営可能となり、グループでの利用にも対応する（右下は「そばや羊蹄山」）

サイト横にカヌーを漕ぎ出せる池が

トイレなどを併設する管理事務所

羊蹄山を望む湧水池のプライベートサイト

人気店「農家のそばや羊蹄山」裏手に位置する、辰己夫妻が営む民営施設。羊蹄山を一望する湧水池のほとりでプライベート感あるキャンプが楽しめる。今季よりサイトを拡張し、1日1組から4人用4張までの受け入れが可能に。

また湧水池では、ラフティングやダッキーなどの有料体験も行っている。道道側には人気の飲食店があるため、日中は車の出入りが多い。夕方には落ち着くので、日中はお出掛けした方がいいかも。

ROUTE

札幌方面からは、国道230号・国道276号経由で京極市街から道道478号へ。約10km先左手の「農家のそばや羊蹄山」手前を左折で現地。国道5号経由の場合、ケーズデンキ前のT字路から道道478号に入り、約2km先が現地。

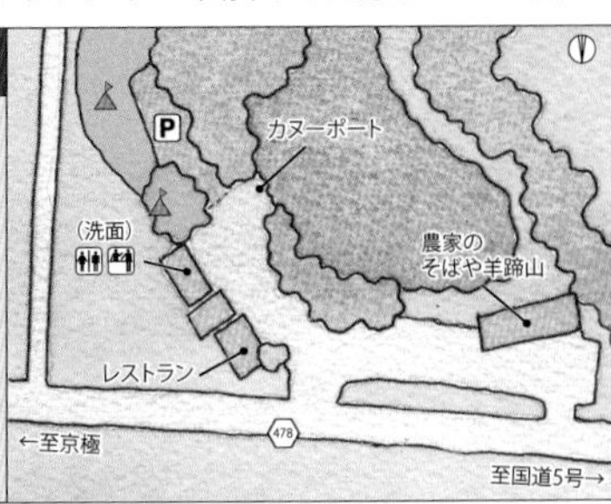

買い物　倶知安町高砂のセイコーマートまで約3km。またスーパーのある倶知安市街まで約4km

※オートサイトのみ予約制（予約は４月１日より商工観光係で受付開始、５月以降は森林学習展示館にて受付）
※ペットの同伴はサイトを限定（事前の相談が必要）

期間 5月1日 ▼ 10月23日　QRマップ

MAP 106　ようていざんしぜんこうえんまっかりきゃんぷじょう

羊蹄山自然公園真狩キャンプ場

☎0136-45-2955

蛇田郡真狩村字社（森林学習展示館）
◎問合先／真狩村企画情報課商工観光係 ☎ 45-3613

MAPCODE® 385 424 891*35

予約　可（オートサイトのみ）
衛生協力費　小中学生1人700円、高校生以上800円
フリーサイト　1区画800円76区画（追加のテント・タープは別途600円を徴収）
オートサイト　1区画2, 800円10区画（内8区画が電源20A・上水道付、また炊事場隣接のバリアフリー対応２区画は電源20Aのみ設備）
バンガロー・貸用具　なし
管理人　森林学習展示館に駐在（8:45〜17:30、月曜休で祝日は翌日休、夏休み中は無休）
施設・設備　キャンプセンター（車イス対応水洗トイレ有）、車イス対応水洗トイレ１棟、炊事場（炉付）４棟など
Ⓟ　約80台（無料）
温泉　まっかり温泉（露天風呂付、大人600円、10:00〜20:30受付終了、10〜3月は11:00〜、月曜休で祝日の場合は翌日休）まで約３㎞

羊蹄山の登山口に広がる斜面のフリーサイト。右上は炊事場（上）とトイレ（下）

こちらは区画されたオートサイト

まっかり温泉の露天風呂は眺望抜群

オートサイトも設備する羊蹄山麓のキャンプ場

秀峰・羊蹄山への真狩コース登山口の手前に位置する、約 200ha の広大な敷地を持つ自然公園内のキャンプ場。

昔ながらの野営場から、今風の設備を整えたオートキャンプ場に変身。サイトはすべて芝生敷きとなり、オートサイトも電源・水道付きを８区画擁する。とはいえ、羊蹄山を一望する眺めのよさは、以前と変わっていない。ゴミは分別の上、受け入れる。

ROUTE

国道５号だとニセコ町元町の交差点から道道 66 号（岩内・洞爺線）に入り約７kmで、左手に公園入口。国道 230 号だと、喜茂別市街から国道 276号・道道 97 号等経由で道道66号、また留寿都村市街から道道66号で右手に入口。

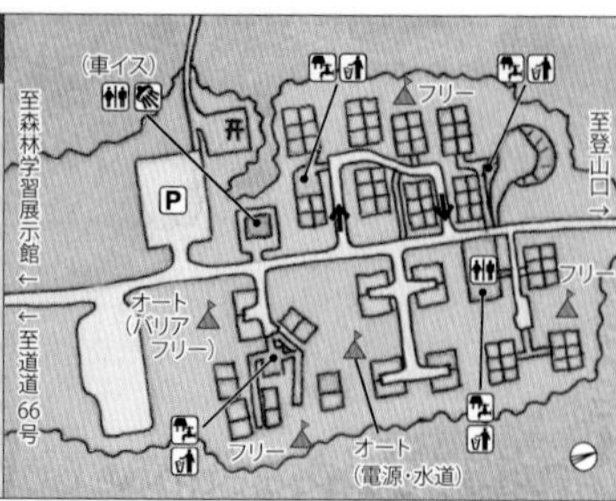

買い物　スーパー、コンビニのある真狩市街まで約5km

※予約制（予約は現地で随時電話受付）　※下記の宿泊施設料金は夏期（5～10月）の場合、冬期は別料金となる
※ペットの同伴は事前申請でOK、ただし館内への同伴は不可　※ゴミは完全持ち帰り制

期間	QRマップ
4月下旬 ▼ 10月上旬	

MAP 107
きゅうふたばしょうしりょうかん「せつげつかろう」きゃんぷじょう
旧双葉小史料館「雪月花廊」キャンプ場

☎0136-33-6067　虻田郡喜茂別町中里392

MAPCODE® 759 275 157*46

予約　可（詳細は欄外参照）
利用料　中学生以上800円、小学生500円、未就学児無料（デイキャンプは小学生以上一律500円、未就学児無料）
オートキャンプ　車1台500円（キャンピングカー・トレーラー1台1,000円）を上記に加算
宿泊施設　素泊まり1人3,000円（通年利用可、11～4月は暖房料として500円加算、料金は変更の場合あり）
貸用具　卓球など各種有料で
管理人　期間中24時間駐在
施設利用時間　IN 13:00～ OUT 11:00まで
施設・設備　管理・受付の「雪月花廊」内に簡易水洗トイレ・炊事場・シャワーがあるほか、喫茶室・史料館・体育館を併設、屋外に焚き火場など
Ⓟ　約50台（無料）
温泉　ルスツ温泉（大人500円、11:00～20:40最終受付、水曜休）まで約19km

旧校舎裏に加え、グラウンドもオートキャンプ可に（左下は雪月花廊正面玄関）

雰囲気は旧校舎裏サイトの方がいい

電源を備えた旧校舎裏のＲＶパーク

廃校再利用の史料館にテントサイトを併設

旧双葉小学校の校舎を利用した、レトロな品々を展示する史料館併設のキャンプ場。メインのオートサイトは旧校舎裏の草地で、ＲＶパークも完備。さらにグラウンド部分でもオートキャンプができる。

受付は館内の喫茶室で行い、「元祖ルスツ豚丼」など地元食材を使うメニューも提供。トイレや炊事場は館内設備を利用するほか、トランポリンなどの遊具も多数用意する。

ROUTE

国道230号を札幌方面から向かう場合、中山峠を越えて喜茂別市街を抜ける。そこから約1.5km先の信号機がある分岐で左折、支笏湖・北湯沢方面へ向かう国道276号に入り、約9.5km進んだ国道沿い左手にある。

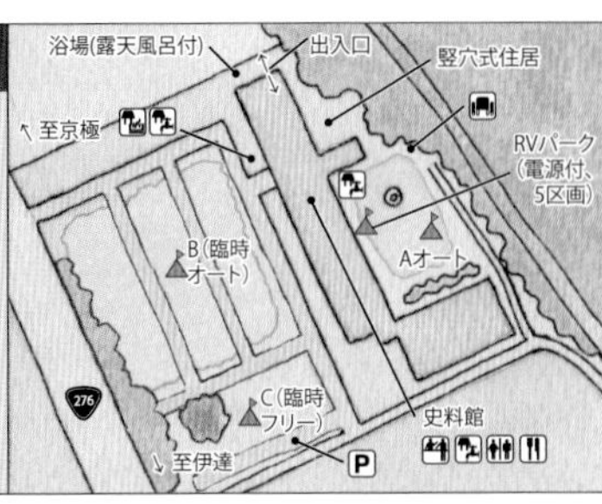

買い物　スーパー、コンビニのある喜茂別市街まで約11km

※完全予約制（予約は３月から電話受付開始、12～３月の予約は11月から受付、キャンセル料あり）
※ペットの同伴は、リードの使用などマナー厳守でOK　※花火は手持ち式のみOK　※ゴミは生ゴミを除き、持ち帰り制

期間	QRマップ
通年	

MAP 108 にせこさひなきゃんぷじょう

ニセコサヒナキャンプ場

☎0136-58-3465　磯谷郡蘭越町字湯里224-19

MAPCODE® 398 254 894*44

予約　可（詳細は欄外参照）
利用料　大人1人1,000円、4歳以上小学生まで700円
フリーサイト　12区画のサイトA（4人用テントとタープ1張可）1区画2,000円、3区画のサイトB（4人用テントのみ可）1区画1,400円
カーサイト　1区画3,500円計９区画（各野外炉付）
バンガロー　コクワ棟：4～5人用5,500円／ドングリ棟：5～6人用6,000円（各野外炉付）
貸用具　有料で各種あり
管理人　常駐
施設利用時間　IN 13:30～ OUT 11:00まで
施設・設備　センターハウス内に簡易水洗トイレ・炊事場を併設、管理棟内に売店
P　約20台（無料）
温泉　ニセコグランドホテル（露天風呂付、大人1,300円、11:30～21:00受付終了）など昆布温泉郷まで約2.5km

野趣あふれるサイトAには野外炉を完備する（だ円写真は管理棟）

バンガローのコクワはデッキ付

炊事場を併設するセンターハウス

全サイトにある石炉で焚き火を楽しもう！

羊蹄山やニセコ連峰を一望できる民営キャンプ場。場内は車路も含めて一切舗装をせず、サイト間は木立で仕切るなど、周囲の自然にマッチするよう工夫されている。

さらに全サイトに石炉があり、焚き火を満喫できるのもいい。炊事場が内部にあるセンターハウスなど、場内施設も快適だ。周囲は個性的な温泉施設が集まる温泉銀座。自然の恵みを満喫しよう。

ROUTE

国道５号、ＪＲこんぶ駅近くの交差点（昆布市街）から道道207号を昆布温泉・岩内方面に約6km上ると、左手に小さな案内看板が見える。その表示に従って道道から右折、800mほど緩やかな坂を下った左手に入口がある。

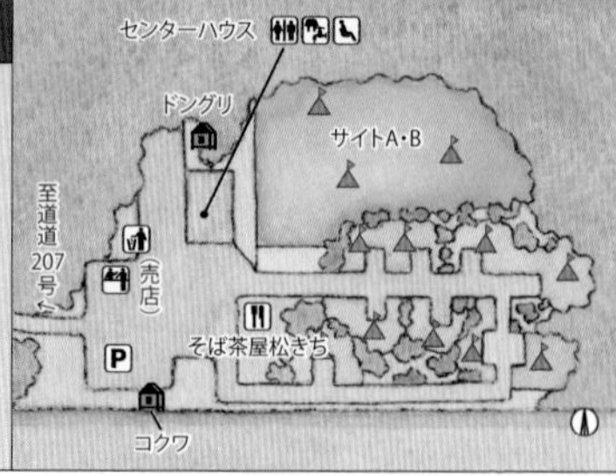

買い物　スーパー、コンビニのあるニセコ市街まで約10km

※完全予約制（公式サイト〈https://reserva.be/rankoshirinrin〉で随時受付）
※ゴミは原則持ち帰り制だが、有料袋購入で生ゴミのみ受け入れ

期間	QRマップ
5月中旬▼10月中旬	

MAP 109

らんこしちょうふるさとのおかきゃんぷじょう

蘭越町ふるさとの丘キャンプ場

☎0136-55-3251　磯谷郡蘭越町字相生（道の駅らんこし・ふるさとの丘）

MAPCODE® 730 057 400＊12

予約　可（詳細は欄外参照）
持込テント料金　1張1,000円
オートキャンプ　1区画4,000円10区画（電源5A、焚き火炉付）、タープ追加１張700円
バンガロー　要予約で２人用2,500円１棟、４人用3,000円２棟（各照明・電源・寝台付）
貸用具　なし
管理人　不在（キャンプ場の受付は、道の駅「らんこし・ふるさとの丘」で）
施設利用時間　IN 13:00〜16:00 OUT 9:00〜11:00
施設・設備　水洗トイレ・炊事場各１棟、森と木の里センター内にトイレ・シャワー・ランドリーなど
Ⓟ　約20台（無料）
温泉　蘭越町交流促進センター幽泉閣（露天風呂付、大人600円、10:00〜21:00受付終了、月曜が祝日の場合は火曜 12:00〜）まで約14km

道の駅「らんこし・ふるさとの丘」裏手に広がる、新設されたオートサイト全景

バンガローもある既設のフリーサイト

昆布川温泉幽泉閣の露天風呂

森の中は自然の宝庫！丘陵にある公園内施設

蘭越町市街の南西、国道５号沿いにある道の駅「らんこし・ふるさとの丘」が目印のキャンプ場。天然林を中心にした約30haの公園内にあり、恵まれた自然環境が魅力だ。

2021年８月には、電源付のオートサイトを10区画新設。既設のフリーサイトは、芝生の斜面に15区画を設備する。加えて、格安のバンガローや大型のＢＢＱハウスもあり、自然派もファミリーも低料金で１日を満喫できる。

ROUTE

国道５号を倶知安側から長万部方面に進んだ場合、蘭越町市街から約８kmの国道沿い右手に道の駅がある。その向かって右側に通路があり、道の駅裏手にオートサイト、さらに奥に進んだ先の左手にフリーサイトが広がる。

買い物　スーパー、コンビニのある蘭越市街まで約7km

※完全予約制（予約は４月上旬より電話〈9:30～17:00〉、予約サイト「なっぷ」などで受付開始）
※ゴミは分別の上、無料で受け入れ　※ペット同伴はリード使用でオートサイトとバンガローの屋外に限りOK（予約時に要申請）

MAP 110

うたさいおーときゃんぷじょう る・ぴっく
歌才オートキャンプ場 L'PIC

☎0136-72-4546　寿都郡黒松内町字黒松内521

MAPCODE® 521 517 637*56

予約　可（詳細は欄外参照）
入場料　大人900円、小中学生450円（以下の料金に加算）
フリーサイト　一律1張550円（共用の直火スペースあり）
オートサイト　電源10Ａ付：1区画2, 500円計24区画／電源30Ａ付：1区画3, 500円計３区画（各流し・野外炉付）
バンガロー　３～４人用１棟5, 500円３棟（屋内に照明・電源、屋外に流し・野外炉付）
貸用具　寝袋など有料で各種
管理人　期間中24時間駐在
施設利用時間　IN 13:00～17:00　OUT 8:00～11:00
施設・設備　車イス対応水洗トイレ１棟、管理棟にフリーサイト利用者用の炊事場１カ所（コインランドリー・コインシャワー・水洗トイレ・売店ほか併設)、ドッグランなど
Ⓟ　約10台（無料）
温泉　黒松内温泉「ぶなの森」（露天風呂付、大人600円、11:00～21:00受付終了、第１水曜休）まで約２㎞
MEMO　ゲートは、21:00～翌7:00まで閉鎖

起伏のある緩やかな斜面に広がるオートサイト（右下は周囲にマッチしたトイレ）

バンガローも屋外に流しと炊事炉が

露天風呂を設備する黒松内温泉

ブナ林自生の北限地で本格オートキャンプを

町のシンボル、クマゲラからル・ピック（仏語でキツツキ）の愛称を持つ本格オートキャンプ場。施設も立派だが、周囲の環境はさらにすごい。すぐそばに国の天然記念物指定のブナ林（自生地の北限）があるのだ。また、隣接地にはドッグランも設備する。

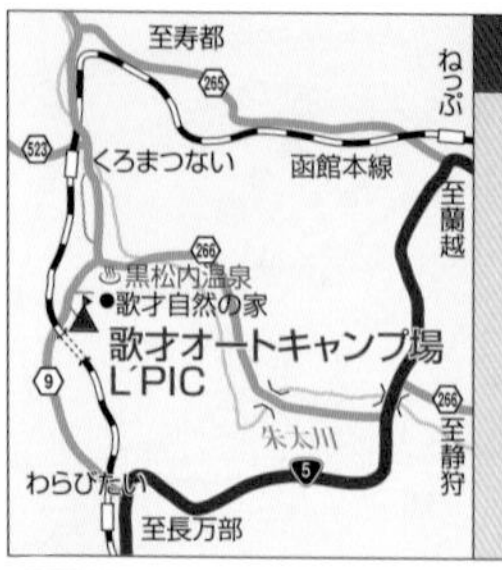

ROUTE

国道５号を蘭越町市街から長万部方面に進み、豊幌で右折して道道266号（大成・黒松内線）を約６㎞で道道９号（寿都・黒松内線）との分岐。これを左折して少し行くと左手に看板が見え、左折して上りつめた右手が現地。

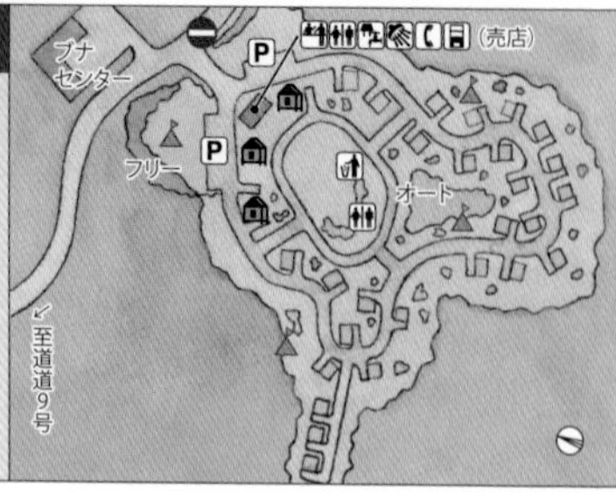

買い物　スーパー、コンビニのある黒松内市街まで約2km

期間 5月下旬 ▼ 10月下旬 | QRマップ

MAP 111

くっちゃんちょうあさひがおかこうえんきゃんぷじょう
倶知安町旭ケ丘公園キャンプ場

☎0136-56-8011

虻田郡倶知安町字旭 ※現地TELなし
←問合先／倶知安町建設課公園施設係

MAPCODE® 398 568 205*06

予約　不可

持込テント料金　無料

オートキャンプ　不可だが荷物搬出入時のみ場内へ接近可

バンガロー・貸用具　なし

谷間に広がる芝生のサイト。緑豊かな環境だ（左）。上は昔ながらの雰囲気を残す炉付の炊事場

管理人　不在

施設・設備　トイレ男女各１棟、炊事場（炉付）１棟

Ⓟ　約15台

温泉　京極温泉（露天風呂付、大人600円、10：00～20：30受付終了、月１回不定月曜休）まで約15km

■サイトから羊蹄山を一望

狭い谷間の斜面にサイトがあり、正面にはニセコのシンボル・羊蹄山がそびえる。

豊かな自然環境に恵まれた公園内では、動植物の観察も可能。設備は必要最低限という感じだが、無料サイトということもあり、静かさを求めるソロキャンパーに人気の施設だ。なお、ゴミはすべて持ち帰り制となる。

※ペットの同伴は、リードの使用やトイレなどマナー厳守でOK

期間 6月上旬 ▼ 10月上旬 | QRマップ

MAP 112

はんげつこやえいじょう
半月湖野営場

☎0136-23-3388

虻田郡倶知安町字高嶺 ※現地TELなし
←問合先／倶知安町観光商工課

MAPCODE® 385 631 195*38

予約　不可

持込テント料金　無料

オートキャンプ　不可。駐車場にサイト隣接部分あり

バンガロー・貸用具　なし

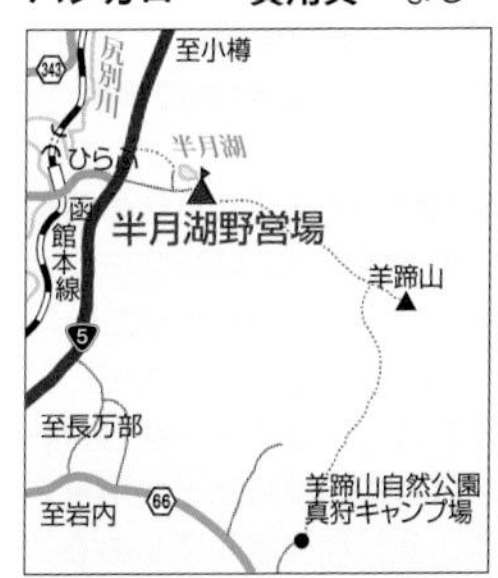

登山客の車が並ぶ駐車場のすぐ隣にサイトがある（左）。上は簡素な炊事場と三角屋根のトイレ

管理人　不在

施設・設備　簡易水洗トイレ・炊事場各１棟

Ⓟ　約30台（無料）

温泉　綺羅乃湯（露天風呂付、大人600円、10:00～21:00受付終了、第２・４水曜休、８～10月は無休）まで約11km

■羊蹄登山口で半月湖のそば

国道５号沿いの「羊蹄山登山口・半月湖自然公園」の看板から、羊蹄山に向かって枝道へ。道なりに約２km進んだ突き当りに登山口駐車場があり、野営場はその横に位置する。シンプルな造りで、昔ながらの雰囲気を残すキャンプ場から、半月湖畔までは徒歩約15分の道のりだ。ゴミはすべて持ち帰り制。

買い物　（上段）：スーパー、コンビニのある倶知安市街まで約1km
（下段）：スーパー、コンビニのある倶知安市街まで約8km

※予約制(予約は利用日の3カ月前からメール<info@bouken-kazoku.com>で受付、キャンセル料あり)
※ゴミは完全持ち帰り制　※直火は指定場所でのみOK

期間	QRマップ
5月下旬 ▼ 11月10日	

MAP 113

めむのもりきゃんぷじょう（きゅうようていぼうけんのもりきゃんぷじょう）

MEMUの森キャンプ場(旧羊蹄ぼうけんの森キャンプ場)

☎0136-22-3759　虻田郡倶知安町高砂314-1
←問合先／冒険家族

MAPCODE® 385 722 709*85

予約　可(詳細は欄外参照)

入場料　中学生以上1,100円、4歳～小学生550円、3歳以下無料

サイト利用料　テントサイト2,200円、カーサイト3,300円

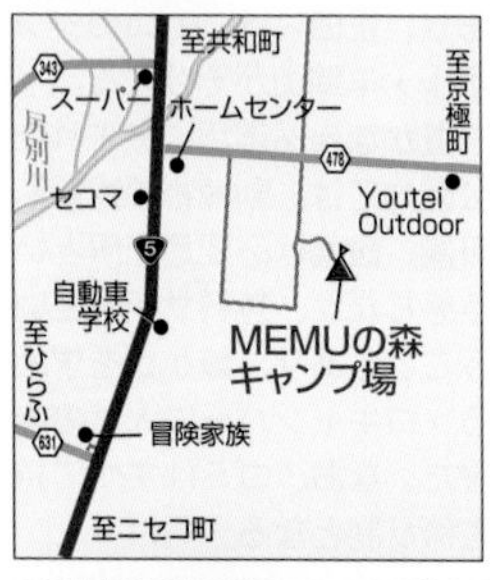

森の中の野趣溢れるサイトは、オートキャンプ禁止(左)。水辺では釣りを楽しむこともできる(上)

バンガロー　なし

貸用具　テント3人用2,000円、寝袋800円ほか有料で各種、リヤカー1台・一輪車2台(無料)

管理人　駐在

施設利用時間　IN 14:00～18:00　OUT 9:00～11:00

施設・設備　管理棟、トイレ・炊事場各1棟

Ⓟ　約25台（無料）

温泉　京極温泉(露天風呂付、大人600円、10:00～20:30受付終了、月1回不定月曜休)まで約11km

■羊蹄山の恵みを体感

野趣満点のニセコの自然を体感できる施設。林間のサイトには湧水の小川が流れ、羊蹄山の恵みを体感できる。

※予約制(予約は利用日の3カ月前からメール<info@bouken-kazoku.com>で受付、キャンセル料あり)

期間	QRマップ
通年	

MAP 114

ぼうけんかぞく

冒険家族

☎0136-22-3759　虻田郡倶知安町比羅夫145-2

MAPCODE® 398 419 324*80

予約　可(詳細は欄外参照)

入場料　中学生以上1,100円、4歳～小学生550円、3歳以下無料

サイト利用料　テントサイト2,200円、カーサイト3,300円

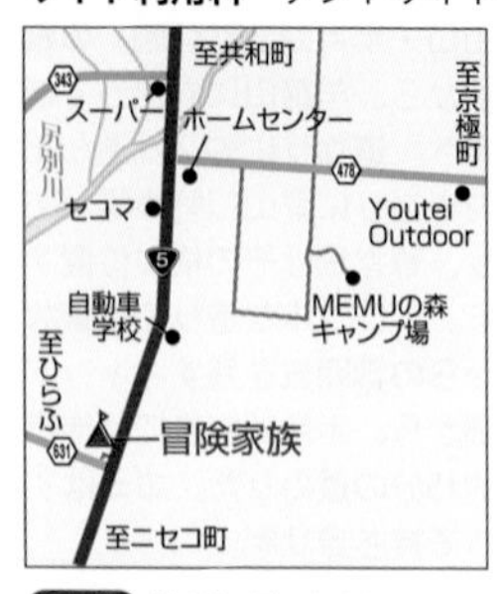

旧校舎の前庭をテントサイトに活用(左)。晴れた日には羊蹄山の美しい山容を一望できる(上)

宿泊施設　旧校舎内で中学生以上1泊素泊まり4,700円～

貸用具　荷物運搬用具あり

管理人　駐在

施設利用時間　IN 14:00～18:00　OUT 9:00～11:00

施設・設備　管理棟（水洗トイレ・シャワー・ランドリー併設)、炊事用湧水、野外炉

Ⓟ　約20台（無料）

温泉　京極温泉(前項参照)まで約14km

■旧校舎で貴重な自然体験を

築80年以上の旧小学校を活用した宿泊・自然体験施設。羊蹄山を望むサイトに加えて、BBQのできる囲炉裏(有料)や五右衛門風呂などが用意され、多様な体験が楽しめる。

買い物 (上段):倶知安市街のセイコーマートまで約2.5km
(下段):倶知安市街のセイコーマートまで約2km

※予約制（公式サイト〈http://rusan.whitesnow.jp〉もしくは電話で、４月下旬から受付開始、キャンセル料あり）
※下記料金変更の可能性あり　※ペットの同伴は吠えない犬と猫のみOK　※生ゴミと炭のみ無料受け入れ　※花火は指定場所でのみOK

MAP 115

るさんヴぃれっじ るさんきゃんぷじょう

Rusan Village ルサンキャンプ場

☎080-3238-3097　虻田郡喜茂別町留産21

MAPCODE® 385 497 882*48

予約　可（詳細は欄外参照）

入場料　高校生以上1,000円、中学生以下500円

オートサイト使用料　１区画2,000円計７区画（車1台分を含む、2台目以降1台500円）

羊蹄山を一望の広々としたテントサイト（左）。上はトイレも設備する１棟のみのバンガロー

バンガロー　4人用3,000円１棟（車1台分を含む、設備はキッチン・水洗トイレなど）

貸用具　寝袋など各種有料で

管理人　駐在（8:00〜17:00）

施設利用時間　IN 13:00〜 OUT 11:00まで

施設・設備　センターハウス（管理受付・水洗トイレなど）、流し台３カ所

Ⓟ　約10台（無料、サイト利用者以外は１台500円）

温泉　川上温泉（大人500円、13:00〜20:00）まで約3km

■羊蹄山を望む絶景サイト

マウンテンビューが楽しめるオートキャンプ場。尻別川まで徒歩約30秒の好立地なので川遊びの拠点にも。

※完全予約制（例年５月１日より現地にて電話受付開始。予約は利用の２日前まで）
※管理人の下記駐在時間は８月まで、９月以降は変動あり

期間　5月上旬 ▼ 10月下旬　QR マップ

MAP 116

きょうごくちょうすりー・ゆー・ぱーくきゃんぷじょう

京極町スリー・ユー・パークキャンプ場

☎0136-42-2189　虻田郡京極町字川西70
◎問合先／京極町教育委員会生涯学習課 ☎ 42-2700

MAPCODE® 385 705 241*64

予約　可（詳細は欄外参照）

持込テント料金　テント・タープ各１張500円

オートキャンプ　不可

バンガロー・貸用具　なし

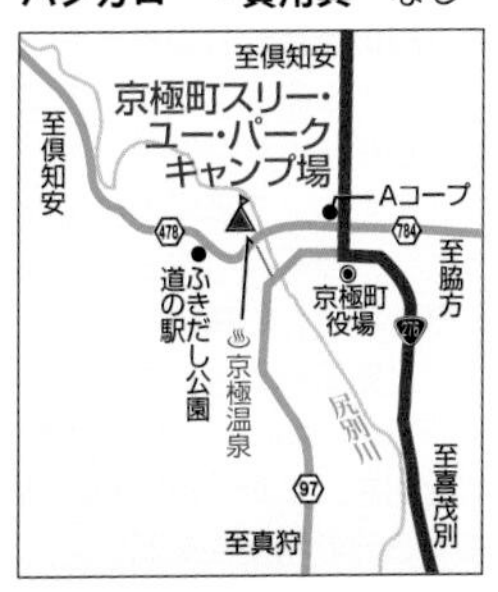

美しい羊蹄山の山容を一望できるロケーションが魅力だ（左）。上はサイトの横に立つ炊事場

管理人　駐在（7:30〜18:30）

施設利用時間　IN 11:00〜17:00 OUT 11:00まで

施設・設備　車イス対応水洗トイレ・炊事場各１棟、管理棟、パークゴルフ場（36H・有料）

Ⓟ　約30台（無料）

温泉　京極温泉（露天風呂付、大人600円、10:00〜20:30受付終了、月1回不定月休）に隣接

■羊蹄山一望のビューサイト

京極温泉の裏手にきれいな芝生のサイトが広がる。周囲をテニスコートやパークゴルフ場に囲まれるものの、羊蹄山を一望の雄大な景観を満喫できることから人気が高い。至近の「ふきだし公園」には、遊具や羊蹄山の名水汲み場も。ゴミはすべて持ち帰り制。

買い物　（上段）：喜茂別市街のＡコープ喜茂別店、セブンイレブン喜茂別店まで約５km
（下段）：京極町川西のローソンまで約300m。またスーパー、コンビニのある京極市街まで約1.5km

※チェックイン13:00～16:00、アウト翌8:00～11:00　※6月1日～7月19日、8月19日～9月22日の期間は土・祝前日の宿泊のみ営業
※完全予約制（予約は公式サイトで受付、キャンセル料あり）　※下記データは変更の可能性あり　※ゴミは透明袋使用で受け入れ

MAP 117
るすつやまはともだちきゃんぷじょう

ルスツ山はともだちキャンプ場

☎0136-46-3332

蛇田郡留寿都村字泉川13
←問合先／ルスツリゾートアクティビティデスク

MAPCODE® 385 288 584＊25

予約　可（詳細は欄外参照）
入場料　大人3,300円、小学生2,200円、幼児1,650円（温泉・大浴場の入浴料を含む）
サイト使用料（1区画1泊）　フリー：2,200円（テント1張＋タープ1張）25区画／ビッグオート（18m×13m）：4,400円12区画
貸用具　各種用具を有料で
管理人　駐在（8:00～17:00）
施設・設備　水洗トイレ・炊事場各１棟、管理事務所など
Ⓟ　約70台（無料）
温泉　ルスツ温泉‥ことぶきの湯（6：00～9：00、14：00～25:00）に隣接

ゲレンデの斜面を利用したテントサイト（左）。上はルスツ温泉‥ことぶきの湯の露天風呂

■リゾート内のキャンプ場

芝生サイトの眼前には、開放的な大自然の景観が広がる。徒歩圏内に温泉施設や遊園地（別料金）があるほか、多種多様なアクティビティを用意。トレッキングも楽しめる。ファミリーもキャンプビギナーも１日を楽しく過ごせる所だ。

※ゴミは完全持ち帰り制　※Wi-Fiは「道の駅230ルスツ」周辺で利用可

期間　QRマップ
5月下旬
▼
10月下旬

MAP 118
るすつふるさとこうえん

ルスツふるさと公園

NEW

☎0136-46-3131

蛇田郡留寿都村留寿都127-4
←問合先／蛇田郡留寿都村企画観光課商工観光係

MAPCODE® 385 256 443*26

予約　不要
入場料　令和６年度より協力金を徴収予定
貸用具　なし
管理人　不在

芝生のテントサイト（左）。園内の遊具は子どもたちに人気。サイトからの眺望は開放的だ（上）

施設利用時間　IN 8:00～　OUT 17:00まで
施設・設備　管理棟（水洗トイレ・流し台併設）、自販機、水飲み場、テーブル・ベンチ
Ⓟ　24台（無料・うち１台が身障者用）
温泉　ルスツ温泉（大人500円、11:00～21:00、水曜休）まで約２㎞

■羊蹄山を望む公園サイト

「ルスツふるさと公園」内に設けられたキャンプ場。もとはデイキャンプ専用の施設だったが、今季から宿泊ができる野営場として運用予定だ。

開設期間や料金については、留寿都村のWebサイトで、事前に確認を。また、道の駅に隣接するので利便性も高い。

買い物　（上段）：留寿都村泉川のセブンイレブンまで約650m、セイコーマートまで約600m
（下段）：留寿都市街のセイコーマートまで約700m

※完全予約制（予約は電話か公式サイト〈https://www.kazenotanicamp.com/〉で随時受付、キャンセル料あり）
※ペットの同伴はマナー厳守でOK　※生ゴミのみ無料で受け入れ　※花火は手持ち式のみ指定場所でOK

期間	QRマップ
5月下旬 ▼ 10月31日	

MAP 119 かぜのたにきゃんぷじょう

風の谷キャンプ場

☎080-6077-5978　虻田郡ニセコ町字曽我355-2

MAPCODE® 398 289 418*23

予約　可（詳細は欄外参照）
入場料　大人800円、小・中学生500円、３歳以上300円
サイト使用料　ビュー：2,200円～計3区画／カー：2,300円～計6区画／デラックスカー：6,400円～、デラックスビュー：7,100円～各１区画
宿泊施設　バンガロー：4人用8,000円～計2棟／ツリーハウス：4人用16,000円～計1棟
貸用具　有料で各種
管理人　駐在（8：30～17：30）
施設利用時間　IN 13：00～ OUT 11：00まで
施設・設備　管理・受付の森のキッチン（炊事場・BBQ設備・水洗トイレ併設）、釣り堀など
Ⓟ　約30台（無料）
温泉　湯心亭（露天風呂付、大人1,200円、6：00～23：00受付終了）まで約３㎞

左はアンヌプリや羊蹄山を一望のビューサイト。上はトイレ・炊事場併設の「森のキッチン」

■地形生かした手作りサイト
ワイルドな雰囲気のサイトと、多彩な宿泊施設が魅力。

※予約制（予約は利用日の１カ月前から予約サイト「なっぷ」で受付。今季は５月１日より受付開始）

期間	QRマップ
5月15日 ▼ 10月15日	

MAP 120 にせこ かま_はれ びれっじ

NISEKO KAMA_HALE VILLAGE

☎090-9319-7575　虻田郡ニセコ町字曽我480-30

MAPCODE® 398 177 132*47

予約　可（詳細は欄外参照）
利用料　フリーサイト（定員5人）１人1,500円～／グランピング4人12,000円～（電源付）
宿泊施設　コンテナ２人１泊9,500円１棟（ベッド付）
貸用具　炭・網など有料で各種、ＢＢＱ用具などは無料
管理人　駐在（時間不定）
施設利用時間　IN 14：00～21：00　OUT 11：00
施設・設備　管理棟（簡易水洗トイレ・売店）、炊事棟１棟
Ⓟ　約６台（無料）
温泉　綺羅乃湯（露天風呂付、大人600円、10：00～21：00受付終了、第２・４水曜休、８～10月は無休）まで約4.5㎞

サイトの配置はゆったり。グランピングはデンマーク製のテントで（左）。上はお洒落な管理棟

■１日５組限定のキャンプ場
サイトはフリー、グランピング、コンテナの３種を用意。BBQスペースも備えた、1日5組限定のプライベート感溢れる空間で、トランポリンやスラックラインを楽しもう。

買い物　（上段）：ニセコ町曽我のセブンイレブンまで約2.5km。またスーパー、コンビニのあるニセコ市街まで約4km
（下段）：ニセコ市街のセイコーマートまで約3km

※ペットの同伴は駐車場の車内のみOK　※ゴミは原則持ち帰り制

MAP 121

ニセコ野営場（にせこやえいじょう）

☎0136-44-2121

蛇田郡ニセコ町字ニセコ ※現地TELなし
←問合先／ニセコ町商工観光課

MAPCODE® 398 437 394*22

野営場清掃協力費　大人１人500円、小中学生200円（日帰りは各200円）

オートキャンプ　不可

バンガロー・貸用具　なし

サイトは斜面にあるので、荷物は少なめにしたい(左)。上は手前がトイレ棟、その奥が管理棟

管理人　駐在(10:00～17:00)

施設・設備　水洗トイレ・炊事場(炉付)各１棟、管理棟

Ⓟ　約30台（無料）

温泉　五色温泉旅館（露天風呂付、大人 800 円、夏期9:00～20:00受付終了、料金は変更の場合あり）に隣接

■ニセコ連峰の登山基地

ニセコアンヌプリやイワオヌプリに囲まれた抜群のロケーションを誇るキャンプ場。山間の野営場らしい落ち着いた雰囲気で、夜には満天の星空が広がる。汗を流せる温泉施設も至近とあって、登山シーズンは大盛況。サイトは階段状に整備され、開放的な下段から最上段の木立に囲まれた部分まで奥行きがある。

期間　6月下旬 ▼ 10月下旬　QRマップ

MAP 122

湯本温泉野営場（ゆもとおんせんやえいじょう）

☎0136-55-6736

磯谷郡蘭越町字湯里 ※現地TELなし
←問合先／蘭越町商工労働観光課観光係

MAPCODE® 398 402 855*47

予約　不可

持込テント料金　無料

オートキャンプ　不可

バンガロー・貸用具　なし

管理人　不在

林間のテントサイトは、木陰が涼しげ(左)。上は隣接する交流促進センター雪秩父の露天風呂

施設・設備　車イス対応簡易水洗トイレ・炊事場各1棟など

Ⓟ　約20台（無料）

温泉　交流促進センター雪秩父（露天風呂付、大人700円、10:00～19:00受付終了、火曜休）に隣接

ＭＥＭＯ　ペット同伴はリード使用などマナー厳守でＯＫ。ゴミはすべて持ち帰り制

■大湯沼そばの無料サイト

ニセコ連峰を縦断する、道道66号ニセコパノラマライン沿いにある施設。場内に管理人は駐在せず、貸用具なども一切ない。とはいえ、テントサイトには車イスでも使える水洗トイレや炊事場が設備されており、これで無料なのだから利用しない手はない。

買い物　(上段):スーパー、コンビニのあるニセコ市街まで約19km
(下段):スーパー、コンビニのあるニセコ市街まで約13km

三石海浜公園オートキャンプ場

胆振

洞爺湖・伊達・苫小牧
安平・むかわ

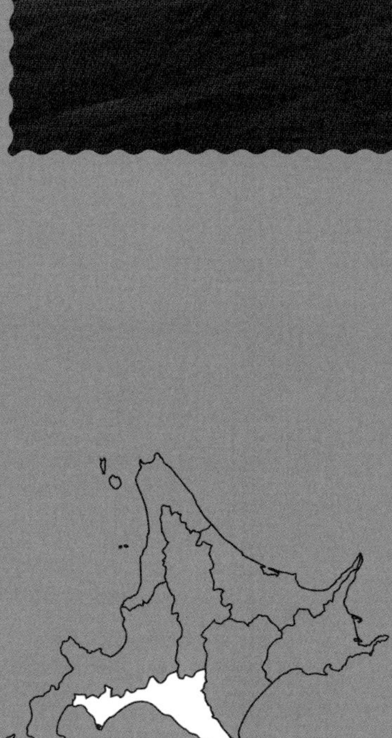

日高

日高・新ひだか・えりも

胆振・日高エリア　CONTENTS＆MAP

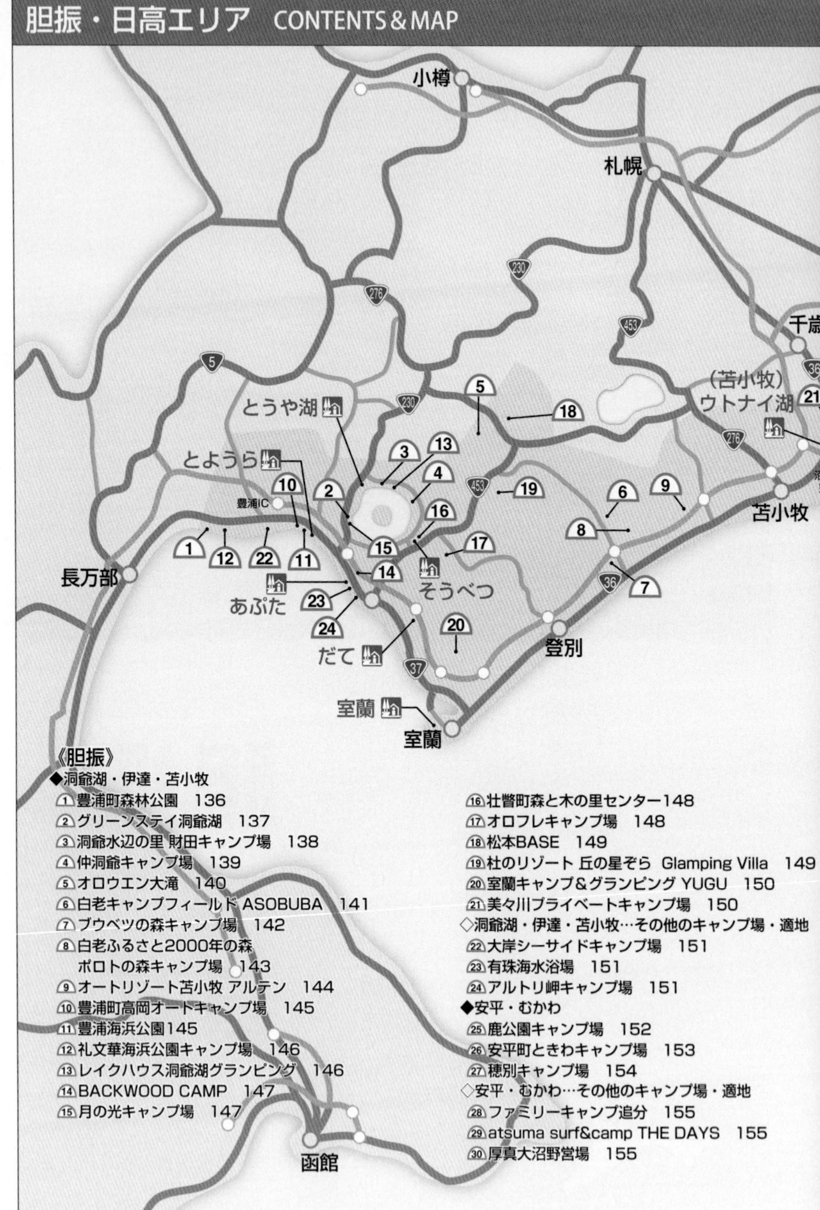

《胆振》

◆洞爺湖・伊達・苫小牧

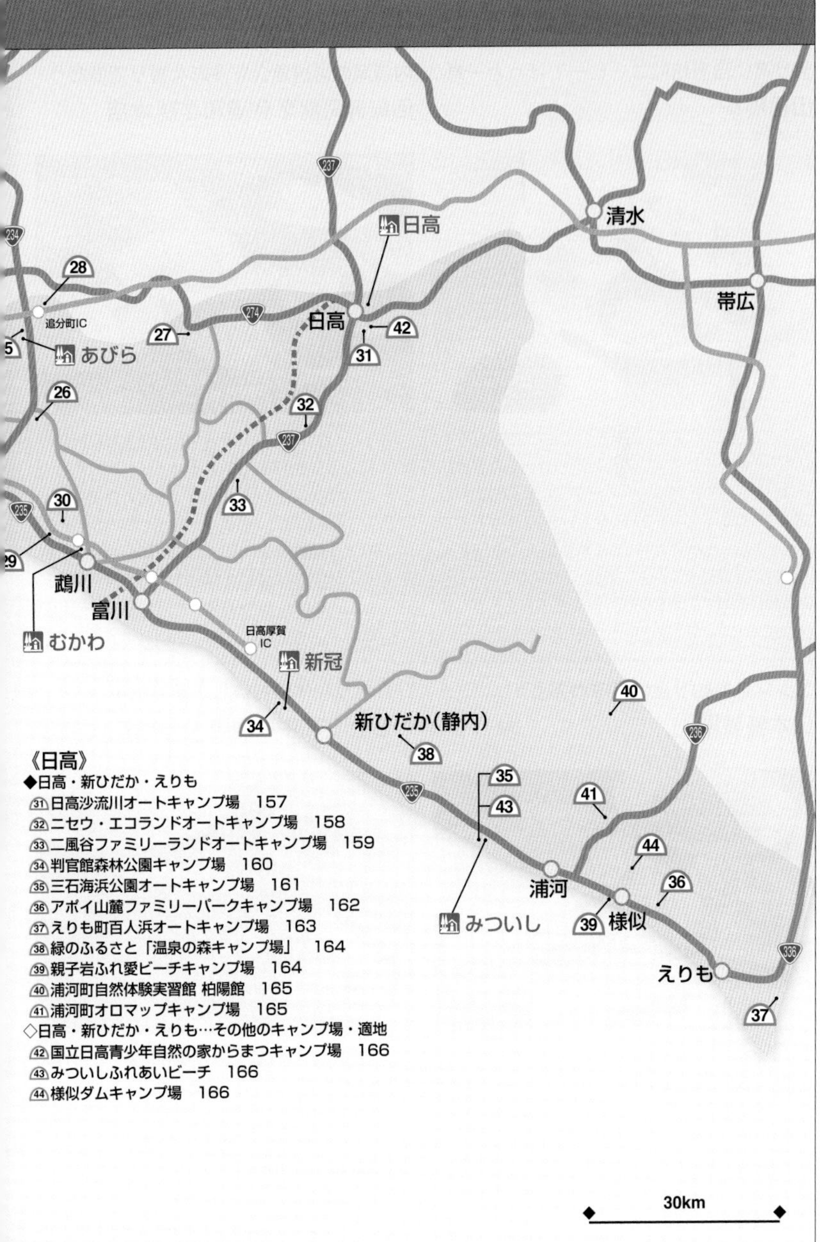
237
日高
清水
234
28
追分町IC
274
帯広
日高
42
27
5
あびら
31
26
32
237
30
33
235
29
鵡川
富川
日高厚賀
IC
むかわ
新冠
40
34
新ひだか(静内)
236
38
35
235
43
41
44
36
浦河
39
様似
みついし
336
えりも
37
30km

胆振・日高エリアの立ち寄りスポット

香り高い自家焙煎コーヒーでほっと一息

山岳喫茶

さんがくきっさ

洞爺湖温泉街にある、山好きの店主が営む喫茶店。温かみのある空間で、豆の個性を引き出した自家焙煎コーヒー400円が味わえる。道産小麦の自家製パンを使うサンドイッチ900円やカレー900円などのフードメニューも人気が高い。【DATA】住所：虻田郡洞爺湖町洞爺湖温泉40-21　電話：0142-82-4536　営業：10:00〜16:00(15:00LO)　※変更の場合あり　定休：水・木曜　P：周辺の公共駐車場を利用

内浦湾の厳選魚介を多彩な握りで味わう

回転寿司割烹 伊達和さび 本店

かいてんずしかっぽう だてわさび ほんてん

地元の漁港や道内・日本各地から仕入れる魚介の握りは、回転寿司の域を越えるハイレベルな味わい。ネタは100種類以上あり、活アワビや活〆のマツカワなど、内浦湾ならではの魚介が揃う。鯛のかぶと煮540円など一品料理も充実している。【DATA】住所：伊達市松ヶ枝町30-1　電話：0142-25-0101　営業：11:30〜21:00(20:30LO)、土・日曜・祝日は11:00〜21:30(21:00LO)　定休：不定　P：50台

ニジマスを釣り上げて味わおう！

山本養鱒場

やまもとようそんじょう

倶多楽湖の伏流水で育てられたニジマスとヤマメが放された釣り堀。釣った魚は持ち帰りのほか、食堂で調理をしてもらうことも。また、食堂では釣りをしなくても定食1,188円〜やニジマスフライ583円などが味わえる。【DATA】住所：白老郡白老町虎杖浜401-1　電話：0144-87-2318　営業：10:00〜17:00(最終受付15:30)　定休：水曜(祝日の場合は営業)　料金：入場料、釣り竿、エサ代は無料。魚代・加工賃は別途　P：40台

びらとり和牛のおいしさを発信！

びらとり和牛専門店 くろべこ

びらとりわぎゅうせんもんてん くろべこ

一頭買いで仕入れる「びらとり和牛」を、生産地ならではの質とボリューム、価格で提供。銘柄牛のおいしさを、お得感あるステーキやハンバーグで堪能できる。冷凍販売の手造りハンバーグは、キャンプ飯にもおすすめ！【DATA】住所：沙流郡平取町紫雲古津200-2　電話：01457-2-4129　営業：レストランは11:00〜14:30LO、17:00〜19:30LO、販売は10：00〜19:00　定休：月曜(祝日の場合は翌日)　P：20台

タコの卵を使う名物カマボコ

マルサン工藤商店

まるさんくどうしょうてん

地場産のヤナギダコの卵を塩と砂糖、秘伝のタレで味付けして蒸し上げた「たこマンマのかまぼこ」が名物。潮の香りが漂う独特の味わいが人気だ。味はプレーンのほか、タコやカニ入りなど全９種類あり、価格は350円〜。灯台ツブのツブめし弁当や鶏のレッグ焼きも見逃せない。【DATA】住所：様似郡様似町西町65　電話：0146-36-2355　営業：９：00〜19：30（１〜３月は〜19：00）　定休：なし　Ｐ：15台

前浜産の新鮮魚介を味わうならココ

御食事処 女郎花

おしょくじどころ おみなえし

前浜で揚がるマツカワガレイを活締めにした松川刺定食1,980円や甘エビ天丼1,650円（各価格変更の場合あり）など、季節の新鮮魚介を多彩な料理で堪能できる。様似町のパワースポットと言われる、エンルム岬を望む眺望のよさも魅力だ。【DATA】住所：様似郡様似町大通３丁目65-4　電話：0146-26-7878　営業：11：00〜14：00LO（土・日曜・祝日は〜15：00LO）、17：00〜19：40LO　定休：水曜　Ｐ：15台

うま味濃厚なえりも短角牛を堪能

短角王国 守人

たんかくおうこく まぶりっと

希少な「えりも短角牛」の生産牧場が直営するファームイン＆レストラン。うま味成分が豊富で低カロリーな短角牛を堪能できる。ステーキやハンバーグのほか、カルビ、タン、サガリの３種が味わえる短角よくばり牛丼セット1,408円もおすすめ。テイクアウトや肉の小売りも行う。【DATA】住所：幌泉郡えりも町えりも岬406-1　電話：01466-3-1129　営業：9：00〜17：00（17：00以降は要予約）　定休：日・月曜　Ｐ：30台

鮮度抜群のえりも産魚介を！

えりも漁業協同組合直売店

えりもぎょぎょうきょうどうくみあいちょくばいてん

えりも港のすぐ近く、国道336号沿いに建つ漁協の直営店。地元で水揚げされた鮮度抜群の魚介や海産加工品などを、産地直売価格で購入できる。ホッキ貝や干し魚など、バーベキューにピッタリの食材が揃うので、キャンプ旅の途中の食材調達におすすめだ。【DATA】住所：幌泉郡えりも町本町650-1　電話：01466-2-3939　営業：９：00〜17：00　定休：火曜　Ｐ：真向かいの灯台公園の無料駐車場を利用

※開設期間は予定　※完全予約制（予約サイト「なっぷ」で４月中旬から受付開始予定）
※料金等変更の可能性あり（公式サイト「とようら旅ごころ」で確認を）

期間	QRマップ
5月上旬 ▼ 10月末	

MAP 1

豊浦町森林公園

とようらちょうしんりんこうえん

☎0142-85-1120

虻田郡豊浦町字礼文華
◎問合先／一社）噴火湾とようら観光協会 ☎83-2222

MAPCODE® 662 338 777*84

予約　可（詳細は欄外参照）
持込テント料金　テント・タープ各１張500円
オートキャンプ　上記料金で一部サイトに限り可
バンガロー　小：3～4人用2棟、大：5～6人用3棟で、各4,000円（町民半額、各照明・電源付）
貸用具　なし
管理人　駐在（9：00～17：00）
施設利用時間　IN 13：00～16：00　OUT 10：00まで
施設・設備　水洗トイレ３棟、炊事場２棟、管理事務所、フィールドアスレチックなど
温泉　天然豊浦温泉しおさい（露天風呂付、大人600円、10：00～20：30受付終了）まで約15km
P　約100台（無料）
MEMO　キャンピングカーの利用は別途料金が必要。ゴミ袋60円購入で燃えるゴミのみ受け入れ

山間に位置する草地のテントサイトは広々。後方に見えるのがバンガローサイトだ。右上はサイト隣接の炊事場

公園入口付近の管理棟（右）とトイレ

管理棟裏のバンガローと室内（右上）

雰囲気は今なお素朴な森の中のテントサイト

山間に位置する自然派キャンプ場。テントサイトは広々としていて、ゆったりとした空間の中でテント設営が可能。お隣を気にせず、静かにのんびりと過ごせるのがいい。

５棟あるバンガローは、いずれも山小屋風のシンプルな造り。寝台や寝具は設備しないため、寝袋やマットの持参をお忘れなく。また、キャンプ場の近隣にスーパーや商店はないので、買い出しなど事前の準備はしっかりしよう。

ROUTE

国道37号を室蘭側から長万部方面に進んだ場合、豊浦町市街を過ぎて約15kmでＪＲれぶん駅方面へ向かう道道608号との分岐。左折し、同駅方向へ。右手に公園の看板が見えたら右折し、突き当りのＴ字路をさらに右折で現地。

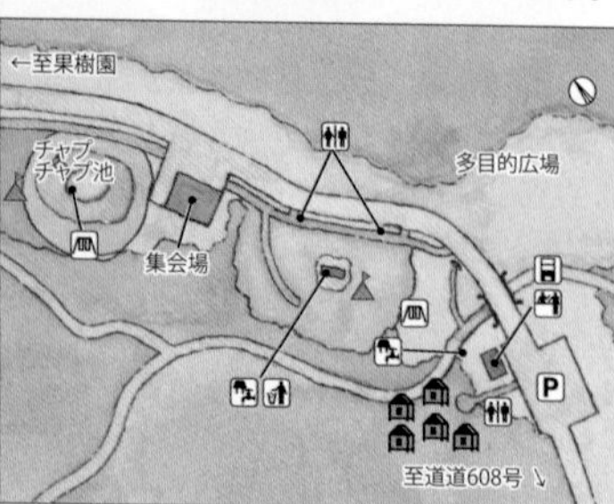

買い物　コンビニのある豊浦市街まで約19km

※完全予約制（予約は4月1日より現地で受付開始、通常は利用月の2カ月前の1日から受付）　※花火は手持ち式のみOK
※低床タイプの焚き火台の使用は現地スタッフに要確認　※ペットの同伴はリードの使用が必須　※ゴミは有料で受け入れ

期間	QRマップ
4月28日 ▼ 10月30日	

MAP 2 ぐりーんすていとうやこ

グリーンステイ洞爺湖

☎0142-75-3377　虻田郡洞爺湖町月浦56

MAPCODE® 321 605 818*25

予約　可（詳細は欄外参照）
オートサイト料金　キャンピングカー専用サイト：電源・上下水道付1区画6,500円7区画／カーサイト：電源付＝5,500円12区画、電源なし＝4,500円105区画／二輪サイト：1,000円
宿泊施設　バンガローA（木製デッキ付）4人用1棟9,000円12棟、バンガローB（木製デッキなし）4人用 8,500円4棟（各電源・照明付）／ロッジ：10人用15,500円2棟（トイレ・流し・電源・照明付）
貸用具　有料で各種
管理人　駐在（8:00〜18:00）
施設利用時間　IN 13:00〜18:00　OUT 9:00〜12:00
施設・設備　水洗トイレ3棟・炊事場4棟、管理棟（コインシャワー・ランドリー・売店ほか併設）、場内にパークゴルフ場（9H・無料）など
Ⓟ　完全オートキャンプ場
温泉　洞爺いこいの家（大人480円、10:00〜20:20受付終了、第1・3月曜休、祝日の場合は翌日休）まで約7.5km

湖側の下段にある雰囲気のいいサイト（だ円写真はロッジ、右下は管理棟）

高台の斜面に広がるオートサイト

電源・照明を設備するバンガロー

フリーサイトのないオート専用キャンプ場

　二輪車専用サイトまである完全オートキャンプ場で、一般的なフリーサイトは用意していない。各区画の駐車台数は1台分のため、複数の車で行く場合は共用駐車場を利用しよう。テントサイトは斜面に広がるが、洞爺湖は木々のすき間から見える程度だ。

ROUTE

　国道230号利用の場合、札幌側から洞爺湖方面に進み、洞爺湖畔周遊道路との分岐手前にある案内表示に従って左折する。こうすると湖畔に出ず、直接現地へ行ける。道央自動車道利用は虻田洞爺湖ICから約5分で現地。

買い物　コンビニのある洞爺湖温泉街まで約5km

※予約制（予約は3月1日から4・5月分を電話・公式サイトで受付開始、以降は利用月2カ月前の月初めから受付）
※ペットの同伴はマナー厳守でテントサイトのみOK（ケビン内とケビン周辺エリアは同伴不可）

期間 4月下旬 ▼ 10月下旬　QRマップ

MAP 3

とうやみずべのさと たからだきゃんぷじょう

洞爺水辺の里 財田キャンプ場

☎0142-82-5777

蛇田郡洞爺湖町財田6
◎期間外問合先／洞爺いこいの家 ☎ 82-5177

MAPCODE® 321 792 599*85

予約　可（詳細は欄外参照）
入場料　大人1,000円、小学生500円（ゴミ処理料を含む。土曜、祝前日、GW、お盆期間は大人＋200円、小学生＋100円）
オートサイト料金　キャンピングカー（50㎡）：電源・テーブルベンチ付3,300円6区画／プライベートA（100㎡）：設備なしで2,200円5区画／プライベートB（50㎡）：設備なしで1,100円18区画／オープン：1区画1,200円16区画
フリーサイト料金　車1台800円（約100台収容）
ケビン　6人用1棟20,000円5棟（浴室など諸設備完備）
貸用具　有料で貸テントなど
管理人　期間中24時間駐在
施設利用時間　テントサイト IN 13：00～ OUT 11：00まで／フリーサイト IN 12:00～ OUT 11:00まで／ケビン IN 14:00～ OUT 10:00まで
施設・設備　管理・受付のセンターハウス（車イス対応水洗トイレ・シャワー・ランドリー・売店併設）、炊事場5棟など
Ⓟ　各サイトに1台分あり

広々とした芝生のフリーサイト（上段）とオートサイト（下段）。下段写真右奥に立つのが炊事場。電源付やオープンスタイルなどオートサイトのタイプは多彩だ

木立に包まれた湖岸のフリーサイト

貸別荘スタイルの洒落たケビン

温泉　洞爺いこいの家（p137参照）まで約4㎞

洞爺湖北岸に位置する本格オートキャンプ場

洞爺湖北岸の本格オート施設。フリーサイトからケビンまで、バランスよく設備が揃う。サイトの向こうに広がる湖岸からカヌーを漕ぎ出そう。なお、焚き火台は場内備品のブロックの上で使うこと。

ROUTE

国道230号で札幌側から洞爺湖方面に進んだ場合、留寿都村を過ぎて間もなくを左折、道道132号に入り、洞爺湖畔へと下る。湖畔道路に出たところで左折して、壮瞥町方向へ約2㎞進んだ右手の湖畔側が現地。

買い物　洞爺湖町洞爺市街のセイコーマートまで約2km

※洞爺湖での遊泳は禁止　※ペットの同伴はリードの使用などマナー厳守で、第２サイトのみOK

期間	QRマップ
4月中旬 ▼ 10月下旬	

MAP 4 なかとうやきゃんぷじょう

仲洞爺キャンプ場

☎0142-66-3131　有珠郡壮瞥町字仲洞爺

MAPCODE® 321 710 104*23

湖岸すぐそばにテントが張れる、木々に囲まれた車進入禁止の第１サイト

予約　不可

入場料　高校生以上 700 円、小中学生400円

オートキャンプ　上記料金に入車料１台500円で第2サイトで可、キャンピングカーは１台1,000円で、内陸側専用サイトを利用（各サイトとも特に設備なし）

バンガロー・貸用具　なし

管理人　管理棟に駐在（10:00～17:00）

施設・設備　水洗トイレ２棟、炊事場５棟、管理棟（売店、検温室など併設）など

Ⓟ　約90台（無料）

温泉　来夢人の家（大人450円、10:00～20:00受付終了、火曜休で祝日は営業、７・８月は無休）に隣接

MEMO　ゴミは原則的に持ち帰り制となる

オートキャンプＯＫの第２サイト

開放的なキャンピングカーサイト

オートキャンプもできる湖岸の素朴な林間サイト

湖を目の前に望む林間サイトは、余計な設備が一切ない昔ながらの雰囲気。第１サイトは持込テント専用で、オートキャンプや場内へのカヌーなどの持ち込みは第２サイトのみ可能となる。また、検温室と書類記入室を設備し、感染症対策により気を配りながら開設・運営している。

天然温泉施設「来夢人の家」が隣接していることもあり、夏休み期間や連休中の混雑ぶりはかなりのもの。特に第１サイトは、テントが立錐の余地もないほど林立し、壮観だ。

ROUTE

国道 230 号利用の場合、札幌側から洞爺湖方面に進み、留寿都村を過ぎて間もなくを左折して道道 132 号（洞爺公園・洞爺線）へ入る。国道 453 号利用でも、道道132号で逆回り。道央自動車道利用は、伊達ＩＣから約25分。

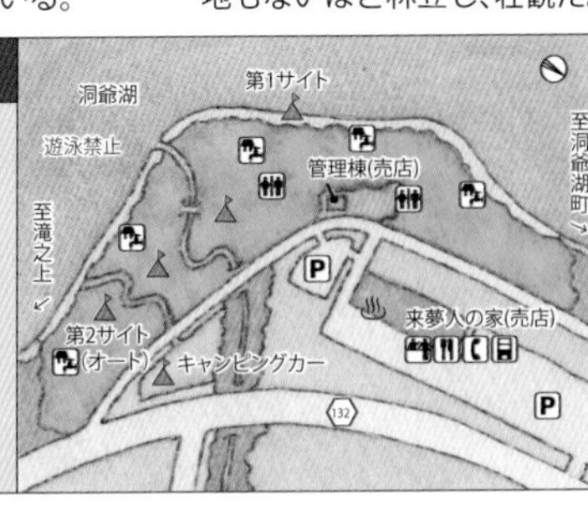

買い物　洞爺湖町洞爺市街のセイコーマートまで約10km

※荒天時は臨時休業の場合あり、事前に確認を（週末・連休など繁忙期も要問合せ）
※ペットの同伴はリードの使用、フンの持ち帰りなどマナー厳守でOK

期間	QRマップ
5月中旬 ▼ 10月中旬	

MAP 5 おろうえんおおたき

オロウエン大滝

☎090-1527-8164

伊達市大滝区豊里 ※現地は携帯圏外
期間外問合先／管理人宅 ☎ (011) 855-4524

MAPCODE® 759 099 886*18

予約 不可
入場料 中学生以上1, 200円、小学生 1, 000 円、未就学児は無料
オートキャンプ 入場料のみで可能（特に設備なし）
バンガロー なし
貸用具 薪800円
管理人 駐在（10：00～18：00）
施設利用時間 IN 10：00～17：00 OUT 特になし
施設・設備 男女別簡易水洗トイレ・炊事場各１棟など
P 約30台（無料）
温泉 ルスツ温泉（p121参照）まで約16km
MEMO トイレは土足厳禁。ゴミはすべて持ち帰り制。花火は音の出るものを除きOK。焚き火は事前に管理人に申し出て行うこと。草地では直火禁止、器具は地面から20cm以上離して使用すること

場内に区画はなく、思い思いの場所にテントを設営できる（右下は受付）

炊事場と写真右奥が男女別トイレ

木陰で設営できる林間サイト

オーナーが手づくりした清流沿いの林間サイト

ヤマメを狙える尻別川支流沿いに、オーナーが手づくりした民営施設。自然を生かした林間サイトは、オートキャンプ可ながら専用設備はない。が、施設は必要充分で、清潔な男女別トイレがうれしい。

予約はできず、土・日曜・祝日とお盆のみ営業。オーナーの好意で営むため、趣旨に合わない人は利用できないなどハードルは高いが負けずに人気も高い。なお、出入口に架かる橋の強度上キャンピングカーと外車は乗り入れ不可。

ROUTE

喜茂別側からは国道276号を伊達市大滝区方面に向かい、鈴川の集落で右折し、道道695号に入る。約７km先の看板を右折した砂利道の先が現地。大滝側からは、国道276号の伊達市清原で道道695号に入り、約５km先を右折。

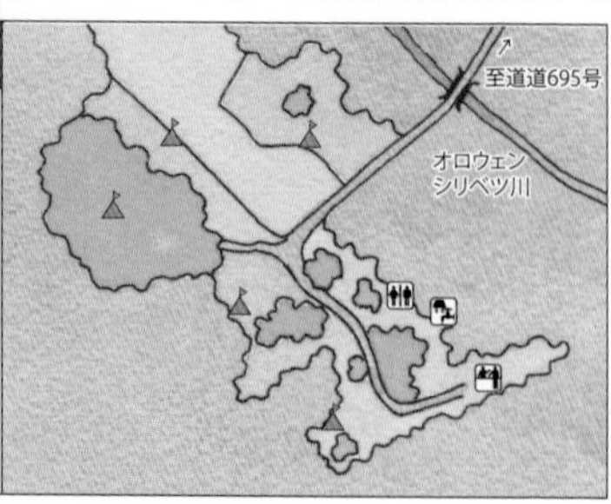

買い物 スーパー、コンビニのある喜茂別市街まで約13km

※予約制（予約は公式サイト〈https://asobuba.com〉で、利用月２カ月前の月初めから随時受付、キャンセル料あり）
※花火は手持ち式のみOK　※ペットの同伴はリード使用でOK（１匹500円徴収）　※ゴミは要分別で無料受け入れ

期間	QRマップ
通年	

MAP 6　しらおいきゃんぷふぃーるど あそぶば

白老キャンプフィールド ASOBUBA

☎080-1899-5151　白老郡白老町森野98-1

MAPCODE® 603 779 741*01

予約　可（詳細は欄外参照）
施設利用料　中学生以上１泊1人2,000円、小学生1,000円、未就学児無料
フリーサイト　上記料金で可能（60区画）
オートサイト　ビッグオートサイト（電源なし）：5,000円7区画、ビッグオートサイト（電源あり）：6,000円2区画、ハンモックサイト：4,000円5区画、スモールハンモックサイト：2,000円3区画、キャニオンファイブ：2,000円5区画
貸用具　各種有料で
管理人　駐在（10：00～18：00、変動あり）
施設利用時間　IN 12：30～ OUT 11：00まで
施設・設備　売店併設のセンターハウス、男女別水洗トイレ２棟、流し台２カ所、水汲み場４カ所、シャワー棟など
Ⓟ　約80台（無料）
温泉　虎杖浜温泉湯元ほくよう（p143参照）まで約26km
MEMO　手ぶらキャンプや雪上バギーなどさまざまなアクティビティを用意する

上段はフリーサイト。下段左からトイレ、シャワー室、区画オート、軽食も提供するバーとセンターハウス（写真奥）

林間にある電源付のオートサイト

センターハウスではキャンプギアも販売

多彩で上質な設備が自慢 綺麗なトイレは特筆もの

各種グッズを販売するセンターハウスや大型の遊具、綺麗なトイレに豪華なシャワー棟など多彩で上質な設備が揃う。

白老川河川敷でブッシュクラフトが楽しめる「ワイルドサイト」など、スタイルもさまざま。キャンプ＋αのアウトドア体験を提供してくれる。

ROUTE

道央自動車道白老ICからは道道86号を右折し北上、道なりに約12km進むと現地。登別側からは国道36号を利用し白老方面へ約18km。白老川を渡り最初の信号を左折して道道86号へ入り、道なりに進むと約14km先右手が現地。

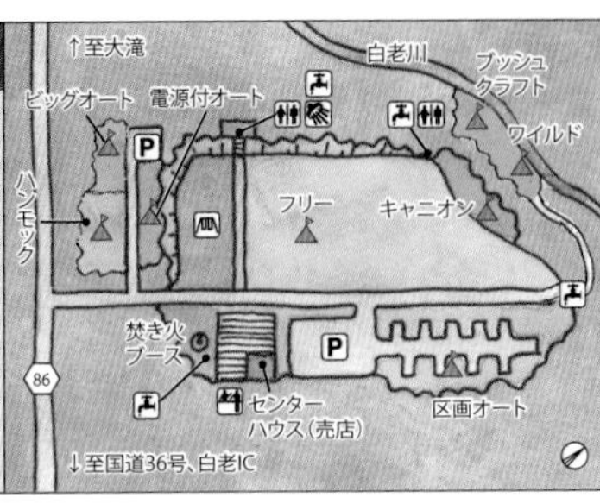

買い物　スーパー、コンビニのある白老市街まで約14km

※予約制（予約サイト〈https://reserva.be/bubetsu〉または電話で、利用4カ月前から随時受付。利用前日以降は電話受付のみ、キャンセル料あり）
※サイト料金は、フリーがテント・タープ各1張まで、オートは制限なし　※ペットの同伴は専用サイトでのみOK

MAP 7 ぶうべつのもりきゃんぷじょう

ブウベツの森キャンプ場

☎080-4044-3388　白老郡白老町字石山110-2

MAPCODE® 545 159 706*16

予約　可（詳細は欄外参照）
入場料　中学生以上660円、小学生330円、未就学児無料
サイト利用料　フリー：1張1,100円、7人用以上1,650円計30区画／オート：1区画2,200円計13区画（うち3区画はペット同伴可）、オートBIG 4,400円計2区画／マロンエリア：フリー1,100円～5区画、オート2,200円30区画（うち3区画はペット同伴可）、東屋付オート6,600円1区画（マロンは主に週末と祝日開場、稼働状況は予約サイトで確認を）
バンガロー・貸用具　なし
管理人　土・日・祝日のみ駐在（11:00～14:00、土曜～16:00）
施設利用時間　IN 13:00～ OUT 10:00まで（有料のアーリー・レイトチェックイン有）
施設・設備　男女別水洗トイレ2棟、炊事場1棟、流し台・水飲み場各4カ所など
Ⓟ　約30台（無料）
温泉　虎杖浜温泉湯元ほくよう（p143参照）まで約13km
MEMO　ゴミは有料で受け入れ（550円）

森の中に静かな空間が広がるフリーサイト。下段写真は左から受付、トイレ外観と内観、ゴミ捨て場。このほか自由に薪が使える薪置き場が場内に2カ所ある

木立に囲まれたオートサイト

屋根が架けられた流し台と奥がトイレ

林業を営むオーナーが手作りした林間サイト

ウポポイの開業で注目を集める白老町市街に近い森の中の施設。オーナーは林業を営む炭焼きの職人のため、焚き火用の薪を無料提供。車で5分の市街地にはコンビニなどもあって便利だ。鬱蒼とした森に囲まれ、喧騒を離れた中で静かなキャンプが楽しめる。

ROUTE

道央自動車道白老ICから道道86号を南に向かい、約1.5km先の最初の交差点を右折。約1.3km先のブウベツ川を越えた交差点を右折、約1.2km先が現地。登別側からは国道36号を利用、はぎの自動車学校を目印に左折し道道86号へ。

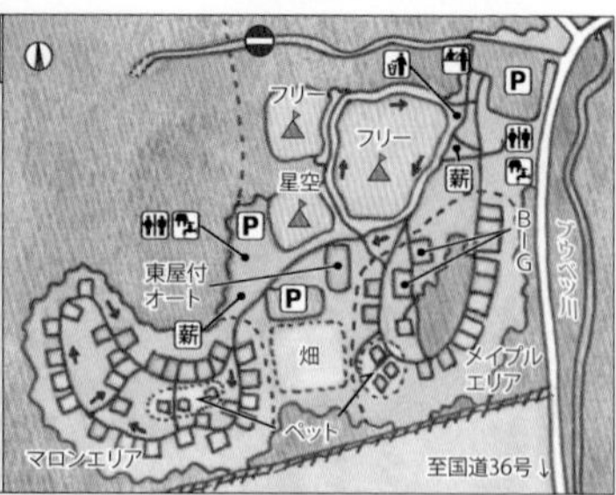

買い物　白老町本町のコンビニまで約3km

※完全予約制（予約は４月１日より現地で電話受付。テント宿泊は当日午前中まで、デイキャンプと貸用具は前日まで）
※ゴミは原則持ち帰り制（宿泊者の可燃ゴミ・資源ゴミのみ受け入れ）

期間 4月1日 ▼ 11月末　QRマップ

MAP 8

しらおいふるさとにせんねんのもり ぽろとのもりきゃんぷじょう

白老ふるさと2000年の森 ポロトの森キャンプ場

☎0144-85-2005　白老郡白老町白老国有林（ビジターセンター）
◎問合先／白老観光協会 ☎ 82-2216

MAPCODE® 545 252 612*24

予約　可（詳細は欄外参照）
持込テント料金　高校生以上400円、小中学生300円
オートキャンプ　不可（荷物搬出入時のみ接近可）
バンガロー　要予約で５～６人用１棟5,000円５棟（各照明・電源・テーブル・イス・暖房器具付）。７・８月を除き暖房料360円を別途加算
貸用具　テントほか各種有料
管理人　駐在（9:00～17:00、7～8月は8:00～20:00）
施設利用時間　IN 15:00～17:00　OUT 10:00まで（バンガロー）
施設・設備　水洗トイレ・簡易水洗トイレ各１棟、炊事場２棟、管理・受付のビジターセンター（シャワー併設）
Ⓟ　約50台（無料）
温泉　湯元ほくよう（露天風呂付、大人600円、5:00～22:00受付終了）まで約17km

周囲を森に囲まれたテントサイト（だ円写真はトイレ、右上はビジターセンター）

正面にテラスがついたバンガロー

大きな露天風呂のある「湯元ほくよう」

野鳥が飛び野の花が咲く自然豊かな森林内の施設

ポロト湖を中心に湿原、森など豊かな自然環境が残された自然休養林内の施設。キャンプ場はポロト湖西岸に沿って走る道を約２km進んだ奥にある。途中のインフォメーションセンターには、有料の貸自転車やカヌーが用意されているので利用してほしい。

周囲を深い森に囲まれたテントサイトは、日当たりのよい丘陵地に広がり、野鳥の声がＢＧＭだ。なお貸用具も含め、利用は完全予約制となる。

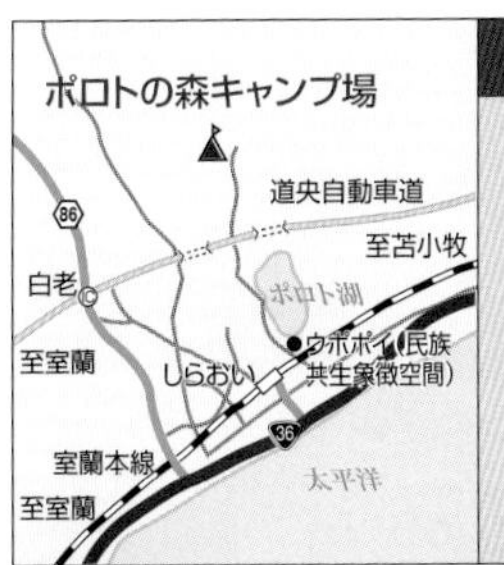

ROUTE

国道36号利用の場合、JRしらおい駅へ向かう道に入り（苫小牧側からは右折）、駅前で右折。コープさっぽろ前で左折し、踏切を越え交差点で左折すると看板が立つ。それに従い直進で現地。道央自動車道利用は白老IC下車。

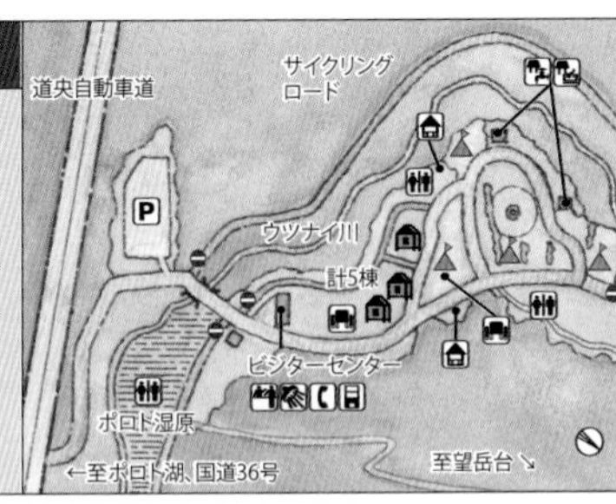

買い物　スーパー、コンビニのある白老市街まで約4km

※予約制（予約は利用日の２カ月前にあたる月の１日より、電話または公式サイトで受付開始。キャンセル料あり）
※ペットの同伴はマナー厳守で、一部指定サイト・コテージに限りOK（コテージ内はケージ利用）　※ゴミは無料で受け入れ

期間	QRマップ
通年	

MAP 9

おーとりぞーととまこまい あるてん

オートリゾート苫小牧 アルテン

☎0144-67-2222　苫小牧市字樽前421（苫小牧オートリゾート）

MAPCODE® 545 444 078*16

予約　可（詳細は欄外参照）

サイト料金　セミオートサイト：3,300円／オートサイト：4,400〜6,820円（各５人定員、車１台分の駐車料金を含む）

宿泊施設　ログハウス：６人用1棟24,000円3棟／デッキハウス：6人用１棟23,000円2棟／キャビン：9人用1棟18,000円10棟／ロフトハウス：5人用14,500円3棟／バンガロー：4人用9,000円10棟（各棟に車１台分の駐車料金を含む）

貸用具　有料でテントやタープなど各種

管理人　24時間駐在

施設利用時間　テントサイト IN 13:00〜17:00　OUT 8:00〜11:00 ／ 宿泊施設 IN 15:00〜17:00　OUT 同上

施設・設備　水洗トイレ３棟、炊事場９棟、管理・受付のセンターハウス（無料シャワー・コインランドリーほか併設）

Ⓟ　日帰り用約250台（無料）

温泉　ゆのみの湯（露天風呂付、大人600円、10:00〜22:00、第3水曜休で変更の場合あり）に隣接※キャンパー優待あり

森の中に広がるオートサイト。下段はセンターハウス（左端）と、ログハウスやバンガロー、キャビンなどさまざまなタイプが揃う豊富な宿泊施設

冬季のキャンプ利用も人気

「ゆのみの湯」の屋根掛け露天風呂

場内に天然温泉もある ハイグレードな本格施設

　北海道最大規模を誇る本格オートキャンプ場。通年営業し、センターハウスのほかコテージや電源付のサイトにもWi-Fi環境を整え、ワーケーションへの利用に対応する。

　なお、料金は11〜３月の冬期間はサイト料が50%、宿泊施設が30%割引となる。

ROUTE

国道36号だとＪＲにしきおか駅・しゃだい駅のほぼ中間、海側にある砂利プラント付近に案内看板があるので、そこから山側に入る。道央自動車道利用は苫小牧西ICから車で約10分、苫小牧フェリーターミナルより約45分。

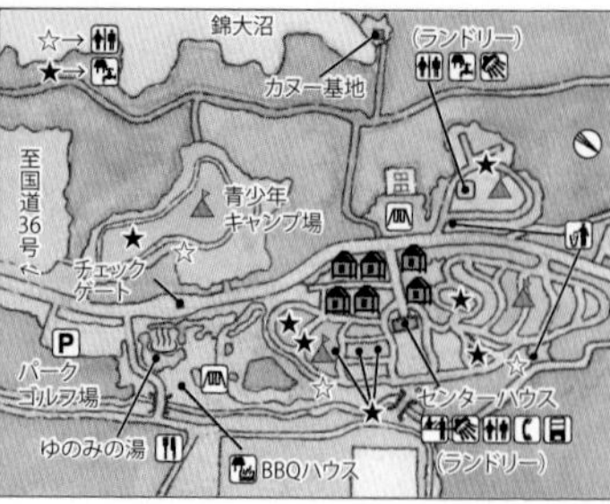

買い物　苫小牧市宮前町のセブンイレブンまで約5km。またスーパー、コンビニの多数ある苫小牧市街まで約16km

※本ページ掲載の２施設とも開設期間は予定　※完全予約制（予約サイト「なっぷ」で７月上旬から受付開始予定〈豊浦海浜公園は事前決裁制〉。料金等変更の可能性あり、公式サイト「とようら旅ごころ」で確認を）

期間　7月中旬▼9月末　QRマップ

MAP 10

とようらちょうたかおかおーときゃんぷじょう

豊浦町高岡オートキャンプ場

☎0142-83-1234

虻田郡豊浦町字高岡海浜地
◎期間外問合先／一社）噴火湾とようら観光協会 ☎83-2222

MAPCODE® 662 323 146*12

予約　可（詳細は欄外参照）
サイト使用料　フリーテント：1組5,000円（10組限定）／キャンピングカー：１区画１台5,000円計12区画（電源・炊事場付、キャンピングカー専用でテント設営は不可）
バンガロー・貸用具　なし
管理人　駐在（9:00〜17:00）
施設利用時間　IN 13:00〜17:00　OUT 11:00まで
施設・設備　フリー用炊事場１棟、管理棟（車イス対応水洗トイレ併設）
P　フリー用10台（無料）
温泉　天然豊浦温泉しおさい（p136参照）まで約１km

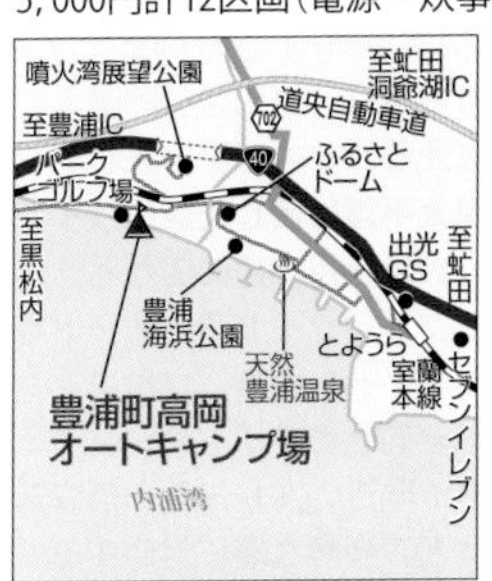

海辺に広がるキャンピングカーサイト（左）。上はセミオート感覚も楽しめる芝生フリーサイト

■内浦湾を望むテントサイト

内浦湾越しに渡島連山を一望するロケーションが魅力のキャンプ場。フリーサイトは駐車場隣接部分でセミオート感覚が楽しめる。なお、ゴミは専用袋（60円）の購入で、燃えるゴミのみを受け入れる。

※海水浴場での遊泳は海水浴期間内のみ可能

期間　7月中旬▼9月下旬　QRマップ

MAP 11

とようらかいひんこうえん

豊浦海浜公園

☎0142-82-8260

虻田郡豊浦町字浜町地先海浜地
◎問合先／一社）噴火湾とようら観光協会 ☎83-2222

MAPCODE® 662 294 804*11

予約　可（詳細は欄外参照）
利用料　1組5,000円計40組
オートキャンプ　不可
バンガロー・貸用具　なし
管理人　駐在（9:00〜17:00）
施設・設備　車イス対応水洗トイレ２棟、炊事場３カ所、シャワー室１棟（無料10基）、監視棟、釣り突堤など
P　約100台（無料）
温泉　豊浦温泉しおさい（p136参照）まで約200m
MEMO　リヤカー5台あり。ゴミ袋60円購入で燃えるゴミのみ受け入れ

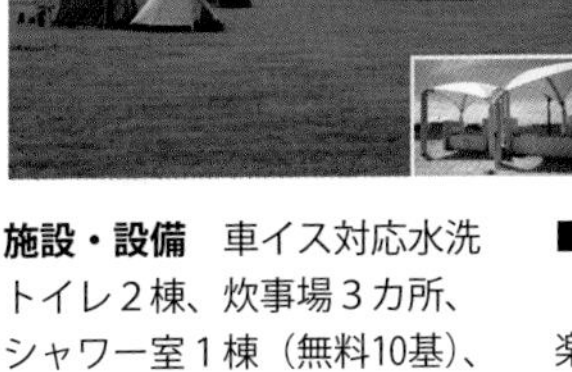

砂浜海水浴場が目の前の芝生サイト（左）。写真右下は炊事場。上は豊浦温泉しおさいの露天風呂

■芝生サイトと海水浴を満喫

キャンプと海水浴を同時に楽しめる海浜公園。サイトは整備が行き届いた芝生で、目の前には夏期のみ開設の砂浜海水浴場がある。さらに海水浴期間中は、砂浜の両サイドにある突堤での釣りもOKだ。多彩な浴槽が揃う温泉施設が隣接するのもうれしい。

買い物（上段）：コンビニのある豊浦市街まで約2km
（下段）：コンビニのある豊浦市街まで約800m

※開設期間は予定　※完全予約制（予約サイト「なっぷ」で３月末から受付開始予定）
※料金等変更の可能性あり（公式サイト「とようら旅ごころ」で確認を）

期間	QRマップ
4月上旬 ▼ 10月下旬	

MAP 12

礼文華海浜公園キャンプ場
れぶんげかいひんこうえんきゃんぷじょう

☎0142-85-1111

蛇田郡豊浦町礼文華海浜地
◎問合先／一社）噴火湾とようら観光協会 ☎ 83-2222

MAPCODE® 662 251 492*45

予約　可（詳細は欄外参照）
サイト料金　フリー：１区画5,000円20区画／オート：1区画5,000円20区画（設備なし）／ソロ：1区画1,000円10区画

トイレやシャワーなどを併設する施設前に、芝生のフリーサイトが（左）。上は２棟ある炊事棟

宿泊施設　トレーラーハウス５棟（トイレ付12,000円３棟、トイレ・シャワー付24,000円２棟、うち２棟は通年利用可）
管理人　駐在（9:00〜17:00）
施設・設備　センターハウス、水洗トイレ・更衣室・冷水シャワー併設施設、炊事場2棟など
Ⓟ　約100台（無料）
温泉　天然豊浦温泉しおさい（p136参照）まで約13km
ＭＥＭＯ　ゴミ袋60円購入で燃えるゴミのみ受け入れ

■太平洋に面した芝生サイト
　砂浜が目の前に広がる芝地がフリーサイトで、オート専用サイトも用意。ソロキャンパー向きのサイトや、ファミリー向きのトレーラーハウスなど、多様な層に対応する。

※完全予約制（予約サイト「なっぷ」で４月上旬より受付開始、キャンセル料あり）

期間	QRマップ
4月20日 ▼ 10月31日	

MAP 13

レイクハウス洞爺湖グランピング
れいくはうすとうやこぐらんぴんぐ

☎090-9147-1081

蛇田郡洞爺湖町財田9-3

MAPCODE® 321 793 582*73

予約　可（詳細は欄外参照）
利用料　フリーサイト（３区画）：中学生以上平日3,000円（休日3,300円）、3〜12歳1,500円（休日1,650円）、3歳未満無料／グランピング（８区画）：大人2人1泊26,400円〜（6/15まで19,800円で利用可）

焚き火台とシートの使用で焚き火が楽しめる芝生のサイト（左）。上は一体型のトイレと炊事場

貸用具　水上アクティビティー用のギア各種を有料で
管理人　駐在（8:00〜17:00）
施設利用時間　IN 15:00〜（フリーサイトは 12:00〜）OUT 11:00まで
施設・設備　管理棟（炊事場・水洗トイレを併設）など
Ⓟ　約20台（無料）
温泉　洞爺いこいの家（p137参照）まで約４km

■静かな湖畔でキャンプを
　貸別荘「レイクハウス洞爺湖」の敷地内にある、グランピング施設併設のキャンプ場。３区画限定のフリーサイトはプライベート感覚で過ごせる。

買い物（上段）：スーパー、コンビニのある豊浦市街まで約13km
（下段）：洞爺湖町洞爺町のセイコーマート洞爺店まで約2.6km

※完全予約制(予約はExCAMP〈https://excamp.jp/land/1535〉で随時受付) ※ゴミは完全持ち帰り制

期間	QRマップ
通年	

MAP 14 ばっくうっどきゃんぷ BACKWOOD CAMP

☎080-7509-7203 虻田郡洞爺湖町入江265-55

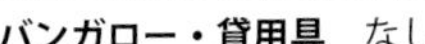

MAPCODE® 321 395 879*40

予約 可(詳細は欄外参照)
基本利用料 1人1,500円(定員1〜4人、5人以上の場合は1人につき500円を追加徴収)
バンガロー・貸用具 なし

1組限定のプライベートサイトで自分だけの時間を(左)。上は管理兼務のショップ「BACKWOOD」

管理人 24時間駐在
施設利用時間 IN 13:00〜 OUT 11:00まで
施設・設備 管理・受付兼務の店舗(12:00〜17:00、月曜休、売店あり)、簡易トイレ(設置予定)、水道(飲用可)
Ⓟ 約2台(無料)
温泉 洞爺湖万世閣ホテルレイクサイドテラス(平日大人1,200円、土・日・祝日1,500円、7:00〜10:00、13:00〜20:00受付終了、無休)まで約9㎞

■1日1組限定の静寂サイト

有珠山の麓でクラフトビールや本、木工雑貨を販売する「ＢＡＣＫＷＯＯＤ」敷地内の1日1組限定プライベートサイト。静かな環境で過ごせるが、水道のみで炊事設備はない。

※完全予約制(予約は利用月の2カ月前より電話〈10:00〜18:00〉と公式サイトで随時受付、キャンセル料あり)

期間	QRマップ
通年	

MAP 15 つきのひかりきゃんぷじょう 月の光キャンプ場

☎070-9095-8827 虻田郡洞爺湖町月浦9-7

MAPCODE® 321 605 488*35

予約 可(詳細は欄外参照)
入場料 大人1人1,000円、4〜12歳500円、未就学児無料
サイト使用料 フリーサイト:1張2,500円(車1台)/カーサイト:1張3,500円(車1台・特に設備なし)
宿泊施設 簡易宿泊施設1棟あり(詳細は要問合せ)
貸用具 テント5,000円、焚き火台500円など有料で各種
管理人 駐在(時間未定)
施設利用時間 IN 10:00〜 OUT 10:00まで
施設・設備 管理棟、炊事場・トイレ各1棟(男女各2室)
Ⓟ 約30台(無料)
温泉 洞爺いこいの家(p137参照)まで約8㎞

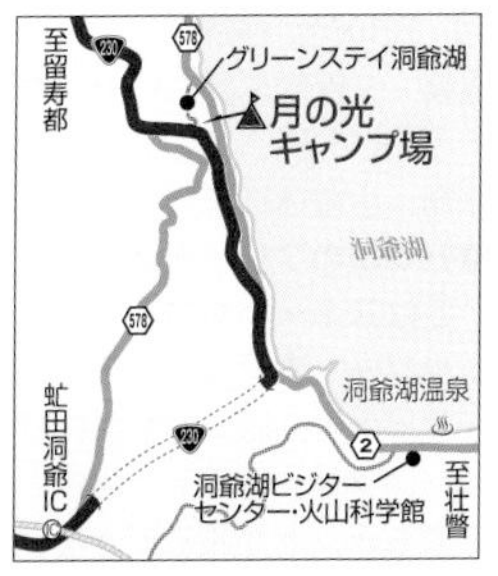

湖面に向かって階段状に並ぶサイト(左)。上は林間サイト。湯が出る炊事棟は冬期暖房費が必要

■洞爺湖畔を見晴らす好立地

湖畔の高台に造られたサイトは野趣ある雰囲気。有料でペット同伴できる区画も用意する。ゴミは有料で受け入れ。花火は指定場所でのみ可。

買い物 (上段):洞爺湖町入江のセブンイレブンまで約2km
(下段):洞爺湖温泉街のセイコーマートまで約4.5km

※予約制（予約は北の湖記念館で４月１日より受付開始、キャンセル料あり）

期間 5月1日 ▼ 10月31日　QRマップ

MAP 16 壮瞥町森と木の里センター
そうべつちょうもりときのさとせんたー

☎0142-66-2201　有珠郡壮瞥町字東湖畔3-1 ※現地TELなし ←予約問合先／北の湖記念館

MAPCODE® 321 527 591*61

予約　可（詳細は欄外参照）
持込テント料金　大人1人600円、小中学生400円（町民半額）
オートキャンプ　不可
バンガロー　4人用4,000円1棟、6人用6,000円2棟（各照明・電源・冷蔵庫付、毛布の貸出は別途有料）
貸用具　電気ストーブ500円
管理人　北の湖記念館に駐在
施設利用時間　IN 13：00～16:00　OUT 10:00まで
施設・設備　水洗トイレ・BBQハウス一体型炊事棟各１棟、森と木の里センター内に車イス対応トイレを併設
温泉　壮瞥町「ゆーあいの家」（大人450円、10:00～21:00）まで約４km ※町外宿泊者半額
P　約10台（無料）

洞爺湖を一望のサイト（左）。写真左下はトイレと炊事場。バンガローからも眺望を満喫（上）

■洞爺湖一望の高台サイト

テントサイトはかなり狭く、駐車場からの荷物運びも大変だが、洞爺湖を一望する眺めの良さで報われるはずだ。

※ペットの同伴は、リードを使用するなどマナー厳守でOK　※ゴミは完全持ち帰り制

期間 4月29日 ▼ 11月中旬　QRマップ

MAP 17 オロフレキャンプ場
おろふれきゃんぷじょう

☎0142-65-2323　有珠郡壮瞥町字弁景204-5（オロフレリゾート）

MAPCODE® 321 508 561*43

予約　不可
入場料　中学生以上1,000円、小学生500円、小学生未満無料
宿泊施設　オロフレほっとピアザ研修室（1人1泊大学生以上1,300円、高校生1,000円、小中学生800円、施設使用料１グループ１泊5,000円別途。定員20名・４室）
貸用具　なし
管理人　ほっとピアザに駐在
施設利用時間　IN 13:00～15:00　OUT 11:00まで
施設・設備　炊事場・水洗トイレ各１棟
P　約100台（無料）
温泉　久保内ふれあいセンター（大人450円、10:00～20:30閉館、水曜休）まで約４km

上は管理・受付を担う「オロフレほっとピアザ」。左はその前に広がる段々になった芝生サイト

■好環境のフリー専用サイト

冬はスキー場を営むオロフレリゾートのゲレンデの一角がサイトに。緑に囲まれたサイトはフリー専用で、場内どこでもテントが設営できる。

買い物（上段）：壮瞥市街のセイコーマートまで約2km、スーパーまで2.5km
（下段）：壮瞥町滝之町のセイコーマートまで約10km

※予約制（予約は公式サイト〈https://matsumoto-base.com〉から楽天トラベルキャンプの申し込みフォームで受付、キャンセル料あり
※ペットの同伴は、リードの使用や排泄物の処理などマナー厳守でOK

期間	QRマップ
4月下旬▼11月下旬	

MAP 18 まつもとべーす

松本ＢＡＳＥ

☎0136-55-6392　伊達市大滝区愛地町49-6

MAPCODE® 759 220 525*36

予約　可（詳細は欄外参照）

入場料　4歳以上1人1, 650円、3歳以下無料

オートサイト　1区画1, 100円～3, 850円（車の横付け可）

左のアングラーズエリアは「ＢＩＧＦＩＧＨＴ松本」の利用者専用。上は冬季のテントサイト

バンガロー・貸用具　なし

管理人　24時間駐在

施設利用時間　IN 12:00～18:00　OUT 11:00まで

施設・設備　センターハウス（受付・炊事場・トイレ併設）、水洗トイレ２棟、流し６カ所

Ⓟ　約20台（無料）

温泉　ルスツ温泉（p121）まで約23km

■管理釣り場併設キャンプ場

自然繁殖を繰り返し、引き締まった魚体に育ったトラウトとのファイトが楽しめる管理釣り場「ＢＩＧＦＩＧＨＴ松本」併設のキャンプ場。尻別川と長流川の上流に挟まれた自然豊かな環境の中、釣り（有料）に加え、アウトドア体験や自然体験を満喫できる。

※開設期間未定のため事前に問合せを　※完全予約制（公式サイト〈https://village-ootaki.com〉で随時受付、キャンセル料あり）
※ペットはフリー・オートのみ小型犬の同伴OK　※花火は指定エリアでのみ可　※焚き火は、焚き火シートの使用が必須

期間	QRマップ
未定	

MAP 19 もりのりぞーと おかのほしぞら ぐらんぴんぐびら

杜のリゾート 丘の星ぞら Glamping Villa

☎Web事前予約制　伊達市大滝区三階滝町40-9

MAPCODE® 603 882 482*17

予約　可（詳細は欄外参照）

利用料　フリー・オート各サイト：高校生以上2, 200円、小中学生1, 100円、未就学児無料

オートサイト　1区画5, 000円

フリー・オートともサイトはすべて芝生（左）。上はキャンパーが使える２階建「青ぞらテラス」

グランピング　プレミアム：中学生以上1泊2食付22, 000円、小学生以下13, 200円ほか

管理人　24時間駐在

施設利用時間　IN 12:00～16:30（グランピング～15:00）OUT 10:00まで

施設・設備　センターハウス、簡易水洗トイレ・炊事場各１棟、水場１か所、グランピング専用のシャワー室・洗面所

Ⓟ　あり（１台まで無料）

温泉　入浴施設が集まる北湯沢温泉郷まで約９km

■設備充実の大型キャンプ場

テントサイトは徳舜瞥山麓の開放的な平原。場内にはフリーから区画オートまでが揃い、手ぶらキャンプやグランピングなど各種プランも充実。

買い物　（上段）：喜茂別町市街のローソンまで約15km
（下段）：伊達市大滝区優徳町のセイコーマートまで約6km

※室蘭市トライアル・サウンディング事業のため、運営内容変更の可能性あり。利用の際は事前に確認を
※完全予約制（予約サイト「なっぷ」で随時受付、キャンセル料あり）　※花火は指定場所でのみ可　※ゴミは完全持ち帰り制

MAP 20 室蘭キャンプ＆グランピング YUGU
むろらんきゃんぷあんどぐらんぴんぐ ゆーぐ

☎090-1087-6616　室蘭市香川町224-7
←問合先／室蘭市キャンプ＆グランピング YUGU

MAPCODE® 159 585 258*32

予約　可（詳細は欄外参照）

サイト使用料　フリー：１組2,500円～／区画Ａ：3,500円～／オートＢ：4,500円～／オートＣ：5,500円～（設備は特になし。各定員４人、追加１名1,000円）

多彩な遊具に隣接する高原のテントサイト（左）。上は受付のセンターハウスと写真右が炊事場

バンガロー・貸用具　なし

管理人　駐在（9:00～17:00、火曜休）

施設利用時間　IN 13:00～17:00　OUT 11:00まで

施設・設備　管理・受付のセンターハウス（水洗トイレ・水場併設）、水洗トイレ・炊事場各1棟、遊具、水の広場など

Ⓟ　約150台（無料）

温泉　楽々温泉（露天風呂付、大人490円、11:00～24:00、第３水曜休）まで約７km

■室蘭市街一望の高原サイト

鷲別岳登山口そばの広大な芝地に、フリーやオートの各サイトが。そのお隣には、ちびっこ大満足の遊具８種も。

※予約制（予約はインスタ〈@bibirivercamp〉のDMか公式サイトからのメールで、利用日の２カ月前から受付開始）

期間　通年　QRマップ

MAP 21 美々川プライベートキャンプ場
びびがわぷらいべーときゃんぷじょう

☎0144-58-2757　苫小牧市植苗48-10

MAPCODE® 113 505 417*52

予約　可（詳細は欄外参照）

利用料　大人1人2,500円、中学生1,500円、小学生500円、未就学児無料／手ぶらキャンプ１人7,500円～

川辺のサイトは区画制限がなく、車両の横付けも自由（左）。上は場内にある人気のテントサウナ

貸用具　テント5,000円～

管理人　24時間駐在

施設利用時間　IN 11:00～　OUT 10:00まで（翌日の予約がなければ制限なし）

施設・設備　管理棟（男女別水洗トイレ・炊事場併設）、テントサウナ（１人1,000円）

Ⓟ　約20台（無料）

温泉　鶴の湯温泉（大人530円、10:00～21:00、火・水曜休）まで約11km

■川下りを満喫する拠点に

野鳥の楽園として知られるウトナイ湖に注ぐ清流・美々川の魅力を、カヌーやカヤック、サップで満喫できるキャンプ場。各宿泊料のみで利用できるほか、有料の川下りガイド（1時間1人3,000円）も。

買い物（上段）：室蘭市八丁平のローソンまで約5km。スーパー、コンビニのある多数ある室蘭市街まで約8km
（下段）：ローソン苫小牧ウトナイ店や道の駅 ウトナイ湖まで約3km

MAP おおきししーさいどきゃんぷじょう ※ゴミは完全持ち帰り制

㉒大岸シーサイドキャンプ場

虻田郡豊浦町字大岸 ※現地TELなし
問合先／(有)シーサイド ☎ (090) 7513-1800

MAPCODE® 662 284 228*16

予約 不可

期間 4月下旬〜10月末

持込テント料金 1張1,000円、タープ・スクリーンテントも同額。大型テント1張1,500円

オートキャンプ 上記料金で可(特に設備なし)

バンガロー・貸用具 なし

管理人 駐在(8:00〜20:00)

施設・設備 トイレ1棟、炊事場2カ所、無料シャワーなど

温泉 天然豊浦温泉しおさい(p136参照)まで約10km

Ⓟ 有料で普通車500円、大型車・キャンピングカー各1,000円

■太平洋に面した砂浜サイト

ＪＲおおきし駅の1.5km西方にある民間委託の海浜キャンプ場。砂浜ながら遊泳は禁止だ。

MAP うすかいすいよくじょう ※完全予約制(予約は「アトゥイ」公式サイトで) ※ペット同伴は一般海水浴エリアのみOK ※焚き火は消防への届け出が必要

㉓有珠海水浴場

伊達市南有珠町 ☎ (0142) 38-3800 ※有珠ビーチハウス
期間外問合先／(株)VAXBEY ☎ 090-5828-1528

MAPCODE® 321 334 091*03

予約 可(詳細は注記参照)

期間 7月13日〜8月25日

持込テント料金 5,000円〜

オートキャンプ 不可

貸用具 なし

管理人 駐在 (9:00〜16:00)

施設・設備 水洗トイレ1棟、簡易水洗トイレほか4棟、流し、有料温水シャワーなど

Ⓟ 有料で普通車1台500円、バス1,000円

■遠浅で波穏やかな砂浜サイト

噴火湾に面した眺めのいい砂浜がテントサイトで、指定区域内でテントが設営できる。人気は道内最大級のマリンレジャー施設「ＵＳＵマリンアスレチック アトゥイ」。キャンプの予約もアトゥイ公式サイトで行う。

MAP あるとりみさききゃんぷじょう ※ゴミは完全持ち帰り制 ※焚き火は消防への届け出が必要

㉔アルトリ岬キャンプ場

伊達市南有珠町 ※現地TELなし
伊達市商工観光課 ☎ (0142) 82-3209

MAPCODE® 321 274 634*40

予約 不可

期間 4月下旬〜10月末

持込テント料金 無料

オートキャンプ 可(設備なし)

バンガロー・貸用具 なし

管理人 不在

施設・設備 非水洗トイレ1棟、水場2カ所

Ⓟ 約10台 (無料)

■岬先端にある眺めのいい所

有珠海水浴場の奥、噴火湾に突き出た岬の先端部分にあり、崖上から見る夕陽は絶景。草地のテントサイトは、潮風が心地よい断崖部分が設営適地だ。

設備は水場など必要最小限しかないが、料金は無料で二輪車のサイト持込みもＯＫ。静かに過ごしたいキャンパー向きだ。

買い物 (上段):大岸駅前の草野商店まで約2km、豊浦市街のセイコーマートまで約10km
(中段):南有珠市街のセイコーマートまで約3km (下段):南有珠市街のセイコーマートまで約3km

※完全予約制（予約サイト「なっぷ」で4月15日から受付開始）　※ペットの同伴は、リードの使用などマナー厳守でOK
※手ぶらキャンプを５人以上で利用する場合は電話にて要問合せ

期間	QRマップ
4月27日 ▼ 10月31日	

MAP 25

しかこうえんきゃんぷじょう

鹿公園キャンプ場

☎0145-25-4488　勇払郡安平町追分白樺2丁目1

MAPCODE® 320 127 452*15

予約　可（詳細は欄外参照）

持込テント料金　1張（7人まで）2,000円、大型テント1張（8人以上）1張4,000円（各タープ1張分を含む）／区画サイト1区画3,000円／キャンピングカー（駐車場利用）1泊1,000円

オートキャンプ　不可

バンガロー　なし

貸用具　手ぶらキャンプ（大人2人・子ども2人）12,000円（1日最大5セット、キャンプ用具一式と設営・撤収料含む）※食材や飲料は除く

管理人　駐在（9:00～16:00、時期によって変動あり）

施設利用時間　IN 13:00～16:00　OUT 11:00まで

施設・設備　水洗トイレ・炊事場各２棟、有料のＢＢＱコーナー4カ所、管理事務所など

Ⓟ　約130台（無料）

風呂　ぬくもりの湯（露天風呂付、大人500円、11:00～22:00、第2・4火曜休で祝日の場合は翌日休）まで約１㎞

MEMO　リヤカーあり（無料）。花火は手持ち式のみ指定場所で可

管理事務所裏の第１サイトは木立に囲まれた芝地（左上は第１のトイレ）

遊具もある広々とした第２サイト

近隣の入浴施設「ぬくもりの湯」

テントサイトの周りは日本最古の保健保安林

明治期から保護されてきた自然豊かな保安林が残る公園内の施設。サイトは、管理事務所裏手の第１と、隣接する開放的な第２に分かれる。

森に囲まれた第１は、ソロキャンパーなどに向き、ドッグランを備える広々とした第2は多人数のキャンパー向け。

ROUTE

国道234号から追分市街に入り、市街北側から道道226号（舞鶴・追分線）に入ると、線路を越えてすぐの左手に看板が。これに従い左折、道なりに行くと右手に公園入口と管理事務所がある。第1はその裏、第2は約200m先。

買い物　追分市街のミニスーパーまで約2.5km、セイコーマートまで約2km

※完全予約制（予約サイト「なっぷ」で4月15日から受付開始）　※花火は手持ち式のみ指定場所で可
※手ぶらキャンプを5人以上で利用する場合は、電話での事前問合せが必要　※リヤカーあり（無料）

期間	QRマップ
4月27日 ▼ 10月31日	

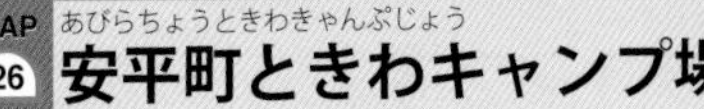

MAP 26 あびらちょうときわきゃんぷじょう

安平町ときわキャンプ場

☎0145-22-2898　勇払郡安平町早来北進98-45

MAPCODE® 738 040 332*48

予約　可（詳細は欄外参照）
持込テント料金　1張（7人まで）2,000円、大型テント1張（8人以上）1張4,000円（各タープ1張分を含む）／区画サイト1区画3,000円／キャンピングカー（駐車場利用）1泊1,000円
オートキャンプ　2024年度より導入予定。詳細は要問合せ
宿泊施設　バンガロー6人用13棟・ツリーハウス8人用10棟各5,000円（照明・電源付、テント・タープ1張分の料金を含み、2張目から別途徴収）
貸用具　手ぶらキャンプ（大人2人・子ども2人）12,000円（1日最大5セット、テントなどキャンプ用具一式と設営・撤収料含む）※食材・飲料は除く
管理人　駐在（9:00〜16:00、時期によって変動あり）
施設利用時間　IN 13:00〜16:00　OUT 11:00まで
施設・設備　水洗トイレ3棟・炊事場4棟、有料ＢＢＱコーナー4カ所、管理事務所など
Ⓟ　100台（無料）
温泉　鶴の湯温泉（大人530円、10:00〜21:00、火・水曜休）まで約4㎞

ツリーハウスが立つ緑濃い場内奥側のサイト（左上は管理事務所とトイレ）

入口側にある開放的な芝生サイト

場内奥に立ち並ぶバンガロー群

緑豊かなキャンプ場にオートサイトが誕生！

総面積46.3haという公園内にあり、メインサイトは緑濃い谷間に広がる。その奥にバンガローなどの各種宿泊施設が点在。さらに管理棟そばに芝生サイトがあるほか、今季はオートサイトも誕生するなどバリエーションは豊富だ。

ROUTE

岩見沢・旧追分町側から向かう場合、国道234号とむかわ市街へ向う道道10号とのT字路を過ぎて1つめの信号を左折し、約1㎞で現地。苫小牧側からは、ＪＲはやきた駅を過ぎて3つ目の信号を右折し、約1㎞で現地。

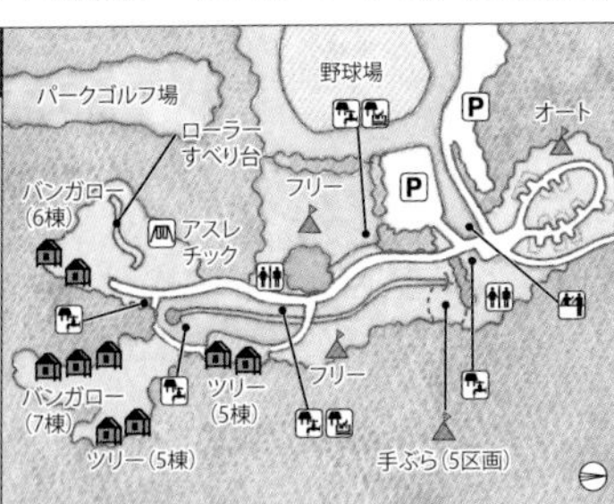

買い物　早来市街のフーズショップ、セブンイレブンまで約1.5km

※フリーサイトを除き予約制（予約サイト「なっぷ」で３月１日から受付開始、予約受付は90日先まで。キャンセル料あり）
※ペットの同伴はドッグサイトのみOK　※花火は手持ち式のみOK　※ゴミはキャンプ場の指定ゴミ袋を利用で受け入れ

期間	QRマップ
5月1日 ▼ 10月中旬	

MAP 27

ほべつきゃんぷじょう

穂別キャンプ場

☎0145-45-3244

勇払郡むかわ町穂別稲里553
◎問合先／穂別総合支所経済恐竜ワールド戦略室 ☎ 45-2118

MAPCODE® 567 721 332＊54

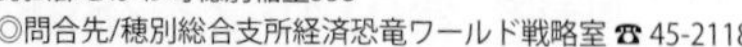

予約　可（詳細は欄外参照）
衛生協力費　1人200円
持込テント料金　小型テント1張600円、中・大型テント1張1,200円、タープ1張600円
サイト料金　簡易オートキャンプ：1区画2,500円計23区画（電源10A付）／ウッドデッキ：4,500円計１区画、ドッグ：4,500円計８区画／ライダース：１区画600円計10区画
宿泊施設　ツリーハウス：１～３人用１棟4,500円２棟／バンガロー大：16人用9,000円３棟／中：10人用（車イス対応型）7,000円３棟／小：4～5人用5,500円７棟／ミニ：3～4人用3,000円５棟
貸用具　ガスストーブ500円
管理人　駐在（9:00～17:00）
施設利用時間　IN 13:00～ OUT 11:00まで
施設・設備　簡易水洗トイレ4棟、炊事場（炉付）2棟、受付のセンターハウス（売店併設）
Ⓟ　約150台（無料）
温泉　樹海温泉はくあ（露天風呂付、大人520円、11:00～20:00、火曜休で祝日の場合は翌日休、夏休み期間は無休）まで約２km

森に囲まれたテントサイト（円写真は場内を流れる水遊びＯＫの小川）

小川沿いにある涼し気なオートサイト

20棟近くあるバンガローは実に多彩

樹海ロード沿いにある山間のさわやかサイト

山間のサイトは緑豊かで、場内を流れるサヌシュペ川での釣り（ヤマベが狙える）や水遊びが楽しめるほか、クワガタなどの昆虫採取も人気が高い。恵まれた自然環境を満喫でき、自然派にぴったりだ。

ROUTE

国道274号を夕張市紅葉山方面から向かうと、約15km先の国道沿い右手が現地。日高町側からは同国道の約34km先左手。穂別市街からは道道74号（穂別・鵡川線）を約15km。道東自動車道利用の場合、むかわ穂別ICから約９km。

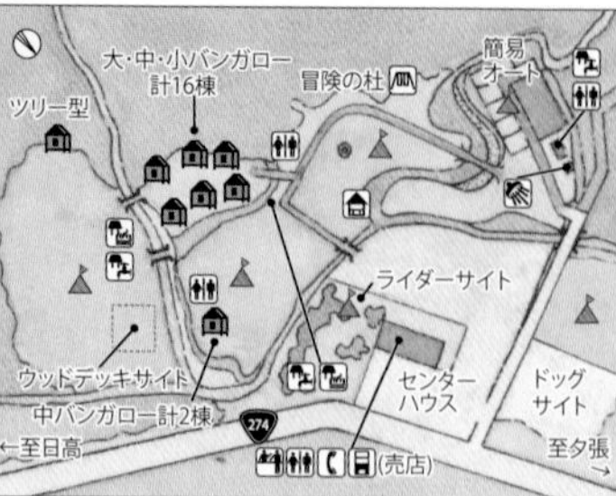

買い物　穂別市街のセイコーマートまで約16km

MAP ふぁみりーきゃんぷおいわけ ※予約制（4月〜10月末の期間とドッグランサイトのみ電話受付） ※ゴミは完全持ち帰り制

28 ファミリーキャンプ追分

勇払郡安平町追分旭648 ☎(0145) 25-3480、☎(090) 2812-6499
※電話受付時間：9:00〜17:00

MAPCODE® 320 225 574*36

予約 可（詳細は欄外参照）

期間 通年

持込テント料 フリー：1,000円／キャンピングカー：1,500円／ドッグラン：3,000円（各大人1人分の料金込み、2人目から中学生以上300円ほかの入場料を加算）※タープは別途１張700円

宿泊施設 コテージ・常設キャンピングカーなど1,500円〜

管理人 駐在（9:00〜17:00）

施設・設備 水洗トイレ・炊事場各２棟、有料シャワーなど

Ⓟ 約120台（1台500円）

風呂 ぬくもりの湯（p152参照）まで約６km

■ドッグランサイトが人気

広大な芝地にドッグランサイトが点在し、宿泊施設も備える。

MAP あつまさーふあんどきゃんぷざでいず ※予約制（予約サイト「なっぷ」で随時受付）

29 atsuma surf&camp THE DAYS

勇払郡厚真町浜厚真472-7
問合先／☎ 090-3776-1208（担当者携帯番号）

MAPCODE® 455 343 689*20

予約 可（詳細は欄外参照）

期間 ４月29日〜12月28日

入場料 中学生以上1,000円、小学生500円、ペット500円

サイト利用料 HOBOオート：1区画2,000円計40区画／ドッグフリー：5,000円計２区画

管理人 駐在（10:00〜17:00）

施設利用時間 IN 14：00〜18:00 OUT 11:30

施設・設備 トイレ、炊事場など

Ⓟ あり（無料）

温泉 むかわ温泉（大人520円、10:00〜22:00）まで約６km

MEMO ゴミは持ち帰り制

■リニューアルでより便利に！

サーフィン&キャンプを満喫できる浜厚真海岸の施設。今季はドッグフリーサイトを新設。

MAP あつまおおぬまやえいじょう ※下記データは昨年度のもの。今季のオープンは９月頃を予定。詳細は厚真町役場の公式サイトで確認を

30 厚真大沼野営場

勇払郡厚真町字鯉沼番外地 ※現地TELなし
問合先／厚真町産業経済課 ☎(0145) -27-2486

MAPCODE® 455 498 212*67

予約 不可

期間 ４月下旬〜10月下旬

持込テント料金 １張520円

オートキャンプ 不可

バンガロー・貸用具 貸テント１張1,050円

管理人 巡回

施設・設備 簡易水洗トイレ・炊事場（炉付）各１棟、管理棟

Ⓟ 約30台（無料）

風呂 こぶしの湯あつま（大人530円10:00〜22:00）まで約15km

■静かな環境で自然を満喫

厚真町市街から少し離れた丘陵地にある、大沼の湖岸がテントサイト。今季は改修工事が実施され、９月にリニューアルオープン予定だ。詳細は厚真町役場ホームページで確認を。

買い物 （上段）：追分市街のコンビニまで約8km （中段）：鵡川市街のセブンイレブン鵡川文京町店まで約6km
（下段）：厚真町上厚真市街のスーパーまで約7km、厚真市街のセイコーマートまで約15km

キャンプ談話室②

子どもだけのネイチャー探検!

島田 さとみ

子どもだけで大冒険！記憶に残る自然体験を

自然ウオッチングセンターでは、自然と触れあい自然への理解を深める活動を行っています。人気の企画は親子での自然体験「わんぱく遊び隊」ですが、大好評の子ども（小学生）だけで活動する「ネイチャー探検！」も今季は開催回数を増やします。

子どもだけの自然体験は、失敗も含め時間をかけながら、年齢に合わせたペースで様々な挑戦が可能です。昨年7月には、「さっぽろネイチャー探検」としてリバートレッキング体験を開催しました。

「さっぽろネイチャー探検!」では、大自然の中で沢登りを体験

流木に火をつけるチャレンジも

小川で生き物を探す体験の様子

●沢登りや焚き火で冒険気分

小学生でも体験できる簡単な沢登りですが、道なき道を歩くのはまさに冒険！　川の中を滑らないようにゆっくり歩きながら、大きな石を乗り越えて上流へと向かいます。

最初は怖がっていた子どもたちも、慣れてくるとだんだん真剣な顔に。そして滝つぼに着く頃には、達成感に満ちた笑顔がはじけました。安全への配慮は必要ですが、記憶に残る体験になるはずです。

また、焚き火体験も定番のプログラムです。「樽前山麓ネイチャー探検」では、マッチと新聞紙１枚で、海辺に打ち上げられた流木に火をつけます。子どもだけで流木に火をつける体験はサバイバル気分。最初にスタッフが火のつけ方を教えたら、あとは手も口も出さないのがルールです。

乾かした薪ならすぐに火はつきますが、湿った流木なのでそう簡単にはつきません。子どもたちは、燃えそうなものを探してきたり、木の置き方を工夫したりと、試行錯誤を繰り返します。

最後まで火がつかない場合は、スタッフが助けることもありますが、自分たちでつけたいと手助けを断られることも。失敗を繰り返しながらもチャレンジし続ける経験は、必ずや糧になります。

●キャンプで子どもに体験を

また、家族でキャンプに行く際も、子どもたちにいろいろな体験をさせてあげてください。例えば、新聞紙やマッチなど普段使わない道具で、薪に火をつけてみてはどうでしょう。自分で火をつけることができた時の満足感は、子どもたちにとって大切な思い出になることでしょう。

今シーズンは、苫小牧青少年キャンプ場での「樽前山麓ネイチャー探検」と、札幌市内での「さっぽろネイチャー探検」を予定しています。この夏もどんな探検ができるか楽しみです。プログラムの対象は小学生（1～6年）限定。参加希望の方は下記URLの「ネイチャー探検！」申し込みフォームをご利用ください。https://ws.formzu.net/fgen/S382250720/

■しまだ・さとみ　苫小牧市生まれ。自然への理解を深める活動を行う団体「自然ウオッチングセンター」に所属。自然観察ガイドや鳥類調査のかたわら、親子対象の自然体験会「わんぱく遊び隊」や小学生対象の「ネイチャー探検！」を主宰。問合先＝自然ウオッチングセンター（☎011-583-5208、遊び隊の詳細は、http://shizen.la.coocan.jp/）

※予約制（予約は４月４日よりWEB予約サイト〈https://hidaka-kankou.jp/sarugawacampsys/〉にて受付開始）
※花火は手持ち式のみ指定場所で可　※ペットの同伴はマナー厳守でオートCサイトのみOK（指定場所以外の散歩不可）

期間　4月26日 ▼ 10月14日

QRマップ

MAP 31

ひだかさるがわおーときゃんぷじょう

日高沙流川オートキャンプ場

☎01457-6-2922

沙流郡日高町字富岡
◎期間外問合先／日高町日高総合支所地域経済課 ☎ 6-2084

MAPCODE® 694 128 073*22

予約　可（詳細は欄外参照）

施設維持費　１人100円

利用料　フリー：持込テント2人用以下１張400円、3〜9人用700円、10人用以上2,500円／オート：A１区画2,500円計10区画／オートB（電源なし）：1,900円49区画／オートB（電源付）：3,000円21区画／オートC：1,300円20区画

バンガロー　A：4,500円11棟（各照明・電源）、B：5,700円２棟（各照明・トイレ・台所・電源付）※各4〜5人用、要予約

管理人　駐在（8:00〜18:00）

施設利用時間　IN 13:00〜 OUT 11:00まで

施設・設備　水洗トイレ3棟、炊事場5棟、BBQハウス１棟
P　約50台（無料）

温泉　ひだか高原荘（大人500円、10:00〜19:30受付終了、20:00閉館、月曜は14:00〜）まで約500m※料金変更の場合あり。混雑状況で入場制限や受付時間前に終了する場合あり

MEMO　WEB予約は2カ月前から受付。2日前〜当日は現地で電話対応。繁忙期のみフリーサイトも電話予約受付。詳細は日高町公式サイトで確認

林間に広がる素朴な雰囲気のオートサイト（左下はトイレと炊事場）

フリーサイトと左上はバンガロー

高原荘の浴場収容人数は男女各10名

簡素な設備で実現した低料金のテントサイト

沙流川河畔のオートサイトと、一段高いフリーサイトに分かれる。オートサイトは仕切りのないゆったりとした区画。フリーサイトにはトイレ併設のバンガローが並ぶ。ドッグランやピザ窯も備える。

ROUTE

国道274号または国道237号で日高町日高地区市街に入り、道道847号（三岩・日高線）で温泉・スキー場方面へ。左手に温泉施設が見えてきて、沙流川に架かる右左府橋を渡った道道沿い右手に、キャンプ場入口がある。

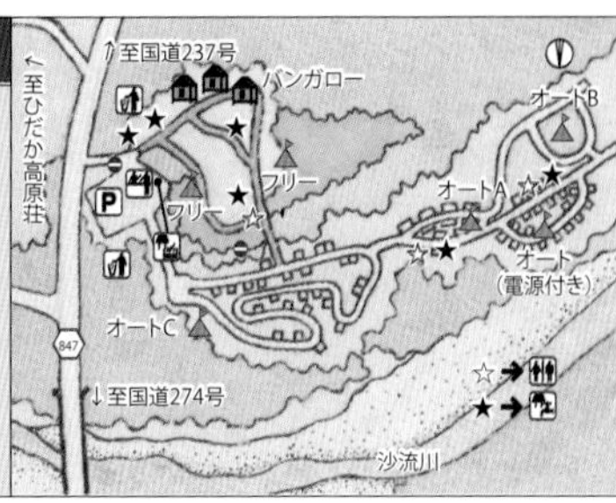

買い物　日高市街のスーパー、セイコーマート（「道の駅」隣接）まで約1km

※予約制（予約は４月15日より現地管理棟で受付開始）　※繁忙期を除き毎週火曜休　※二輪車のサイト乗り入れ可

期間	QRマップ
4月下旬 ▼ 10月下旬	

MAP 32 にせう・えこらんどおーときゃんぷじょう

ニセウ・エコランドオートキャンプ場

☎01457-3-3188　沙流郡平取町字岩知志67-6

MAPCODE® 567 266 245*85

予約　可（詳細は欄外参照）
オートサイト　1区画2,000～2,500円37区画（特に設備なし）
フリーサイト　約５張設営可能で１張500～1,000円
バンガロー　照明・電源付の全４棟で１棟3,000～3,500円
貸用具　なし
管理人　駐在（9:00～17:00）
施設利用時間　IN 13:00～17:00　OUT 11:00まで
設備・施設　水洗トイレ・炊事場一体型２棟、管理棟に車イス対応水洗トイレ・温水コインシャワー２室併設、パークゴルフ場（18H・有料）など
P　約40台（無料）
温泉　びらとり温泉ゆから（p159参照）まで約21km
MEMO　散策路の500m上手に釣り堀「仁世宇園」あり

オートサイトと写真奥がシャワー室併設の管理棟（右下はトイレ併設の炊事場）

安価なバンガローはシンプルな造り

サイト隣接の本格的なパークゴルフ場

夏はホタルも観察できる自然豊かなテントサイト

沙流川支流のニセウ川沿いにあるオートキャンプ場。サイトは広いが余分な設備はなく、周囲の自然と一体化した雰囲気が魅力だ。

また７～８月には、夜になるとサイト近くでホタルが飛び交うことも。ホタルの幻想的な光を際立たせるべく、期間中の20:00～22:00は場内の照明が消され、キャンパーにも減光を呼びかけている。

こんな自然がいっぱいの所だけに、蚊などの害虫もかなり多い。事前の防虫対策は怠りないように。なお、ゴミはすべて持ち帰り制となる。

ROUTE

国道237号平取町本町から日高町方面へ約23kmで振内市街。さらに約４kmの沙流川に架かる幌去橋を渡ってすぐの左手に看板（釣り堀・仁世宇園の看板の方が目立つ）がある。ここで左折し国道から約１kmで現地。

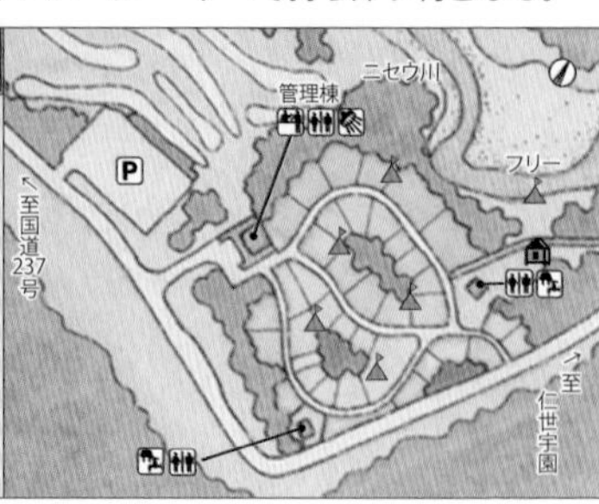

買い物　平取町振内市街のセイコーマートまで約4km

※完全予約制（予約は3月1日より管理棟で受付開始、ただし3～4月は平日のみ対応）　※二輪車のサイト乗り入れ可
※バンガローの定員以上での利用は、割増料金を別途徴収　※ゴミは分別の上、燃えるゴミのみ無料で受け入れ

期間	QRマップ
4月末 ▼ 10月中旬	

MAP 33

にぶたにふぁみりーらんどおーときゃんぷじょう

二風谷ファミリーランドオートキャンプ場

☎01457-2-3807　沙流郡平取町字二風谷94-8（二風谷ファミリーランド管理棟）

MAPCODE® 442 831 060*37

予約　可（詳細は欄外参照）

オートサイト　A＝キャンピングカーサイト（電源付）：4,000円3区画／B＝スタンダードカーサイト（電源付）：3,000円11区画／C～D＝（電源なし）：2,000円26区画／E＝（電源なし）：2,000円35区画　※利用者が6人以上の場合は、全サイトとも500円を別途加算

フリーサイト　1張500円（14張限定）

バンガロー　10人用（照明・電源付）1棟6,000円3棟、5人用（照明・電源付）3,000円6棟

貸用具　コンロ500円

管理人　駐在（8:30～17:00、繁忙期のみ21:00まで駐在）

施設利用時間　IN 13:00～17:00　OUT 11:00まで

施設・設備　水洗トイレ2棟、炊事場5棟、管理棟、パークゴルフ場（18H・有料）など

P　約80台（無料）

温泉　ファミリーランド内のびらとり温泉ゆから（露天風呂付、大人500円、10:00～20:30受付終了）まで約700m

丘の下に広がるオートサイトE。区画はいずれも広々としている（だ円写真はシンプルな造りのバンガロー、右下は場内出入口に立つ管理棟〈右〉とトイレ）

丘の上にあるオートサイトと炊事場

こちらは10人用の大型バンガロー

遊びの要素がたっぷりの大型オートキャンプ場

温泉宿泊施設に隣接する本格オートキャンプ場。フリーサイトは14張限定と、オート派が主流の施設だ。温泉にはびらとり和牛の直売店やレストランを併設。園内には、遊歩道やテニスコート場、パークゴルフ場、バッテリーカーなどの設備が揃う。

ROUTE

国道235号からだと、旧門別町富川市街から国道237号に入って日勝峠方向に進む。義経神社のある平取市街を抜け、アイヌ文化博物館などのある二風谷地区に入ると国道沿いに看板。表示に従って右折、温泉の先が現地。

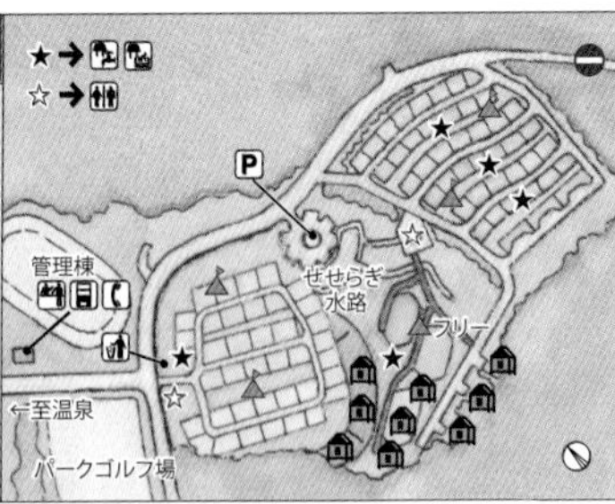

買い物　平取市街のローソンまで約8km、セイコーマートまで約10km

※バンガローの予約は、4月2日～19日は新冠町企画課まちづくりグループで受付、以降は現地で受付
※料金は変更の可能性あり、新冠町公式サイトなどで事前に確認を　※二輪車は手押しならサイトに横付けOK

期間	QRマップ
4月下旬▼10月31日	

MAP 34

はんがんだてしんりんこうえんきゃんぷじょう

判官館森林公園キャンプ場

☎0146-47-2193

新冠郡新冠町字高江
◎問合先／新冠町企画課まちづくりグループ ☎47-2498

MAPCODE® 551 126 085*30

予約　バンガローのみ可
持込テント料金　テント・タープ各1張600円
オートキャンプ　不可（荷物の搬出入時のみ接近可）
バンガロー　要予約で4人用1棟5,600円9棟（各キッチン・2段ベッド2組付、実際は6～8人まで宿泊可能）
貸用具　貸テント5人用1,000円10張
管理人　駐在（8:30～17:00）
施設利用時間　IN 12:00～ OUT 10:00まで
施設・設備　水洗トイレ3棟、炊事場（炉付）2棟、管理棟、バーベキューハウス1棟など
P　約50台（無料）
温泉　新冠温泉ホテルヒルズ（露天風呂付、大人500円、5:00～8:00、10:00～21:30受付終了）まで約5㎞

広葉樹に囲まれた緑陰のテントサイト（左下はバンガローとその室内）

屋根付の炊事場には炊事炉も併設

眺望抜群の「ホテルヒルズ」露天風呂

設備と環境の良さで人気抜群のキャンプ場

海と山に囲まれた森林公園内の施設。園内にはアスレチック遊具や判官岬までの散策路も整備され、ファミリー向きの設備が整っている。

管理棟すぐそばのバンガローは人気が高く、夏場は早い時期から予約で埋まる。一方、周囲を広葉樹に囲まれた、テント床式のフリーサイトは、予約不可で、利用は先着順だ。

また、釣りなら節婦漁港周辺で海釣り、新冠川上流部ではヤマメが狙える（禁漁期間を除く）。なお、ゴミは分別の上、無料で受け入れている。

ROUTE

国道235号をむかわ町側から浦河町方面に進む。新冠町エリアに入り、漁港のある節婦を過ぎて、道が海から離れて山側へ回り込んだ国道沿い右手に大きな案内塔と公園入口がある。右折して坂道を上ると管理棟。

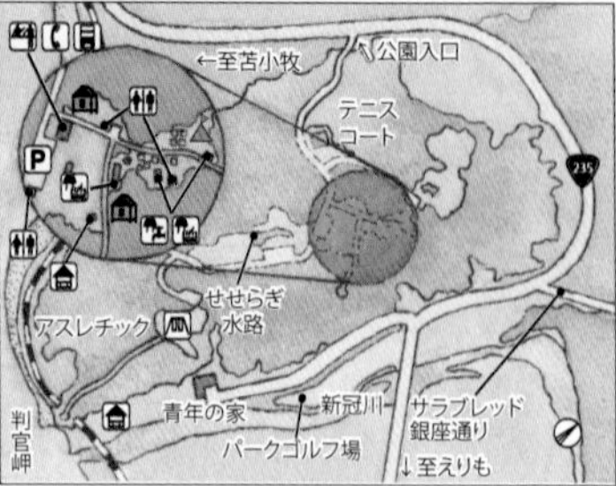

買い物　新冠市街のセブンイレブン、セイコーマートまで約3km

※完全予約制（予約は４月第２水曜より道の駅「みついし」で受付開始、空きがあれば当日予約可）
※花火は指定場所で手持ち式のみOK　※ペット同伴はオートサイトのみ可(予約時に伝えること)

期間	QRマップ
4月27日 ▼ 9月30日	

MAP 35

みついしかいひんこうえんおーときゃんぷじょう

三石海浜公園オートキャンプ場

☎0146-34-2333

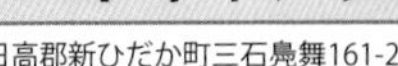

日高郡新ひだか町三石鳧舞161-2
◎問合先／新ひだか町総務部まちづくり推進課 ☎ 49-0294

MAPCODE® 564 481 166*06

予約　可（詳細は欄外参照）

オートサイト　1区画6,280円30区画（電源・上水道付、原則１区画に１張・１台）

バンガロー　車イス対応４人用13,340円1棟、4人用13,340円11棟、８人用20,710円４棟（台所・トイレ・シャワー・冷蔵庫など完備、料金は変更の場合あり、要問合せ）

貸用具　電熱ファンヒーター（無料）

管理人　駐在（8:30～22:00）

施設利用時間　IN 13:30～17:00　OUT 8:45～11:00

施設・設備　管理・受付のセンターハウス（売店併設）、水洗トイレ2棟、炊事場1棟など

Ⓟ　約30台

温泉　みついし昆布温泉蔵三（露天風呂付、大人550円、5:00～9:00、10:00～22:00）に隣接

太平洋に面した見晴らしのいいオートサイトは、キャンピングカーにも対応する

台所や冷蔵庫を完備するバンガロー

隣接の「みついし昆布温泉」露天風呂

初心者も楽しめる本格オートキャンプ場

海浜公園内にあるサイトは、太平洋が目の前に広がるロケーションが魅力。道の駅「みついし」がセンターハウスとなり、管理・受付を兼務する。

ここはフリーサイトのない完全オートキャンプ場。炊事場や水洗トイレなどの諸設備も完備され、初心者やファミリーにぴったりの施設だ。

道の駅では、特産品の販売所や牛肉・豚肉の自動販売機、野菜の直売所が揃い、地元の食材を手軽に現地調達可能。隣接の温泉では、日高昆布を浮かべた昆布湯も楽しめる。

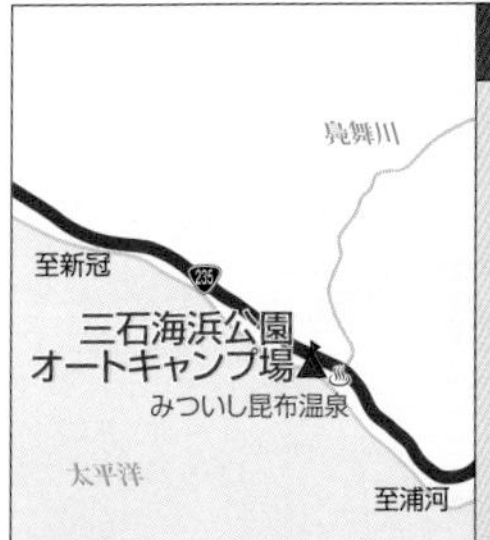

ROUTE

国道235号を新ひだか町側から浦河方面に進み、三石市街から浦河側へ約６㎞の国道沿い右手にある。大きな駐車場の奥にセンターハウスが建つ入口付近は「道の駅」で、隣に「みついし昆布温泉」もあるので、すぐにわかる。

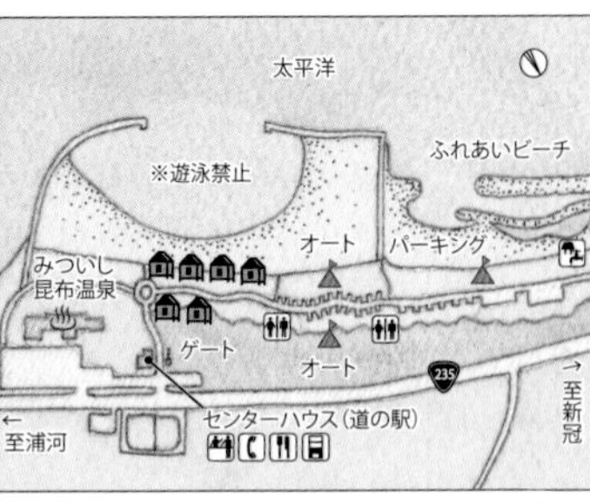

買い物　三石本桐市街のセイコーマートまで約4km

※バンガローの予約は４月１日より現地で受付開始　※ゴミは指定の有料袋購入で受け入れ　※花火は手持ち式のみ可
※ペットの同伴は、リードの使用やトイレなどマナー厳守でOK（バンガロー内は同伴禁止、大型犬の同伴は不可）

期間	QRマップ
4月中旬 ▼ 10月下旬	

MAP 36

あぽいさんろくふぁみりーぱーくきゃんぷじょう

アポイ山麓ファミリーパークキャンプ場

☎0146-36-3601

様似郡様似町字平宇（アポイ岳ジオパークビジターセンター）
◎問合先／様似町商工観光課 ☎ 36-2119

MAPCODE® 712 373 808*56

予約　バンガローのみ可
入場料　大人１人600円、小中学生400円（タープ・スクリーンテントは別途１張300円）
オートキャンプ　不可
バンガロー　4～5人用2,000円７棟（設備は照明のみ、要予約で入場料を別途加算）
貸用具　なし
管理人　駐在（9:00～17:00）
施設利用時間　バンガローは IN 13:00～ OUT 10:00まで
施設・設備　水洗トイレ２棟、炊事場３棟（炉付）、管理・受付兼務のアポイ岳ジオパークビジターセンター、遊具、親水施設、パークゴルフ場など
Ⓟ　約50台（無料）
風呂　ホテルアポイ山荘（露天風呂付、大人500円、6:00～8:30、11:00～23:00 ※受付終了各30分前）まで約500m

日当たりの良い、手入れの行き届いた芝生のテントサイト（写真左奥はトイレ）

バンガローにはテーブルベンチを設備

管理・受付を兼務するビジターセンター

アポイ岳ジオパークでキャンプ＆登山を満喫

　2015年、世界でも類を見ない地形や地質などが評価され、ユネスコ世界ジオパークに認定されたアポイ岳（810.2m）。キャンプ場はその登山口そばにあり、登山客に加えて、ファミリーの利用も多い。というのも、園内に子ども向けの施設が豊富に揃うからだ。

　サイトはテント床と芝生に分かれ、場内設備は必要最小限。バンガローも内部設備は照明のみとなる。

　山頂まで往復約６時間のアポイ岳登山では、貴重な高山植物の花々を満喫できる。

ROUTE

国道336号を浦河町側からえりも町方面に進み、様似町市街を通り抜け、冬島付近で国道沿い右手に入口の案内塔がある。浦河市街からこの入口まで約20㎞で、様似市街からは約７㎞。この国道入口から現地までが約１㎞。

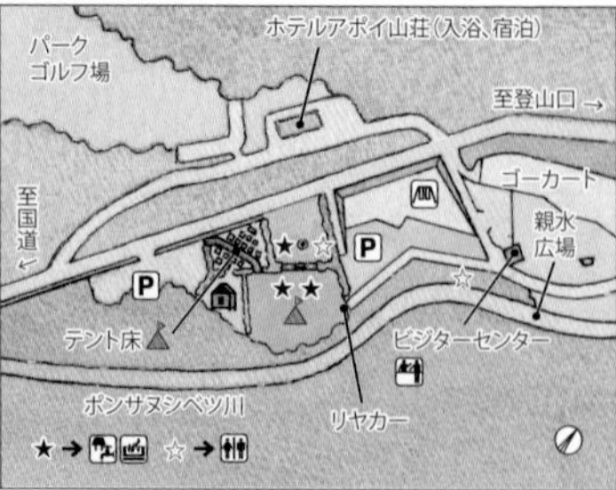

買い物　様似市街のコンビニまで約7km

※バンガロー、オートサイトのみ予約制（予約は３月１日より産業振興課で受付開始、オープン後は現地）

期間	QRマップ
4月20日 ▼ 10月20日	

MAP 37

えりもちょうひゃくにんはまおーときゃんぷじょう

えりも町百人浜オートキャンプ場

☎01466-4-2168　幌泉郡えりも町字庶野102-5
◎問合先／えりも町産業振興課 ☎ 2-4626

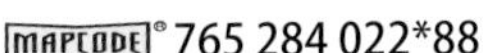
765 284 022*88

予約　可（詳細は欄外参照）
フリーサイト　中学生以上１人310円、小学生200円
オートサイト　普通車用16区画とキャンピングカー用３区画（各電源付3, 190円）
バンガロー　4人用１棟5, 330円10棟（照明・２段寝台・野外炉・野外卓付）
貸用具　各種有料で
管理人　駐在（9:00～19:00）
施設利用時間　IN 13:00～19:00　OUT 7:00～10:00
施設･設備　簡易水洗トイレ・炊事場各２棟、管理センターにコインシャワー・ランドリー併設、隣接地にパークゴルフ場（18H・有料）など
Ⓟ　約32台（無料）
風呂　約200m手前にとまべつ憩いの湯ちゃっぷ（大人400円、11:00～19:00、７～９月は～20:00、月曜休）
MEMO　車の入退場ゲートは19:00～翌7:00まで閉鎖

木立に囲まれたシンプルな造りのオートサイト（左下はテラス付きのバンガロー）

林間部分もある芝生のフリーサイト

コインシャワー併設の管理センター

今では風格すら漂う、老舗オートキャンプ場

きちんと区画がなされたオートキャンプ場としては、北海道内でもパイオニア的存在。管理体制を徹底し、いち早く数多くの場内禁止事項を設けた。「キャンプは静かに楽しむもの」という精神が反映されており、快適なアウトドア・ライフを満喫できる。

徒歩でも10分ほどの百人浜は、釣りＯＫながら遊泳やカヌーは禁止。また、ゴミは分別の上、無料で受け入れる。

ROUTE

道道34号（襟裳公園線）の百人浜付近、山側に位置する。道道沿いにある案内板より山側に入り、高齢者センターのそばを通って現地へ。襟裳岬からだと約８km、庶野漁港近くの国道 336 号分岐からは約７km。

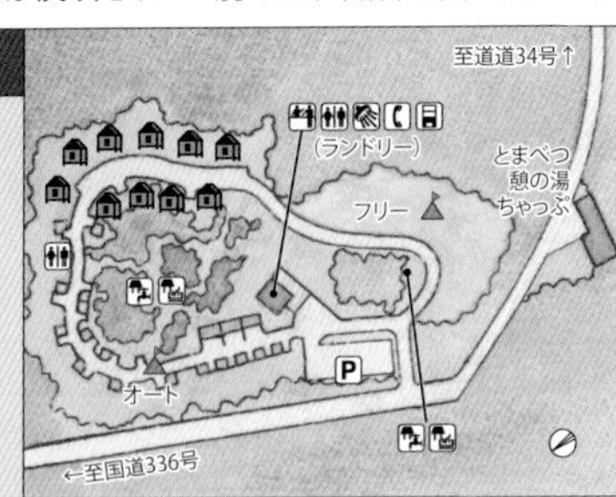

買い物　えりも岬の鈴木商店まで約7km、えりも市街のセイコーマートまで約13km

※予約制（4月下旬より静内温泉で受付開始、休館日〈月曜・祝日の場合は翌火曜休〉は管理棟で直接受付〈9:00〜17:00〉）
※ゴミは分別の上、無料で受け入れ　※発電機の使用不可　※ペット同伴は予約時に要申請

期間 5月1日▼10月31日　QRマップ

MAP 38

みどりのふるさと「おんせんのもりきゃんぷじょう」

緑のふるさと「温泉の森キャンプ場」

☎0146-44-2111　日高郡新ひだか町静内浦和
←問合先／静内温泉

MAPCODE® 888 846 477*37

予約　可（詳細は欄外参照）
持込テント料金　1張680円
オートキャンプ　不可
ケビン　要予約で4人用1棟3,570円計6棟（照明・網戸・電源付）、10:00〜15:00の日帰り利用は1棟890円

サイトは緑豊かな公園内に広がり（左）、共有のBBQスペースも設備。上は屋根付きの炊事場

貸用具　荷物運搬用具2台
管理人　静内温泉に駐在（休館日は9:00〜17:00現地駐在）
施設使用時間　IN 13:00〜 OUT 10:00まで／日帰り利用 IN 10:00〜 OUT 15:00まで
施設・設備　管理棟、簡易水洗トイレ各1棟、炊事場2棟など
温泉　静内温泉（大人550円、10:00〜17:00受付終了、月曜休で祝日の場合は翌日休）まで約500m
Ⓟ　約30台（無料）

■山あいの温泉隣接サイト

春の桜や夏の水遊びなど、季節ごとの魅力があり、隣接の温泉では入浴も楽しめる。

※ペットの同伴は、リードの使用やトイレなどマナー厳守でOK（大型犬は同伴不可）　※ゴミは有料で受け入れ

期間 7月上旬▼9月上旬　QRマップ

MAP 39

おやこいわふれあいびーちきゃんぷじょう

親子岩ふれ愛ビーチキャンプ場

☎0146-36-5555　様似郡様似町西町
◎問合先／様似町商工観光課 ☎ 36-2119

MAPCODE® 712 454 551*33

予約　不可
サイト使用料　大人1人600円、小中学生1人400円（タープ料別途1張300円）
オートキャンプ　不可

テントサイトは、ビーチ手前のフラットな芝生部分（左）。立派なトイレ（上）を2棟も備えている

バンガロー・貸用具　なし
管理人　駐在（9:00〜16:00）
施設・設備　水洗トイレ・炊事場各1棟、管理・受付のセンターハウス内に無料の冷水シャワー・更衣室・車イス対応水洗トイレを併設（内部設備は管理人駐在時のみ使用可）
Ⓟ　約50台（無料）
風呂　アポイ山荘（p162参照）まで約10km

■設備完備の海浜キャンプ場

テントサイトは手入れの行き届いた芝生。車イス対応水洗トイレや屋根付き炊事場のほか、センターハウスには無料のシャワーも設備。そして7月上旬から8月下旬にかけて、サイト前の砂浜の海水浴場で遊泳が楽しめる。

買い物　（上段）：新ひだか町市街のセイコーマートまで約5km
（下段）：様似町西町のコンビニまで約300m

※予約制（4月頃より柏陽館〈12:00～22:00、水曜休〉で受付開始）　※ペットの同伴は1日2組、2頭までOK　※発電機は使用不可

期間	QRマップ
4月29日 ▼ 10月31日	

MAP 40

浦河町自然体験実習館 柏陽館
うらかわちょうしぜんたいけんじっしゅうかん はくようかん

☎0146-27-4544　浦河郡浦河町字野深352

MAPCODE® 564 677 798*31

予約　可（詳細は欄外参照）

持込テント料金　テント1張1,000円

宿泊施設　館内の研修室や和室で宿泊可。1人1泊夏期（5～10月）2,200円、冬期（11月～4月）2,900円 ※予約制

手入れの行き届いた芝生サイト。車両の乗り入れはできない（左）。上はシンプルな造りの炊事場

管理人　駐在（12:00～22:00）

施設利用時間　IN 12:00～ OUT 11:00

施設・設備　トイレ・炊事場各1棟、ＢＢＱハウス1棟、体育館（有料）、グラウンド

Ⓟ　約45台（無料）

風呂　柏陽館内の浴場（サウナ付、大人490円、13：00～20：45受付終了）を利用可

■研修施設の中庭がサイト

競走馬の牧場が連なる道道348号を北へ。その先の町営研修施設の敷地内のキャンプ場。芝生の中庭がサイトで、柏陽館内の大浴場も利用できる。ゴミは生ゴミ等一部を有料で受け入れ。灰捨て場あり。

※20名以上の団体は要事前予約（利用の2カ月前より受付）　※ペットの同伴はマナー厳守でOK　※ゴミは完全持ち帰り制

期間	QRマップ
通年	

MAP 41

浦河町オロマップキャンプ場
うらかわちょうおろまっぷきゃんぷじょう

☎0146-22-3953　浦河郡浦河町字西舎 ※現地TELなし
◎問合先／浦河町ファミリースポーツセンター

MAPCODE® 712 814 060*77

予約　不可（団体のみ必要）

持込テント料金　無料

オートキャンプ　特に設備はないが可能

バンガロー　なし

ほとんどの部分が林間サイトで、車の乗り入れも自由だ（左）。上のトイレ棟は残念ながら非水洗

貸用具　なし

管理人　不在

施設・設備　トイレ1棟、炊事場2棟

Ⓟ　約50台（無料）

風呂　うらかわ優駿ビレッジＡＥＲＵあえるの湯（大人500円、6:00～22:00受付終了、祝日以外の月・金曜の8:30～11:30は入浴不可）まで約7㎞

■無料でオートキャンプＯＫ

日高幌別川上流沿いにあり、凸凹のある林間の草地がサイト。設備は最小限だがオートキャンプＯＫの穴場で、薪も無料で使える。通年開設（水道は春～秋のみ使用可。水道水利用の際は要煮沸）なので冬キャンプも可能だが、積雪状況で利用不可の場合も。

買い物（上段）：浦河町荻伏市街のセイコーマートまで約11.5km
（下段）：浦河町西舎市街のコンビニまで約6km

MAP こくりつひだかせいしょうねんしぜんのいえからまつきゃんぷじょう ※完全予約制（予約方法は公式サイト参照、原則利用日の1カ月前までに予約）

42 国立日高青少年自然の家からまつキャンプ場

沙流郡日高町字富岡 ☎ (01457) 6-2311
※日高青少年自然の家

MAPCODE® 694 129 559*13

予約 可（詳細は注記参照）

期間 5月の土・日、祝日、6〜9月

使用料 有料。料金設定は公式サイトを参照

フリーサイト 約40張分あり

オートキャンプ 可（混雑状況により不可の場合あり。要確認）

バンガロー・貸用具 4人用5棟（設備なし）／各種有料

管理人 駐在（8:30〜17:00）

施設・設備 簡易水洗トイレ1棟、炊事場（炉付）2棟、無料シャワー

Ⓟ 約10台（無料）

温泉 沙流川温泉ひだか高原荘（p157参照）まで約1km

■子どもたちのための野外施設

教育施設のキャンプ場だが、家族など一般利用も可。ゴミは分別の上、有料で受け入れる。

MAP みついしふれあいびーち ※要予約（4月第2水曜より道の駅みついし ☎ 34-2333で電話受付開始） ※料金改定の可能性あり ※ペット同伴は予約時に要申請

43 みついしふれあいビーチ

日高郡新ひだか町三石鳧舞 ☎ (0146) 34-2333
◎期間外問合先／新ひだか町まちづくり推進課 ☎ 49-0294

MAPCODE® 564 481 246*22

予約 可（詳細は注記参照）

期間 4月27日〜9月30日

フリーサイト なし

オートサイト 3,030円13区画（特に設備なし、別途漁業体験料として1人500円を徴収）

バンガロー・貸用具 なし

管理人 駐在（8:45〜22:00）

施設・設備 管理棟（水洗トイレ・シャワー）、炊事場1棟

Ⓟ 30台（無料）

温泉 みついし昆布温泉蔵三（p161参照）まで約1km

■漁業体験がセットになる施設

三石海浜公園オートキャンプ場（p161）に隣接。利用者は漁業体験をセットにする必要があり、磯遊びなどで海と触れ合える。宿泊時間は12時〜翌11時まで。

MAP さまにだむきゃんぷじょう ※ペットの同伴は、リードの使用やトイレなどマナー厳守でOK

44 様似ダムキャンプ場

様似郡様似町字新富 ※現地TELなし
◎問合先／様似町商工観光課 ☎ (0146) 36-2119

MAPCODE® 712 640 756*14

予約 不可

期間 通年

持込テント料金 無料

オートキャンプ 不可

バンガロー・貸用具 なし

管理人 不在

施設・設備 トイレ・炊事場各1棟（水は飲用不適）、休憩所

Ⓟ 約20台（無料）

風呂 アポイ山荘（p162参照）まで約10km

■ダム下の無料草地サイト

様似ダム下の草地にある無料のテントサイト。その上の展望広場はキャンプ禁止となる。炊事場の水は飲用できないので、飲料水の携行をお忘れなく。なお、二輪車のサイト乗り入れはOK、ゴミは完全持ち帰り制。

買い物 （上段）：日高市街のセイコーマートまで約700m
（中段）：三石本桐市街のセイコーマートまで約4km （下段）：様似市街のスーパー、コンビニまで約7km

白銀荘前キャンプ場

上川

かなやま湖・富良野
美瑛・旭川・層雲峡
和寒・名寄・中川

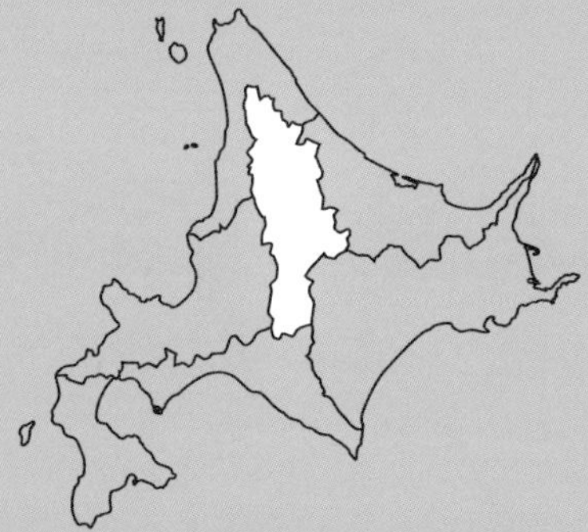

上川エリア CONTENTS＆MAP

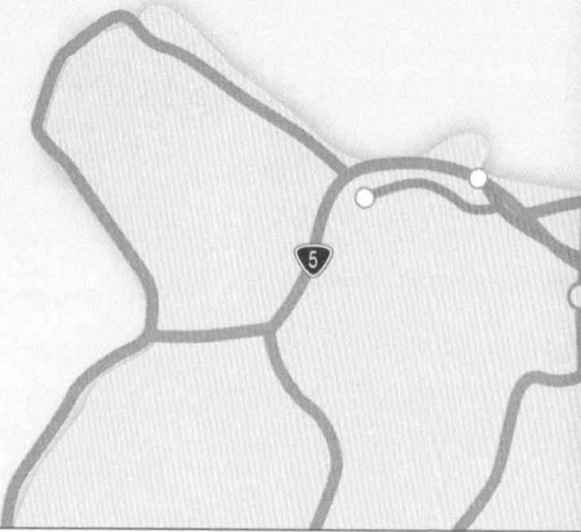

50km

枝幸
おといねっぷ
なかがわ
音威子府
びふか
美深北IC
美深
興部
羽幌
名寄IC
名寄
紋別
なよろ
士別
しべつ
ほろかない
士別剣淵IC
けんぶち
比布JCT
留萌
浮島IC
とうま
上川
旭川鷹栖IC
旭川
あさひかわ
ひがしかわ
浜益
滝川
びえい
芦別
びえい白金
北の峰IC
富良野
布部IC
岩見沢
南ふらの
しむかっぷ
清水
帯広
日高

上川エリアの立ち寄りスポット

抜群のロケーションと手作り料理が好評

Atelier Cafe Restaurant&Cake 人来瑠(ニングル)

あとりえ かふぇ れすとらん あんど けーき にんぐる

ストローブマツの林にたたずむ、ロケーション抜群のカフェ＆工房。木のぬくもりを感じる店内で、写真の「カレーランチ オムビーフ」1,380円など無添加・手作りにこだわった食事やスイーツが味わえる。人気のプリンや焼き菓子などは道の駅南ふらのでも購入可。【DATA】住所：空知郡南富良野町幾寅155　電話：0167-52-3108／090-9751-1094　営業：11:00～16:00(15:30LO)　定休：木曜(不定休あり)　P：10台

富良野の美味しさを発信

フラノマルシェ

ふらのまるしぇ

フラノマルシェ１には農産物直売所「オガール」、約2,000種類の特産品を販売する「アルジャン」をはじめ、地元食材を使ったユニークなショップが勢揃い。隣接するフラノマルシェ２には花屋や生活雑貨店が入るほか、テイクアウトのフードも充実している。【DATA】住所：富良野市幸町13-１　電話：0167-22-1001　営業：10:00～18:00(夏期は～19:00の期間あり)　定休：11月11～15日　P：131台

自家焙煎コーヒーと道産小麦パン

kaneko coffee beans

かねこ こーひー びーんず

のどかな田園風景の中にポツンとたたずむ自家焙煎コーヒー＆パン工房。納屋を改装した温かみのある空間で、道産小麦のバゲットを使ったフードや手作りデザート、挽きたての香り豊かなコーヒーが味わえる。パンは販売もしており、コーヒー(500円～)はテイクアウト可。【DATA】住所：空知郡上富良野町東２線北21号　電話：0167-45-2055　営業：10:00～20:00(19:00LO)　定休：火曜　P：20台

バーベキュー用の旬野菜をゲットしよう

美瑛選果

びえいせんか

美瑛産の農産物や地場食材の加工品が並ぶＪＡびえいのアンテナショップ。珍しい西洋野菜をはじめ、グリーンアスパラやジャガイモなど、バーベキューで人気の旬野菜が手に入る。敷地内には地麦のパン工房やフレンチレストランも併設。【DATA】 住所：上川郡美瑛町大町２　電話：0166-92-4400　営業：10:00～17:00(６～８月は9:00～18:00、季節により変動あり)　定休：年末年始　P：66台

巨大チャーシューがうまい！

らーめん橙ヤ 旭川本店

らーめんだいだいや あさひかわほんてん

ラーメン激戦区の旭山動物園通り（道道140号）沿いでも、屈指の人気を誇る。豚骨を丁寧に煮込んだスープはコクがあってまろやかで、ラーメンだけで60種以上というバラエティ豊かな品ぞろえも魅力。なかでも「炭火焼ちゃーしゅーめん」（橙みそ・５枚入り1,340円）がイチオシだ。【DATA】住所：旭川市東旭川南１条１-２-２　電話：0166-36-5738　営業：11:00〜21:00（20:45LO）　定休：元日　Ｐ：18台

雄大な牧場でジンギスカンを満喫

羊と雲の丘 バーベキューハウス

ひつじとくものおか ばーべきゅーはうす

ＪＲ士別駅から車で10分ほどの丘陵地に広がる羊の牧場「羊と雲の丘」内にあり、雄大な牧場風景を眺めながら、ジューシーなサフォークジンギスカン1,100円（1人前）が楽しめる。事前予約で士別産サフォークもオーダー可能。オリジナルの羊肉料理が人気のレストランも併設する。【DATA】住所：士別市西士別町5351　電話：0165-22-2991　営業：11:00〜15:00　定休：なし（冬期休業）　Ｐ：100台

濃厚ソフトと手作りプリンが人気

Shop's Garden 千花

しょっぷすがーでん せんか

田園風景に囲まれたログハウスで、なめらかなソフトクリーム（ミニサイズ250円〜）や手作りプリン300円〜を販売。市内にある「サンピラーパーク森の休暇村オートキャンプ場」（p199）や「トムテ文化の森キャンプ場」（p204）にも近いので、旅の途中に立ち寄ってみては。【DATA】住所：名寄市日進1106　電話：01654-3-0760　営業：10:00〜18:00（9月以降は〜日没）　定休：月曜（10月上旬〜４月下旬は休業）　Ｐ：10台

最北のクラフトビールで味わう美深の味覚

レストランBSB

れすとらんびーえすびー

日本最北のクラフトビール「美深白樺ブルワリー」併設のレストラン。ビール各種710円〜とご当地食材を使った料理が味わえる。地元産の新鮮な羊肉を使う鉄鍋ジンギスカン1,800円（肉150g・野菜付）がおすすめ。マイボトル持参でビールのテイクアウトもＯＫ。【DATA】住所：中川郡美深町大通北４丁目9-5-2　電話：01656-8-7123　営業：12:00〜15:00（LO14:30）、17:00〜22:00（フード21:00LO）、土・日曜・祝日は通し営業　定休：火曜　Ｐ：10台

※バンガローは予約制（4月10日よりモンベル公式サイトで受付開始）　※ペットの同伴はマナー厳守でOK
※焚き火台は耐火シートの使用が必須　※Wi-Fi環境は管理棟周辺のみ　※ゴミは指定袋で分別の上、無料で受け入れ

期間	QRマップ
4月末 ▼ 10月上旬	

MAP 1 かなやまこはんきゃんぷじょう

かなやま湖畔キャンプ場

☎0167-52-3132

空知郡南富良野町字東鹿越
◎期間外問合先／南富良野町振興公社 ☎ 52-2100

MAPCODE® 550 254 762*03

予約　バンガローのみ可
サイト使用料　中学生以上1人1,000円、小学生500円
オートキャンプ　不可、隣接地に「かなやま湖オートキャンプ場」（p173参照）あり
バンガロー　6人用3,600円7棟（照明・電源付、サイト使用料を別途徴収）
貸用具　テント、タープ、ランタン、寝袋など各種有料で
管理人　駐在（8:30〜18:00）
施設利用時間　IN 8:30〜18:00（バンガローは13:00〜）
OUT 11:00まで（バンガローは10:00）
施設・設備　水洗トイレ3棟、炊事場4棟、管理事務所など
Ⓟ　約800台（無料）
風呂　かなやま湖保養センター（大人500円、12:00〜20:00受付終了、宿泊可）に隣接
MEMO　リヤカー30台あり

湖岸のゆるやかな斜面に広がる草地のサイト。かなやま湖を望む眺めが魅力だ

管理事務所前にはリヤカーがずらり

場内西側に立ち並ぶバンガロー

清々しい穏やかな湖面にカヌーで漕ぎ出そう！

周囲を原生林に囲まれ、北海道らしい雄大な風景が広がるかなやま湖は、全国のカヌーイスト憧れの地。その湖に面したゆるやかな芝生の斜面がテントサイトとなる。

場内は奥行きがあり、湖側と山側を選べる。眺めのいい湖寄りにテントを張るならリヤカーが荷物運びに重宝する。

場内西側に並ぶバンガローは、屋外にテントとタープの設営スペースを用意。建物横には乗用車1台分サイズだが専用の駐車スペースもある。

ROUTE

国道237号利用だと、南富良野町金山市街から道道465号（金山・幾寅線）に入り約10km。国道38号利用だと、南富良野町幾寅から道道456号を逆ルートで、約9km。幾寅市街からJR根室本線沿いに進み、鹿越大橋を渡る道も。

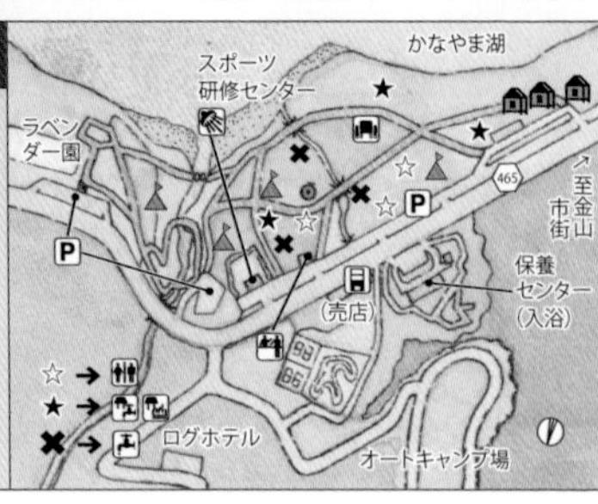

買い物　南富良野市街のセブンイレブンまで約10km

※完全予約制（4月10日よりモンベル公式サイトで受付開始）
※焚き火台は耐火シートの使用が必須　※ペットの同伴はマナー厳守でOK　※Wi-Fi環境は管理棟周辺のみ

期間	QRマップ
4月末 ▼ 10月上旬	

MAP 2

かなやまこおーときゃんぷじょう
かなやま湖オートキャンプ場

☎0167-52-2002

空知郡南富良野町字東鹿越
◎期間外問合先／南富良野町振興公社 ☎ 52-2100

MAPCODE® 550 284 221*38

予約　可（詳細は欄外参照）
入場料　中学生以上1人1, 200円、小学生600円、未就学児無料
オートサイト　スタンダードカーサイト：１区画 4, 700円63区画（電源20Ａ付）／キャンピングカーサイト：１区画6, 200円８区画（電源50Ａ・炊事台・上下水道・ＴＶ端子付）
バンガロー　なし
貸用具　テントなど有料で
管理人　駐在（8:00〜21:00）
施設利用時間　IN 13:00〜17:00　OUT 8:00〜11:00
施設・設備　水洗トイレ２棟、炊事場３棟、灰捨て場２カ所、管理棟（受付・水洗トイレ・コインランドリー・売店併設）、ドッグラン（無料）など
Ⓟ　完全オートキャンプ場
風呂　かなやま湖保養センター（p172参照）まで徒歩５分
MEMO　シャワーは宿泊者無料。ゴミは分別、指定袋使用で無料受け入れ

斜面のオートサイトは開放感たっぷり（だ円写真がトイレ、右下は炊事場）

こちらは下段のオートサイト

シャワー・ランドリー完備の管理棟

かなやま湖を見下ろすオートキャンプ専用施設

前出「かなやま湖畔キャンプ場」（p172）の山側にある、オートキャンプ専用施設。63区画ものスタンダードカーサイトと8区画のキャンピングカーサイトが用意され、抜群の収容力を誇る。

湖畔というより林間の雰囲気だが、各区画のゆったり感は特筆もので、ドッグランも設備する。なお、隣接の湖畔キャンプ場とは管理・受付が異なるので、ご注意を。

ROUTE

国道237号の南富良野町金山市街から道道465号に入り、幾寅方面に約10km。右手湖畔側に「かなやま湖畔キャンプ場」の入口が見えたら、そのすぐ先の左手山側にキャンプ場への入口がある。少し上った左手が管理棟。

買い物　南富良野市街のセブンイレブンまで約10km

※予約制（４月１日より電話で、４月15日より公式サイト〈https://www.hoshioka.com/〉で受付、キャンセル料あり）
※ペットの同伴は、リードの使用などマナー厳守でOK（バンガロー内への同伴は禁止） ※焚き火、直火ともにOK

期間 4月27日▼10月14日

MAP 3

ほしにてのとどくおかきゃんぷじょう

星に手のとどく丘キャンプ場

☎080-3234-9169

空知郡中富良野町字中富良野ベベルイ
◎問合先／現地管理棟 ☎ (0167) 44-3977

MAPCODE® 349 199 044*04

予約 可（詳細は欄外参照）
入場料 中学生以上1,000円、小学生以下500円、犬200円
ライダーサイト 上記料金で可（17区画）
オートサイト スタンダードサイト：1区画1,000円20区画／キャンピングカー・トレーラーサイト：１区画1,500円４区画（共に特に設備なし）
宿泊施設 ログハウス：２人用5,000円３棟、４人用6,000円～７棟（各ベッド・寝具・照明･電源・有料暖房器具付）
貸用具 テント1,000円～、寝袋300円～、ランタン300円～、コンロ400円など
管理人 24時間駐在
施設利用時間 IN 13:00～17:00 OUT 7:30～11:00
施設・設備 水洗トイレ・炊事場各２棟、管理施設（レストラン・売店・有料シャワー併設）、ふれあい牧場など
P 約20台（無料）
温泉 フロンティアフラヌイ温泉（p175参照）まで約10㎞
MEMO ゴミは100円で受け入れ

高台に広がる草原のテントサイト（だ円写真はトイレ、右下はセンターハウス）

サイトの奥に立つログハウス

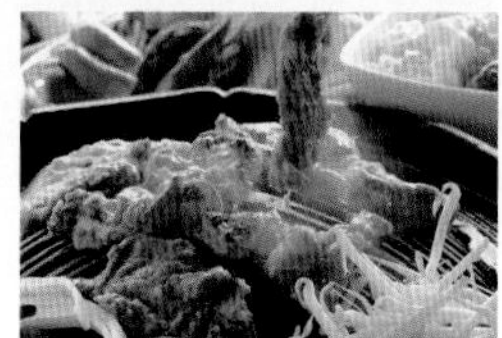
美味で値段も手ごろなジンギスカン

満天の星空が眺められるアットホームな人気施設

町の東端、小高い丘の上にある民営のキャンプ場。富良野の丘を一望できるほか、夜には満天の星空を堪能できるロケーションが魅力だ。また管理棟では、生肉の美味なジンギスカンも味わえる。場内での花火は21時まで、手持ちで音の出ないタイプのみＯＫ。

ROUTE

国道237号の中富良野町本町南２の交差点から道道705号（ベベルイ中富良野線）をベベルイ方面に約10㎞進んだ突き当たりのＴ字路の先。そこからは、キャンプ場もしくは「ひつじの丘」の看板に従って進むと現地。

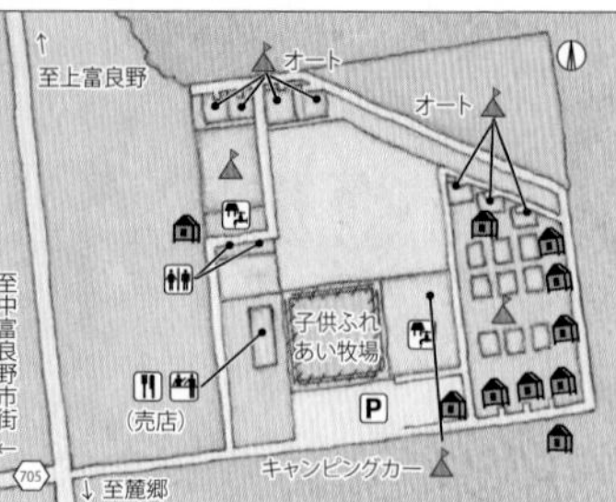

買い物 中富良野市街のスーパー、コンビニまで約10km

※完全予約制（予約は利用日の２カ月前より現地で受付開始、フリーサイトは先着順）　※ゴミは分別の上、無料で受け入れ
※焚き火台の使用時は下に耐火シートを敷くこと　※Wi-Fiは管理棟とコテージ周辺のみ使用可　※花火は手持ち式のみ可

期間	QRマップ
4月25日 ▼ 10月25日	

MAP 4

上富良野町日の出公園オートキャンプ場

かみふらのちょうひのでこうえんおーときゃんぷじょう

☎0167-39-4200　空知郡上富良野町東2北27

MAPCODE® 349 463 166*18

予約　可（詳細は欄外参照）

入場料　中学生以上1人1,000円

フリーサイト　入場料で可

オートサイト　個別サイト：１区画4,000円計20区画（流し・電源20Ａ付）／キャンピングカーサイト：5,000円5区画（流し・下水道・電源20Ａ付）／車中泊サイト：1,000円13区画

宿泊施設　コテージ：６人用1棟15,000円５棟（諸設備完備の貸別荘）／バンガロー：3〜4人用5,000円５棟（電源付）

貸用具　有料で貸テントなど

管理人　6〜9月24時間駐在（受付は8:30〜18:00）

施設利用時間　IN 8:00〜18:00（車中泊10:00〜、オート14:00〜）　OUT 10:00まで

施設・設備　センターハウスに水洗トイレ・コインシャワー・ランドリー・売店ほか併設。水洗トイレ・炊事場各3棟など

Ⓟ　二輪車用60台分（無料）

温泉　フロンティアフラヌイ温泉（大人700円、7:00〜21:30受付終了）まで約700m

流しや電源を設備するオートサイト（だ円写真はサイト内のトイレ、下写真は左からバンガロー、車中泊専用サイト、ランドリー併設のセンターハウス）

駐車場に隣接するフリーサイト

シャワーや寝具を完備したコテージ

広々オートサイトに加え斜面のフリーサイトも

フリーやオート、宿泊施設など多様な滞在に対応できる大規模施設。フリーサイトは眺めのいい丘の上と、その下の平坦な芝地に広がる。一方のオートやコテージ、バンガローは公園風の場内に。オートとフリーの各サイトはゲートで仕切られている。

ROUTE

国道237号上富良野市街から十勝岳温泉方面に向かう道道291号（吹上・上富良野線）に入り、ＪＲかみふらの駅を左手に線路を越えて道なりに進むと、左手にフラヌイ温泉がある。その先を左折した枝道の奥が現地。

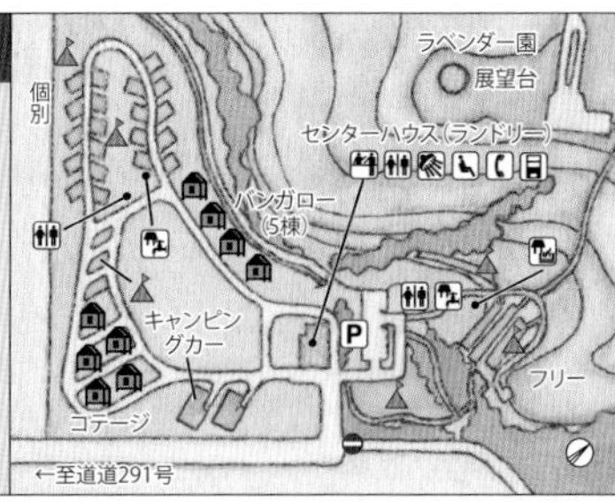

買い物　上富良野市街のセブンイレブンまで約600m、スーパーまで約1.7km

※ペットの同伴は、リードの使用などマナー厳守で指定区域内でOK　※ゴミは有料の指定袋で分別の上、受け入れ

期間 4月下旬▼10月下旬　QRマップ

MAP 5

山部自然公園太陽の里キャンプ場

やまべしぜんこうえんたいようのさときゃんぷじょう

☎0167-42-3445　富良野市山部町西19線（ふれあいの家）

MAPCODE® 919 281 428*83

予約　不可

持込テント料金　無料

オートキャンプ　不可

バンガロー　なし

貸用具　各種有料

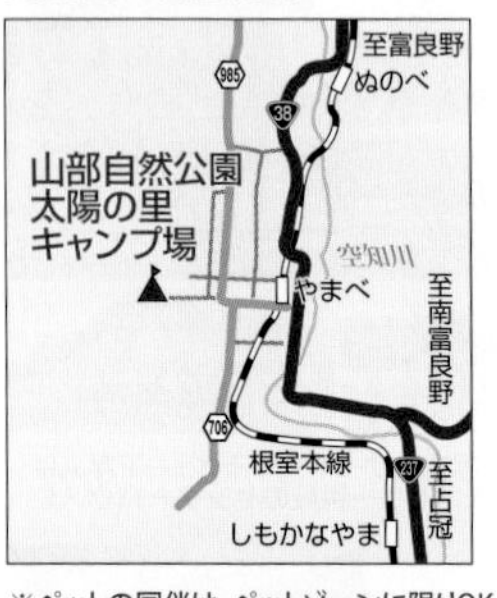

芦別岳を一望できる開放的な新道登山口側のテントサイト(左)。上は新道側サイトの炊事場

管理人　駐在(9:00～17:00)

施設・設備　水洗トイレ・炊事場各２棟、管理棟、宿泊施設ふれあいの家（有料温水シャワー・売店・食堂併設)、パークゴルフ場(36H・有料)など

Ⓟ　約100台（無料）

MEMO　リヤカー４台あり。温水シャワーは大人330円、入浴時間は7:00～21:00

■芦別岳登山口のキャンプ場

夕張山地最高峰、標高1,726mの芦別岳登山基地として親しまれてきたが、近年はファミリーの利用も多い。サイトは旧道登山口側と、新道登山口側に分かれ、広々とした新道側を利用する人が多い。焚き火台を使う場合は、地面から30㎝以上離して使うこと。

※ペットの同伴は、ペットゾーンに限りOK　※ゴミは完全持ち帰り制

期間 5月中旬▼9月末　QRマップ

MAP 6

白銀荘前キャンプ場

はくぎんそうまえきゃんぷじょう

☎0167-45-3251　空知郡上富良野町吹上温泉(吹上温泉保養センター白銀荘)

MAPCODE® 796 032 404*17

予約　不可

持込テント料金　１張500円（タープ料別途１張500円）

オートキャンプ　不可

管理人　白銀荘に駐在（受付は8:00～20:00)

開放的な芝生サイトと写真奥が吹上温泉保養センター(左)。上は今も残る旧白銀荘と流し台

施設利用時間　IN 10:00～　OUT 10:00まで

施設・設備　水洗トイレ１棟、流し１カ所

Ⓟ　約100台(無料)

温泉　吹上温泉保養センター白銀荘（露天風呂付、大人700円、6:00～8:00、10:00～22:00)に隣接。無料露天風呂「吹上露天の湯」まで約500m

■十勝連峰登山基地のサイト

中谷宇吉郎博士が雪の結晶の実験を行った山小屋・白銀荘の名を受け継ぐ、吹上温泉保養センター前の施設。旧白銀荘は一部が今も場内正面に残る。芝生のサイトにはペット同伴エリアもあり、登山客以外のキャンパーも多い。

買い物　(上段)：山部市街のセイコーマート、セブンイレブンまで約3km
(下段)：上富良野市街のスーパー、コンビニまで約18km

※ケビンは要予約（4月1日より商工観光交流課で受付開始、オープン後は現地）
※花火は手持ち式のみ可（21時まで）　※焚き火台は使用前に管理人の許可が必要

期間	QRマップ
6月1日 ▼ 9月30日	

MAP 7 こくせつしろがねやえいじょう
国設白金野営場

☎0166-94-3209
上川郡美瑛町字白金
◎期間外問合先／美瑛町商工観光交流課 ☎ 92-4321

MAPCODE® 796 182 689*53

予約　ケビンのみ要予約
持込テント料金　大人1人400円、小・中学生200円、小学生未満無料
オートキャンプ　不可
ケビン　4人用1棟3,600円15棟（設備は照明のみ）
貸用具　なし
管理人　期間中24時間駐在
施設利用時間　IN 13:00～18:00　OUT 10:00まで
施設・設備　簡易水洗トイレ2棟、炊事場3棟（うち炉付2棟）、管理事務所、リヤカー
P　約100台（無料）
温泉　美瑛町国民保養センター（大人300円、9:30～20:00、木曜のみ～18:00、月曜休 ※祝日の場合翌平日）まで徒歩5分
MEMO　荷物の搬出入時のみ、場内へ車での進入が可能（時間帯は、7:00～19:00に限定）。ゴミは分別の上受け入れ

晴れた日は十勝岳を一望できる芝生のテントサイト（だ円写真はトイレ）

簡素な造りが好ましい炊事場

山小屋風の造りが特徴のケビン

恵まれた自然環境の中の快適なテントサイト

十勝岳連峰への登山基地として歴史のある野営場。それだけに施設は古びているが、実用には問題ない。なんといっても場内の自然環境があらゆることを凌駕するほど素晴らしいのだ。

さらに美瑛や白金温泉郷にも近いことから、近年は観光目的の利用者が増えているものの、手入れの行き届いた草地のテントサイトは、実に快適。近くの美瑛川では、ニジマスなどの釣りも楽しめる。

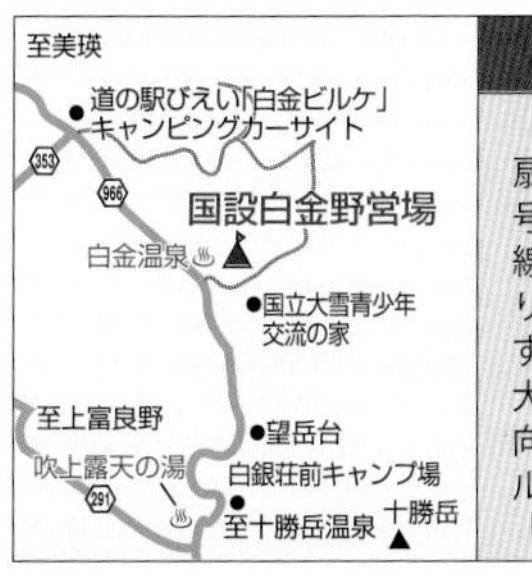

ROUTE
国道237号の美瑛町扇町付近から、道道966号（十勝岳温泉・美瑛線）に入り、約21km道なりに白金温泉郷を目指す。温泉街に着いたら大雪青少年交流の家方向へ進みすぐの左手。ルートの途中には名所「白金青い池」もある。

買い物　美瑛市街のスーパー、コンビニまで約20km

※予約制(フリーサイトを除き、4月上旬より公式サイトで宿泊3か月前から受付開始、期間中は現地でも受付。キャンセル料あり)
※サイトへの二輪車乗り入れOK　※ペットの同伴は犬1頭500円のほか、狂犬病予防・混合ワクチン接種の各証明書提示が必要

期間	QRマップ
4月下旬 ▼ 10月下旬	

MAP 8

ひがしかぐらしんりんこうえんきゃんぷじょう

ひがしかぐら森林公園キャンプ場

☎0166-83-3727

上川郡東神楽町25（ブルーメン）
◎期間外問合先／ひがしかぐら森林公園パークゴルフ場☎83-7789

MAPCODE® 389 320 221*88

予約　可（詳細は欄外参照）
サイト使用料　小学生以上1人1泊400円
持込テント料金　テント・タープ各1張600円(ペット同伴サイトは10組限定で、上記料金に犬1頭500円を加算)
オートキャンプ　不可
宿泊施設　バンガロー:4人用4, 200円5棟／キャビン:6人用6, 500円3棟（各照明・電源付、車1台横付け可、定員を超える場合は1人500円追加)
貸用具　各種有料で
管理人　ブルーメンに期間中駐在（受付は8:30～17:00)
施設利用時間　IN 13:00～17：00（フリー、ペットは各8:30～）　OUT 8:30～10:00
施設・設備　水洗トイレ2棟、炊事場4棟、管理・受付のブルーメンにシャワー・売店、有料BBQコーナーなど
P　約500台(無料)
温泉　森のゆ花神楽（露天風呂付、大人800円、10：00～20：00受付終了）に隣接
MEMO　ゴミは分別の上、有料袋利用で受け入れ

テントサイトは管理・受付のブルーメン(右上)裏手に広がる。写真はせせらぎ広場周辺のフリーサイト。だ円写真は炊事場。ペットを同伴できるサイトもある

車を横付けできる6人用キャビン

キャビン横の4人用バンガロー

遊具やスポーツ施設がファミリーに大人気！

ゴーカートや各種遊具、41ホールのパークルフ場にも隣接するファミリー向きのキャンプ場。場内には、水遊びOKの「せせらぎ広場」に隣接するフリーサイトや、10組限定のペット同伴サイト、ドッグランも設備。キャビンやバンガローもあって使い方いろいろ。

ROUTE

国道237号のJRにしせいわ駅付近から道道68号、道道37号経由で東神楽町へ。東神楽市街の道道294号との分岐で右折。左手に忠別川を見ながら約7㎞進むと、右手に池が見えてくる。受付はその先のブルーメンで。

買い物　東川市街のスーパー、コンビニまで約5km

※予約制（4月上旬より公式サイトで宿泊日の3か月前から受付開始、開設後は現地でも受付。キャンセル料あり）

期間 4月下旬▼10月下旬　QRマップ

MAP 9
ひがしかぐらしんりんこうえんおーときゃんぷじょうふろーれ
ひがしかぐら森林公園オートキャンプ場フローレ

☎0166-83-3727
上川郡東神楽町25
◎期間外問合先／ひがしかぐら森林公園パークゴルフ場☎83-7789

MAPCODE® 389 320 333*15

予約　可（詳細は欄外参照）
オートサイト　キャンピングカーサイト：1区画6,000円5区画（電源30A・上下水道付、普通車2台分）／スタンダードカーサイトA：4,500円20区画（電源20A・上水道付）／B：3,500円25区画（電源20A付）
宿泊施設　ミニキャビン：4人用6,000円3棟／フローレキャビン：4人用6,500円、6人用7,500円各1棟（各エアコン・照明付）
貸用具　有料で各種あり
管理人　期間中駐在
施設利用時間　IN 13:00〜17:00（コテージは15:00〜）OUT 8:30〜10:00
施設・設備　水洗トイレ4棟（うち車イス対応2棟）、炊事場3棟、センターハウスにシャワー・売店など
P　完全オートキャンプ場
温泉　森のゆ花神楽（露天風呂付、p178参照）に隣接
MEMO　隣接地に設備完備の貸別荘「コテージの森」（計7棟）がある。料金等は森のゆ花神楽☎83-3800まで

大雪連峰を一望する丘陵地に各種のオートサイトが配されている（円写真は流し台、左下はフローレキャビン）

隣接地にある「コテージの森」

広々とした露天風呂が人気の花神楽

眺めのいい広々オートと設備充実のコテージ群

フリー専用の森林公園キャンプ場と丘を挟んで隣り合う、オート専用施設。全区画に電源が付き、サイトスペースも120㎡以上とゆったり。お隣には豪華設備のコテージ群や温泉もあって、人気は高い。なお、ゴミは指定の有料ゴミ袋で分別の上、受け入れ。

ROUTE

国道237号のJRにしせいわ駅付近から道道68号、道道37号経由で東神楽町へ。東神楽市街の道道294号との分岐で右折。忠別川沿いに約7km進んだ先の公園管理棟ブルーメンでまず受付を。そのさらに先、右手が現地。

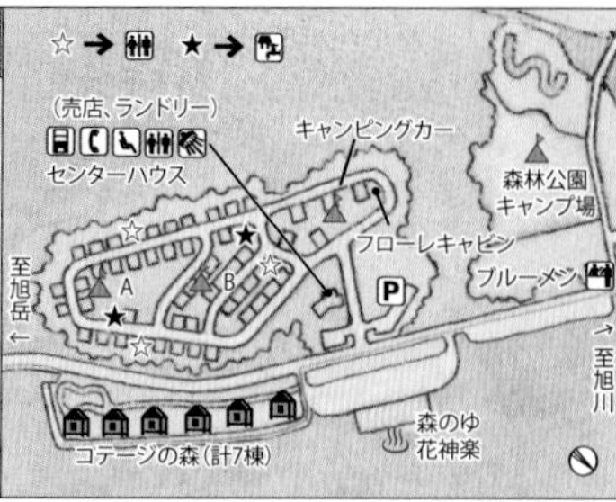

買い物　隣町・東川市街のスーパー、コンビニまで約5km

※カーサイトとケビンのみ予約制（予約は４月１日から現地で受付開始、利用日の１年前から予約可）
※キャンピングカーの利用は全サイト不可　※花火は手持ち式のみOK　※宿泊施設も含めペットの同伴禁止

期間	QRマップ
4月下旬▼10月上旬	

MAP 10 きとうしのもりきゃんぷじょう
キトウシの森キャンプ場

☎0166-82-2632　上川郡東川町西5北44（東川振興公社）

MAPCODE® 389 529 051*24

予約　可（詳細は欄外参照）
宿泊料　小学生以上1人300円
フリーサイト　上記料金で可
カーサイト　１区画 0,000 円（利用人数分の宿泊料を加算、流し台・電源付）計13区画
宿泊施設　ケビンＡ：８人用19,800円11棟／Ｂ（２階建）：８人用23,100円2棟／Ｃ（２階建・サウナ付）：８人用27,500円１棟／Ｄ（エアコン付）：６人用38,500円３棟（うち1棟は車イス対応）、各台所・浴室・トイレ・寝具・冷蔵庫・調理器具・ＴＶ・暖房を完備 ※要予約
貸用具　各種有料で
管理人　通年24時間駐在
施設利用時間　IN 13:00〜18:00（ケビンは15：00〜）OUT 7:00〜11:00（ケビンは10:00まで）
施設・設備　水洗トイレ２棟、炊事場１棟、管理兼務の物産センター横にランドリーなど
Ⓟ　約500台（無料）
風呂　園内高台にあるキトウシの森きとろん（露天風呂付、大人1,000円、10:00〜20:30受付終了）まで約700m

開放的なフリーサイトの芝生広場。隣接して流し台・電源設備のカーサイトを設備（右上は管理・受付の物産センター、左上は入浴施設「キトウシの森きとろん」）

最上級の設備を誇る6人用ケビンＤ

カラマツ林に囲まれた林間サイト

レジャー型森林公園内の設備充実キャンプ場

ゴーカートや広大なパークゴルフ場を設備する公園内の施設。旭山動物園まで車で約10分という近さも魅力だ。

テントサイトは、斜面の林間部分と平坦な芝生広場に分かれ、貸別荘級の設備を誇るケビンも多数設備する。ゴミは分別の上、無料で受け入れ。

ROUTE

旭川市街のＪＲあさひかわ駅付近から道道1160号（イオンモール旭川駅前の向かいの通り、旭川・旭岳温泉線）に入り東川町市街へ。東川町役場近くの交差点を役場方面へ左折、そのまま５kmほど直進すると現地。

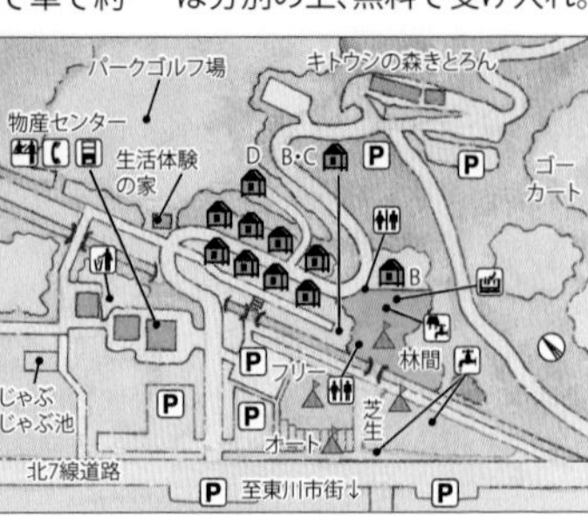

買い物　東川市街のスーパー、コンビニまで約5km

※予約制（随時受付、ただし冬期間〈10月～4月末を予定〉のみ完全予約制、キャンセル料あり）
※17時以降のチェックインは要事前連絡　※ペットの同伴はマナー厳守でOK　※通年営業だが施設整備のクローズ期間あり

期間	QRマップ
通年	

MAP 11

ひがしかわちょうあさひのおかきゃんぷじょう

東川町アサヒの丘キャンプ場

☎080-8297-9393　上川郡東川町東9北3

MAPCODE® 389 293 628*46

予約　可（詳細は欄外参照）
入場料　中学生以上700円、小学生500円、幼児無料（冬期は300円割増、入場料に加算）
ソロサイト　1張1,000円計２区画（車１台分含む）
フリーサイト　1張1,500円計３区画（１区画に車１台、大人４名まで）
カーサイト　Ｌサイト（車2台、大人8名まで）：3,000円計7区画／Ｓサイト（車1台、大人4名まで）：2,500円計2区画（どちらも特に設備なし）
貸用具　テントなど各種有料で（炭や食品なども販売）
管理人　駐在（8:00～17:00）
施設利用時間　IN 13:00～ OUT 10:00まで
施設・設備　水洗トイレ１棟（流し併設）、管理棟など
Ⓟ　約３台（無料、追加車両は1台2,000円で予約時に申請）
温泉　森のゆホテル花神楽（p178）まで約12㎞

手づくりならではの素朴な造りの場内（右上の上段が管理棟、下段がトイレ棟）

全サイトで直火の焚き火が楽しめる

洒落たトイレ棟の中に流しを併設

手づくり感たっぷりのアットホームなサイト

小高い丘の上にある民営のキャンプ場。ネイチャーガイドでもある井川オーナーが自ら整地した場内は、砂利敷きの通路など手づくり感にあふれ、アットホームでのどかな雰囲気が漂う。

全サイトに野外炉があり、直火での焚き火を楽しめるのがうれしい。場内設備もサイトにマッチし、流し併設のトイレ棟も清潔感がある。なお、ゴミは持ち帰り制。

ROUTE

旭川方面からの場合、道道294号、道道1160号経由で東川町へ。そのまま東川市街を通過し天人峡方面に約６㎞進んだ左手にある遊水公園を過ぎてすぐの交差点を左折。東９号道路に入り約400ｍ進んだ先の左手が現地。

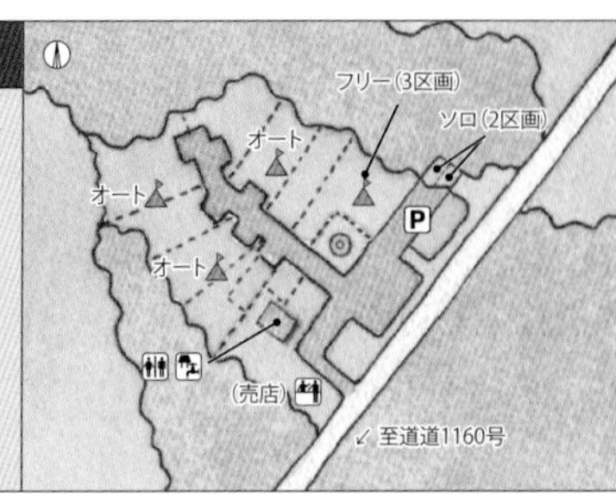

買い物　東川市街のスーパー、コンビニまで約7km

※予約制（予約サイト「なっぷ」で受付、キャンセル料あり）　※Wi-Fi環境は道の駅周辺のみ

期間	QRマップ
4月下旬 ▼ 10月	

MAP 12

みちのえきびえい「しろがねびるけ」きゃんぴんぐかーさいと

道の駅びえい「白金ビルケ」キャンピングカーサイト

☎0166-94-3355　上川郡美瑛町白金

MAPCODE® 349 627 124*31

予約　可（詳細は欄外参照）

使用料　1区画3, 500円５区画（設備は電源20Ａ・上水道、共用の下水道と流し場各1カ所）、日帰り利用は1, 500円

針葉樹林に囲まれた計５区画のサイト（左）。電源と水道は個別にあり（上）、流し台などは共用となる

バンガロー・貸用具　なし

管理人　道の駅に駐在

施設利用時間　IN 10:00〜16:00（６～８月は10:00〜17:00）OUT 10:00まで（日帰りは16:00まで）

施設・設備　水洗トイレ１棟、流し１カ所、道の駅に有料のシャワー・ランドリーなど

Ⓟ　道の駅を利用可（無料）

温泉　美瑛町国民保養センター（p177参照）まで約５km

■道の駅併設のオートサイト

観光名所「白金青い池」に近い、道の駅びえい「白金ビルケ」隣接のオート専用施設。キャンピングカーだけでなく普通車も利用できる。道の駅には売店があるほか、敷地内にドッグランも設備する。

※予約制（電話、公式サイトで随時受付）　※ペットの同伴は、リードの使用などマナー厳守でOK　※ゴミは完全持ち帰り制

期間	QRマップ
4月下旬 ▼ 10月上旬	

MAP 13

ちよだのおかきゃんぷじょう

千代田の丘キャンプ場

☎0166-92-1718　上川郡美瑛町字水沢春日台第一（ファームレストラン千代田）

MAPCODE® 349 734 415*01

予約　可（詳細は注記参照）

オートサイト　1区画1, 500円（特に設備なし）

バンガロー・貸用具　なし

管理人　レストラン内に駐在（時間帯は公式SNSで確認を）

平坦な草地のオートサイト（左）。上は隣接する「ファームレストラン千代田」。肉の販売も行う

施設・設備　水洗トイレ・炊事場各１棟、レストランなど

Ⓟ　約40台（無料）

銭湯　美瑛市街の松の湯（大人490円、14:30〜20:00、月曜休）まで約10km

■オート専用の牧場内サイト

大雪連峰を一望する「千代田の丘」と展望塔の麓にある牧場・ファームズ千代田内の施設。管理・受付兼務のレストラン裏手がテントサイトで、今季からフリーを廃止し、オート専用になった（サイトスペースは拡張予定）。牧場内には小動物と遊べる「ふれあい牧場」やドッグランがあるほか、レストランではキャンプ用の焼肉やステーキも販売。

買い物（上段）：スーパー、コンビニのある美瑛市街まで約15km
（下段）：スーパー、コンビニのある美瑛市街まで約7km

※予約制（予約はRakuten Travel Camp〈https://camp.travel.rakuten.co.jp/properties/792〉か電話、公式サイトからのメールで随時受付、キャンセル料あり）　※ゴミは分別の上で受け入れ

期間	QRマップ
5月1日 ▼ 10月31日	

MAP 14

ひがしかぐらだいがくきゃんぷじょう

東神楽大学キャンプ場

☎050-8885-9373　上川郡東神楽町19-5

MAPCODE® 389 375 434*86

予約　可（詳細は欄外参照）

フリーサイト　1区画2,000円（6人まで・日帰り1,500円）計10区画

ゲストハウス（宿泊施設）　6人用27,000円、8人用39,600円

貸用具　リヤカー（無料・要返却）、ポータブルバッテリー1台1泊2,000円ほか

管理人　駐在（9:00〜17:00）

施設利用時間　IN 11:00〜17:00　OUT 10:00まで

施設・設備　管理棟（水洗トイレ・売店・カフェ併設）、夜間用屋内トイレ、流し台、テントサウナ（1組2時間10,000円、要事前予約）など

Ⓟ　約80台（無料）

温泉　森のゆホテル花神楽（p178）まで約5km

小ぢんまりとしたサイトは、校庭の奥にある芝生エリア（左）。上はサイトから望む田園風景

■廃校の校庭がテントサイト

旧忠栄小学校を地方創生の拠点にする東神楽大学。その校庭の一部をキャンプ場に活用。元教員住宅での宿泊も可。

※ゴミは無料で受け入れ（条件付き）　※二輪車の乗り入れ不可　※荷物運搬用のリヤカーあり　※Wi-Fi環境はトイレ棟のみ

期間	QRマップ
6月10日 ▼ 9月30日	

MAP 15

あさひだけせいしょうねんやえいじょう

旭岳青少年野営場

☎0166-97-2544　上川郡東川町旭岳温泉

MAPCODE® 796 830 292*42

予約　不可

利用料金　高校生以上500円、中学生以下200円

オートキャンプ　不可

バンガロー・貸用具　なし

管理人　基本的に24時間駐在

施設・設備　水洗トイレ・炊事場各1棟、管理棟など

Ⓟ　約20台（無料）

温泉　徒歩10分の旭岳温泉郷に湯元湧駒荘（露天風呂付、大人1,200円、12:00〜18:00最終受付、不定休）など

原生林に包まれた砂地のテントサイト（左）。上は源泉をかけ流す湯元湧駒荘の露天風呂

■登山口に近い高山のサイト

大雪山系の主峰・旭岳は北海道最高峰の山。その登山口（旭岳ロープウェイ山麓駅）手前の野営場。場内での煮炊きはガス式のみ可、焚き火と炭火は管理棟前の広場でのみ使用できる。登山客中心でマナーがよくキャンプだけでも楽しめるが、ヒグマなど野生動物誘引防止のため、生ゴミや食品の管理は徹底してほしい。

買い物（上段）：東川市街のホクレンショップひがしかわ店まで約1km
（下段）：東川市街のスーパー、コンビニまで約30km

※ペットの同伴はマナー厳守でOK　※花火は手持ち式のみ、場内の通路部分で可

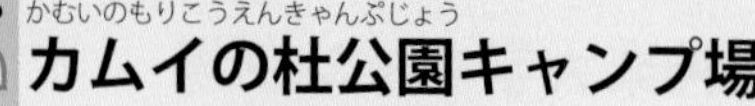

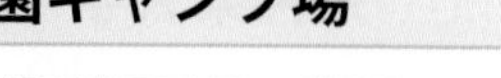

MAP 16 かむいのもりこうえんきゃんぷじょう

カムイの杜公園キャンプ場

☎0166-63-4045　旭川市神居町富沢125（体験学習館）

MAPCODE® 79 278 315*33

予約　不可
入場料　大人300円、高校生200円、中学生以下無料
サイト使用料　テント・タープ1張各500円
オートキャンプ　不可
バンガロー・貸用具　なし
管理人　管理・受付の体験学習館に駐在（9:00～17:00、7・8月は19:00まで）
施設利用時間　宿泊は IN 11:00～ OUT 11:00まで。日帰り利用は9:00～17:00
施設・設備　車イス対応水洗トイレ・炊事場各1棟、大型遊具各種、屋内遊戯場「わくわくエッグ」、管理・受付の体験学習館（売店併設）など
Ⓟ　2カ所計205台（無料）
風呂　高砂温泉（露天風呂付、大人600円～、6:00～23:00）まで約2㎞ ※料金はHP参照
MEMO　ゴミは分別の上、有料ゴミ袋購入（1枚50円）で受け入れ

駐車場からテント設営禁止の芝生広場を越えた先に広がるテントサイト。荷物はリヤカーを使って運ぼう（左上は子どもたちに人気の巨大な屋外遊具）

左がトイレ、右奥は大型の炊事場

園内には遊具のほか徒渉池もある

広々とした芝生サイトと充実遊具に親子で大満足

旭川市郊外にある公園内の施設。伊野川沿いの広々とした芝生のサイトは、駐車場からやや離れている。そのため、荷物を運ぶ際は、体験学習館の裏手に並ぶリヤカーを使うことになる。

園内には、広大な広場や巨大な屋外遊具、さらに雨の日も遊べる屋内遊戯施設がずらりと揃い、1泊2日では遊びきれないほど。ファミリー大満足のキャンプ場だ。

ROUTE

札幌方面からは、国道12号利用の場合、旭川台場から右折して道道937号へ。約3㎞進んだ先の右手が現地。道央自動車道利用の場合、旭川鷹栖ICを降りて道道146号から国道12号に入り、約4㎞先の台場から道道937号へ。

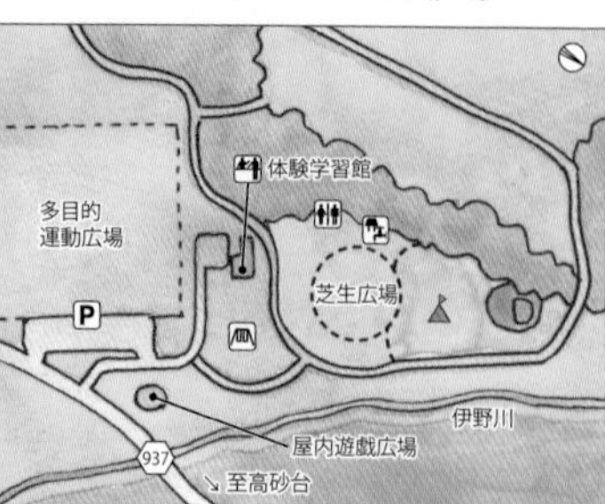

買い物　神居地区のスーパー、コンビニまで約2km

※宿泊施設のみ完全予約制（1月1日より旭川市21世紀の森ログハウスで電話受付開始）
※森の湯の開設期間は、5月1日〜11月30日　※ゴミは分別の上、無料で受け入れ

期間	QRマップ
5月1日 ▼ 11月30日	

MAP 17

あさひかわし21せいきのもりふぁみりーぞーんきゃんぷじょう

旭川市21世紀の森ファミリーゾーンキャンプ場

☎0166-76-2454

旭川市東旭川町瑞穂937（総合案内所）
◎問合先／旭川市21世紀の森ログハウス ☎76-2108

MAPCODE® 914 157 694*48

予約　宿泊施設のみ可
利用料金　大人300円、高校生200円、中学生以下無料
オートキャンプ　キャンピングカー専用サイトあり
宿泊施設　バンガロー：6人用1棟4,720円8棟（台所・電熱器・調理用具・冷蔵庫・トイレ付）、ワンワンハウス：2人用4,720円1棟（ドッグラン内に建ちペット同伴OK、照明付）
貸用具　リヤカー1台（無料）
管理人　駐在（9:00〜17:00）
施設利用時間　テントサイト IN 10:00〜 OUT 10:00まで／宿泊施設 IN 16:00〜17:00 OUT 10:00まで
施設・設備　水洗トイレ・炊事場・BBQハウス各2棟、総合案内所、パークゴルフ場など
Ⓟ　約100台（無料）
温泉　21世紀の森の湯（中学生以上100円、13:00〜20:00）まで約500m

丘の上に広がるテントサイトからは、湖畔側サイト越しにダム湖を一望できる。写真左手は総合案内所（左下は湖畔側のサイト）

人気のバンガローは早目に予約を

温泉施設の「21世紀の森の湯」

テント設営も、充実のバンガローも低料金！

「旭川21世紀の森」の3つあるキャンプ場の中で、最も設備が充実。中でも食材と寝袋さえあればOKのバンガローが1棟4,720円とはお得。

テントサイトは斜面に階段状に造られたフリーサイトと、道路を挟んだダム湖側にキャンピングカーサイトを用意する。さらにペット専用サイトがあるほか、ペットと泊まれるワンワンハウスも設備。至近には「21世紀の森の湯」もあり人気に拍車をかけている。

ROUTE

国道39号の旭川市街から道道140号（愛別・当麻・旭川線）経由で旭山動物園のそばを通って道道295号（瑞穂・旭川線）に入り、米飯川沿いに進む。道なりに直進すると案内看板が多数でてくるので、それに従い現地へ。

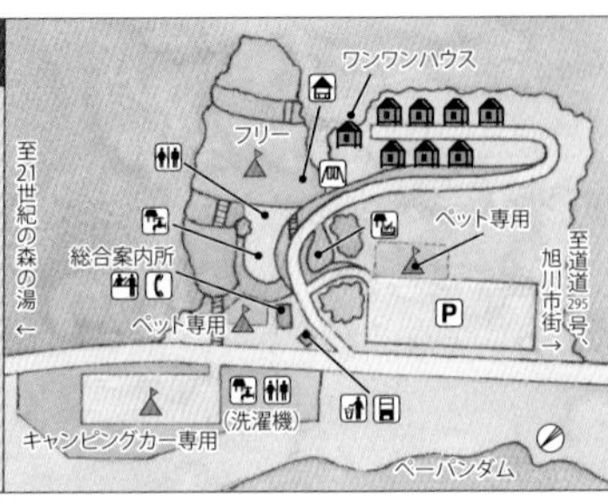

買い物　東旭川市街のスーパー、コンビニまで約22km

※ペットの同伴は、リードの使用などマナー厳守で専用サイトに限りOK　※ゴミは分別の上、無料で受け入れ

期間	QRマップ
5月1日 ▼ 11月30日	

MAP 18

あさひかわし21せいきのもりふれあいひろばきゃんぷじょう

旭川市21世紀の森ふれあい広場キャンプ場

☎0166-76-2108　旭川市東旭川町瑞穂（旭川市21世紀の森ログハウス）

MAPCODE® 914 155 740*81

予約　不可
利用料金　大人300円、高校生200円、中学生以下無料
オートキャンプ　セミオートスタイルで可能
バンガロー・貸用具　なし
管理人　巡回、管理受付は、旭川市21世紀の森ログハウス（p183参照）が兼務
施設利用時間　IN 10:00～ OUT 10:00まで
施設・設備　車イス対応水洗トイレ・炊事場各１棟、多目的広場、あずまやなど
P　約100台（無料）
温泉　21世紀の森の湯（p185参照）まで約２㎞
MEMO　隣接の「せせらぎ広場」にドッグランがある

山間の高台斜面に広がる芝生のセミオートサイト

広大な「旭川21世紀の森」にあるキャンプ場の中でも、ここは一番新しい施設。山間の高台に階段状に造られた芝生サイトは、約50張を収容。５段に分かれた場内に通路が巡らされ、各段に駐車スペースあることから、車のそばにテントを張れば、手軽にオートキャンプ感覚が味わえる。

場内には清潔な炊事場や水洗トイレを設備し、ペット専用サイトも計12区画用意され、好みに合わせて楽しめる。

おまけに、利用料も格安というのがうれしい。ダム湖の対岸には温泉があり、こちらも入浴料100円。財布にやさしい休日を満喫できそうだ。

山間に広がる階段状のテントサイトは開放的な雰囲気だ（右上はトイレ棟）

炊事場周辺の広場はテント設営禁止

場内最上段にあるペット専用サイト

ROUTE

国道39号の旭川市街から道道140号（愛別・当麻・旭川線）経由で、道道295号（瑞穂・旭川線）に入り、米飯川沿いに進む。案内看板がある交差点を左折し、約４㎞進むとログハウス、その先の山側にキャンプ場がある。

買い物　東旭川市街のスーパー、コンビニまで約22km

※予約制（4月中旬より電話受付開始、ただしフリーサイトは予約不可）
※Wi-Fi環境はセンターハウス内のみ　※焚き火台は耐熱シート使用で可　※ゴミは完全持ち帰り制

期間	QRマップ
4月下旬 ▼ 10月下旬	

MAP 19
とうますぽーつらんどきゃんぷじょう
とうまスポーツランドキャンプ場

☎0166-84-3163
上川郡当麻町市街6区（センターハウス）
◎問合先／当麻町まちづくり推進課☎84-2111

MAPCODE® 389 889 781*11

予約　可（詳細は欄外参照）
持込テント料金　1張800円（タープ料は別途1張500円）
オートキャンプ　15,000円（1区画のみ。電源・水道付）
宿泊施設　コテージ：7人用1棟13,000円5棟（台所・トイレ・シャワー・寝具一式など完備の貸別荘）／ログハウス：4人用3,600円（ベランダ・照明・電源・流し付）4棟
貸用具　毛布・マット各300円
管理人　期間中駐在（受付は9:00〜17:00）
施設利用時間　IN 15:00〜 OUT 11:00まで
施設・設備　水洗トイレ・炊事場各2棟、バーベキューハウス3棟（有料）、炊事炉1棟（無料）、アスレチック遊具・テニスコート・パークゴルフ場（各有料）、遊歩道など
Ⓟ　約100台（無料）
風呂　健康福祉施設ヘルシーシャトー（大人700円、10:00〜21:00受付終了）に隣接
MEMO　スノーキャンプも可。詳細はとうま振興公社☎56-9020まで問合せを

緩やかな斜面のテントサイトには木陰の部分も（右下は管理受付のセンターハウス）

コテージには駐車スペースもある

ベランダに流しが付いたログハウス

スポーツ施設充実のファミリーキャンプ場

　多彩なスポーツ施設が集まるスポーツ公園内にあり、30種類のフィールドアスレチック（有料）を設備。世界の昆虫標本を集めた昆虫館にも隣接するため、夏場はファミリーで大混雑する。フリーサイトに加え、新たに団体用のオートサイト1区画も加わった。

ROUTE

　国道39号を旭川方面から層雲峡方面に向かい、「道の駅とうま」を越えた次の、信号機のある交差点（案内看板あり）を右折。直進し小高い丘を上りきった左手が現地。愛別町市街から道道140号を利用するルートもある。

買い物　当麻市街のスーパー、コンビニまで約2km

※予約優先制（予約サイト「なっぷ」で受付。今年度は電話とメール〈aibetsu.camp@gmail.com〉でも受付予定）
※ペットの同伴は予約時に事前申告し、リードの使用などマナー厳守でOK（建物内は同伴禁止）　※花火は手持ち式のみOK

期間 5月初旬 ▼ 10月中旬　QRマップ

MAP 20　きのこのさとあいべつおーときゃんぷじょう

きのこの里あいべつオートキャンプ場

☎01658-7-2800

上川郡愛別町字愛山
◎予約・問合先／NPO法人もりいく団 ☎ 080-5831-9039(平日のみ)

MAPCODE® 589 170 408*61

予約　可（詳細は欄外参照）
フリーサイト　1～2人用１張1,000円、3人用以上2,000円、2室以上2,500円50区画、追加テント（タープ含む）1張500円
オートサイト　Ａサイト：１区画5,000円６区画（電源30Ａ×２・給水栓・排水口付）／Ｂサイト：１区画4,000円27区画（電源15Ａ×２）
バンガロー　なし
貸用具　各種有料で（要予約）
管理人　期間中24時間駐在
施設利用時間　IN 13:00～19:00　OUT 7:00～11:00
施設・設備　管理棟に水洗トイレ・有料温水シャワーとコインランドリー、売店併設。場内に炊事場４棟、フリーサイトに水洗トイレ２棟など
Ⓟ　約30台（無料）
温泉　協和温泉（大人600円、7:00～22:00）まで約15km
MEMO　ゴミは分別の上、無料で受け入れ

石狩川の河川敷に広がる開放的なオートサイト（だ円写真は炊事場、右上が管理棟）

フリーサイトには林間部分もある

薪の使い放題はキャンパーに好評

開放的なオートサイトと雰囲気あるフリーサイト

　きのこの里で知られる愛別町のリゾート型オートキャンプ場。本格オートサイトが33区画あるほか、50区画限定のフリーサイトも用意する。
　自然豊かな石狩川の河川敷に位置し、昆虫採集や星空観察を楽しめるほか、ちびっこ向けの遊具も揃っている。また、近隣ではカヌー体験などのアクティビティも充実。キャンプ初心者やファミリーにぴったりのサイトだ。

ROUTE

　国道39号を旭川側から層雲峡方面に進む。愛別町市街・岩尾内湖方面へ向かう道道101号との分岐から約８kmで国道39号が石狩川と交差。橋を渡るとすぐ右手に案内表示があり国道から右折、道なりに約250m進んだ右手。

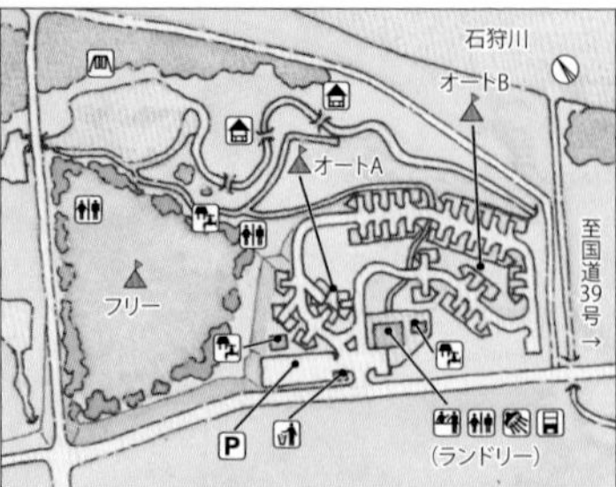

買い物　中愛別地区のセイコーマートまで約3km

※予約制（予約サイト「なっぷ」で受付、キャンセル料あり）
※冬期はフリーサイトとコテージのみ、12～３月の金・土・日曜、祝日限定で開設　※花火は指定場所でのみOK

期間	QRマップ
6月 ▼ 10月	

MAP 21

そううんきょうおーときゃんぷじょう

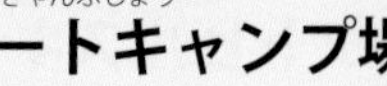

層雲峡オートキャンプ場

☎01658-5-3368

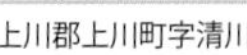

上川郡上川町字清川
◎問合先／上川町商工観光グループ ☎ 2-4058

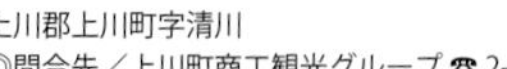

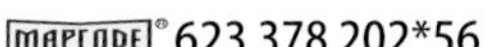

MAPCODE® 623 378 202*56

予約　可（詳細は欄外参照）

フリーサイト　１張500円

オートサイト　１区画車１台1,500円計12区画

バンガロー　4～6人用4,000円計21棟（照明・マット付）

コテージ　週末移住コテージ：2～4人用7,500円計15室（２段ベッド・食卓・冷蔵庫・電源などを設備）／通年型コテージ：１～２人用6,500円計10棟（照明・電源付）※12～３月は各暖房料1,000円を加算

貸用具　毛布１枚200円など

管理人　駐在

施設利用時間　IN 13:00～21:00 OUT 6:00～10:00まで

施設・設備　トイレ3棟（水洗３棟で1棟は車イス対応型）、炊事場６棟（炉付）、売店兼務の管理棟、コインシャワー、ランドリーなど

Ⓟ　約100台（無料）

温泉　層雲峡黒岳の湯（露天風呂付、大人600円、10:00～21:00受付終了、11～４月は11:00～）まで約５km

MEMO　ゴミは分別の上、無料で受け入れ

場内のもっとも奥に位置する計12区画のオートサイト（左上は管理棟、左下は一般用の炊事棟、だ円写真は黒岳の湯の露天風呂）

バンガロー周辺のフリーサイト

上左がバンガロー、その他はコテージ

コテージを一気に増設、施設のリニューアル進む

層雲峡温泉街から５kmの公営施設。場内は国道と石狩川で隔てられた緑濃い環境なので落ち着いて過ごせる。

テントサイトに加え、専用調理棟付の週末移住コテージ15室があるほか、通年型コテージも登場。冬季営業も始まるなど大きく変貌している。

ROUTE

上川町の国道39号と国道273号の分岐から、国道39号を層雲峡温泉街方向に14kmほど進んだ、国道沿い右手、石狩川の対岸にある。札幌からだと約215km、北見からで約125km。層雲峡温泉街までは約5kmと近い。

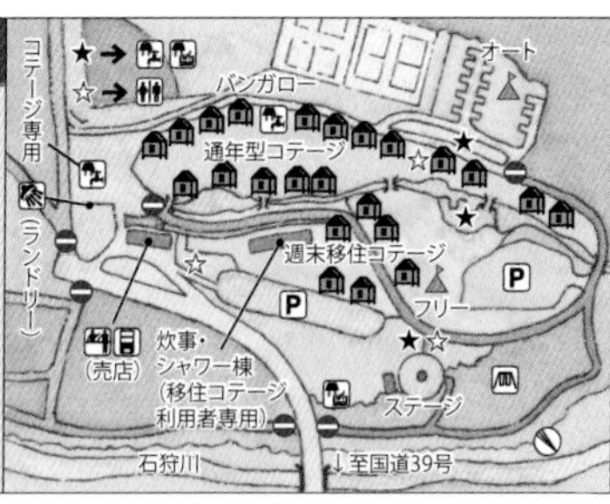

買い物　層雲峡温泉街のセブンイレブンまで約5km

※ペットの同伴はフンの持ち帰りなどマナー厳守でOK　※花火は指定場所でのみOK　※ゴミは完全持ち帰り制

MAP 22 ぱれっとひるずきゃんぷじょう

パレットヒルズキャンプ場

☎080-5580-0297　上川郡鷹栖町17-8（グリーン開発）
◎期間外問合先／鷹栖町産業振興課昇降観光係 ☎（0166）87-2111

MAPCODE® 79 698 812*00

予約　不可

入場料　高校生以上500円、小・中学生300円、未就学児無料

オートキャンプ　不可

バンガロー・貸用具　貸テント5人用1,000円～など

管理人　9:00～17:00（管理棟受付に駐在、月～木曜は8:00～でパークゴルフ場に駐在）

施設・設備　管理棟に車イス対応水洗トイレ、流し台・水飲み場各２カ所、パークゴルフ場（36H・有料）など

Ⓟ　約100台（無料）

風呂　サンホールはぴねす（大人400円、10:00～21:00、水曜休）まで約5km

広々としたサイトは、なだらかな斜面が中心（左）。水洗トイレを併設するキレイな管理棟（上）

■小高い丘の上の無料施設

田園風景を見下ろす丘の上のキャンプ場。芝生のサイトはなだらかな斜面で、水辺周辺に平坦な場所がある。広々としており、気兼ねなくテントを張れるのがいい。高台からは大雪山系も一望できる。

※完全予約制（予約は公式サイトの申込フォーム〈https://kyokowan.wixsite.com/moonlight-camping-en/booking〉、または電話、メール〈moonlightcampinggarden@gmail.com〉等で随時受付）

期間　4月末 ▼ 11月30日　QRマップ

MAP 23 むーんらいときゃんぴんぐがーでん

ムーンライトキャンピングガーデン

☎080-7704-5047　上川郡鷹栖町19-16-1（管理人：村上）

MAPCODE® 79 668 860*50

予約　可（詳細は欄外参照）

入場料　中学生以上1人500円、小学生200円

設営料金　テント1張1,500円（タープ・ハンモック設営も同料金で、上記入場料を加算）

オートキャンプ　上記料金で一部可（特に設備なし）

バンガロー　なし

貸用具　テントなど有料で

管理人　巡回

施設利用時間　IN 13:00～ OUT 12:00まで

施設・設備　簡易トイレ１基、流し1カ所（水はポリタンクを利用）、西洋風あずまや１棟、焚き火場、ドッグランなど

風呂　サンホールはぴねす（前項参照）まで約５km

木立に囲まれた場内にテントサイトが点在する（左）。上は焚き火場とガゼボ（西洋風あずまや）

■プライベートなキャンプ場

１日５組程度限定で受け入れるプライベートな施設。水洗トイレや水道はなく、不便さを楽しめる人向きだ。サイトへの二輪車乗り入れもOK。

買い物（上段）：鷹栖町市街のローソンまで約5.5km
（下段）：鷹栖町市街のローソンまで約5km

※ロッジの予約は、利用日の３カ月前にあたる月の１日から電話受付、予約は利用日の１週間前まで受付）　※ゴミは持ち帰り制

期間	QRマップ
5月1日 ▼ 10月31日	

MAP 24 えたんべつわかもののさと

江丹別若者の郷

☎0166-73-2409　旭川市江丹別町中央104（江丹別若者センター）

MAPCODE® 934 164 420*64

予約　ロッジのみ要予約
持込テント料金　無料
オートキャンプ　不可
ロッジ　12人用6, 440円１棟、５人用4, 130円３棟（寝具代として1組1, 200円が別途必要）

炉付の炊事場がある芝生サイト（左）。写真右上は管理棟。上は人数で割ると意外に安価なロッジ

貸用具　なし
管理人　駐在（8:45〜17:15）
施設利用時間　IN 16:00〜 OUT 10:00まで（ロッジのみ）
施設・設備　水洗トイレ・炊事場（炉付）各１棟、BBQハウス1棟、管理のグリーンセンター
P　約50台（無料）
銭湯　フタバ湯（p192参照）まで約20km
MEMO　ロッジは４〜11月開設（４・11月は暖房料加算で料金５割増、ペット同伴不可）

■無料サイトと豪華ロッジ

芝生のテントサイトと林間サイトがあり、いずれもテント設営は無料。対照的に豪華な貸別荘タイプのロッジは、設備充実で眺めもいい。

※完全予約制（予約はログハウスで通年随時電話受付）　※ゴミは分別の上、無料で受け入れ

期間	QRマップ
1月5日 ▼ 12月29日	

MAP 25 あさひかわし21せいきのもりろぐはうす

旭川市21世紀の森ログハウス

☎0166-76-2108　旭川市東旭川町瑞穂888

MAPCODE® 914 184 165*33

予約　可（詳細は欄外参照）
持込テント　タープのみ可
タルハウス　３〜４人用１泊大人780円、高校生以下460円８棟（照明付）

各棟に野外炉が付くタルハウスと炊事場（左）。その隣のログハウスは、団体専用研修施設（上）

ログハウス　団体専用研修施設（４室・定員27名）、１泊大人750円、高校生以下460円
管理人　駐在（9:00〜17:00）
施設利用時間　IN 16:00〜17:00　OUT 10:00まで
施設・設備　屋外に水洗トイレ・炊事場各１棟、野外炉
P　約70台（無料）
温泉　21世紀の森の湯（p185参照）まで約２km

■ログ＆タルハウスで宿泊

ここはテントサイトがなく、宿泊施設のみ。大きなログハウスは通年利用できる団体専用の教育研修施設で、その横にしょう油樽を再利用したタルハウスが並ぶ。テントサイトはないが、宿泊者は敷地内でタープの設営もできる。

買い物（上段）：鷹栖町北野のスーパー、コンビニまで約15km
（下段）：東旭川市街のスーパー、コンビニまで約22km

※ペットの同伴は、リードの使用などマナー厳守でOK　※花火は指定場所でのみOK　※ゴミは分別の上、有料で受け入れ

MAP 26 しゅんこうだいこうえんぐりーんすぽーつしせつ

春光台公園グリーンスポーツ施設

☎0166-52-0694　旭川市字近文6線3号（春光台公園管理事務所）

MAPCODE® 79 492 579＊25

予約　不可

入場料　大人300円、高校生200円、中学生以下無料

サイト使用料　テント・タープ1張各500円

テントサイトは最大500名収容と広大(左)。上はアスレチックが楽しめる園内の「冒険広場」

オートキャンプ　不可

バンガロー・貸用具　なし

管理人　駐在（8:30～17:15、時期により変更あり）

施設利用時間　宿泊は IN 11:00～ OUT 11:00まで。日帰り利用は9:00～17:00

施設・設備　車イス対応水洗トイレ・炊事場(炉付)各1棟、管理棟、リヤカーなど

Ⓟ　約84台（無料）

銭湯　フタバ湯（大人490円、15:00～23:00、月曜休）まで約1km

■園内には遊戯施設がずらり

旭川市北端の「市民の森」に隣接する公園内施設。サイトは平坦な芝生で開放的だ。園内には20ポイントのアスレチックや木製遊具などが揃う。

※予約は電話(10:00～17:00)や楽天トラベルで随時受付　※ゴミは完全持ち帰り制(炭捨て場あり)
※ペットの同伴は、リードの使用などマナーを厳守し、屋外につなぐこと(宿泊施設内の同伴不可)

MAP 27 あさひかわもんごるむらきゃんぷじょう

旭川モンゴル村キャンプ場

☎0166-37-1113　旭川市東旭川町桜岡35-3
◎期間外・不在時間合先／神村 ☎(090) 5071-7679

MAPCODE® 79449153＊10

予約　可(詳細は欄外参照)

持込テント料金　草地・林間ともに1張2,000円

オートキャンプ　1区画1,500円～(1泊・車1台5人まで)

場内にはゲルが建ち並ぶ(左)。上はサイト横の流し台。場内には有料のパン・ピザ石窯もある

宿泊施設　屯田兵屋ほか計6棟(定員3名)・ゲル6棟(3名用ほか)各6,000円

貸用具　寝袋など有料で

管理人　駐在(11:00～17:00)

施設利用時間　IN 11:00～ OUT 10:00まで

施設・設備　水洗トイレ2棟、炊事場(流し台)3カ所など

Ⓟ　約100台（無料）

温泉　龍乃湯温泉（露天風呂付、大人600円、9:00～22:00、火曜休で、祝日の場合は翌日休）まで約5km

■農村滞在型のキャンプ施設

旭山動物園にほど近い農村滞在施設「旭川発信ランド桜岡内」にあり、モンゴル文化や地元の歴史を伝える。農作業体験や手づくり体験も用意。

買い物（上段）：旭川市春光台のローソンまで約800m
（下段）：東旭川市街のスーパー、コンビニまで約3km

※下記データは変更可能性あり、利用の際は事前に問合せを　※ペットの同伴はマナー厳守でOK　※ゴミは完全持ち帰り制

期間	QRマップ
5月上旬 ▼ 10月中旬	

MAP 28

ぐりーんぱーくぴっぷきゃんぷじょう

グリーンパークぴっぷキャンプ場

☎0166-85-2383　上川郡比布町北７線16号
◎問合先／比布町商工観光課 ☎ 85-2111

MAPCODE® 470 059 081*73

予約　不可

サイト利用料　フリー：１張500円(60張)／オート：1,500円計8区画(設備なし) ※タープ含め２張目から追加料あり

電源などの設備はないシンプルな区画オートサイト(左)。上は林間に広がるフリーサイトＢ

バンガロー・貸用具　なし

管理人　期間中駐在（8:00～17:00）

施設利用時間　IN 14:00～ OUT 11:00まで

施設・設備　水洗トイレ・炊事場各１棟、管理棟（水洗トイレ併設)、遊湯ぴっぷ内にコインランドリーなど

Ⓟ　約50台（無料）

風呂　遊湯ぴっぷ（露天風呂付、大人600円、10:00～22:00）に隣接

■環境プラス低価格も魅力

比布町・北嶺山麓「ぴっぷ良佳(よか)村」内のキャンプ場。サイトはフリー（芝生のA、林間のＢ）とオートに分かれ、トイレなどの設備も充実。安価な料金がうれしい。

※バンガローは予約制(予約は４月１日より現地で受付開始、詳しくは公式サイト参照)　※ペットの同伴はバンガローを除きOK

期間	QRマップ
5月1日 ▼ 10月下旬	

MAP 29

かみかわふぁみりーおーときゃんぷむら びれっじかみかわ

上川ファミリーオートキャンプ村/Village KAMIKAWA

☎01658-2-1414　上川郡上川町旭町52-1

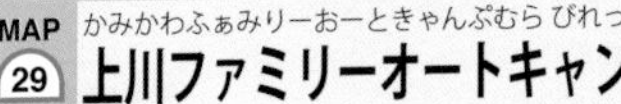

MAPCODE® 623 603 745*01

予約　バンガローのみ可

入村料　中学生以上1人550円、小学生以下275円

オートキャンプ　四輪車:1台1,650円／二輪車:1台1,100円(自転車も含む)

芝生のサイトは車の乗り入れが可能(左)。上はバンガロー４人用。このほか５人用も用意する

バンガロー　要予約で５人用1棟6,600円５棟、４人用5,500円５棟、２～３人用4,400円10棟(各照明・電源付)

貸用具　BBQ台、寝袋、サーキュレーターなど有料で各種

管理人　駐在(9:00～17:00)

施設利用時間　IN 13:00～17:00　OUT 10:00まで

施設・設備　管理棟、簡易水洗トイレ3棟、炊事場2棟など

Ⓟ　完全オートキャンプ場

風呂　いきいきセンターたいせつの絆（大人400円、11:00～20:30最終受付、木曜休）まで約1.3km

■民営のオートキャンプ場

大雪山の伏流水が湧く場内にオートと宿泊施設を設備。

買い物　(上段):比布市街のセブンイレブン、セイコーマートまで約9km
(下段):上川町市街のセブンイレブンまで約1km

MAP あさひかわしかすがせいしょうねんのいえ ※予約制（予約は現地で電話受付、空きがあれば当日も可） ※ゴミは完全持ち帰り制

30 旭川市春日青少年の家

旭川市江丹別町春日84 ☎（0166）61-6502
問合先／旭川市子育て支援課青少年係 ☎ 25-9847

MAPCODE® 79 333 541*35

予約 可（詳細は欄外参照）

期間 5月上旬～10月下旬

持込テント料金 無料

バンガロー なし

貸用具 貸テント・寝袋各無料

管理人 駐在（9:00～17:00）

施設利用時間 IN 13:00～ OUT 11:00まで

施設・設備 トイレ1カ所、炊事場（炉付）1棟、管理棟など

Ⓟ 約10台（無料）

温泉 高砂温泉（p184参照）まで約5㎞

■小学校跡地利用の研修施設

元小学校を活用した青少年対象のキャンプ施設。一般利用もできるが、基本的に青少年団体が優先される。森に面したサイトはのどかな雰囲気が魅力だ。

MAP にしかぐらこうえんきゃんぷじょう ※ペットの同伴は、リードの使用などマナー厳守でOK ※花火は指定場所でのみ可 ※ゴミは持ち帰り制

31 西神楽公園キャンプ場

旭川市西神楽南1-1 ☎(0166)75-3669 ※西神楽パークセンター
問合先／（公財）旭川市公園緑地協会 ☎ 52-1934

MAPCODE® 79 047 629＊14

予約 不可

期間 7月1日～8月31日

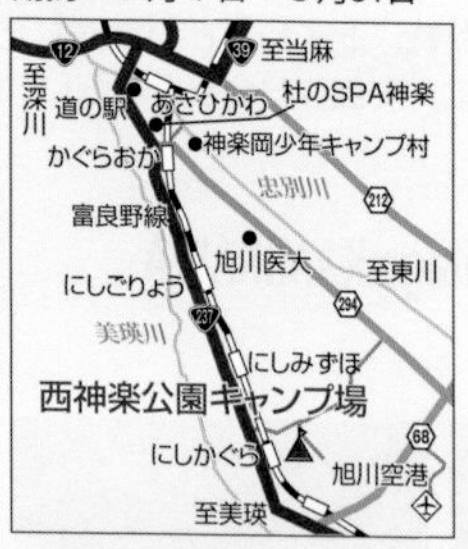

持込テント料金 無料

オートキャンプ 不可

バンガロー・貸用具 なし

管理人 巡回（不定期）

施設・設備 簡易水洗トイレ・炊事場（炉付）各1棟

温泉 杜のSPA神楽（露天風呂付、大人700円、10:00～23:00受付終了）まで約9㎞

Ⓟ 約10台（無料）

■旭川市南西の公園キャンプ場

旭川市郊外にある、JRにしかぐら駅至近の公園キャンプ場。

自然環境が魅力で設備も整う。サイトはトイレと炊事場に挟まれた斜面の芝生。ここ以外での設営は禁止のためご注意を。

MAP かぐらおかこうえんしょうねんきゃんぷむら ※ペットの同伴は、リードの使用などマナー厳守でOK ※花火は指定場所でのみ可

32 神楽岡公園少年キャンプ村

旭川市神楽岡公園 ※現地TELなし
問合先／緑のセンター ☎ (0166) 65-5553

MAPCODE® 79 284 533＊55

予約 不可

期間 7月1日～8月31日

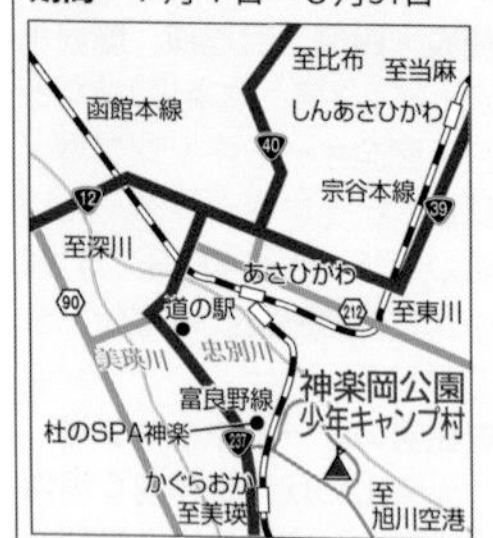

持込テント料金 無料

オートキャンプ 不可

バンガロー・貸用具 なし

管理人 巡回

施設・設備 簡易水洗トイレ2棟、炊事場（炉付）1棟、管理事務所、遊具など

温泉 杜のSPA神楽（前項参照）まで約1㎞

Ⓟ 多数可能（無料）

■忠別川沿いの林間サイト

旭川市街からほど近い、忠別川沿いに広がる神楽岡公園内のキャンプ場。林間の芝生サイトは深い森の雰囲気で、料金無料というのがうれしい。ゴミはすべて持ち帰り制となる。

買い物 （上段）：旭川市神居町台場のコンビニまで約2km （中段）：旭川市西神楽のローソンまで約700m
（下段）：旭川市神楽岡のセイコーマートまで約700m

※予約制（電話、メール〈wassamutaikyo@nifty.com〉で随時受付、キャンセル料あり）
※ペットの同伴はリード使用でOK　※焚き火は、焚き火台と耐熱シートの使用でOK

期間	QRマップ
通年積雪状況による	

MAP 33 わっさむふれあいのもりきゃんぷじょう

わっさむふれあいのもりキャンプ場

☎0165-32-4470　上川郡和寒町字三笠103

MAPCODE® 470 350 298*30

予約　可（詳細は欄外参照）
フリーサイト　１張1,000円
オートサイト　電源付き：１区画2,000円計２区画（15A電源付）／電源なし：2,000円計２区画／東屋付き:2,500円計２区画（15A電源付）
ＲＶパーク　1区画1,000円計５区画（電源なし、テント設営は１張1,000円を加算）
貸用具　七輪・炭・網・たきつけのセット1,000円
管理人　和寒町総合体育館に駐在・巡回（9:00～21:00）
施設利用時間　IN 13:00～17:00　OUT 12:00まで
施設・設備　管理・受付の和寒町総合体育館（水洗トイレ併設）、水洗トイレ１棟（屋外に流し併設）、ステージ（施設内に洗面所併設）、パークゴルフ場（27H・有料）など
P　約100台（無料）
風呂　非温泉の和寒町保養センター（大人300円、16:30～21:30冬期変更あり、月・金曜と8月15・25日休）まで約２km
MEMO　花火は手持ち式のみ可。ゴミは有料で受け入れ。

林間のフリーサイトは、１張1,000円で入場料なしと財布に優しい。写真奥は大きな東屋に併設されたオートサイト。左下はウインターキャンプの様子

場内南側から見たフリーサイト

左がステージ、右は東屋付オートサイト

手頃な利用料で楽しめるフリー＆オートキャンプ

和寒町総合体育館に隣接するＲＶパーク併設のキャンプ場。林間のフリーサイトに加え、電源の有無で料金が異なるオートサイトを設備する。東屋に車を横付けできる珍しいサイトも。料金は全体に安価なのがうれしい。また二輪車は、サイトに横づけＯＫだ。

ROUTE

旭川方面からは、国道40号で名寄方面に向かい、約36km先の和寒市街手前に立つ「総合体育館・ふれあいのもり」の看板を左折、350m先右手が現地。道央自動車道の和寒ICからは、国道40号経由で約1.5km先の看板から現地へ。

買い物　和寒市街のコンビニまで約1km、ホクレンショップまで約2km

※予約制（予約はレークサイド桜岡で随時受付、夏季繁忙期は現地で受付）
※ペットの同伴はマナー厳守の上、有料でOK　※ゴミは専用のゴミ袋購入で受け入れ、不燃ごみは持ち帰り制

期間	QRマップ
5月上旬 ▼ 10月31日	

MAP 34

けんぶちえほんのさとかぞくりょこうむらきゃんぷじょう

けんぶち絵本の里家族旅行村キャンプ場

☎0165-34-3535

上川郡剣淵町東町5173
◎問合先／レークサイド桜岡 ☎ 34-3100

MAPCODE® 470 651 094＊74

予約　可（詳細は欄外参照）

フリーサイト　テント２人用まで１張600円、３人用以上１張1,200円

オートサイト料金　サイトA：１区画2,500円４区画（設備なし）／サイトＢ：１区画3,500円５区画（電源・排水設備付）／サイトＣ：簡易流し台付で1区画3,000円５区画／サイトＤ：電源付1区画5,000円１区画／サイトＥ：電源付で1区画4,500円２区画／サイトＦ：電源付１区画3,500円２区画

宿泊施設　なし

貸用具　なし

管理人　駐在（時間変動あり）

施設利用時間　IN 13:00〜 OUT 11:00まで

施設・設備　水洗トイレ１棟、炊事場４棟、センターハウス内に車イス対応水洗トイレ・売店・コインランドリー・ベビーシートなど併設

Ⓟ　約100台（無料）

温泉　レークサイド桜岡（大人600円、10:00〜20:00受付終了、金曜は17:00〜）に隣接

湖を望むセンターハウス下のフリーサイト（右上はセンターハウスと炊事場）

湖畔に面した芝生のフリーサイト

最上段に位置するオートサイトC

オートサイトも設備する丘上＆湖畔のキャンプ場

　サイトは丘上のオートと湖畔側のフリーに分かれる。階段状になった丘上のサイトは正面に桜岡湖を一望する眺望の良さが魅力だ。夏休みには賑わうが、そのほかの時期は比較的静か。湖での釣りやカヌーなども含めて、周辺の自然を存分に満喫したい。

ROUTE

　国道40号の剣淵町市街への分岐を、士別側へ向かう道道205号に入り、約4.5kmの右手が現地。手前に剣淵温泉がある。道央自動車道利用の場合は和寒ICで下り、国道40号経由（ひがしろくせん駅付近で右折）で約６km。

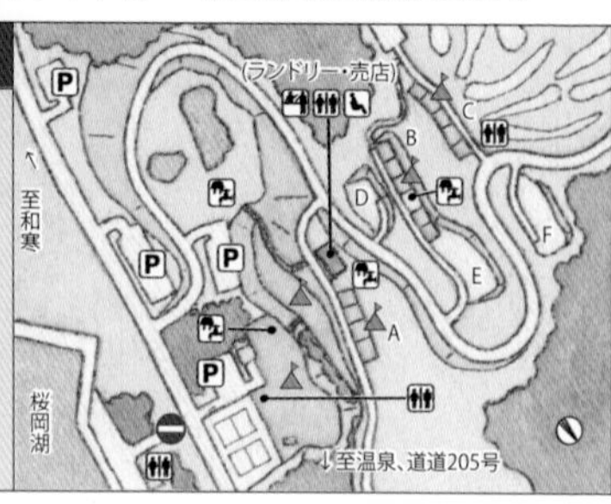

買い物　剣淵市街のスーパーまで約3km、セイコーマートまで約4km

※予約制（予約は利用日の3カ月前より、予約サイト「なっぷ」と電話で受付、キャンセル料あり）
※指定場所以外での直火は不可（焚き火台の使用は可）　※冬季開設期間は12月中旬～3月下旬

期間	QRマップ
4月下旬 ▼ 10月下旬	

MAP 35

たきびきゃんぷじょう しべつぺこら

焚き火キャンプ場 士別ペコラ

☎080-5152-3619　士別市東4条21丁目473-103（ペコラキッチン）

MAPCODE® 470 859 750*31

予約　可（詳細は欄外参照）

入場料　中学生以上1人800円、小学生400円、未就学児無料

サイト使用料　フリー：1区画1,500円／区画テント各種：1区画2,500円～／オートサイト各種：1区画3,500円～／キャンピングカー：5,000円～（電源付）／タイニーハウス付サイト：2人用1人1泊8,500円、4人用1人1泊10,500円

バンガロー・貸用具　テント・タープなど各種有料で

管理人　ペコラキッチンに駐在（8:00～17:00）

施設利用時間　IN 14:00～17:00　OUT 11:00まで

施設・設備　水洗トイレ・炊事場各1棟、カフェバー、管理・受付のペコラキッチン（車イス対応水洗トイレ・宿泊施設）、ドッグランなど

P　約100台（無料）

温泉　美し乃湯温泉（露天風呂付、大人730円、6:00～10:00、15:00～24:30受付終了 ※土・日曜・祝日は、10:00～24:30受付終了の通し営業）まで約1.5km

眺めのいい高台に広がるメインのオートサイト。サイト内には炊事場とカフェバーがある。下段写真は左から炊事場、トイレ棟、カフェバー

木々に囲まれたプライベートサイト

草原ゆったりサイトはオートOK

サイトは選り取り見取り 好みで選べる多彩な環境

士別市街にほど近い農地で、しずお農場が運営する施設。高台のオート＆フリーサイトをはじめ、林間から草原までさまざまな環境とサイズを用意する。場内にはカフェバーがあるほか、士別産のサフォーク羊肉など肉類の販売も行うので、味わってみては。

ROUTE

道央自動車道利用の場合、士別方面に向かい、終点の士別剣淵ICを降りて国道40号を右折。750m先の施設看板を右折し、200m先のコンクリート工場を目印に左折、1km先の看板を右折した先にあるレストランで受付を。

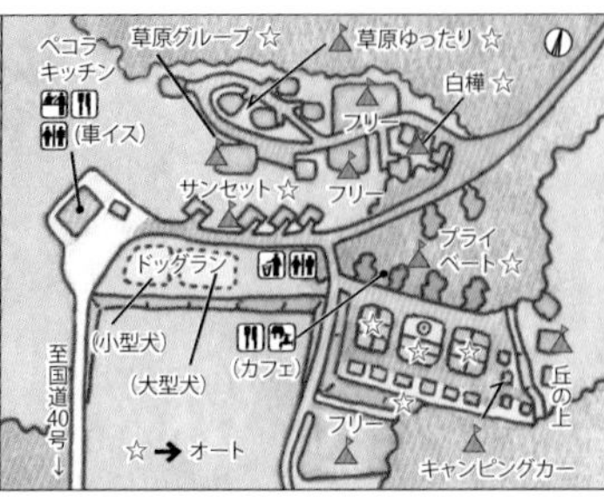

買い物　スーパー、コンビニのある士別市街まで約1.5km

※予約制（予約は開設後に電話、または予約サイト「なっぷ」で受付）　※焚き火台使用の際は管理人に申し出ること
※花火は手持ち式のみ可　※ペットの同伴は、リードの使用などマナー厳守でOK（コテージ内への同伴は禁止）

期間　4月中旬 ▼ 10月下旬　QRマップ

MAP 36

ふうれんぼうこだいしぜんこうえんきゃんぷじょう

ふうれん望湖台自然公園キャンプ場

☎01655-3-2755

名寄市風連町池の上165（ふうれん望湖台自然公園）
◎問合先／名寄市経済部産業振興課 ☎ (01654) 3-2111

MAPCODE® 572 723 000＊21

予約　可（詳細は欄外参照）
持込テント料金　1張550円
オートサイト　1区画2,200円20区画（電源20A付）
コテージ　8人用風呂付・2階建：14,200円1棟（それぞれトイレ・流し・コンロ・冷蔵庫・炊飯器・冷暖房・寝具などを完備の貸別荘タイプ）
貸用具　なし
管理人　受付兼務の公園管理室に駐在（8:00～17:00）
施設利用時間　IN 11:00～（コテージは15:00～）OUT 10:00まで
施設・設備　トイレ・炊事場各2棟、管理棟など
Ⓟ　約100台（無料）
温泉　なよろ温泉サンピラー（p199参照）まで約19km

忠烈布湖岸に位置する電源付区画オートサイト。写真上方の建物が炊事場

林間に広がる芝生のフリーサイト

なよろ温泉サンピラーのサウナ

電源付オートサイトからコテージまでを設備

　このキャンプ場の名称を聞いて、風蓮湖にあると勘違いした人がいた。しかし、風蓮湖は根室湾の潟湖で、ここは名寄市風連町の忠烈布湖岸にあるキャンプ場である。

　テントサイトは、湖岸に広がる区画オートとその山側にある草まじりのフリーに分かれる。場内では、林間エリアでカブトムシなどの昆虫採集が楽しめるほか、季節ごとに野の花が咲き乱れるなど、恵まれた自然環境が魅力だ。

　また、少々は古いものの入浴設備が付く、貸別荘級のコテージもある。ゴミは専用のゴミ袋購入で受け入れ。

ROUTE

　士別市街から国道40号で約18km先の風連市街を通過。さらに4km先の東風連の看板を右折。廃止になった「東風連駅跡」付近から道道758号（パンケ・風連線）に入り、下川方面へ。約6km先の道道沿い右手がキャンプ場。

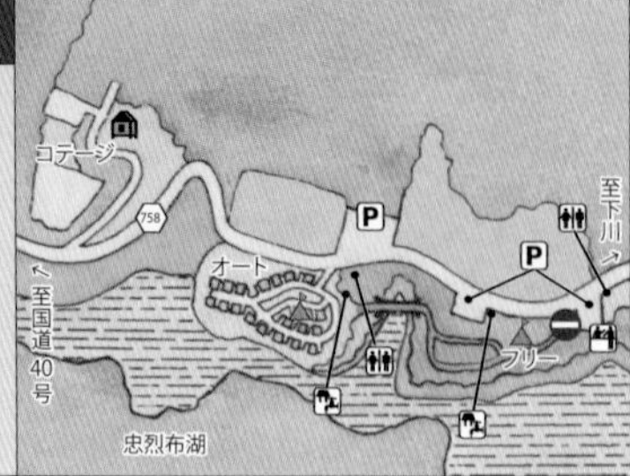

買い物　スーパー、コンビニの多数ある名寄市街まで約8km、風連市街まで約10km

※予約制（予約は現地で随時受付。コテージと宿泊施設は通年利用可で、冬期の受付は17時まで）
※ペットの同伴はリード使用などマナー厳守でOK（建物内への同伴禁止）　※花火は手持ち式のみOK　※ゴミは有料で受け入れ

期間	QRマップ
4月29日 ▼ 10月31日	

MAP 37 さんぴらーぱーくもりのきゅうかむらおーときゃんぷじょう

サンピラーパーク森の休暇村オートキャンプ場

☎01654-3-9555　名寄市字日進（道立サンピラーパーク内）

MAPCODE® 272 748 490＊25

予約　可（詳細は欄外参照）
カーサイト　１区画3,300円20区画（電源15Ａ・野外炉付）
フリーサイト　なし
コテージ　６人用１棟13,200円計５棟（バス・トイレなど諸設備完備、１棟は車イス対応）
宿泊施設　センターハウス２階研修室20人用22,000円１室（キッチンなど諸設備完備）
貸用具　なし
管理人　駐在（8:00〜20:00）
施設利用時間　IN 13:00〜20:00（コテージは15:00〜）　OUT 8:00〜10:00
施設・設備　テントサイトに車イス対応水洗トイレ併設の炊事場１棟、管理のセンターハウス内に車イス対応水洗トイレ・シャワーなど
温泉　なよろ温泉サンピラー（大人500円、10:00〜21:00受付終了）まで約６㎞
Ⓟ　完全オートキャンプ場

トイレ併設の炊事棟があるカーサイト（だ円写真は炭火専用の野外炉）

諸設備完備の６人用コテージ

宿泊設備も併設するセンターハウス

コテージは通年営業の完全オートキャンプ場

名寄市北東部の郊外に広がる、道立サンピラーパーク内の市営施設。お隣にはなよろ健康の森もあり、公園エリアとしては極めて広大だ。

場内は完全オートキャンプ場でフリーサイトはない。各区画には電源のほか、レンガ組みの炭火専用野外炉を設備。さらに、寝具の付いた貸別荘仕様の洒落たコテージもある。

なお、コテージと団体向き宿泊施設は通年営業しており、冬期も利用できる。

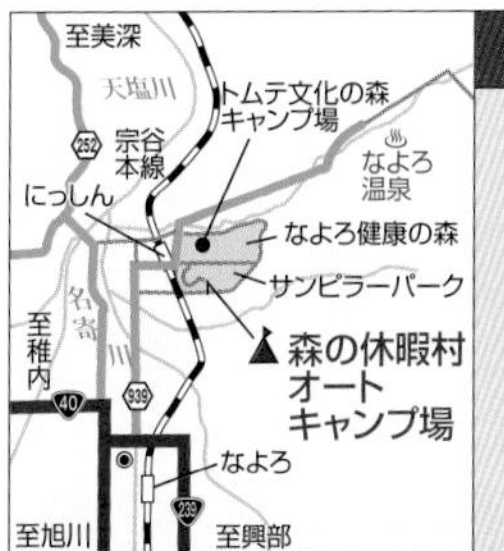

ROUTE

国道40号を名寄市街から国道239号へ入り、500m先の交差点を左折して道道252号へ。約３km先を右折し、ＪＲ宗谷本線を越えた先の右手がサンピラーパーク。看板を右折し、交流館前を回りこんで上り坂を道なりで現地。

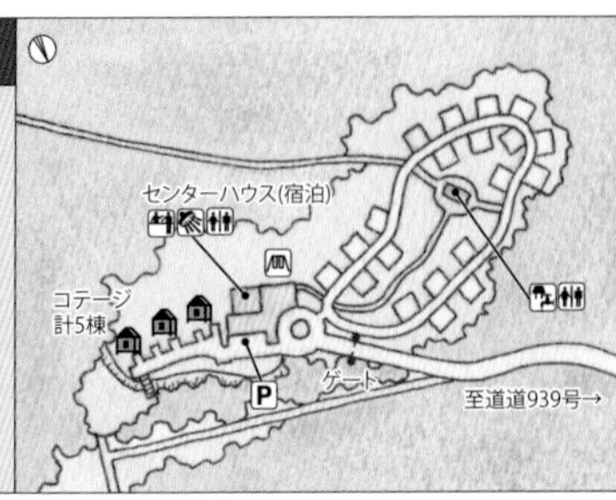

買い物　スーパー、コンビニの多数ある名寄市街まで約4km

※ログキャビンの予約は、現地管理棟で受付（キャンセル料あり、通年営業）
※ペットの同伴は、リードの使用などマナー厳守でOK（ログキャビンへの同伴は禁止）

期間	QRマップ
5月中旬 ▼ 10月下旬	

MAP 38

しゅまりないこはんきゃんぷじょう

朱鞠内湖畔キャンプ場

☎0165-38-2101　雨竜郡幌加内町字朱鞠内湖畔

MAPCODE® 740 502 424＊34

予約　キャビンのみ予約可

持込テント料金　大人1,000円、小学生500円

オートキャンプ　可能だが、芝生部分への車乗り入れ禁止

ログキャビン　5～6人用1棟8,250～9,500円3棟（浴室以外の諸設備完備）

貸用具　ランタン500円

管理人　駐在（8:00～17:00）

施設・設備　第1・2・3サイト水洗トイレ各1棟、第2サイト非水洗トイレ1棟、各サイト炊事場1棟、管理棟、シャワー棟（コインランドリー併設、各有料）、貸ボート乗り場など

Ⓟ　4カ所計300台（無料）

温泉　道の駅併設のせいわ温泉ルオント（露天風呂付、大人500円、10:00～20:30受付終了、水曜休）まで約26km

MEMO　ログキャビン利用者以外のゴミは持ち帰り制

木立の立ち並ぶ湖岸に沿ってテントサイトが点在する第2・第3サイト。車の乗り入れは自由だ（左下は第2サイトのトイレ棟）

第1サイトの芝生は車の乗り入れ禁止

設備は貸別荘クラスのログキャビン

人造湖の湖岸サイトで素朴な大自然を満喫！

道立自然公園にも指定される日本最大の巨大な人造湖・朱鞠内湖。キャンプ場はその南西の湖畔に広がり、ボート乗り場のある開放的な雰囲気の湖岸の第1サイトと、林間にテント床が点在する第2・3サイトに分かれる。

ここはトラウトフィッシングの名所としても知られ、1日1,500円（変更予定あり）の入漁料で釣りが楽しめる。なお、カヌー利用者は必ず漁業組合に申し込みをすること。

ROUTE

国道275号を美深に向かってどこまでも北上すると、いつの間にかたどり着くという感じ。札幌からだと、この国道は長～いと実感する。ちなみに同国道は美深から音威子府まで国道40号に相乗りした末、終点は浜頓別。

買い物　名寄市風連市街のスーパー、コンビニまで約30km

※区画オートサイトとコテージは予約制（オートサイトは5月1日より現地で受付開始、コテージは利用月の3カ月前よりびふか温泉で受付）
※キャンセル料あり　※ペットの同伴は、リードの使用などマナー厳守でOK（建物内への同伴は禁止）

期間	QRマップ
5月中旬 ▼ 10月下旬	

MAP 39

しんりんこうえんびふかあいらんど

森林公園びふかアイランド

☎01656-2-3688

中川郡美深町字紋穂内139
◎問合先／美深振興公社 ☎ 2-2900

MAPCODE® 651 489 706＊23

予約　可（詳細は欄外参照）
フリーオートサイト　中学生以上700円、小学生350円
区画オートサイト　1区画3,500円計15区画（上水道・電源15A付）
コテージ　6人用1棟20,900円～23,000円4棟（諸設備完備の貸別荘タイプ。通年使用可能で冬季暖房料は無料、予約はびふか温泉 ☎ 2-2900まで）
貸用具　各種有料で
管理人　駐在（8:30～17:30）
施設利用時間　IN 13:00～（コテージは15:00～）　OUT 12:00（コテージは10:00）まで
施設・設備　水洗トイレ・炊事場（炉付）各3棟、管理棟にコインランドリー、遊具など
P　約100台（無料）
温泉　びふか温泉（大人500円、11:00～21:00）に隣接
MEMO　ゴミは原則持ち帰り制（有料ゴミ袋も販売）

オープンな雰囲気の区画オートサイト。サイトには遊水池（左下）もある

利用は先着順のフリーオートサイト

ログハウス仕様の超豪華コテージ

森と水の街にある全面オートサイトキャンプ場

町域の大半が山地で占められた森林の町・美深。キャンプ場は、その森林公園内の三日月湖に囲まれた一角にあり、サイトはすべてオート可能となっている。さらに、場内奥には区画サイトも設備され、オートキャンプ派にはたまらない場所といえるだろう。

また、貸別荘タイプのコテージは人気が高く、毎年すぐに予約で埋まるそうだ。場内には入館無料の「美深チョウザメ館」（月曜休）もある。

ROUTE

国道40号沿いの「道の駅びふか」を目指すのがわかりやすい。美深市街からだと音威子府方向へ約8㎞進んだ右手にある。道の駅（売店・レストランもある双子座館）正面左手の道を入り、道なりに進んだ右手が現地。

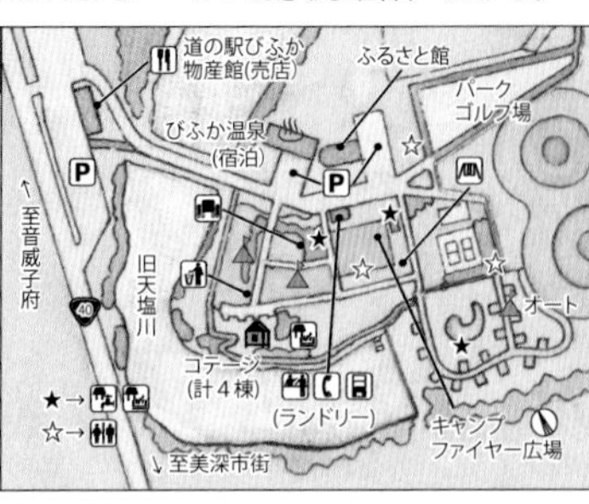

買い物　美深市街のスーパー、コンビニまで約10km

※完全予約制（予約は４月１日より現地で受付開始）　※Wi-Fi環境は管理棟内のみ
※ペットの同伴は、リードの使用などマナー厳守でOK　※花火は指定場所でのみOK　※ゴミは分別の上、無料で受け入れ

期間　6月1日 ▼ 10月31日　QRマップ

MAP 40　なかがわちょうおーときゃんぷじょう なぽーとぱーく

中川町オートキャンプ場 ナポートパーク

☎01656-7-2680　中川郡中川町字中川

MAPCODE® 640 474 731＊66

予約　可（詳細は欄外参照）
スタンダードカーサイト　１区画 2,000円計22区画（電源30Ａ付）
キャンピングカーサイト　１区画 3,000円計３区画（電源60Ａ・流し・給排水設備・テーブルベンチ付）
フリーテントサイト　オートサイト満員時のみ1張1,000円20張限定で利用可
キャビンサイト　４名用１棟4,000円３棟（電源付）
貸用具　有料でキャンプ用品各種（センターハウス）
管理人　駐在（8:00～18:00）
施設利用時間　IN 13:00～18:00　OUT 8:00～11:00
施設・設備　センターハウス内に水洗トイレ・有料の温水シャワー・コインランドリー併設、炊事場・ＢＢＱハウス各１棟、カヌーポートなど
P　フリー用20台（無料）
温泉　ポンピラ・アクア・リズイング（大人400円、11:00～20:00受付終了）に隣接
MEMO　要予約で有料のレンタルカヌーを取り扱う

ゆったりとしたスペースのスタンダードサイト（右下は広々とした炊事場）

設備充実のキャンピングカーサイト

満員時限定のフリーサイト

カヌー体験も楽しめる本格オート＆バンガロー

カヌーのメッカ・天塩川沿いにあり、温泉施設の横がテントサイト。場内にはカヌーポートも設備されている。

オートキャンプ専用施設だが、満員時のみ場内の一角をフリーサイトとして開放。サイトの川側には、バンガロータイプのキャビンも建つ。

ROUTE

国道40号を音威子府側から天塩川を右手に幌延方面に進むと、左手に「道の駅なかがわ」がある。道の駅前の信号機を右折し、誉大橋で天塩川を渡った突き当りを右折。その先の宗谷本線踏切を越えてすぐの右手が現地。

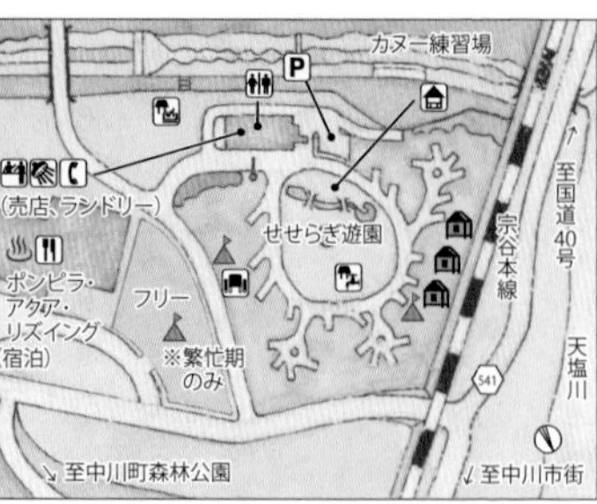

買い物　中川市街のＱマート中川店まで約1km、セイコーマートまで約2km

※ゴミは原則持ち帰り制（連泊者については生ゴミのみ受け入れ）

期間	QRマップ
5月中旬 ▼ 9月下旬	

MAP 41

わっさむちょうみなみおかしんりんこうえんきゃんぷじょう

和寒町南丘森林公園キャンプ場

☎0165-32-4151

上川郡和寒町字南丘
◎問合先／和寒町産業振興課 ☎ 32-2423

MAPCODE® 470 197 276*58

予約　不可
フリーサイト　1張1,000円
オートサイト　1区画2,000円（計８区画、普通車用で電源15A・野外炉付、利用は先着順）

野鳥がさえずる水辺のフリーサイト。自然環境は抜群だ（左）。上は野外炉併設のオートサイト

バンガロー・貸用具　なし
管理人　駐在（8:30～17:00）
施設・設備　管理棟（水洗トイレ併設）、水洗トイレ１棟、炊事場２棟、カヌーポート
Ⓟ　約50台（無料）
風呂　非温泉の和寒町保養センター（大人300円、16:30～21:30、月・金曜と8月15日・25日休）まで約９km

■貯水池でカヌー＆キャンプ

南丘貯水池と周辺の自然林が織り成す、美しい風景が魅力のキャンプ場。カヌーポートがあり、貯水池でのカヌーが楽しめる（毎年８月に貯水池の水抜きあり）。湖岸のフリー＆オートサイトで、野鳥観察や昆虫採集にぴったりの豊かな自然環境を満喫しよう。

※バンガローは予約制（予約は近藤組内の道北環境整備協同組合で随時受付、設備は照明のみ）
※焚き火は備え付けの焚き火台（１カ所）でのみで可

期間	QRマップ
5月上旬 ▼ 10月下旬	

MAP 42

わっさむちょうみかさやましぜんこうえんきゃんぷじょう

和寒町三笠山自然公園キャンプ場

☎0165-32-2138

上川郡和寒町字三笠（こどもの国）
◎予約・問合先／道北環境整備協同組合 ☎ 32-2042

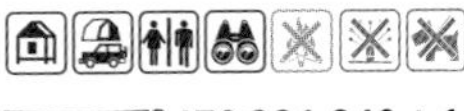

MAPCODE® 470 321 840＊14

予約　バンガローのみ可
持込テント料金　無料
オートキャンプ　可能（特に設備なし）
バンガロー　２～３人用１棟1,200円1棟、４～５人用2,000円２棟、８人用3,000円１棟

眺望抜群の高台にあるテントサイトは、さほど広くない（左）。上は木立に囲まれたバンガロー

貸用具　なし
管理人　不在
施設利用時間　IN 13:00～17:00　OUT 10:00まで
施設・設備　トイレ・炊事場各１棟など
Ⓟ　約50台（無料）
風呂　和寒町保養センター（前項参照）まで約2km

■芝のサイトは遊園地に隣接

各有料の遊園地やパークゴルフ場が揃う、公園内のキャンプ場。テントサイトは遊園地「こどもの国」隣の高台に広がり、オートキャンプも可。バンガローサイトは、少し離れたこどもの国の国道側にある。ゴミはすべて持ち帰り制。

買い物　（上段）：和寒市街のスーパー、コンビニまで約10km
（下段）：スーパー、コンビニのある和寒市街まで約3km

※バンガローの予約は、4月1日より士別市朝日支所で受付(オープン後は現地)　※ペットの同伴はマナー厳守でOK

MAP 43 いわおないこしらかばきゃんぷじょう

岩尾内湖白樺キャンプ場

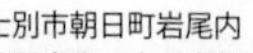
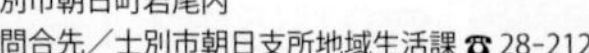

☎0165-28-2880

士別市朝日町岩尾内
◎問合先/士別市朝日支所地域生活課 ☎ 28-2121

MAPCODE® 572 057 204＊88

予約　バンガローのみ可
持込テント料金　1張500円
オートキャンプ　普通車で約50台分が可能
バンガロー　5〜6人用1棟3,000円3棟(特に設備なし)
貸用具　なし
管理人　期間中駐在(9:00〜16:00、7〜8月は17:00まで)
施設・設備　管理棟(車イス対応水洗トイレ・コインシャワー&ランドリー併設)、水洗トイレ・炊事場各1棟など
Ⓟ　約300台(無料)
風呂　朝日地域交流施設「和が舎(や)」(大人490円、14:00〜21:00、土・日・祝日12:00〜)まで約15km

白樺林が目立つオートキャンプOKのテントサイト(左)。上はシンプルな造りのバンガロー

■ダム湖畔の広大なサイト

岩尾内湖東岸に位置する広大な芝生サイトは、車の乗り入れOKのフリーオートスタイル。目の前の湖では釣りもでき、雄大な自然環境が魅力だ。ゴミは完全持ち帰り制。

※ゴミは完全持ち帰り制　※リヤカー2台あり

MAP 44 とむてぶんかのもりきゃんぷじょう

トムテ文化の森キャンプ場

☎01654-3-7400

名寄市字日進(もりの学び舎)
◎問合先/名寄振興公社 ☎ 2-2131

MAPCODE® 272 777 254＊73

予約　不可
持込テント料金　無料
オートキャンプ　不可
バンガロー・貸用具　なし
管理人　駐在(8:00〜17:00、月曜休で祝日の場合は翌日)
施設・設備　炊事場(炉付)・バーベキューハウス(要予約)各1棟、車イス対応水洗トイレ1カ所など
Ⓟ　約30台(無料)
温泉　なよろ温泉サンピラー(p199参照)まで約4km

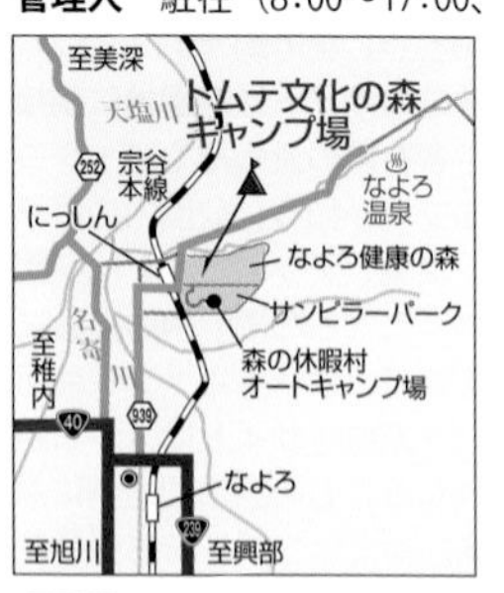

バーベキューハウスのある開放的な芝生サイト(左)。上はもりの学び舎と写真右側がトイレ棟

■雰囲気の違う2つのサイト

利用者はキャンプ場の管理施設を兼ねる「もりの学び舎」で受付後、テントサイトへ。サイトは、BBQハウス周辺の芝地と、駐車場から100mほど離れた小高い林間部分に分かれる。林間サイトには14のテント床が並び、雰囲気はこちらの方がいい。オートキャンプやコテージ宿泊なら、隣接のサンピラーパークへどうぞ。

買い物　(上段):士別市朝日市街の商店街まで約15km、上士別市街のセイコーマートまで約25km
(下段):スーパー、コンビニの多数ある名寄市街まで約4km

※予約制（予約サイト「なっぷ」で受付、キャンセル料あり）　※問合せはメール（farminntonnto@matsuyama-farm.com）で

期間 4月下旬▼10月下旬　QRマップ

MAP 45
きゃんぷいんとんと
キャンプイントント

☎080-5588-3845　中川郡美深町仁宇布437-3（ファームイントント）

MAPCODE® 832 791 593*21

予約　可（詳細は欄外参照）

オートサイト　3,000円計4区画（テント・タープ各１張まで、定員10人、電源など設備なし）

宿泊施設　農家民宿ファームイントント：ジンギスカンプラン11,800円／洋風コース・プラン15,000円（１泊２食付、要予約）

管理人　ファームインに駐在

施設利用時間　IN 13：00～15:00　OUT 10:00まで

施設・設備　水洗トイレ・炊事場各１棟

温泉　びふか温泉（p201）まで約33km

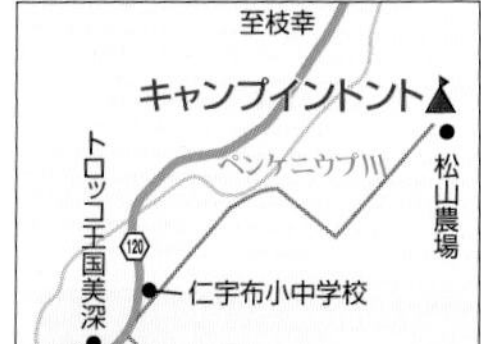

６月以降はテントサイトの間近で、羊たちの姿が見られることも（左）。上は炊事用の流し台

■サイトは農家民宿の牧草地

仁宇布（ニウプ）地区で20年以上続く農家民宿の牧草地内に設けられたキャンプ場。４区画限定のオートサイトは、広々として実に贅沢な空間だ。事前予約で地元産の羊肉も購入できるので、お見逃しなく。ゴミは完全持ち帰り制。

※ログハウスの予約は２月から天塩川温泉で受付開始、以降は利用日の３カ月前より受付　※ゴミは完全持ち帰り制

期間 5月中旬▼10月31日　QRマップ

MAP 46
てしおがわりばーさいどきゃんぷじょう
天塩川リバーサイドキャンプ場

☎01656-5-3330　中川郡音威子府村字咲来919（天塩川温泉）
◎問合先／音威子府村産業振興室 ☎ 5-3313

MAPCODE® 651 840 893＊52

予約　ログハウスは予約制

持込テント料金　無料

オートキャンプ　不可

ログハウス　要予約で８人用26,500円１棟（諸設備完備）

貸用具　なし

管理人　不在

施設利用時間　ログハウスは IN 15:00～ OUT 10:00まで

施設・設備　水洗トイレ・炊事場・炊事炉各１棟、パークゴルフ場（18H・無料）など

Ⓟ　約20台（無料）

温泉　天塩川温泉（露天風呂付、大人500円、10:00～20:30受付終了）に隣接

高台に広がる芝生のサイト（左）。写真左上は炊事場と炊事炉。上は貸別荘クラスのログハウス

■天塩川の流れを眼下に

JRてしおがわおんせん駅を目印に、天塩川を渡った右手の天塩川温泉裏がサイト。高台の芝生サイトは設備こそシンプルだが、快適なキャンプが堪能できる。天塩川にはカヌーポートもあり、カヌー目当てのキャンパーも多い。

買い物（上段）：美深市街のセイコーマートまで約24km
（下段）：音威子府市街のセイコーマート音威子府店まで約9km

MAP しべつしつくもすいごうこうえん ※開設時期は融雪状況で変動あり ※ペットの同伴はマナー厳守でOK ※ゴミは持ち帰り制 ※花火は草地以外で

47 士別市つくも水郷公園

士別市東7条北9丁目
問合先／つくも水郷公園管理棟 ☎ (080) 8625-0963

MAPCODE® 272 079 361*07

予約 不可

期間 5月上旬～10月中旬

持込テント料金 無料

オートキャンプ 不可

バンガロー・貸用具 なし

管理人 駐在（9:00～16:00）

施設・設備 水洗トイレ５棟、炊事場（炉付）２棟、パークゴルフ場（18H・無料）など

Ⓟ 約90台（無料）

風呂 士別市街の美し乃湯温泉（p197参照）まで約４km

■ファミリー向きの無料施設

士別市郊外の公園内施設。公園奥にあるテントサイトは、無料ながら最小限の設備が整っている。園内では、水遊びをはじめ、フィールドアスレチックや貸ボートなどが楽しめる。

MAP ほろかないここうえん ※料金変更の可能性あり ※オートサイトの利用は先着順 ※ゴミは完全持ち帰り制

48 ほろかない湖公園

雨竜郡幌加内町字雨煙内 ※現地TELなし
問合先／幌加内町観光協会 ☎ (0165) 35-2380

MAPCODE® 701 353 041＊65

予約 不可

期間 5月上旬～10月下旬

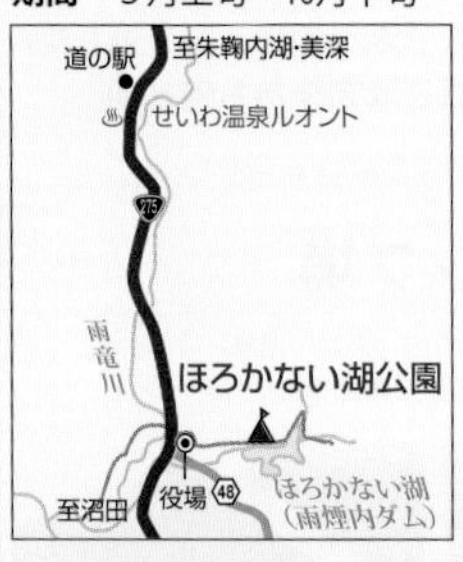

持込テント料金 １張 200 円（日帰り利用は無料）

オートサイト ２区画分のみ可能で１張１泊200円（設備なし）

バンガロー・貸用具 なし

管理人 駐在（８:00～17:00、火・金曜は13:00～17:00）

施設・設備 車イス対応水洗トイレ・炊事場各1棟、BBQハウス３棟（要予約で有料）、管理棟など

Ⓟ ２カ所約10台（無料）

温泉 道の駅併設のせいわ温泉ルオント（p200参照）まで約16km

■春は桜、秋は紅葉の名所

ほろかない湖を見下ろす位置にあり、オートサイト２区画のほか林間のフリーサイトも設備。

MAP おといねっぷむらなかじまこうえんきゃんぷじょう ※ペットの同伴は、リードの使用などマナー厳守でOK ※ゴミは完全持ち帰り制

49 音威子府村中島公園キャンプ場

中川郡音威子府村字音威子府
問合先／音威子府村経済課産業振興室 ☎ (01656) 5-3313

MAPCODE® 684 197 483*52

予約 不要

持込テント料金 無料

オートキャンプ 可（設備なし）

バンガロー・貸用具 なし

管理人 不在

施設・設備 水洗トイレ１棟、流し台１カ所

Ⓟ なし（サイト内に乗入れ可）

温泉 天塩川温泉（露天風呂付、大人500円、10:00～20:30受付終了）まで約９km

■天塩川河川敷の無料サイト

無料でキャンプができる天塩川河岸の公園。村役場とＧＳの間から入って堤防沿いに進み、村営野球場側に下りた平坦な草地がサイトとなる。設備は最小限とあって混み合うことも少なく、ゆったり過ごせそうだ。

買い物 （上段）：スーパー、コンビニの多数ある士別市街まで約1.5km
（中段）：幌加内市街のスーパーまで約3km （下段）：音威子府市街のセイコーマートまで約1km

ナウマン公園キャンプ場

十勝

清水・然別湖・士幌
足寄・帯広
大樹・浦幌

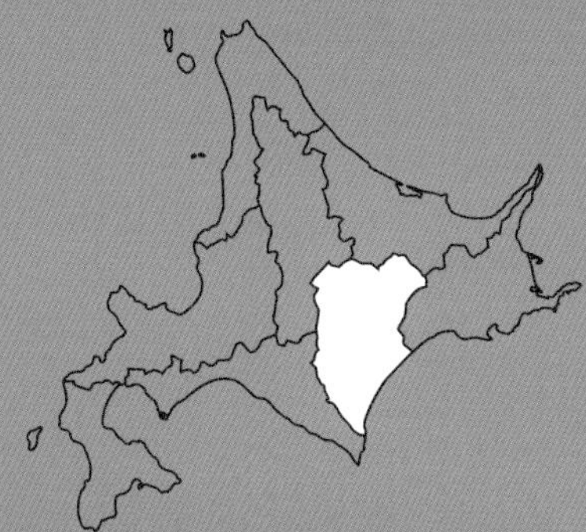

十勝エリア CONTENTS＆MAP

30km

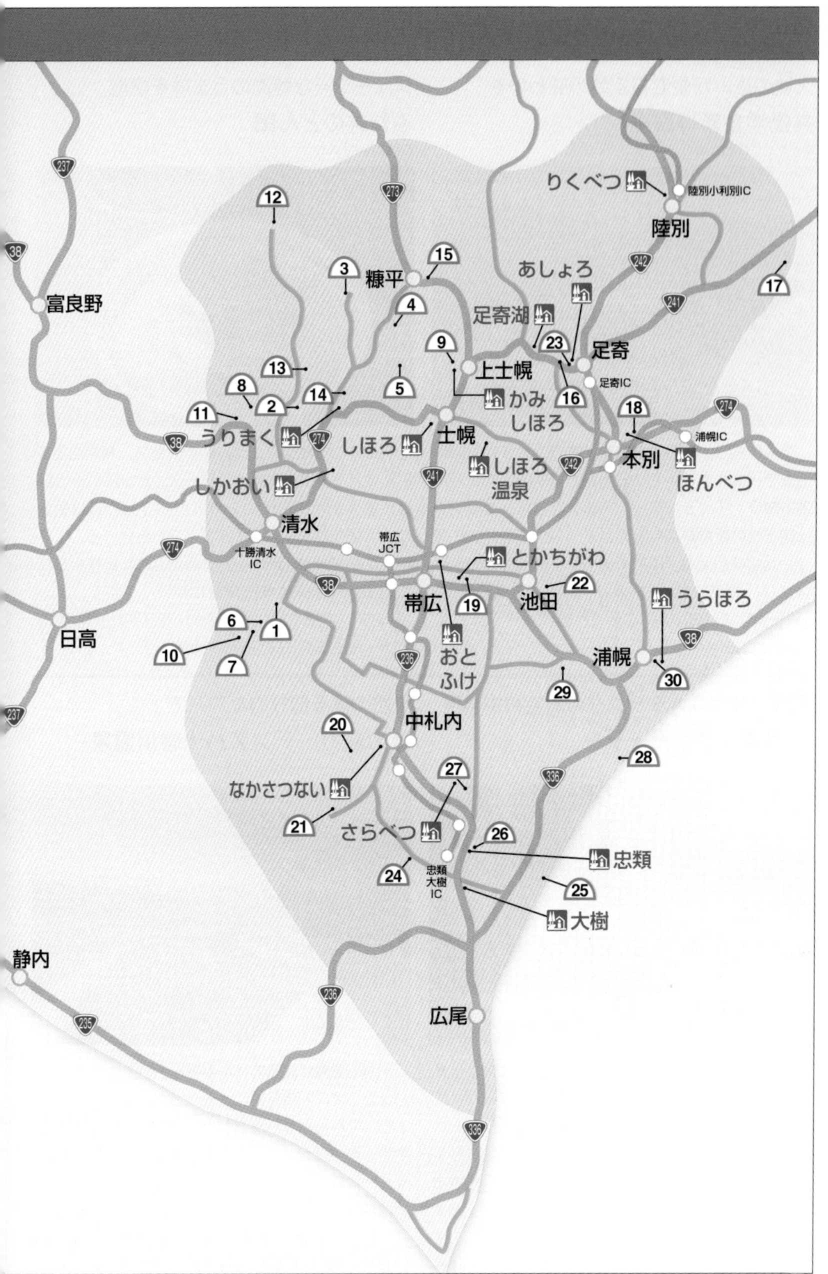
りくべつ
陸別小利別IC
陸別
糠平
あしょろ
足寄湖
富良野
足寄
足寄IC
上士幌
かみしほろ
うりまく
しほろ
士幌
しほろ温泉
本別
浦幌IC
ほんべつ
しかおい
清水
十勝清水IC
帯広JCT
とかちがわ
帯広
池田
うらほろ
日高
おとふけ
浦幌
中札内
なかさつない
さらべつ
忠類
忠類大樹IC
大樹
静内
広尾

十勝エリアの立ち寄りスポット

大地の恵みが生む自家製の味わいを

共働学舎新得農場

きょうどうがくしゃしんとくのうじょう

環境に優しい循環型農業で、牛飼いからチーズ製造まで一貫して行っている農場。場内施設では、評価の高いナチュラルチーズ各種をはじめ、収穫期には朝どれの新鮮野菜も販売。５～10月にはソフトクリームも味わえる。【DATA】住所：上川郡新得町字新得９-１　電話：0156-69-5600　営業：10:00～17:00（12～３月は～16:00）　定休：なし（12～３月は日曜休）　P：16台

ジューシーな豚肉のうま味を堪能

ぶた丼のとん田

ぶたどんのとんた

帯広のご当地グルメ "豚丼" の人気店。精肉店出身の創業者が厳選した肉は、ロース、ヒレ、バラと部位を選べるのが特徴。じっくり焼き上げた肉は軟らかく、秘伝のタレがうま味をより引き立てる。１杯各860円(味噌汁、漬物付)という良心的な価格もうれしい。【DATA】住所：帯広市東10南17-2　電話：0155-24-4358　営業：11:00 ～ 18:00 (売り切れ次第閉店)　定休：年末年始、その他臨時休業あり　P：21台

庭園で味わうＡ５ランクの黒毛和牛料理

十勝ヌップクガーデン

とかちぬっぷくがーでん

約４万㎡の広大なガーデンで、和風・洋風など多彩な庭を配置する。また、Ａ５ランクのヌップク黒毛和牛が味わえるレストランも併設。焼肉やしゃぶしゃぶなどで上質な味わいを堪能できる。ステーキ、焼肉などの販売や地方発送も。【DATA】住所：帯広市昭和町西１線９　電話：0155-64-2244　営業：ガーデン９:00～19:00、レストラン10:00～20:00（19:00 LO）　定休：なし　入園料：大人500円　P：53台

美肌の湯を開放的なスパで！

道の駅ガーデンスパ十勝川温泉

みちのえきがーでんすぱとかちがわおんせん

十勝川温泉が誇るモール温泉をスパで楽しめる。スパは混浴で、利用時には水着か湯浴み着を着用。レストランやベーカリーなども併設。【DATA】住所：河東郡音更町十勝川温泉北14-１　電話：0155-46-2447　営業：９:00～21:00（月～木曜と11～４月は～19:00。スパ受付は各60分前、飲食施設は店舗で変動あり）　定休：第２火曜（８月は第４火曜、11～４月は火曜、祝日の場合は翌日）　スパ入場料：13歳以上1,500円　P：90台

スイーツを見る・買う・遊ぶ!!
柳月スイートピア・ガーデン
りゅうげつすいーとぴあ・がーでん

白樺の薪をモチーフにしたバウムクーヘン「三方六」の製造工程をガラス越しに見学できる柳月の本部工場。事前予約でお菓子作り体験(有料)もでき、喫茶室では「十勝きなごろもソフト」400円(イートイン407円)などが味わえる。【DATA】住所：河東郡音更町なつぞら1-1　電話：0155-32-3366　営業：9:00～18:00(喫茶は～17:00、冬期は店舗～17:00、喫茶～16:30)　休:なし(喫茶は元日休)　P:200台

季節の鹿追産食材を手作り料理で満喫
カントリーパパ
かんとりーぱぱ

自家栽培の野菜や、鹿追牛などの地元食材を中心とした農園レストラン。手作りハンバーグやオムライスなど約20種のメニューが揃う。なかでもコロッケや煮物など、10種近くのおかずが付く「農園ランチ」1,430円(数量限定)が人気だ。【DATA】住所：河東郡鹿追町北５線11-１　電話：0156-66-2888　営業：10:00～17:00(月曜は～14:00)　定休：火曜(祝日の場合は翌日)、その他不定休あり　P：30台

モチモチ食感の窯焼きピッツァ
Pizzeria Tuka
ぴっつぇりあ つか

鹿追町産小麦「ゆめちから」100%のピッツアは、驚きのモチモチ感。力強い生地に、隣接する「さらべつチーズ工房」のチーズがマッチする。ピッツアは１枚900円～で、マルゲリータなど定番４種のほか日替わりも用意。【DATA】住所：河西郡更別村更別北１線95-20　電話：0155-52-5575　営業：12:00～17:00　定休：木曜(冬期は天候状況により営業時間、定休日に変動あり)　P：５台

朝食はしほろ牛100%ハンバーガーで
道の駅ピア21しほろ カフェ寛一
みちのえきぴあにじゅういちしほろ かふぇかんいち

士幌町の土産品を取り揃える道の駅ピア21しほろは、飲食店も充実。なかでも朝９時から営業の「カフェ寛一」がキャンパーにおすすめだ。人気のしほろ牛100%ハンバーガーは単品820円、ドリンクと名産のジャガイモを使うフライドポテトが付いたセットは1,220円。【DATA】住所:河東郡士幌町士幌西２線134　電話：01564-5-5111　営業：9:00～17:00　定休：年末年始　P:162台

※予約は電話か予約サイト〈https://conifer.snack.chillnn.com/〉にて随時受付　※薪は１箱1,000円（持込み可）
※ゴミは有料（500円）で受け入れ　※併設の無料露天岩風呂は不定期で入浴可　※焚き火、直火ともにOK　※車中泊は有料で可

期間	QRマップ
通年	

MAP 1

かくれがてきおーときゃんぷじょう「あそびごやこにふぁー」

隠れ家的オートキャンプ場「遊び小屋コニファー」

☎0156-67-7747　上川郡清水町旭山2-56

MAPCODE® 834 797 333*43

予約　可（詳細は欄外参照）

持込テント料金　高校生以上1,500円、小中学生800円

オートキャンプ　上記料金で可能（特に設備なし）

宿泊施設　バンビバンガロー：２～４人用4,000円１棟、パインバンガロー：５～６人用4,000円１棟（照明・電源・暖房付）／BBQハウスロフト部屋：大人２人・小学生以下２人用4,000円１棟（照明・暖房付）※冬季は暖房料別途１日1,000円

貸用具　キャンプ用具など各種有料で。場内にギアショップ「CAMP LABO」あり

管理人　24時間駐在

施設利用時間　IN 13:00～18:00（アーリー11:00～／1人300円加算）　OUT 11:00

施設・設備　管理棟、トイレ（女性用水洗１棟・バイオ2棟ほか）、炊事場1棟、シャワールーム（1回500円）、BBQハウス

Ⓟ　約20台（無料）

風呂　清水町公衆浴場（大人480円、15:00～21:30受付終了、水曜休）まで約20km

小川沿いに広がるテントサイトは計９区画（写真下は左からアウトドアセレクトショップ店内、シャワールーム、トイレ、バンビバンガローの室内）

ログコテージ側の明るいサイト

手づくりの洒落たパインバンガロー

清流沿いに造られた"隠れ家的"贅沢サイト

前オーナーが手づくりしたキャンプ場を、現オーナーが引き継ぎ運営。森に囲まれた小川沿いや林間に、そのロケーションを生かしたサイトを配置する。宿泊施設もログコテージやバンガローなど３タイプを設備。四季を問わず、キャンパーで賑わいを見せる。

ROUTE

国道38号の御影市街から大樹方面へ向かう道道55号に入る。約６km先のＴ字路から剣山に向かう道道859号へ。約２km先の看板を右折しダート道へ。約600m先Ｙ字路を右折、その先のＴ字路を左折、約300m先右手が現地。

買い物　清水町御影市街のセイコーマートまで約10km

※予約制（予約は電話と予約サイト「なっぷ」で利用日の３カ月前より受付、キャンセル料あり）
※ペットの同伴は、リード使用などマナー厳守でOK

期間	QRマップ
通年	

MAP 2

くったり温泉レイク・イン キャンプ場

くったりおんせんれいく・いん きゃんぷじょう

☎0156-65-2141　上川郡新得町字屈足808（くったり温泉レイク・イン）

MAPCODE® 343 844 858*72

予約　可（詳細は欄外参照）
入館料　中学生以上800円、小学生400円、未就学児無料
フリーサイト　1張1,000円計10区画（タープ・追加テント各１張＋500円徴収）
オートサイト　A（1～2人用）：１区画1,200円計３区画／B（1～4人用）:1,500円計６区画／C（1～5人用）:1,500円計３区画（キャンピングカーの乗り入れは１台＋500円徴収）※全区画に電源12Ａ付、季節によって価格変動あり
貸用具　有料で各種あり
管理人　期間中24時間駐在
施設利用時間　IN 13:00～18:00　OUT 11:00まで
施設・設備　管理・受付のホテル内にトイレ・大浴場・ランドリー・レストラン・売店を併設、炊事場１棟など
Ⓟ　約60台（無料）
温泉　くったり温泉（露天風呂付、大人900円、14:00～21:00受付終了、土曜・祝日は12:00～、日・月曜休）に隣接
MEMO　ゴミは指定ゴミ袋を利用、分別の上で無料回収

くったり湖に面したサイトはフラットな芝地。オートサイトはサイズ別に３タイプある

フリーサイトの隅にある炊事場

くったり温泉の露天風呂。サウナも

湖畔の温泉ホテルが開設したキャンプ場

十勝川のダム湖として知られるくったり湖畔の温泉ホテルが運営。フリー＆オートの各サイトが用意され、湖でのカヌーもOKだ。管理兼務のホテルでは、キャンプ用品のほか新得産シカ肉も販売するので味わってみては？　キャンパーの入浴割引もうれしい。

ROUTE

新得市街から道道75号（帯広新得線）に入って東進。セイコーマート屈足店、ガソリンスタンドを超えた交差点から左折し、道道718号（忠別清水線）へ。ホテルの青い看板から右折、のぼりを目印に左折で現地。

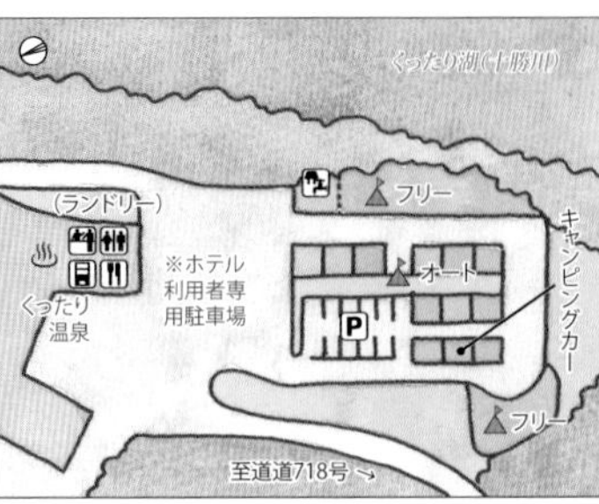

買い物　新得市街のセイコーマートまで約8km

期間	QRマップ
7月1日 ▼ 9月30日	

MAP 3

こくせつしかりべつきょうやえいじょう

国設然別峡野営場

☎0156-66-1135

河東郡鹿追町然別峡 ※現地TELなし
←問合先／鹿追町観光インフォメーションデスク

MAPCODE® 702 560 862*53

予約　不可
料金　高校生以上250円、小中学生150円
オートキャンプ　不可
バンガロー・貸用具　なし
管理人　駐在（16:00〜17:30）
施設・設備　簡易水洗トイレ・炊事場（炉付）各1棟、管理棟、テーブルベンチ多数
Ⓟ　約25台（無料）
温泉　かんの温泉（露天風呂付、大人650円、12:00〜17:00、火曜休）まで約1㎞ ※入浴時間と休館日は季節で変動あり
MEMO　水の飲用は煮沸が必要。リヤカー2台・一輪車1台あり。ゴミは持ち帰り制

明るい草地のテントサイト。サイト周辺部には木陰もある（右上はトイレ）

まずは入口にある管理棟で受付を

混浴の無料露天風呂「鹿の湯」

道外キャンパーからの絶大な人気を誇る秘境

大雪山国立公園内にある秘境・然別峡は、豊かな自然と峡谷の神秘的な風景が魅力。

そんな大自然に包まれた野営場は、道外キャンパーにとって古くから憧れの場所で、今なお高い人気を誇る。草地の場内は明るく開放的な部分が多いものの、サイト周辺には木陰もあり、テーブルベンチが各所に配置され便利だ。

秘境の人気をさらに高めるのが、豊富な湯量と優れた泉質で知られる温泉の存在。渓流沿いの無料露天風呂「鹿の湯」や、11の源泉浴槽が揃う「かんの温泉」で満喫したい。周辺には夏場に数多くの高山植物が咲き乱れるほか、9月中旬頃には紅葉も始まる。

ROUTE

国道274号鹿追町瓜幕から道道85号（鹿追・糠平線）を経由して、北瓜幕の分岐から道道1088号（然別峡線）に入る。そのままかんの温泉方向へ道なりに約15km進んだ先、どんづまり近くを左に入った所が現地。

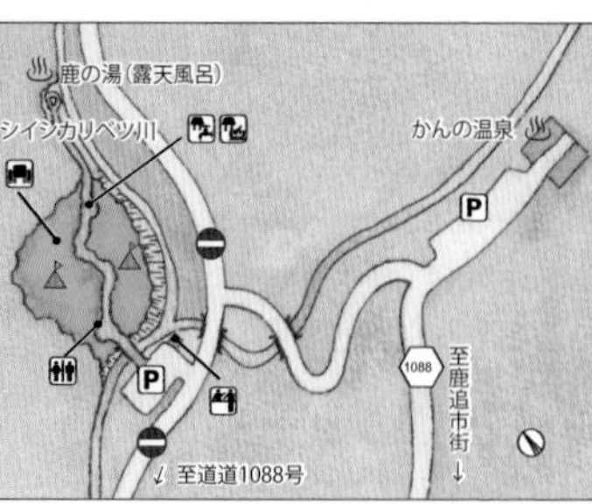

買い物 スーパー、コンビニのある鹿追市街まで約30km

※開設期間は予定、利用の際は事前に問い合わせを　※ペットの同伴は、リードの使用などマナー厳守でOK

期間	QRマップ
7月1日 ▼ 9月30日	

MAP 4

こくせつしかりべつこほくがんやえいじょう

国設然別湖北岸野営場

☎0156-66-1135

河東郡鹿追町然別湖畔 ※現地TELなし
←問合先／鹿追町観光インフォメーションデスク

MAPCODE® 702 479 405*31

予約　不可

料金　高校生以上250円、小中学生150円

オートキャンプ　不可

バンガロー・貸用具　なし

管理人　駐在（16：00～18：00）

施設・設備　簡易水洗トイレ１棟、バイオトイレ１カ所、炊事場（炉付）２棟など

Ⓟ　約30台（無料）

温泉　然別湖畔温泉ホテル風水（露天風呂付、大人1,000円、12：00～20：00受付終了）まで約５km

MEMO　リヤカー２台あり。湖と流入河川での釣りは全面禁止。ゴミは持ち帰り制

カヌーイストが集う湖畔の草原サイト（左上は駐車場横の簡易水洗トイレ）

カヌーイストが集う神秘的な湖岸のサイト

原生林内の林間サイトをメインに、場内東側には草原サイトも広がる。ここは場内にカヌーを持ち込むことができ、テントサイトから湖岸に出てカヌーを直接漕ぎ出せる。そのため、多くのカヌーイストが集まることでも知られる所。ただし、湖岸には台風被害で打ち寄せられた多くの流木などが残っている。岸から漕ぎ出す際は注意してほしい。

夜は満天の星空の下、運がよければシマフクロウの鳴き声を聞くこともできる、恵まれた自然環境も魅力だ。

また、然別湖ネイチャーセンター（☎0156-69-8181）では、カヌーやカヤックの体験、各種ネイチャーツアーを開催している。ぜひ、お試しを。

テーブルベンチが並ぶスペースも

湖は水温が低いので遊泳は厳禁だ

ROUTE

国道274号鹿追町瓜幕から道道85号（鹿追・糠平線）を糠平方面へ約31km行った道道沿い右手にある。途中にある然別湖畔温泉街からは約５km。上士幌町のぬかびら源泉郷からは、道道85号幌鹿峠経由の逆回りで約17km。

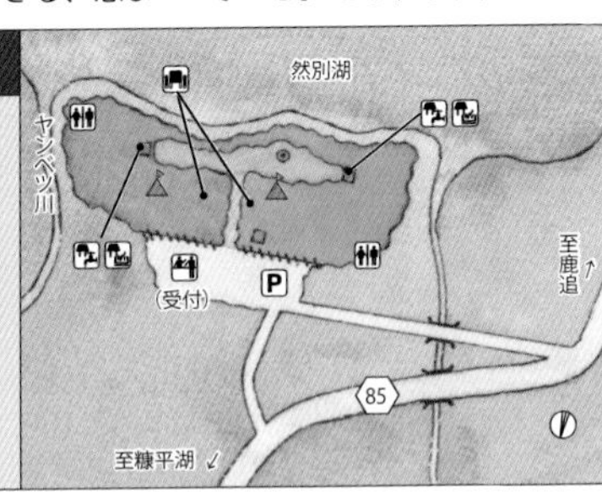

買い物　スーパー、コンビニのある鹿追市街まで約30km

※コテージのみ予約制（予約は期間内現地、期間外佐藤土建で随時受付。繁忙期を除き火曜休、予約があれば営業。キャンセル料あり）
※ペットの同伴は、リードの使用などマナー厳守でOK（コテージ内は禁止） ※花火は手持ち式のみOK

期間	QRマップ
4月 ▼ 11月末	

MAP 5 しほろこうげんぬぷかのさと

士幌高原ヌプカの里

☎01564-5-4274

河東郡士幌町字上音更士幌高原（ロッジヌプカ）
◎期間外予約・問合先／佐藤土建 ☎ 5-2704

MAPCODE® 424 840 691*03

予約 コテージのみ可
フリーサイト 持込テント1張500円
オートキャンプ 不可
コテージ 要予約で6～11人用1棟8,000円計6棟、利用者1人につき1,000円加算（GW期間と7～8月は1,500円）※バス・トイレ・寝具など完備の貸別荘タイプ、12～3月は休業
管理人 駐在（10:00～16:00）
施設利用時間 IN 15:00～ OUT 10:00まで（コテージ）
施設・設備 簡易水洗トイレ2棟、炊事場1棟、アスレチック遊具、ロッジヌプカにシャワー設備（1人200円）など
Ⓟ 約30台（無料）
温泉 しほろ温泉プラザ緑風（露天風呂付、大人500円、11:00～22:00受付終了）まで約30km
MEMO ゴミは有料の袋を購入し分別の上、受け入れ

草地のテントサイトは段々畑状で各段を平坦に整地（左上はロッジヌプカ）

サイト奥の炊事場と野外炉

設備完備で安価なコテージ

眺望抜群のサイトと豪華で安価なコテージ

標高600mの高原の緩斜面に草地のフリーサイトが広がる。天気さえ良ければサイトから十勝平野を一望でき、ロケーションは抜群。売店や喫茶コーナーがあるロッジヌプカのほか、全天候型焼肉ハウスや高山植物園なども備える。

コテージは設備完備の貸別荘タイプ。バス・トイレはもちろん、炊飯器や電子レンジ、洗濯機に各種食器類、台所用品まであり、居住性もかなりのものだ。

ROUTE

国道274号の士幌町市街付近から道道661号に入り、終点付近の右手斜面が現地。鹿追方面からは国道274号で士幌町へ向かい道道54号の分岐から約1.5km先を左折。士幌高校方向へ進むと、突き当たりが道道661号。

買い物 スーパー、コンビニのある士幌市街まで約20km

※予約制（予約は4月1日より公式サイトで受付開始。ネット環境のない方や利用日2日前からは電話でも受付、キャンセル料あり）
※ゴミは原則持ち帰り制。十勝管外の利用者は有料で受け入れ　※発電機の使用不可

期間	QRマップ
4月下旬 ▼ 11月下旬	

MAP 6 きたらきゃんぷふぃーるど
キタラキャンプフィールド

☎070-3601-1010　上川郡清水町字旭山1-13（電話受付は10:00〜17:00）

MAPCODE® 834 796 586*34

予約　可（詳細は注記参照）
入場料　中学生以上1,500円、小学生以下1,000円、犬300円（11月〜は＋500円、犬は除く）
オートキャンプ　約20区画分

広々としたテントサイト（左）と写真左上が管理棟。上はシャワー室もあるサニタリー棟内部

（入場料のみで可、車横付可、1組につきテント・タープ1張、車1台まで）
トレーラーハウス　入場料別で1台5,000円1棟
貸用具　各種あり。薪600円
管理人　24時間駐在
施設利用時間　IN 13:00〜17:00　OUT 8:00〜11:00
施設・設備　管理棟、サニタリー棟（洗浄機付トイレ・洗面台・流し・シャワー室併設）
Ⓟ　約3台（無料）
温泉　清水町公衆浴場（p212参照）まで約20km

■温もりある手づくりサイト
　自然の中で静かに過ごしてほしいと願うオーナーが開設。それだけに宴会を伴うグループ利用は受け入れていない。

※予約制（予約は公式サイト〈https://wakka-camp.com〉か電話で、利用の3カ月前から受付、キャンセル料あり）　※花火は指定場所でのみOK
※ペットは小型・中型犬のみ1匹500円（1サイト3匹まで）で同伴OK、リード使用を厳守　※ゴミはRVパーク専用サイトのみ有料で受け入れ

期間	QRマップ
通年	

MAP 7 とかちわっかのもりきゃんぷじょう
十勝ワッカの森キャンプ場

☎0156-67-7588　上川郡清水町字旭山28-46

MAPCODE® 834 766 873*81

予約　可（詳細は欄外参照）
施設利用料　中学生以上1人1,000円、小学生600円、未就学児無料（車は1区画1台）
サイト利用料　フリー：1区画2,000円計50区画／オート電源なし：3,000円10区画／オート電源あり：5,000円2区画／ペット：3,500円2区画
グランピング　1泊2食付4人利用で1人15,000円〜、計3棟
貸用具　リヤカー3台（無料）
管理人　駐在（8:00〜17:00）
施設利用時間　IN 13:00〜17:00　OUT 10:00まで
施設・設備　センターハウス（トイレ・炊事場・シャワー等）、水洗トイレ1棟、流し8カ所
Ⓟ　約60台（無料）
風呂　清水町公衆浴場（p212参照）まで約20km

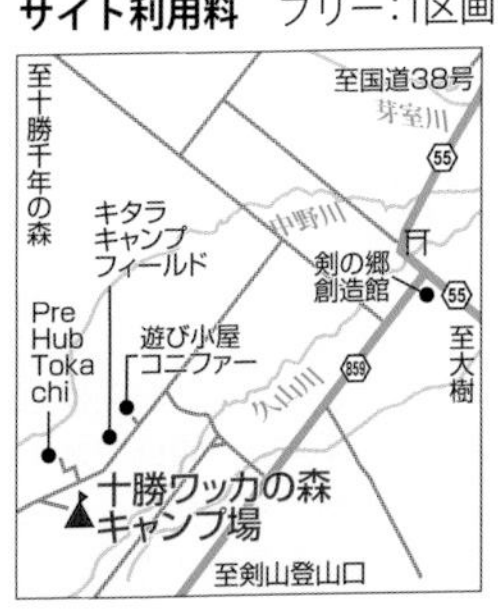

フリーサイト（左）も含めサイトはどこも広々。写真左上が管理施設。上は区画オートサイト

■緑濃い広大な敷地内の施設
　サイトはいずれも広々サイズでゆったり過ごせる。食事付きのグランピングも用意。

買い物（上段）：清水町御影市街のセイコーマートまで約9km
（下段）：清水町御影市街のセイコーマートまで約10km

※直火は指定場所でのみOK　※ゴミは完全持ち帰り制

期間 5月1日 ▼ 10月31日　QRマップ

MAP 8
さほろこきゃんぷじょう
サホロ湖キャンプ場

☎0156-64-0522
上川郡新得町字新内サホロ湖 ※現地TELなし
←問合先／新得町産業課観光振興係

MAPCODE® 901 054 355*61

予約　不可
持込テント料金　無料
オートキャンプ　不可
バンガロー・貸用具　なし
管理人　不在

頑丈そうな造りの炊事場（左）。セミオートキャンプができる駐車場周辺にテントが集まる（上）

施設・設備　車イス対応水洗トイレ・炊事棟（炉付）各１棟、ファイヤースペース、リヤカーなど
Ⓟ　約70台（無料）
風呂　サホロリゾートホテル（露天風呂付、大人1,000円、6:00〜8:00、12:00〜23:00、日帰り入浴の受け入れ日は要問合せ）まで約７km

■湖畔の開放的な広々サイト
佐幌ダム湖畔に広がる無料キャンプ場。やや傾斜した芝のサイトは実に広々としているが、ダム湖から少し離れているので湖岸のイメージはない。釣り客も多いが、2024年１月より釣りのルールが変更されたので、詳細は新得町観光振興係まで問合せを。

※ペットの場内同伴は不可だが、駐車場まではOK　※駐車場での車中泊は、持込テント料金と同一金額を徴収

期間 5月上旬 ▼ 10月下旬　QRマップ

MAP 9
かみしほろちょうこうくうこうえんきゃんぷじょう
上士幌町航空公園キャンプ場

☎01564-2-4297
河東郡上士幌町基線241 ※現地TELなし
←問合先／上士幌町建設課

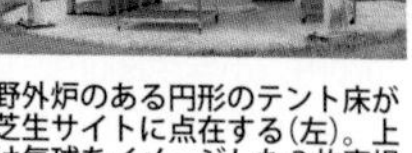

MAPCODE® 424 858 314*17

予約　不可
持込テント料金　中学生以上1人1泊500円、小学生以下無料
オートキャンプ　不可
バンガロー・貸用具　なし

野外炉のある円形のテント床が芝生サイトに点在する（左）。上は気球をイメージした？炊事場

管理人　巡回
施設・設備　簡易水洗トイレ・炊事場各２棟、リヤカーなど
Ⓟ　約260台（無料）
温泉　上士幌町ふれあいプラザ（大人300円、14:00〜22:00、土・日・祝日は13:00〜、第1・3月曜休）まで約２km

■広々とした河川敷のサイト
音更川の河川敷にある芝生のサイトは、広々として開放的。そこに野外炉付きの砂地が点在する。芝生での焚き火台使用は、耐熱シートを使うなど芝生の保護を忘れずに。
毎年８月上旬には「バルーンフェスティバル」を開催。期間中、キャンプ場は混雑するが、有料で係留熱気球体験も可能。一度訪れてみては。

買い物（上段）：スーパー、コンビニのある新得市街まで約14km
（下段）：スーパー、コンビニのある上士幌市街まで約2km

MAP ぷれはぶとかち　※予約は公式サイトを参照　※ペットの同伴はマナー厳守でOK　※ゴミは１袋500円で受け入れ

⑩ Pre Hub Tokachi

上川郡清水町旭山基線24-3
Web事前予約制（https://prehubgogo.com/jp/tokachi/）

MAPCODE® 834 795 687*81

予約　可（詳細は欄外参照）

フリーサイト利用料　大人１泊2,000円、小・中学生1,000円、未就学児無料

宿泊施設　グランピング：１人10,000円～（ティピと軍幕）

管理人　24時間駐在

施設・設備　管理棟（水洗トイレ・リビングなど）、別棟コンテナ（水洗トイレ２棟・有料シャワー２室・洗面台２棟）、炊事場、キッチン、サウナ、音楽スタジオ

Ⓟ　約20台（無料）

風呂　清水町公衆浴場（p212）まで約20km

■森の中にある大人の秘密基地

深い森を切り拓いたプライベート感覚溢れるキャンプ場。全施設のイベント貸し切りもOKだ。

MAP かりかちこうげんきゃんぷじょう　※ゴミは完全持ち帰り制

⑪ 狩勝高原キャンプ場

上川郡新得町字新内西６線145（狩勝高原）　※現地TELなし
問合先／サホロアリーナ事務所 ☎(0156) 64-6318

MAPCODE® 608 892 523*32

予約　不可

期間　５月１日～10月31日

持込テント料金　無料

オートキャンプ　不可

バンガロー・貸用具　なし

管理人　サホロアリーナ事務所に駐在（9:00～21:00）

施設・設備　簡易水洗トイレ１棟、炊事場２棟など

Ⓟ　約50台（無料）

風呂　サホロリゾートホテル（p218参照）まで約500m

■リゾート内のシンプルな施設

ホテルやゴルフ場などが揃うサホロリゾートの一角にある、持込テント専用の簡素な施設。サイトは緩斜面の草地で、設備は最小限揃う。これで無料なのだから、ベテランなら十分かも。

MAP とむらうししぜんきゅうようりんやえいじょう

⑫ トムラウシ自然休養林野営場

上川郡新得町字屈足トムラウシ ※現地TELなし
問合先／トムラウシ温泉東大雪荘 ☎ (0156) 65-3021

MAPCODE® 796 179 121*02

予約　不可

期間　７月１日～９月30日

持込テント料金　高校生以上１人250円、中学生以下150円

オートキャンプ　不可

バンガロー・貸用具　なし

管理人　東大雪荘に駐在

施設・設備　簡易水洗トイレ１棟、炊事場２棟など

Ⓟ　約50台（無料）

温泉　トムラウシ温泉東大雪荘（露天風呂付、大人1,000円、13:00～19:30受付終了）まで約１km

■名峰登山口の簡素な野営場

トムラウシ山登山口にあり、設備は簡素だが清潔に保たれている。管理兼務の東大雪荘は、名湯と野趣溢れる露天風呂が魅力。ゴミは持ち帰り制となる。

買い物　（上段）：清水町御影市街のセイコーマートまで約10km　（中段）：新得市街のスーパー、コンビニまで約11km
（下段）：屈足市街のスーパー、コンビニまで約50km

MAP とかちだむきゃんぷじょう ※ゴミはすべて持ち帰り制

13 十勝ダムキャンプ場

上川郡新得町字屈足トムラウシ ※現地TELなし
問合先／新得町産業課観光振興係 ☎(0156) 64-0522

MAPCODE® 702 248 244*11

予約 不可

期間 5月1日～10月31日

持込テント料金 無料

オートキャンプ 不可

バンガロー・貸用具 なし

管理人 不在

施設・設備 水洗トイレ・炊事場各1棟など

Ⓟ 約30台（無料）

温泉 くったり温泉（露天風呂付、大人900円、14:00～21:00受付終了、土曜・祝日は12:00～、日・月曜休）まで約11km

■ダム下の明るいテントサイト

芝のテントサイトは、ダム堤下ながら明るい雰囲気。設備も手入れが行き届いている。夜間は照明がつかないため、野生動物が出没するワイルドな一面も。

MAP もりのきっちんかわい ※バンガローは要予約（予約は利用日2カ月前より現地で受付） ※ゴミは持ち帰り制

14 森のキッチンかわい

河東郡鹿追町瓜幕西28-27
予約・問合先／☎(0156) 67-2327

MAPCODE® 702 108 055*37

予約 バンガローのみ可

期間 5月1日～10月31日

サイト使用料 1人600円

オートキャンプ 車1台1,500円

宿泊施設 バンガロー：5～6人用6,000円2棟 ※トレーラーハウスは修理のため今年度の利用は不可。来年度より再開予定

貸用具 なし

管理人 10:00～17:00（火曜休）

施設・設備 水洗トイレ・炊事場各1カ所、売店など

Ⓟ 約30台（無料）

温泉 然別湖畔温泉ホテル風水（p215参照）まで約15km

■レストラン兼営キャンプ場

農場レストランが運営。サイト内はペット同伴可だが、要事前連絡で1匹500円を徴収する。

MAP こくせつぬかびらやえいじょう ※ゴミは分別の上、受け入れ ※管理棟横に荷物運搬用のリヤカー2台あり

15 国設ぬかびら野営場

河東郡上士幌町ぬかびら源泉郷 ※現地TELなし
問合先／上士幌町商工観光課 ☎(01564) 2-4291

MAPCODE® 679 398 689*71

予約 不可

期間 6月25日～9月24日

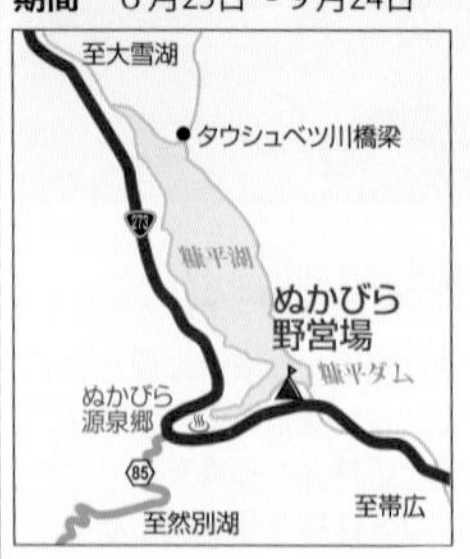

持込テント料金 中学生以上1人350円（日帰り100円）、小学生200円（日帰り50円）

オートキャンプ 不可

バンガロー・貸用具 なし

管理人 巡回

施設・設備 簡易水洗トイレ・炊事場（炉付）各1棟など

Ⓟ 約50台（無料）

温泉 糠平温泉中村屋（混浴露天風呂付、大人700円、7:30～9:30受付終了、14:00～19:30受付終了）まで徒歩10分

■温泉街至近ながら自然は豊か

ぬかびら温泉郷に隣接。緑豊かなサイトに、17のテント床とテーブルベンチが点在する。

買い物 （上段）：屈足市街のスーパー、セイコーマートまで約18km
（中段）：スーパー、コンビニのある鹿追市街まで約12km （下段）：スーパー、コンビニのある上士幌市街まで約23km

※完全予約制（予約サイト「なっぷ」〈https://www.nap-camp.com/hokkaido/15133〉で、利用日の3カ月前から受付開始、キャンセル料あり）

期間	QRマップ
通年	

MAP 16

こやらぼきゃんぷさいと

コヤラボキャンプサイト

NEW

☎080-1299-3828　足寄郡足寄町里見が丘24

MAPCODE® 481 528 138*65

予約　可（詳細は欄外参照）

入場料　中学生以上1,100円、小学生～３歳550円、３歳未満無料

サイト使用料　A・Bサイト：1区画3,300円／C・Dサイト：1区画14,400円（各電源付）

宿泊施設　KOYA.lab陵雲荘（1～4人用：1人8,800円～）

貸用具　なし

管理人　駐在（～17:00）

施設利用時間　IN 12:00～17:00　OUT 11:00まで

施設・設備　KOYA.lab陵雲荘（受付・水洗トイレ・シャワー併設）、流し台１カ所（冬期は使用不可）、貸切サウナ（90分5,500円～）

Ⓟ　あり（無料）

温泉　銀河の湯あしょろ（大人400円、13:00～19:30受付終了、月曜休）まで約４km

MEMO　花火は音の出ない手持ち花火のみ、21時まで可

テントサイトは計４区画とゆったりした配置に。床面は砂地で400W電源を完備する（右上は管理・受付の陵雲荘内にある予約制の貸切サウナ）

陵雲荘の前庭に広がるサイトの全景

神秘的な雲海を望む絶景体験も

丘上のテントサイトで雌阿寒岳一望の絶景を

十勝東北部に位置する足寄町に誕生した、丘の上のキャンプ場。牧場に囲まれた閑静な周辺環境と雌阿寒岳を望むパノラマビューが魅力だ。

丘の上のテントサイトは、４区画限定のゆったりとした空間。受付はサイトに隣接する宿泊施設「KOYA.lab陵雲荘」で。外気浴が楽しめる予約制の貸切サウナは、リピーターもいる人気ぶりとか。春と秋には、神秘的な雲海を一望の絶景が見られることも。

ROUTE

足寄町と上士幌町を結ぶ国道241号（足寄国道）を、足寄市街から足寄湖方面へ約４km進み、交差点で右折してミルクロードに合流。約350m進んだ先、右斜め後方に向かう砂利道に入り、道なりに進むと左手がキャンプ場。

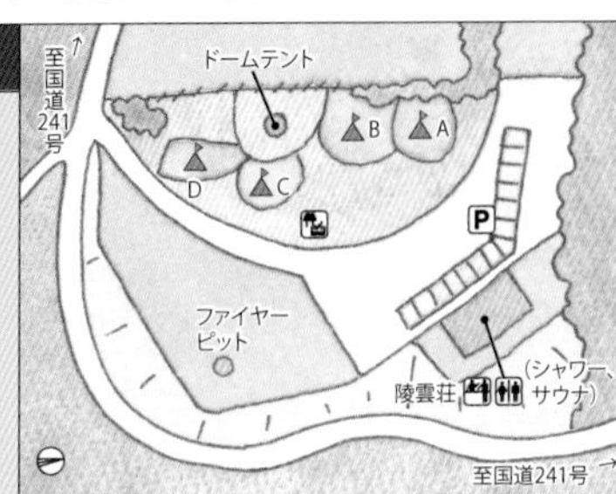

買い物　足寄市街のセイコーマートまで約5km

※15人以上の団体利用の際は要事前連絡
※UPIオンネトー内のみWi-Fi環境あり　※UPIオンネトーにてアウトドア用品各種を販売　※ゴミは分別の上、無料で受け入れ

MAP 17

おんねとーやえいじょう
オンネトー野営場

☎0156-28-3863
足寄郡足寄町茂足寄国有林内
←問合先／足寄町経済課商工観光振興室

MAPCODE® 783 762 336*44

予約　不可
サイト使用料　高校生以上は1,000円、中学生以下500円
オートキャンプ　不可
バンガロー　なし
貸用具　有料で各種
管理人　ＵＰＩオンネトーに駐在（10:00～17:00）
施設・設備　管理棟に水洗トイレ１棟併設、炊事場１棟、野外炉、テーブルベンチなど
Ⓟ　約100台（無料）
温泉　山の宿野中温泉（露天風呂付、大人500円、10:00～18:00、不定休）まで約２㎞
ＭＥＭＯ　約1.4㎞の所にある高さ50mの「湯の滝」は、マンガン酸化物生成現象が地上で見られる、世界唯一の場所。国の天然記念物にも指定されている貴重なものだ

林間に広がる落ち葉が敷き詰められた土のサイト。焚き火台の使用は、上に木立のかかっていない開けた場所で行なうこと（右下は野中温泉の露天風呂）

管理・受付のUPIオンネトーは売店併設

湖面の色が変化するオンネトー

五色の顔を持つ秘湖に隣接する原生林サイト

螺湾川のせき止め湖であるオンネトー。天候や見る角度、時間の変化や季節によって、湖面の色が青や緑など多彩に変化することから「五色沼」の異名を持つ。

そんな神秘的な湖の南岸に位置するのがこの野営場だ。原生木の林間に、昔ながらの簡素で野趣あふれるサイトスペースが点在している。

今なお噴煙を上げる活火山「雌阿寒岳」（1,499m）の登山基地としても知られるが、近年は道内外を問わず、登山目的以外の一般キャンパーの姿がずいぶん増えている。

ROUTE

通称・足寄国道と呼ばれる国道241号を、足寄市街からだと阿寒湖方面に約41㎞進み右折。道道949号（オンネトー線）の山道を約5㎞でオンネトー湖畔（北岸）沿いに出る。ここからさらに1.5㎞ほど進んだ南岸付近が現地。

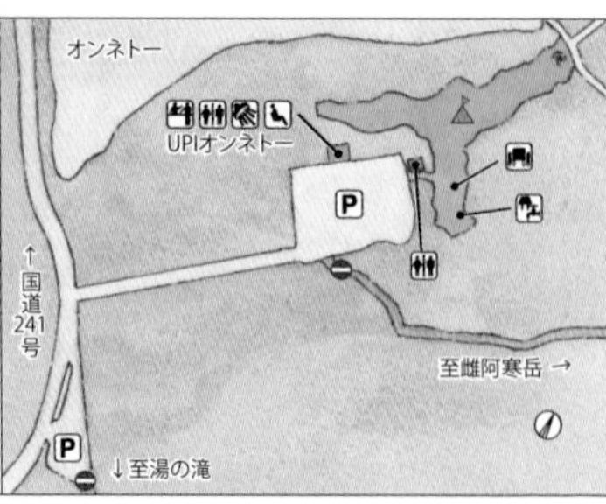

買い物　阿寒湖温泉街のローソン、セイコーマートまで約20km

※バンガロー・御所は予約制（予約は義経の館〈9:00～17:00〉で随時受付）ＭＥＭＯ　ゴミは分別の上、
※ペットの同伴は禁止、ただし駐車場のマイカー内に限りOK　※ゴミは持ち帰り制だが、変更の可能性あり

期間 6月1日 ▼ 10月31日　QRマップ

MAP 18

ほんべつちょうしずかやまきゃんぷむら

本別町静山キャンプ村

☎0156-22-4441

中川郡本別町東町（義経の館内、本別公園総合案内所）
◎問合先／本別町企画振興課商工観光担当☎22-8121

MAPCODE® 725 765 295*22

予約　バンガローと御所は可
持込テント料金　無料
オートキャンプ　不可
バンガロー　要予約で16人用2,440円2棟、30人用3,660円２棟（各照明・電源付）
コテージ　隣接して貸別荘タイプの「義経の里御所」あり（5人用1棟11,200円計5棟）
貸用具　なし
管理人　売店併設の「義経の館」に駐在（9:00～17:00）
施設利用時間　バンガローは IN 14:00～16:30 OUT 10:00まで
施設・設備　水洗トイレ・炊事場各２棟、24時間利用可のコインシャワー（男女各３室、10分200円）、遊具など
Ⓟ　約100台（無料）
温泉　しほろ温泉プラザ緑風（露天風呂付、大人500円、11:00 ～ 22:00受付終了）まで約30km

本別川沿いの林間に平坦な芝地が広がる第１サイト（右下は炊事場）

対岸にある第２サイトとバンガロー

「義経の里御所」の趣ある外観

静山、義経山に弁慶洞…義経の里のキャンプ場

本別川沿いの義経の里本別公園に隣接するキャンプ場。静山を筆頭に義経山や弁慶洞など、周囲には義経伝説にちなむ名が付けられている。

テントサイトは第１と第２に分かれる。第１サイトは本別川沿いの芝地に広がり、30人用のバンガローが立つ。

第２サイトは静橋を渡った崖下にあり、16人用のバンガローが２棟ある。さらに南側の高台には、貸別荘級設備のコテージも立ち並んでいる。

ROUTE

国道242号の本別市街から、道道658号（本別・本別停車場線）に入り、約２kmの道道沿い左手。足寄市街から約18km、池田町市街からは約32km。道東自動車道本別ICからは、国道242号・道道658号経由で約５km。

買い物　本別市街のスーパー、セブンイレブンまで約２km

※予約制（予約は利用月の３カ月前の１日より電話受付〈9:00～17:00〉） ※ペットの同伴はプライベート（オート）サイトのみマナー厳守でOK
※閑散期割引あり（プライベートサイト10月1日～31日、コテージは4月1日～28日、11月1日～30日）※花火は手持ち式のみ可

期間	QRマップ
4月29日 ▼ 10月31日	

MAP 19

どうりつとかちえころじーぱーくおーときゃんぷじょう
道立十勝エコロジーパークオートキャンプ場

☎0155-32-6780 河東郡音更町十勝川温泉南18丁目1（ビジターセンター／十勝エコロジーパーク管理事務所）

MAPCODE® 369 637 681*52

予約　可（詳細は欄外参照）
入場料　大人1,200円、小学生600円
フリーサイト　1区画（テント1張）1,000円計70区画
プライベートサイト（オートサイト）　1区画1,500円計30区画（うち大型車用2区画、いずれも特に設備なし）
宿泊施設　コテッジ：5人用15,000円3棟、7人用21,000円3棟、10人用30,000円1棟／トレーラーハウス：5人用15,000円3棟（各諸設備完備の貸別荘タイプ）
貸用具　有料で若干あり
管理人　ビジターセンターに駐在（期間中24時間）
施設利用時間　IN 13:00～17:00（コテッジは15:00～）OUT 8:00～11:00
施設・設備　車イス対応水洗トイレ・炊事場各2カ所など
P　約100台（無料）
温泉　約1kmの十勝川温泉にホテル大平原（露天風呂付、大人1,000円、15:00～20:00受付終了で土・日曜、祝日は13:00～）など多数

十勝川の広大な河川敷に設けられたフリーサイトは広々。右下はプライベート（オート）サイト（だ円写真はパーク内にある遊具）

公園入口のビジターセンターが管理

コテッジ(上)とトレーラーハウス

MEMO　ゴミは分別の上、有料で受け入れ

緑豊かな河川敷にある広々したテントサイト

温泉街至近の十勝川河川敷に広がるキャンプ場。自然豊かな場内には、スペースをゆったりとったフリー＆オートサイトが広がる。広大な公園内には遊具も多数設備され、ファミリーにぴったりだ。

ROUTE

帯広市街からの場合、士幌方面に向かう国道241号（音更大通）で、十勝川に架かる十勝大橋を渡り、音更町木野大通西3の交差点で右折、道道498号から道道73号に入る。約8kmで十勝川温泉街、そこから約1km先の右手が入口。

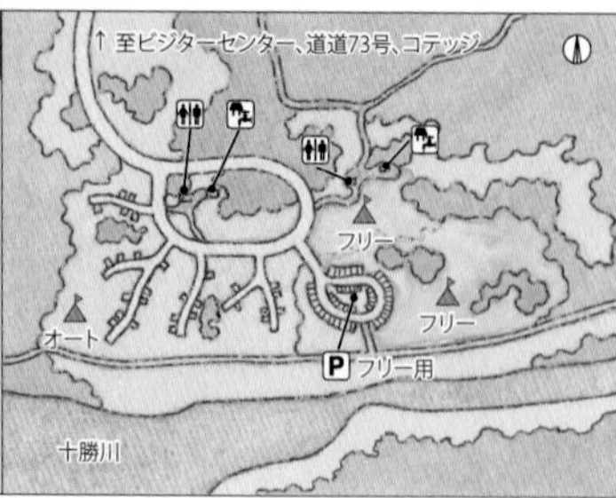

買い物　十勝川温泉街のセイコーマートまで約1km

※完全予約制（利用月の３カ月前の月初め頃より公式サイトにて受付、キャンセル料あり）　※ゴミは有料で受け入れ　※花火は手持ち式のみ可
※アーリーチェックイン10:00～とレイトチェックアウト～16:00は、追加料金を別途徴収。繁忙期は利用不可の場合あり

MAP 19
すのーぴーくとかちぽろしりきゃんぷふぃーるど

スノーピーク十勝ポロシリキャンプフィールド

☎0155-60-2000　帯広市拓成町第2基線2-7

MAPCODE® 592 437 566*85

予約　可（詳細は欄外参照）
サイト・施設使用料　フリー：１張1, 200円（約８張分）／オートA（電源なし）：1区画2, 200円計30区画／オートＢ（電源付）：１区画3, 400円計13区画／トレーラーサイト（電源付）：1区画3, 400円計２区画
モバイルハウス　４名用計５部屋：1部屋1泊２名13, 400円、４名18, 400円
貸用具　テントなど各種有料
管理人　駐在（10：00～17：00）
施設利用時間　IN 13：00～17：00　OUT 11：00まで
施設・設備　管理棟（車イス対応水洗トイレ・無料温水シャワー室と洗濯機）、冬期閉鎖のサニタリー棟（水洗トイレ・炊事場）、屋外炊事場1棟など
Ⓟ　約50台（無料）
温泉　十勝エアポートスパそら（露天風呂付、大人1, 000円、7：00～21：30受付終了）まで約19km

オートＡサイト。自然派らしく通路は舗装されていない（右下は炊事場）

広々とした開放的なフリーサイト

芝生の広場に並ぶモバイルハウス

サイトは戸蔦別川沿い メーカー運営キャンプ場

アウトドアメーカー「スノーピーク」が管理・運営を行い、冬キャンプなどを実施する。豊かな自然に囲まれたサイトは、河川敷の平坦な芝生で川のせせらぎが聞こえる。オートサイトに電源以外設備がないのも自然派ならでは。

また、フリーサイトも駐車場隣接部ならオート感覚で利用できる。なお、冬キャンプについては料金が異なるので、公式サイトなどで確認を。

ROUTE
帯広市街からだと、国道236号を南下し川西町の交差点を直進して基線に入り、道道240号に合流して、岩内仙峡方面へ。途中、戸蔦別川に架かる橋を渡ってすぐを右折、川に沿って上流側に約３km進んだ先の右手が現地。

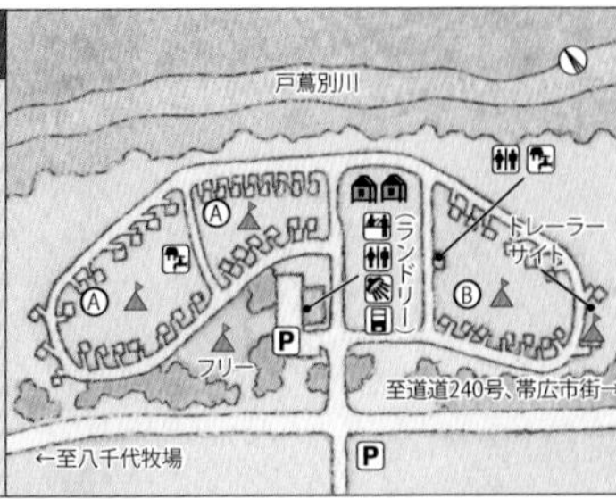

買い物　スーパー、コンビニのある中札内市街まで約11km

※予約制（予約は公式サイト<https://satsunaigawacamp.com/>で随時受付、キャンセル料あり） ※ゴミは有料で受け入れ
※ペットの同伴は、リード使用などマナー厳守でOK（建物内への同伴は禁止）※Wi-Fi環境は山岳センター内のみ

MAP 21 さつないがわえんちきゃんぷじょう

札内川園地キャンプ場

☎0155-69-4378

河西郡中札内村南札内713（日高山脈山岳センター）
◎問合先／中札内村観光協会 ☎ 68-3390

MAPCODE® 592 039 328*51

予約　可（詳細は欄外参照）
管理料　中学生以上800円、小学生400円、未就学児無料
サイト使用料　A（札内川沿い）：1,000円／B（吊り橋周辺）：800円／C（広場中央部分）：500円
宿泊施設　バンガロー：10人用5,000円3棟／トレーラーハウス（住箱）：４人用10,000円３棟（各照明・電源付、要予約）
貸用具　手ぶらテントセット４人用1日20,000円、キャンプ用具・釣り竿など各種有料で
管理人　24時間駐在
施設利用時間　IN 12:00〜（バンガローは15:00〜、トレーラーハウスは13:00〜）OUT 11:00（バンガロー・トレーラーハウスは10:00）
施設・設備　水洗トイレ・炊事場・バーベキューハウス各１棟、受付・管理兼務の日高山脈山岳センター（売店・有料シャワー室併設、大部屋式の宿泊施設あり）など
Ⓟ　約1,000台（無料）
温泉　十勝エアポートスパそら（p225参照）まで約22km

テントサイトは広大な草原の広場。写真の中央部分がCサイトで、右奥の木立の部分が札内川沿いのAサイトとなる（左上はトイレ棟、右下は炊事場）

木々に包まれたバンガローサイト

管理兼務の日高山脈山岳センター

広大なサイトを３分割 人気エリアは札内川沿い

札内川を流れ落ちる「ピョウタンの滝」が見所の園地内にあり、サイトは広大な広場。特に設備はないが、全サイトでオートキャンプが楽しめる。近年、サイトを人気順にエリア分けして有料化。トレーラーハウスなど宿泊施設も拡充するなど、大きく変貌中だ。

ROUTE

国道236号の中札内市街から道道55号（清水・大樹線）経由で札内ヒュッテ方面へ向かう道道111号に入り、約13kmの右手。ピョウタンの滝手前の札内川に架かる橋を渡った右手に立つ山岳センターが、各施設の受付を兼務。

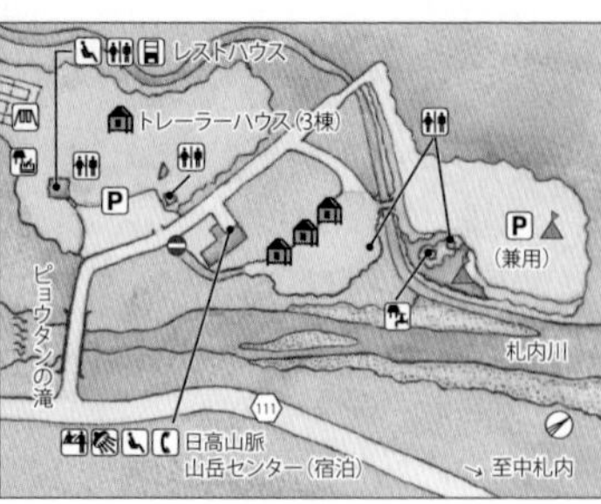

買い物　スーパー、コンビニのある中札内市街まで約20km

※オートサイトは予約制（4月10日から公式サイト〈https://makibanoie.com〉で受付開始、コテージは通年受付、キャンセル料あり）
※ペットの同伴はマナー厳守でオートサイトのみ可。犬1匹500円（1区画3匹まで、ドッグラン利用料込）　※花火は22:00以降禁止

期間 4月20日 ▼ 10月31日　QRマップ

MAP 22 とかちまきばのいえさうなつきしせつおーときゃんぷさいと

十勝まきばの家 サウナ施設付きオートキャンプサイト

☎015-572-6000　中川郡池田町清見144

MAPCODE® 369 687 159*53

予約　オートサイトのみ可

入場料　中学生以上1人800円、小学生600円、未就学児無料

フリーサイト　テント1張990円（3名まで。1名追加につき＋330円）／バイカー：1台550円

階段状に整備されたオートサイト（左）。上は3棟あるワイン樽サウナ（有料／要予約）

オートサイト　1区画3,000円計10区画／RVパーク：3,000円計3区画（各電源付）

ロッジ　1棟10,000円〜計3棟（定員5人、風呂・トイレ付）

管理人　駐在（9:00〜19:00）

施設利用時間　IN 14:00〜18:00　OUT 11:00まで

施設・設備　管理棟（売店）、水洗トイレ2棟、炊事場1棟、ドッグラン、水遊び場など

Ⓟ　約20台（無料）

温泉　池田清見温泉（大人490円、13:00〜20:30受付終了、火・水曜休）まで約2㎞

■キャンプ＆サウナを満喫

見晴らしのいい丘陵地にあり、敷地内で樽サウナも楽しめる。ゴミは有料で受け入れ。

※バンガローは予約制（予約は4月1日より電話受付開始予定）

期間 5月1日 ▼ 10月31日　QRマップ

MAP 23 あしょろさとみがおかこうえんきゃんぷじょう

足寄里見が丘公園キャンプ場

☎0156-25-6325　足寄郡足寄町里見が丘（ミニパークハウス）

MAPCODE® 481 559 531*64

予約　バンガローのみ可

持込テント料金　1張400円

オートキャンプ　不可だが、荷物の搬出入時のみ接近可

バンガロー　6人用2,100円6棟、20人用4,100円1棟（各照明付）

ファイヤー広場周辺の草地サイト（左）。写真右下は炊事場とトイレ。上はかわいいバンガロー

貸用具　バーベキュー用具を無料貸出（数量限定）

管理人　駐在（受付時間は13:00〜17:00）

施設利用時間　IN 13:00〜　OUT 10:00まで

施設・設備　トイレ・炊事場各1棟、野外炉、テーブルベンチ、バーベキューハウス1棟、ミニパークハウスなど

Ⓟ　約30台（無料）

温泉　足寄町営温泉浴場（大人400円、13:00〜19:30受付終了、月曜休）まで約3㎞

■緑豊かな公園キャンプ場

足寄町の公園内施設で、起伏のある林間の草地がテントサイトに。ゴミは持ち帰り制。

買い物　（上段）：池田市街のコンビニまで約5km
（下段）：足寄市街のローソン、セイコーマートまで約1.5km

※予約制（4月1日より予約サイト<https://booking.montbell.jp/lodging/facility.php?facility_id=31>で受付開始。4月19日以降は現地管理棟でも受付）　※開設期間は変更の可能性あり

MAP 24

たいきちょうかむいこたんこうえんきゃんぷじょう

大樹町カムイコタン公園キャンプ場

☎01558-7-5623　広尾郡大樹町字尾田217-3

MAPCODE® 396 068 551*15

予約　可（詳細は欄外参照）

持込テント料金　高校生以上1人600円（ただし1サイトの利用料が1,000円未満の場合は、一律1,000円徴収）

オートキャンプ　上記料金で可。セミオートAサイト：20区画／オートBサイト：12区画／セミオートCサイト：25区画（設備なし）

バンガロー・貸用具　なし

管理人　駐在（7:30～10:00、15:00～17:00）

設備利用時間　IN 12:00～ OUT 10:00まで

施設・設備　水洗トイレ3棟、炊事場（炉付）2棟、管理棟、野外炉など

Ⓟ　場内以外に約30台（無料）

温泉　ナウマン温泉（p230参照）まで約17km

MEMO　ゴミは分別の上、無料受け入れ（7:30～10:00）。ペットの同伴は、Aサイトのみマナー厳守でOK

オートBサイト。左手は炊事炉（右上は左が管理棟、右がBサイトの炊事場）

河岸のCサイトはセミオート

ファミリー向きの林間Aサイト

清流・歴舟川河畔のバラエティ豊かなサイト

全国トップクラスの清流・歴舟川は、カヌーイスト憧れの川。その川岸にある施設で、ロケーションのすばらしさから根強い人気を誇る。

テントサイトは管理棟前の駐車場を挟んで上・下段に分かれており、上段は林間のAサイト。下段は駐車場すぐ下にBサイト、河原にCサイトがある。歴舟川での川遊びや周辺散策など、アウトドア体験を楽しめるのも魅力だ。

ROUTE

国道236号大樹町市街から、道道55号（清水・大樹線）に入り、約8kmで尾田市街。市街地に入る前にキャンプ場への案内看板があるので、左手の道に入り約1km直進。尾田橋と神威大橋の間、歴舟川河畔にある。

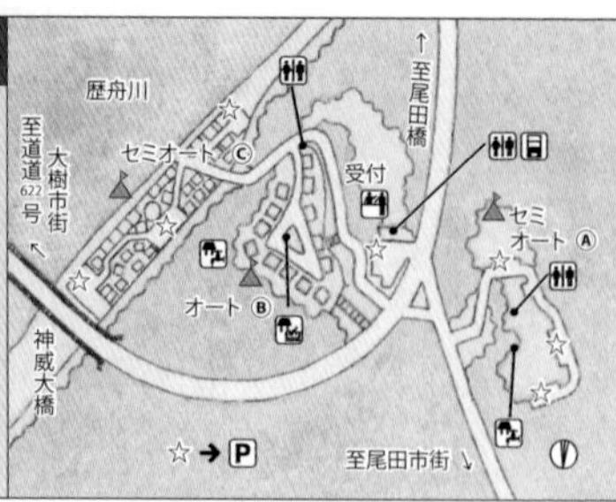

買い物　スーパー、コンビニのある大樹町市街まで約10km

※ペットの同伴は、リードの使用・就寝時は車内で管理などマナー厳守でOK　※ゴミは有料ゴミ袋購入で受け入れ

期間　6月▼9月　QRマップ

MAP 25　ばんせいおんせんきゃんぷじょう
晩成温泉キャンプ場

☎01558-7-8161　広尾郡大樹町字晩成2（晩成温泉）

MAPCODE® 699 103 551*00

予約　不可
利用料　高校生以上1,000円、中学生800円、小学生700円（晩成温泉の入浴券付、未就学児は無料）
オートキャンプ　不可
コテージ　８人用20,000円１棟（要予約、台所・寝室・寝具・調理用具付）※予約は晩成温泉で受付、冬季は火曜休
貸用具　なし
管理人　不在
施設利用時間　コテージのみ IN 15:00〜　OUT 10:00
施設・設備　簡易トイレ４基、炊事場１棟（晩成温泉館内の水洗トイレ利用可）など
Ⓟ　約20台（無料）
温泉　晩成温泉（大人500円、8:00〜20:00最終受付、冬季は9:00〜）に隣接

温泉施設の前に広がる、太平洋に面した芝生のテントサイト。テント設営禁止エリアがあるので注意してほしい。右上はサイトに隣接する貸別荘仕様のコテージ

サイト横の小ぢんまりとした炊事場

褐色の湯をたたえる晩成温泉浴場

太平洋に面したサイトは事前受付の上でご利用を

北海道らしい最果ての風景が魅力の晩成海岸。一帯には海跡湖や原生花園があり、独特の景観を織り成す。

その太平洋岸に立つ晩成温泉隣接のキャンプ場で、芝生のテントサイトを利用する際は、必ず受付をしてからテントを設営してほしい。またサイト周辺には、設営不可のエリアもあるのでご注意を。

駐車場隣接部分ではオートキャンプ感覚が楽しめるほか、立派なコテージや素泊まり可の「晩成の宿」も至近に。珍しいヨード泉の湯を、多様なスタイルで満喫できる。

ROUTE

帯広からは、国道236号か帯広広尾自動車道で幕別町忠類へ。忠類市街で道道657号に入り、道道881号を経由して約26kmで現地。釧路からは国道38・336号経由で約110km、苫小牧からは国道235・236・336号経由で約220km。

買い物　スーパー、コンビニのある大樹町市街まで約25km

※完全予約制（予約は利用日の３カ月前から予約サイト「なっぷ」で受付、キャンセル料あり）

期間	QRマップ
4月28日 ▼ 10月31日	

MAP 26

なうまんこうえんきゃんぷじょう

ナウマン公園キャンプ場

☎01558-8-2111

中川郡幕別町忠類白銀町390-4 ※現地TELなし
←問合先／幕別町忠類総合支所経済建設課

MAPCODE® 396 201 506*60

予約　可（詳細は欄外参照）

サイト使用料　1区画1,500円 計68区画

オートキャンプ　第３キャンプ場のみ可

バンガロー・貸用具　なし

管理人　不在

施設・設備　車イス対応水洗トイレ・炊事場各１棟、複合遊具、親水池、パークゴルフ場（36Ｈ・無料）、隣接の「道の駅」に売店など

Ⓟ　68台（無料）

温泉　十勝ナウマン温泉ホテルアルコ（露天風呂付、大人600円、5:00～8:00、11:00～21:00各受付終了）に隣接

国道側の平坦なサイト（上）と丘上の炊事場周辺に広がる起伏あるサイト（下）

温泉や道の駅に隣接し子ども向け遊具も充実

忠類市街の南、国道236号沿いにある公園内のキャンプ場。周辺には、温泉やナウマン象記念館、道の駅・忠類などの施設が集まっている。

テントサイトは３カ所に分かれ、いずれも完全予約制。なお、ペットの同伴は第３キャンプ場の一部のみ可となる。

親水すべり台など園内の遊具は充実

諸設備完備のナウマン温泉大浴場

パークゴルフ場に隣接して少々落ち着かないが、園内にはすべり台のある親水池を筆頭に大型アスレチック、ローラースライダーなどの遊具が豊富に揃っている。

園内にあるナウマン象記念館の入館料は、大人300円、小中学生200円（9:00～17:00、火曜休）。また、道の駅で販売する「純白ゆり根シュークリーム」は隠れた人気の一品だ。

ROUTE

国道236号を帯広市街からだと広尾方面へ約50kmで忠類市街。同国道からさらに広尾方面へ約２km進んだ左手が現地。帯広・広尾自動車道では、帯広JCTから約60kmの忠類IC下車すぐ。ナウマン象記念館南側に進入路あり。

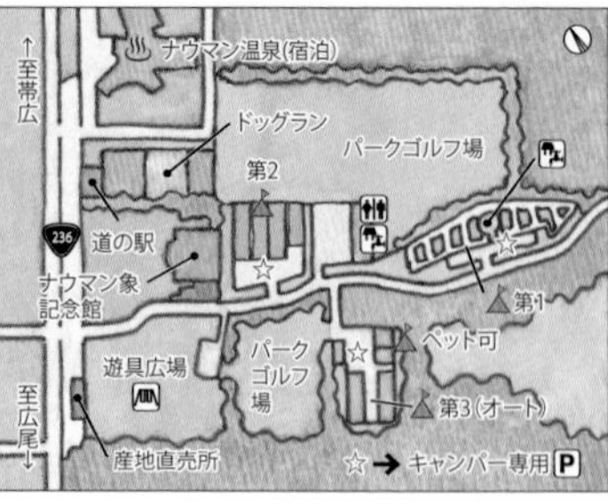

買い物　「道の駅」まで約700m、忠類市街のセイコーマートまで約1km

※完全予約制（予約は利用月の６カ月前にあたる月の１日より現地で受付開始、キャンセル料あり）　※コテージは通年営業
※ペットの同伴はマナー厳守でOK（建物内は禁止）　※ゴミは指定の袋使用で無料受け入れ　※花火は指定場所で手持ち式のみ可

期間	QRマップ
4月下旬 ▼ 10月下旬	

MAP 27 さらべつかんとりーぱーく

さらべつカントリーパーク

☎0155-52-5656　河西郡更別村字弘和541-62

MAPCODE® 396 441 801*84

予約　可（詳細は欄外参照）
施設管理費　中学生以上１人1,000円、小学生500円（7・8月以外は２日目以降、半額）
フリーサイト　１張500円
オートサイト　個別サイト：1区画2,000円計58区画／キャンピングカーサイト：3,000円5区画（各電源・水道・炊事台付）／焚き火専用サイト：2,000円8区画（電源・水道付）
宿泊施設　コテージ：６～８人用１棟15,000円５棟（諸設備完備）／トレーラーハウス：４～５人用１台10,000円５台（諸設備完備）／ミニコテージ：４～５人用10,000円５棟（台所・洗面所・浴室・寝具付）
貸用具　寝袋など各種有料で
管理人　期間中24時間駐在
施設利用時間　IN 13：00～17：00　OUT 10：00まで
施設・設備　サニタリーハウス２棟（各水洗トイレ・炊事場・洗面所付）、管理受付のセンターハウス（売店・コインシャワー・ランドリー）など
Ⓟ　約80台（無料）
温泉　福祉の里温泉（露天風呂付、大人450円、13：00～21：00受付終了、月曜休）まで12km

芝生のフリーサイト（右下は左がミニコテージ、右がサニタリーハウス）

各電源付の個別オートサイト

豪華なコテージは通年利用可能

十勝管内屈指の設備を誇るオートキャンプ場

サーキット場隣接の本格オート施設。オートサイトはスペースゆったりで、十勝のスケール感にマッチしている。瀟洒なコテージなど宿泊施設も充実しており、トレーラーハウス５台も備える。

至中札内　至とかち帯広空港　役場　福祉の里温泉　道の駅　十勝スピードウェイ　さらべつカントリーパーク　GS　帯広・広尾自動車道　ナウマン温泉　道の駅忠類　忠類IC　至広尾　ナウマン公園

ROUTE

国道236号を上更別市街から道道210号に入る。約３km先の道道238号を通り越し、右手にサーキット「十勝スピードウェイ」を見ながら直進、約２km先を右折で現地。帯広・広尾自動車道の忠類IC下車で約11km。

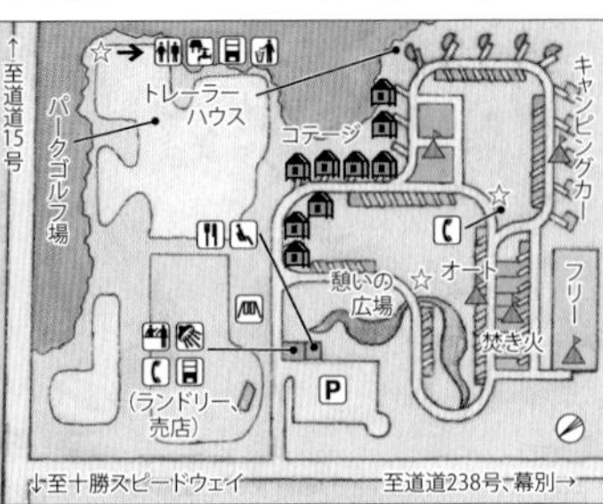

買い物　更別市街のセブンイレブンまで約13km、セイコーマートまで約14km

※宿泊施設は予約制（予約は利用日の１カ月前より企画課商工観光係で受付開始。開設後は現地で受付）
※ペットの同伴はマナー厳守でOK（宿泊施設内への同伴は禁止）　※焚き火台の使用は、燃え殻の持ち帰りでOK

期間　7月上旬▼8月下旬　QRマップ

MAP 28

長節湖キャンプ場

ちょうぶしこきゃんぷじょう

☎015-575-2329

中川郡豊頃町長節
◎問合先／豊頃町企画課商工観光係 ☎ 574-2216

MAPCODE® 699 538 889*82

予約　宿泊施設のみ可
持込テント料金　無料
オートキャンプ　不可だが、荷物の搬出入時に限り接近可（駐車場隣接部分では、セミオートスタイルも可能）
宿泊施設　バンガロー４人用１棟2,000円2棟、ドーム型ハウス４人用1棟5,000円2棟（各日帰りは半額）
貸用具　なし
管理人　駐在（8：00～17：00）
施設利用時間　IN 13：00～ OUT 11：00まで
施設・設備　炊事場併設水洗トイレ１棟、バンガローサイトに野外炉とベンチ、管理・受付の監視所、売店など
P　約200台
風呂　十勝ロイヤルホテル（p233参照）まで約24km
MEMO　花火は手持ち式のみ可（21時まで）。ゴミはすべて持ち帰り制

湖畔に面した開放的なテントサイト（右下は海側バンガローサイト前の砂浜）

海側サイトの炊事場併設トイレ

新設のドーム型ハウスとバンガロー

海と潟湖に挟まれた水辺のテントサイト

太平洋に面した長節湖は、周囲約５kmの汽水湖。その砂州部分にあるキャンプ場で、場内は長節湖側がテントサイト、太平洋側が宿泊施設のサイトに分かれている。

海水浴こそできないが、テント設営は無料の上、宿泊施設も格安とあって、繁忙期はかなりの賑わいを見せる。

海と湖を分ける砂州一帯の植物群は道の天然記念物に指定されている。また、晩夏の海岸はサケ釣りで賑わう。

ROUTE

国道336号の豊頃町長節付近から右折、道道912号（大津・長節線）で海岸付近まで約２km進み、T字路を右折。約１km先が現地。豊頃市街からは、国道38号の茂岩山下から、道道320号（旅来・豊頃線）経由で約22km。

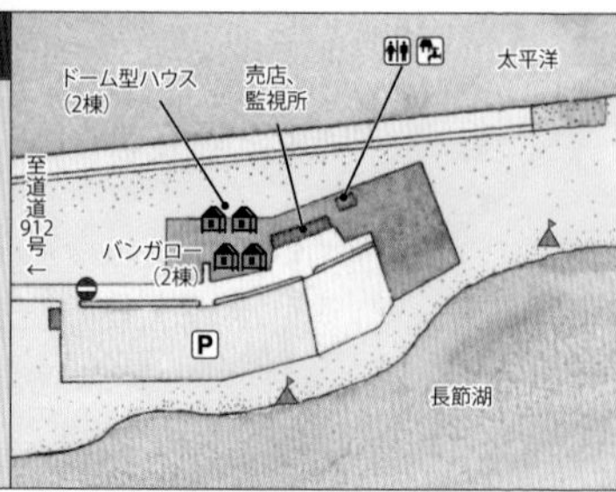

買い物　浦幌市街のセイコーマートまで約20km、茂岩市街のセイコーマートまで約22km

※バンガローは完全予約制（予約は４月１日より十勝ロイヤルホテルで受付開始）　※ゴミは完全持ち帰り制
※ペットの同伴はマナー厳守でOK（バンガロー内への同伴は禁止）　※焚き火台の使用は、燃え殻の持ち帰りでOK

期間	QRマップ
4月下旬 ▼ 11月上旬	

MAP 29 とよころもいわやましぜんこうえん

とよころ茂岩山自然公園

☎015-574-2111
中川郡豊頃町茂岩49（十勝ロイヤルホテル）
◎問合先／豊頃町施設課 ☎ 574-2215

MAPCODE® 511 480 180*12

予約　バンガローのみ可
持込テント料金　１張1泊300円
オートキャンプ　不可
バンガロー　Ａ：６人用１棟3,000円10棟／Ｂ：4人用2,000円1棟／Ｃ：2人用1,000円3棟（各照明付で、Ａ・Ｂは台所・電源付、Ｃは電源付、日帰りの場合は半額）
貸用具　寝具セット600円
管理人　駐在（7：00～20：00）
施設利用時間　IN 14：00～ OUT 11：00まで
施設・設備　簡易水洗トイレ２棟、炊事場１棟、バーベキューハウス３棟（要予約・有料）、公園管理棟、テニスコート（有料）、パークゴルフ場（36Ｈ・無料）、貸し自転車（有料）など
Ⓟ　約100台（無料）
風呂　管理兼務の十勝ロイヤルホテル（大人500円、15：00～20：00、土・日曜のみ７：00～8：30も入浴可）に隣接

木々に囲まれた山頂のテントサイトは小ぢんまりとしている（右下は炊事場）

3種あるバンガロー（写真はＢ）とトイレ

36Ｈのパークゴルフ場に隣接する

バンガローが充実した高台のキャンプ場

豊頃町茂岩市街の高台にある自然公園内のキャンプ場。テントサイトは、管理受付兼務の十勝ロイヤルホテル正面右手に広がる。小ぢんまりとした芝生のサイトは、奥の林間部分が落ち着けそう。

その横に３タイプが揃うバンガローサイトがあり、こちらの方がスペースはゆったり。

園内には無料のパークゴルフ場やテニスコートなどが整備され、家族で楽しめる。

ROUTE

国道38号の豊頃町茂岩市街付近から、大きな看板に従って公園への道を上がって行く。ホテルのあるキャンプ場付近までは、国道から約１km。坂の途中にある林間広場でのテント設営は不可となったのでご注意を。

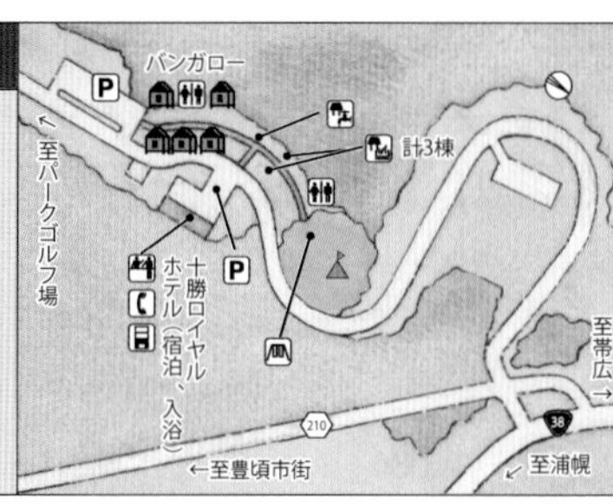

買い物　豊頃市街のセイコーマートまで約5km

※予約制（予約は４月１日よりレアスで受付開始、オープン後は現地）　※ゴミは有料ゴミ袋購入で受け入れ

期間 4月29日▼10月31日　QRマップ

MAP 30

うらほろしんりんこうえんおーときゃんぷじょう

うらほろ森林公園オートキャンプ場

☎015-576-3455

十勝郡浦幌町字東山町22
◎期間外問合先／(有)レアス ☎ 576-2881

MAPCODE® 511 500 799*45

予約　可（詳細は欄外参照）

フリーサイト　１張1,000円（１人用のみ１張500円）

オートサイト　1区画2,000円 20区画（電源付）

バンガロー　Ａ：６人用１棟3,500円 10棟（照明・電源付）／Ｂ：9～10人用5,000円１棟（トイレ・流し・照明・電源付）

貸用具　BBQセット1,800円

管理人　駐在（8:30～19:00、繁忙期は駐在時間を延長）

施設・設備　水洗トイレ・炊事場各２棟、BBQハウス３棟（各有料、食材の持ち込み可）、管理棟、アスレチック遊具、ふるさとのみのり館（バーベキューハウス）、パークゴルフ場（18Ｈ・無料）、展望台など

Ⓟ　約100台（無料）

温泉　うらほろ留真温泉（露天風呂、大人500円、11:00～20:30受付終了、第３月曜休）まで約18km

バンガロー群の目の前に広がる芝生のフリーサイト（右下は園内遊具）

バンガローＡも自然にマッチ

設備は電源のみのオートサイト

森の中は野鳥の楽園 せせらぎ沿いのサイト

　パークゴルフ場にフィールドアスレチック、長さ82mもある吊り橋やせせらぎ水路が揃う公園内にあるだけに、ファミリーの利用が目立つ。

　サイトは手入れのいい平坦な芝生で、適度に木立も残されている。入口右手の谷間にあるオートサイトは、余計な設備のないシンプルなタイプ。

　要予約のバンガローは、Ａがログハウス仕様で、Ｂはトイレ・流しを設備する団体向けの造りだ。

ROUTE

国道38号を帯広・豊頃側から進むと、国道336号との分岐を過ぎ、さらに道道56号（本別・浦幌線）との分岐も通り過ぎて間もなくの国道右手に「うらほろ森林公園」の看板が見える。そこから右折、道を下った300mほど先。

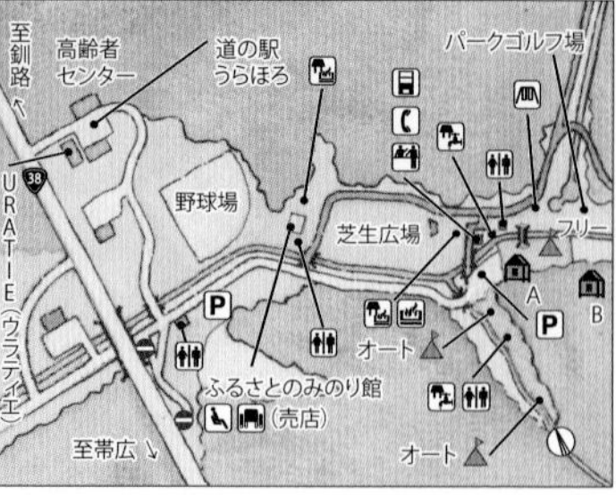

買い物　浦幌市街のスーパー、セブンイレブンまで約1km

和琴湖畔キャンプフィールド

釧路

釧路・阿寒湖・屈斜路湖
釧路湿原・霧多布

根室

根室・中標津・羅臼

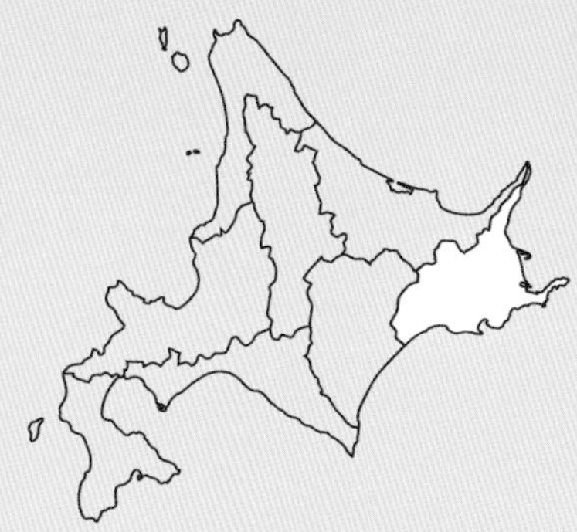

釧路・根室エリア　CONTENTS＆MAP

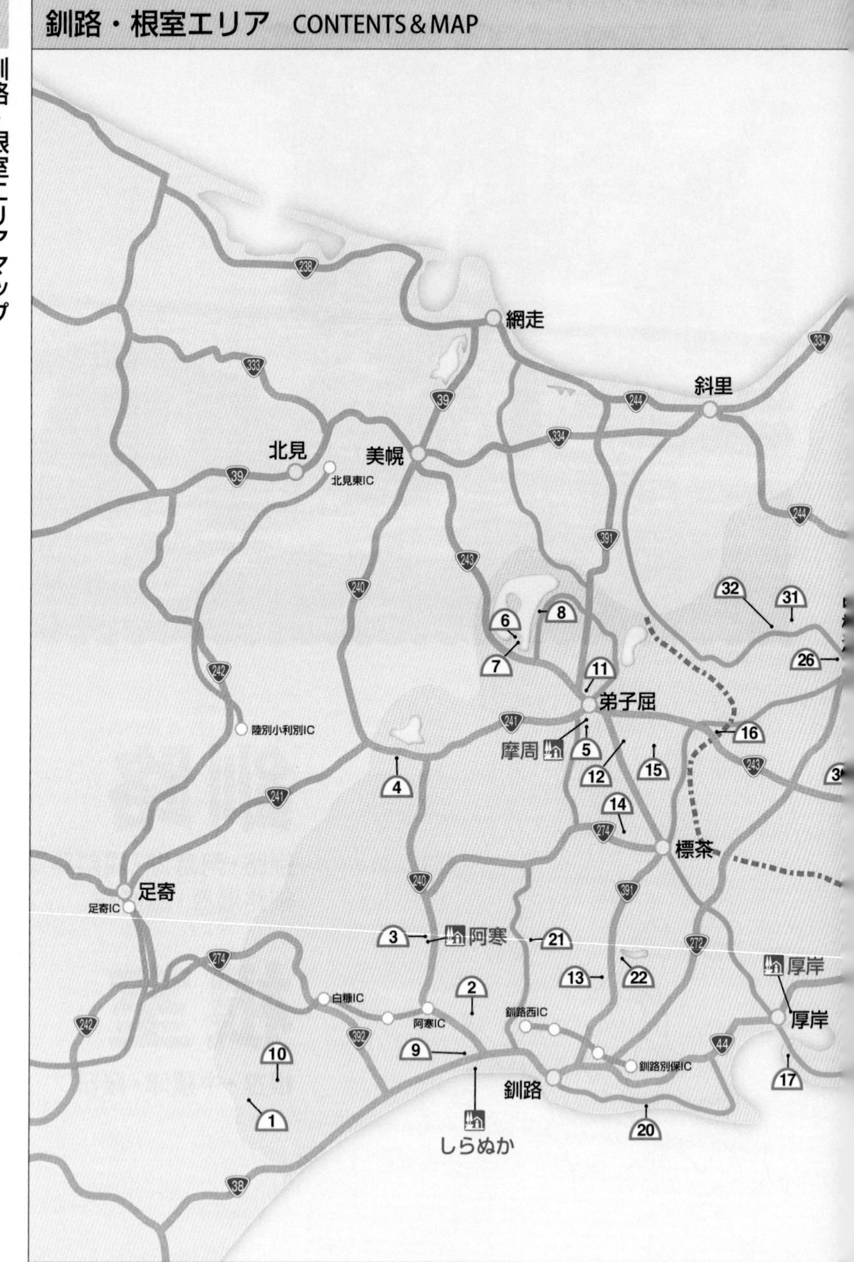

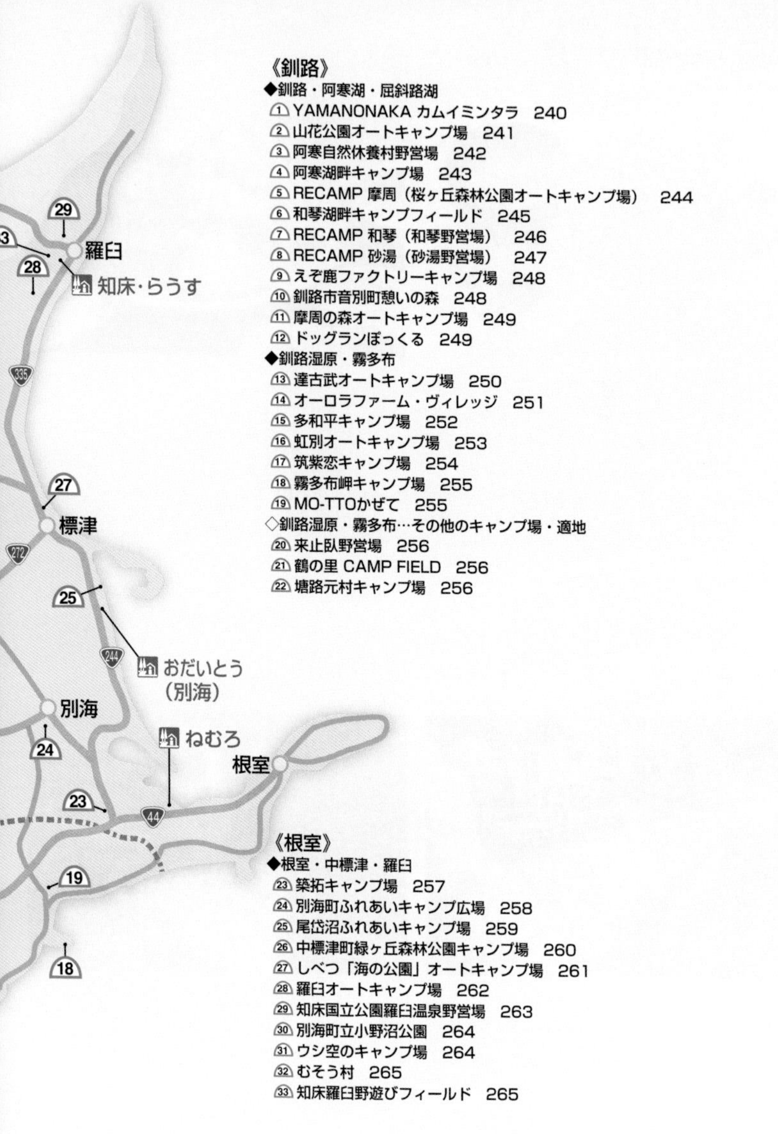
29
33
羅臼
28
知床・らうす
335
27
標津
272
25
244
おだいとう
(別海)
別海
24
ねむろ
根室
23
44
19
18
30km

釧路・根室エリアの立ち寄りスポット

特製ダレが決め手のこだわり豚丼

道の駅 しらぬか恋問 レストランむ〜んらいと

みちのえき しらぬかこいとい れすとらんむ〜んらいと

厳選の阿寒産豚肉を炭火で焼き上げた「この豚丼」1,350円〜は、ジューシーな肉汁に香ばしいタレが絶妙にマッチ。北海道・道の駅弁の第１号にも認定されている。たまり醤油と黒砂糖を合わせた特製ダレが、味の決め手だ。【DATA】住所：白糠郡白糠町コイトイ3-3-1　電話：01547-5-3224　営業：10:00〜15:30LO（土・日曜・祝日は〜16:30LO）※季節変動あり　定休：不定　P：106台　※価格・時間は変更の場合あり

釧路名物の「ザンタレ」を存分に

南蛮酊

なんばんてい

ザンギにタレを絡ませた釧路グルメ「ザンタレ」が味わえる家庭的な洋食店。ザンタレ（単品1,200円、定食1,550円）は、１人前が鶏モモ肉700gと食べ応えたっぷり！　生玉とんかつ（単品990円、定食1,340円）などもおすすめだ。【DATA】住所：釧路郡釧路町遠矢１-39　電話：0154-40-3117　営業：11:00〜18:30LO（土・日曜・祝日は〜19:30LO）　定休：月・火曜（ＧＷとお盆期間は持ち帰り営業のみ）　Ｐ：７台

道東・釧路の海産物がずらり！

釧路和商市場

くしろわしょういちば

1954年開設の釧路で最も歴史ある市場。活気溢れる建物内に鮮魚店や青果店など40軒ほどが連なり、近海で水揚げられた魚介や水産加工品、季節の野菜が手に入る。市場内の鮮魚店で好みのネタを選んで盛り付ける「勝手丼」も味わいたい。【DATA】住所：釧路市黒金町13-25　電話：0154-22-3226　営業：8:00〜17:00（店舗によって変動あり）　定休：日曜不定　Ｐ：134台（市場利用で2時間無料）

外国雑貨と滋味豊かなスープカレー

辻谷商店・つじや食堂

つじやしょうてん・つじやしょくどう

旅好きの店主のお気に入りを集めた、国内外の逸品を販売。欧州やアジア、アフリカの雑貨のほか衣料など多彩なジャンルの商品が並ぶ。食堂で味わえる、鶏ガラや香味野菜から丁寧にうま味を抽出した滋味豊かなスープカレーも評判だ。【DATA】住所：川上郡弟子屈町湯の島3　電話：015-482-4020　営業：10:00〜18:00（食堂は12:00〜14:30LO、カレーがなくなり次第終了）　定休：水曜（食堂は水・木曜）、冬期は不定　Ｐ：５台

本場の花咲ガニを存分に味わえる！

かに屋 めし屋 大八

かにや めしや だいはち

花咲ガニの本場・花咲港のすぐ近くにある、1975年創業のカニ販売店＆食堂。店頭で浜茹での花咲ガニが購入できるほか、食堂ではうま味濃厚なむき身をたっぷりと使ったカニラーメンやカニチャーハン、カニ中華丼各 1,300 円など、産地ならではの贅沢な一品が味わえる。【DATA】住所：根室市花咲港68　電話：0153 - 25 - 3266　営業：８:00～17:00（16:30LO）　定休：不定　P：６台

ファームレストランの草分け的存在

BAKERY RESTAURANT 牧舎

ベーかりー れすとらん ぼくしゃ

1987年開店のファームレストラン。香り豊かな天然酵母パンや自家栽培野菜を使った、味わい深い手作りメニューが揃う。なかでも、コクのあるカレーに牛乳豆腐（カッテージチーズ）のフライをのせた「カッテージカレー」がイチオシだ。【DATA】住所：標津郡中標津町字俣落 2000 - 8 佐伯農場内　電話：0153 -73-7151　営業：10:00～16:00　定休：水・木曜（冬期休業）　P：10台

新鮮牛乳の無添加ソフトクリーム

風牧場

かぜぼくじょう

標茶町の恵まれた環境の中で、約50頭の乳牛を飼育する牧場が直営。低温殺菌の搾りたて牛乳を使い、ソフトクリームやチーズ、飲むヨーグルトなどの乳製品を製造・販売する。無添加にこだわったソフトクリームはミルクとヨーグルト、モカの３種類が週替わりで300～400円。国道沿いの看板が目印だ。【DATA】住所：川上郡標茶町熊牛原野10線東５-９　電話：015 - 486 - 2131　営業：９:00～17:00　定休：なし　P：10台

旬の逸品が並ぶ海産物の直売所

羅臼漁業協同組合 直営店 海鮮工房

らうすぎょぎょうきょうどうくみあい ちょくえいてん かいせんこうぼう

魚介類や加工品など、羅臼町で獲れた海産物を産直価格で販売。羅臼昆布を使った「特選羅臼昆布 」400円～や「羅臼昆布しょうゆ（500ml）」810円～、「羅臼昆布だし（300ml）」1,404円のほか、羅臼昆布のダシと粉末を練り込んだ「羅臼らーめん」864円など、多彩な商品が並ぶ。【DATA】住所：目梨郡羅臼町本町361　電話：0153- 87-3542　営業：9:00～17:00（変更の場合あり）　定休：なし（11～4月は日曜）　P：60台

※予約制（予約は４月下旬より随時電話で受付、空きがあれば当日も可。夏休み期間〈７/20～８/15〉分は７月１日から受付開始）
※ペットの同伴は事前予約が必要。ツーリストハウスは同伴不可　※ゴミは完全持ち帰り制

期間	QRマップ
4月下旬 ▼ 10月末	

MAP 1

やまのなか かむいみんたら

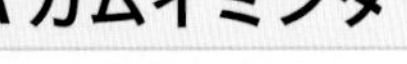

YAMANONAKA カムイミンタラ

☎01547-6-8456　釧路市音別町霧里

MAPCODE® 671 426 690*26

予約　可（詳細は欄外参照）
入場料　１人1,000円
車両乗入料　入場料別で普通車１台500円、キャンピングカー1,000円（徒歩、自転車を含む二輪車の利用者は不要）
サイトスペース　11区画（特に設備なし）
バンガロー　なし
貸用具　薪1箱500円、洗濯機１回100円、移動式たき火コンロ（網・火ばさみ）無料
管理人　ツーリストハウスに駐在（受付時間は日没まで）
施設・設備　トイレ・炊事場各１棟、ツーリストハウス（入場料込で１人１泊2,000円）
Ⓟ　完全オートキャンプ場
風呂　しらぬかの湯（大人490円、10：00～22：00、月曜休、祝日の場合は翌日）まで約36km
MEMO　20：00以降のエンジン始動は禁止

自然を生かした贅沢な造りのサイト。写真右奥が廃校利用のツーリストハウス

ツーリストハウス内の共用スペース

校舎の横手に併設された炊事場

山中にある神々の庭で理想のキャンプを堪能

　ここに一度でも泊まれば、優れたキャンプ場であることがわかるはず。というのも、広い敷地内に１区画100坪近い芝のサイトが、11区画しかない贅沢な造りなのだから。
　さらに、全サイトにキャンピングカーが乗り入れできる。ただし、外部電源が必要なタイプは受け入れていない。
　本州からこの廃校に移住した宮代夫妻は、旅人にも理想の空間を提供したいとキャンプ場を開設。濃やかな配慮でもてなしてくれる。

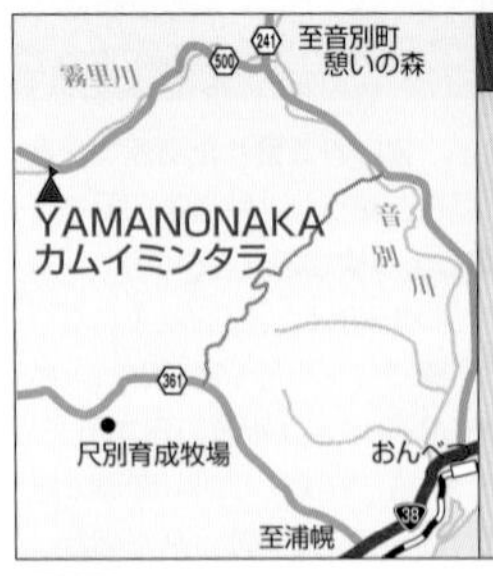

ROUTE

　音別市街の国道38号から道道241号（本流・音別線）に入り、約12km北上。二俣の分岐を左折して道道500号（音別・浦幌線）に入り、約９km先の左手が現地。駐車場に車を停めたらすぐにエンジンを止めること。

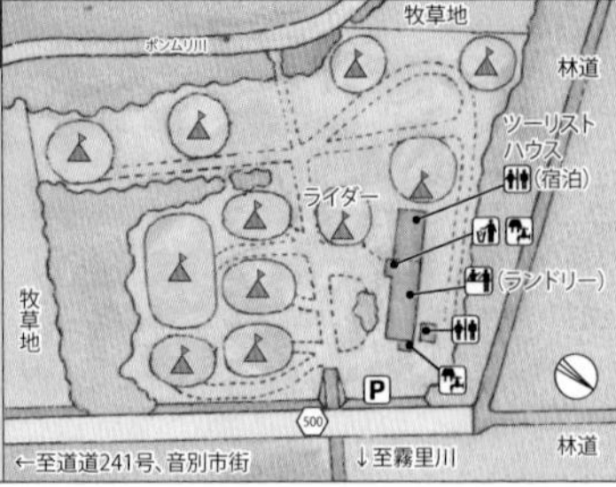

買い物　音別市街のセイコーマートまで約20km

※予約制（予約は利用月１カ月前の月の１日より電話か予約サイト「キャンプネット」で受付）　※花火は手持ち式のみ可
※６月、９～10月は利用料が３割引に（金・土曜、祝前日を除く）　※焚き火台使用の際、芝の損傷は賠償の対象となるので注意を

期間　6月1日▼10月20日
QRマップ

MAP 2
やまはなこうえんおーときゃんぷじょう
山花公園オートキャンプ場

☎0154-56-3020
釧路市阿寒町下仁々志別11-37
◎問合先／釧路市公園緑化協会 ☎ 24-0513

MAPCODE® 556 013 191*04

予約　オートサイトとコテージのみ可
入場料　中学生以上760円、小学生380円
フリーサイト　1区画1,260円 計47区画（車１台まで）
オートサイト　スタンダードカーサイト：1区画3,170円44区画（電源付）／キャンピングカーサイト：1区画3,800円10区画（電源・上下水道付）
コテージ　６人用12,660円10棟（施設完備の貸別荘タイプ）
貸用具　有料で各種
管理人　期間中24時間駐在
施設利用時間　IN 13:00～19:00（コテージは15:00～）OUT 7:00～11:00
施設・設備　水洗トイレ３棟、炊事場５棟、バーベキューハウス２棟、管理・受付のセンターハウス（売店・有料シャワー・コインランドリー併設）
P　約23台（受付用）
温泉　山花温泉リフレ（露天風呂付、大人670円、10:00～20:30受付終了）まで約1.5km
MEMO　スタンダードカーサイトの一部のみペット同伴可（8月10～16日は不可）。ゴミは分別の上、無料で受け入れ

広葉樹の木立に囲まれた芝生のオートサイト（左下はトイレと炊事場）

サイトに隣接する森の中のコテージ

キャンパーは110円割引の山花温泉

観光施設至近ながらも場内は静かな雰囲気

動物園や温泉がある山花公園内の本格オートキャンプ場。周囲を森に囲まれた場内は静かな雰囲気で、サイトもスペースが広くとられ快適だ。なお、キャンパーには山花温泉入浴料の割引特典がある。

ROUTE

国道38号の釧路市街からだと、鳥取大通３丁目付近から道道53号、道道 666号 経由で約19km。釧路市動物園を目指して進むが、動物園入口が見えたら、さらにその 200 m先がキャンプ場入口。案内看板に従い道なりで現地。

買い物　釧路市大楽毛市街のスーパー、セブンイレブンまで約10km

※バンガローは予約制（予約は利用日２カ月前の月の１日より現地で受付、キャンセル料あり） ※Wi-Fi環境は管理棟周辺のみ
※ペットの同伴は、サイトが閑散期のみ、専用バンガローは追加料1,000円で各小型犬のみ可 ※ゴミは有料袋を購入で受け入れ

期間	QRマップ
4月24日 ▼ 10月31日	

MAP 3
あかんしぜんきゅうようそんやえいじょう

阿寒自然休養村野営場

☎0154-66-3810
釧路市阿寒町23-36
◎問合先／サークルハウス・赤いベレー ☎ 66-2330

MAPCODE® 556 182 822*46

予約　バンガローのみ可
持込テント料金　１張850円
オートキャンプ　不可
バンガロー　要予約で５人用１棟6,050円５棟（7・8月は7,860円、設備はトイレ・流し・洗面台・電源・野外炉付）
貸用具　バンガロー利用者用に寝具や毛布を有料で
管理人　駐在（9:00〜17:00）
施設利用時間　IN 15:00〜17:00　OUT 10:00まで
施設・設備　水洗トイレ１棟、炊事場２棟、管理棟（車イス対応水洗トイレ併設）、有料のバーベキューコーナー、アスレチック遊具など
温泉　サークルハウス・赤いベレー（大人550円、10:00〜21:00受付終了）に隣接
P　約200台（無料）

森に囲まれた芝生のサイト。場内にはコンビネーション遊具（左上）なども揃う

手頃な料金のロフト式バンガロー

内湯のみの赤いベレーの大浴場

人気のキャンプ場が設備をリニューアル

　道の駅や温泉宿泊施設、さらに場内に遊具が揃い、パークゴルフ場にも隣接する、ファミリーに人気の野営場。遊びのネタや見どころが盛りだくさんあるだけに、夏場は毎年大混雑する。
　池と林に囲まれた芝生のサイトは、日当たりもよく開放的。年季の入っていた炊事場やトイレがリニューアルされ、より使い勝手が良くなった。
　また、サイト奥の林間に建つバンガローは、設備の割に料金は手頃だ。なお、サイトへの車の進入は、荷物の積み下ろし時のみとなる。

ROUTE

　国道240号の阿寒地区市街地から阿寒湖方面へ。約４㎞先左手に道の駅「阿寒丹頂の里」と、「赤いベレー」のある交差点を左折。赤いベレー裏手の進入路を左折すると現地。道東自動車道・阿寒ICから約８㎞。

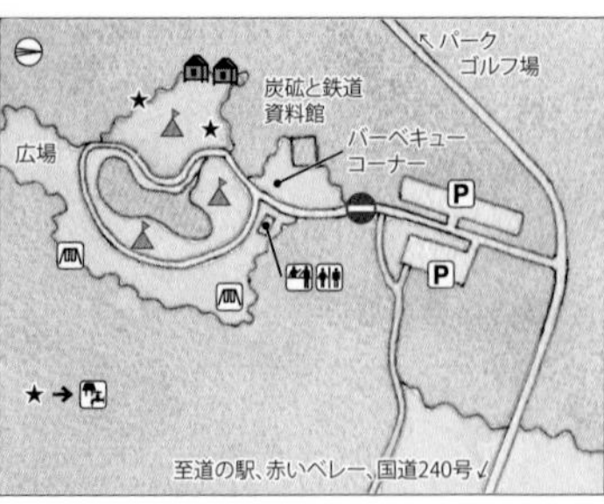

買い物　阿寒市街のセブンイレブンまで約5km

※下記持込テント料金は変更の可能性あり。事前に確認を　※ゴミは分別の上、無料で受け入れ

期間	QRマップ
5月中旬 ▼ 10月中旬	

MAP 4

あかんこはんきゃんぷじょう

阿寒湖畔キャンプ場

☎0154-67-3263

釧路市阿寒町阿寒湖温泉５丁目１
◎問合先／自然公園財団阿寒湖支部 ☎ 67-2785

MAPCODE® 739 340 716*73

予約　不可

持込テント料金　高校生以上１人1,000円、小中学生500円

オートキャンプ　不可

バンガロー・貸用具　焚き火台セット1,500円(薪・火バサミ・シート付)

管理人　駐在（9：00～17：00、夏休み期間は変更あり）

施設利用時間　IN 12：00～ OUT 11：30まで

施設・設備　水洗トイレ・炊事場各２棟、炊事炉１棟、温泉足湯、管理・受付のキャンプハウス（売店・水洗トイレ・ランドリー併設）

Ⓟ　約150台（足湯のみの利用者は有料）

温泉　徒歩15分の温泉街に阿寒湖畔トレーニングセンター（６～９月は大人260円～、10～５月は370円～、利用施設により料金は異なる。11：00～19：30受付終了、月曜休で祝日の場合水曜休）など

駐車場側の草地のほか、写真のような林間部分もあるテントサイト（円写真は場内に設備された無料足湯の内部）

サイト奥の林間部分にある炊事場

受付は駐車場前のキャンプハウスで

サイト内に足湯もある温泉郷近接キャンプ場

施設名に湖畔と付くが、実際には湖岸から300ｍほど離れた国道240号沿いにテントサイトがある。駐車場横の芝生サイトと林間サイトに分かれる場内はそれなりに緑も濃いが、すぐ横を国道が通るため車の音が気になることも。

特筆すべきは、サイト中央に温泉使用の無料足湯があること。さらにコンビニのある阿寒湖温泉街も徒歩５分と、旅の疲れを手軽に癒やせる。

ROUTE

どこから行くとしても、ひたすら国道240号（国道241号との重複路線でもある）を利用して阿寒湖温泉を目指す。津別・足寄町側から弟子屈方面に進んだ場合、国道左手に阿寒湖温泉街が見えてくるあたりの右手が現地。

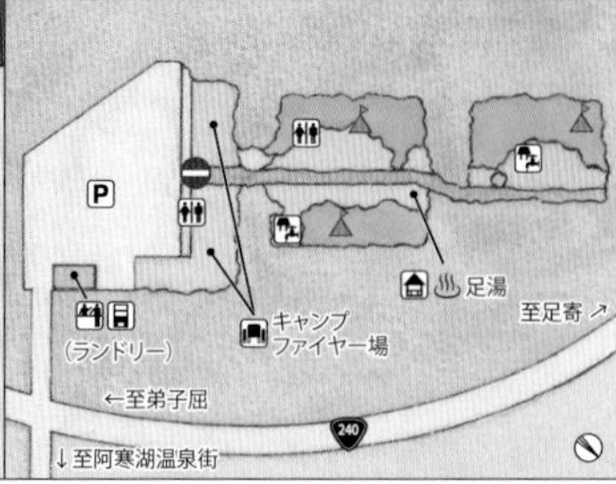

買い物　阿寒湖温泉街のローソン、セイコーマートまで約600m

※予約制（予約サイト「なっぷ」〈https://www.nap-camp.com/hokkaido/13251〉でのみ受付、キャンセル料あり）
※支払いはカード決済のみ　※ペットの同伴はリード使用でOK　※。花火は手持ち式のみ指定場所でOK

期間：4月下旬予定 ▼ 1月1日　QRマップ

MAP 5

りきゃんぷ ましゅう（さくらがおかしんりんこうえんおーときゃんぷじょう）

RECAMP 摩周(桜ヶ丘森林公園オートキャンプ場)

☎Web事前予約制　川上郡弟子屈町桜丘2-61-1

MAPCODE® 462 819 167*01

予約　可（詳細は欄外参照）
フリーサイト　ソロ１泊1,000円～、デュオ1,800円～、３人以上2,000円～、未就学児無料
バイクサイト　1,000円～
オートサイト　2,500円～（定員６名）／電源付きオート６区画（電源15Ａ・上下水道・テーブルベンチ付、定員６名）4,000円～ ※キャンピングカー、トレーラー可
バンガロー・貸用具　キャンプ用具一式を有料で
管理人　駐在（9:00～17:00）
施設利用時間　IN 13:00～17:00　OUT 11:00まで
施設・設備　水洗トイレ・炊事場（BBQハウス一体型）各1棟、管理棟（ランドリー併設）など
Ⓟ　あり（無料）
温泉　ペンションビラオ（露天風呂付、大人400円、10:00～20:30受付終了）まで約２㎞
MEMO　ゴミは専用袋（１枚200円）購入で受け入れ

それぞれの間隔がゆったりと取られた、しらかば区画オートサイト（右下は炊事場）

電源付のプライベートオートサイト

周囲には豊かな森が広がる

温泉の街・弟子屈のシンプルなテントサイト

弟子屈町市街から約１㎞の立地ながら、森に囲まれた静かな空間が広がる。電源付のサイトもあるが、通路を舗装しないなど自然な雰囲気を損なわないよう配慮されている。

サイトは芝生のフリーサイトや区画オートサイトのほか、区画フリーやバイク専用もあり使い勝手がいい。

施設周辺は、摩周温泉と呼ばれる湯の町。近隣の入浴施設で、名湯を堪能しよう。

ROUTE

国道241号と同243号の合流分岐から釧網本線、釧路川（弟子屈橋）を渡って弟子屈町市街に入る。道道53号（釧路・鶴居・弟子屈線）との分岐を右折して鶴居村方面へ進み、鐺別川に架かる桜橋を渡ってすぐの左手が現地。

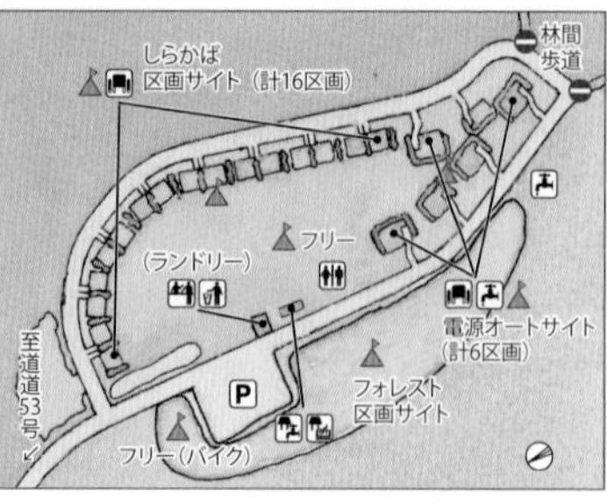

買い物　弟子屈市街のセイコーマートまで約800m

※完全予約制（予約は公式サイト<https://outdoorfield-ehabwakoto.amebaownd.com/>で受付、キャンセル料あり。空きがあれば当日も受付）
※料金変更の可能性あり　※ペットの同伴は犬のみOK　※花火は手持ち式のみOK　※発電機、カラオケの使用不可

期間	QRマップ
4月上旬▼2月末	

MAP 6

わことこはんきゃんぷふぃーるど

和琴湖畔キャンプフィールド

☎Web事前予約制　川上郡弟子屈町字屈斜路和琴

MAPCODE® 731 547 851*52

予約　可（詳細は欄外参照）
入場料　大人1人1泊1,000円、18歳以下無料
サイト使用料　ソロサイト：１区画1,650～2,530円14区画／レイクサイド：１区画1,650～4,400円計27区画／DXサイト：1,650～4,400円計４区画 ※料金はレギュラーシーズン（下記期間以外）、ハイシーズン（６・９月）、トップシーズン（GW、７・８月）で変動
オートキャンプ　不可（冬期のみ車の乗り入れ可）
バンガロー　6畳1棟4,400～5,500円計12棟（照明・電源・暖房付）※開設は夏期のみ
貸用具　キャンプ用品など有料で
管理人　駐在（9:00～18:00）
施設利用時間　IN 13:00～17:00　OUT 11:00まで
施設・設備　トイレ１棟、炊事場２棟、受付棟など
P　約30台（無料）
温泉　混浴の無料露天風呂に隣接するほか、三香温泉（露天風呂のみ、大人400円、10:00～18:00、火～木曜休ほか不定休あり）まで約２㎞

屈斜路湖岸に沿って広がる区画サイト。カヌーや水遊びを楽しもう

ソロキャンパー専用のサイトも

木立の下に並ぶバンガロー

水際にテントが張れる遊泳ＯＫのキャンプ場

屈斜路湖の南岸に突き出た和琴半島の付け根、湖面に向かって左手にある民営施設。湖岸のサイトは、湖面が穏やかなため、水際近くでも波をかぶる心配はまずない。昨年から冬季営業も開始し、冬キャンプが楽しめるように。

ROUTE

国道243号を美幌峠側から弟子屈町方面に進んだ場合、屈斜路湖岸に出て道なりに進むと、和琴半島入口の案内標識。これに従い国道から左折、進入路を800ｍほど進んだ左手に駐車場、受付棟はその奥にある。

買い物　スーパー、コンビニのある弟子屈市街まで約18km

※予約制（予約サイト「なっぷ」〈https://www.nap-camp.com/hokkaido/14159〉でのみ受付、キャンセル料あり）
※ゴミは専用ゴミ袋（1枚200円）購入で受け入れ　※Wi-Fi環境はフィールドハウス内のみ

期間　4月下旬予定 ▼ 10月末
QRマップ

MAP 7
りきゃんぷ わこと（わことやえいじょう）

RECAMP 和琴（和琴野営場）

☎Web事前予約制　川上郡弟子屈町字屈斜路和琴

MAPCODE® 731 547 770*42

予約　可（詳細は欄外参照）
フリーサイト　ソロ1泊1,500円～、デュオ2,300円～、3人以上2,500円～、未就学児無料
区画サイト　1区画3,000円～／デッキサイト1区画5,000円～（定員3名）　※料金は季節で変動、詳細はWebサイトで確認を
オートキャンプ　不可
バンガロー・貸用具　キャンプ用具などを各種有料で
管理人　駐在（8：00～17：00、繁忙期は20：00まで）
施設利用時間　IN 13：00～ OUT 11：00まで
施設・設備　車イス対応水洗トイレ・炊事場各2棟、管理・受付の和琴フィールドハウス（売店・トイレ・シャワー・ランドリー併設）など
P　あり（無料）
温泉　三香温泉（p245参照）まで約2㎞

木立に囲まれた芝生のフリーサイトは広々。左上写真は炊事場（左）とトイレ棟

焚き火床が設置された区画サイト

管理・受付の和琴フィールドハウス

湖岸の林に囲まれた落ち着いたサイト

管理棟やトイレなど、設備はいずれも真新しい。サイトは、フリー・区画・日帰りがあり、フリーは平坦な芝地、区画サイトでは、焚き火床の上なら焚き火台の利用が可能だ。

場内は屈斜路湖と林で隔たれ、湖を一望というわけにはいかないが、2020年秋、湖岸に完成したキャンピングデッキからは湖の風景が楽しめる。また、同じく湖岸にあるカヌーポートからは湖に直接、カヌーを漕ぎ出せる。

ROUTE

国道243号を美幌峠側から弟子屈町方面に進んだ場合、屈斜路湖岸に出て道なりに進むと、和琴半島入口の案内標識。これに従い国道から左折、進入路を800ｍほど進んだ左手に公共駐車場、その先右手が野営場入口。

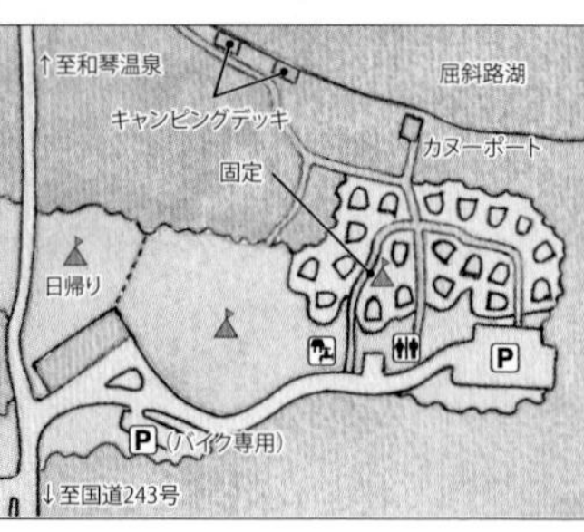

買い物　スーパー、コンビニのある弟子屈市街まで約18km

※予約制（予約サイト「なっぷ」〈https://www.nap-camp.com/hokkaido/13247〉でのみ受付）
※ゴミは有料ゴミ袋（１枚200円）購入で受け入れ

期間	QRマップ
3月中旬予定 ▼ 11月下旬	

MAP 8 りきゃんぷすなゆ（すなゆやえいじょう）

RECAMP 砂湯（砂湯野営場）

☎Web事前予約制　川上郡弟子屈町字美留和砂湯

MAPCODE® 638 148 346*71

予約　可（詳細は欄外参照）
フリーサイト　ソロ１泊1,000円〜、デュオ1,800円〜、３人以上2,500円〜、未就学児無料
区画サイト　ソロ１泊1,500円〜、デュオ2,300円〜、３名以上3,000円〜
オートキャンプ　不可
貸用具　用具各種を有料で
管理人　駐在（9：00〜17：00）
施設利用時間　IN 13：00〜 OUT 11：00まで
施設・設備　トイレ４棟（うち管理棟併設の、車イス対応簡易水洗１カ所）、炊事場２棟
P　約100台（無料）
温泉　屈斜路湖荘（露天風呂付、大人500円、9：00〜19：00）まで約５km。また、場内湖畔の砂を掘れば、無料の即席露天風呂になる
MEMO　駐車場の開放時間は7：00〜21：00。キャンパー１組につき１台利用可能

常に波の穏やかな屈斜路湖岸に広がるテントサイト（右下は炊事場）

林間のサイトも雰囲気がいい

車イス対応トイレ一体型の管理棟

湖岸にテントを張って自分だけの温泉を掘ろう

その名の通り、岸辺の砂を掘ると天然温泉が湧き出す、不思議な所。とはいえ、白鳥などがやって来る野鳥の聖域でもあるだけに、シャンプーなど洗剤の使用は厳禁だ。

メインサイトは、売店のある広場を挟んだ両側に長く広がる砂地の岸辺。内陸側にも林間部分が多少あるので、湖岸が埋まっていたらこちらへ。カヌーの持ち込みもOK。予約制のため、即席露天風呂エリアは早めに予約しよう。

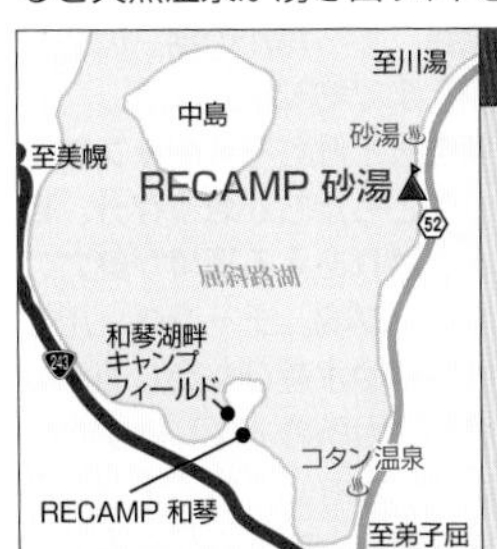

ROUTE

国道243号を美幌峠側から弟子屈町方面に進むと、屈斜路湖岸に出て和琴半島付近を通過し、コタン分岐を左折。道道52号（屈斜路・摩周湖畔線）に入り約7km先左手が現地。国道391号の川湯からは、道道52号逆回りで約８km。

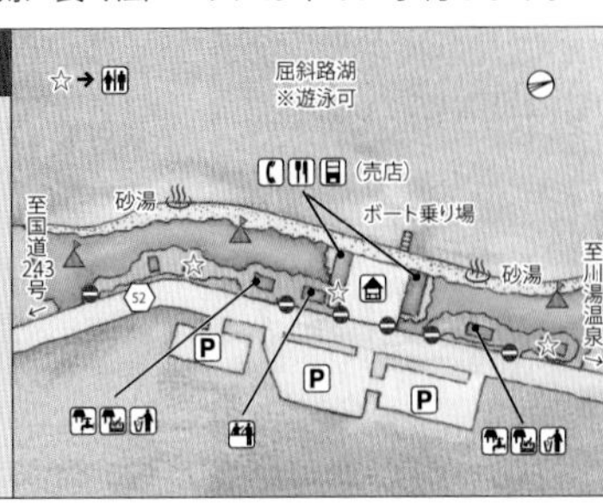

買い物　川湯市街のセイコーマートまで約8km

※完全予約制（予約サイト「なっぷ」〈https://www.nap-camp.com/hokkaido/15129〉で、随時受付、キャンセル料あり）
※焚き火は、焚き火シートの使用が必須　※ゴミは持ち帰り推奨（3枚1,000円のゴミ袋で分別の上、受け入れ可）

期間 5月1日 ▼ 10月31日　QRマップ

MAP 9　えぞしかふぁくとりーきゃんぷじょう

えぞ鹿ファクトリーキャンプ場

NEW

☎01547-5-4888　白糠郡白糠町工業団地2丁目2-5（えぞ鹿ファクトリー現地工場）

MAPCODE® 630 293 295*70

予約　可（詳細は欄外参照）

サイト使用料　1区画3,500円計10区画（うちペット同伴可計2区画）※上記料金は大人1人・車１台分、追加料は大人1人500円・中学生以下無料、車１台につき1,000円徴収

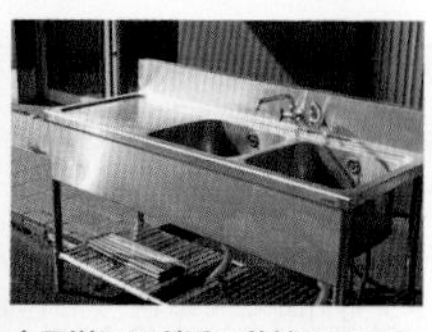

太平洋にほど近い草地のテントサイト（左）にはペット同伴可のサイトも。上は炊事用の流し台

貸用具　ＢＢＱセット2,000円（コンロ・焼き網・木炭など）

管理人　駐在（13:00～17:00）

施設利用時間　IN 13:00～17:00　OUT 10:00～12:00

施設・設備　水洗トイレ（隣接の恋問自然観察公園内施設を利用）、流し台1カ所、売店

Ⓟ　あり（無料）

温泉　山花温泉リフレ（p241）まで約14km

■えぞ鹿肉でジビエＢＢＱを

恋問自然観察公園に隣接するキャンプ場。運営する鹿肉工場の敷地内にあり、草地のサイトは広々。工場の売店で販売する地場産の鹿肉や加工品で、ＢＢＱを楽しみたい。

※バンガローは予約制（予約は４月上旬より地域振興課で受付開始。当日のみキャンセル料発生）　※ゴミは完全持ち帰り制

期間 4月下旬 ▼ 10月31日　QRマップ

MAP 10　くしろしおんべつちょういこいのもり

釧路市音別町憩いの森

☎01547-6-2231　釧路市音別町茶安別 ※現地TELなし
←予約・問合先／釧路市音別町行政センター地域振興課

MAPCODE® 671 616 877*05

予約　バンガローのみ可

持込テント料金　無料

オートキャンプ　不可

バンガロー　要予約で５人用2,720円１棟、７人用2,720円２棟、20人用5,460円１棟（各照明・電源・BBQ用野外炉付）

森に囲まれた草地のテントサイト。サイト周辺には木陰の部分も（左）。上は有料のバンガロー

貸用具　なし

管理人　巡回

施設利用時間　バンガローは IN 15:00～　OUT 11:00

施設・設備　炊事場・簡易水洗トイレ各2棟、管理棟、BBQコーナー、アスレチック遊具

Ⓟ　約100台（無料）

風呂　しらぬかの湯（p240参照）まで約32km

■自然と触れあうキャンプを

子どもたちが思う存分、自然と触れあえる環境が魅力のキャンプ場。チャンベツ川では釣りや水遊びも楽しめる。場内２カ所のトイレはすべて水洗化され、これでテント設営が無料というのが有難い。

買い物　（上段）：白糠市街のセブンイレブンまで約5km
（下段）：音別市街のセイコーマートまで約17km

※カフェ定休日の水曜のみ完全予約制（予約は水曜を除き電話で随時受付）　※ゴミは有料で受け入れ

期間	QRマップ
通年	

MAP 11 ましゅうのもりおーときゃんぷじょう
摩周の森オートキャンプ場

☎015-486-7188　川上郡弟子屈町摩周3-6-1（カフェ摩周の森）

MAPCODE® 462 879 899*40

予約　可（詳細は欄外参照）

利用料金　大人800円、小学生500円

オートキャンプ　可

バンガロー・貸用具　なし

森に囲まれた草地のサイト（左）。林間部分もある。上はカフェ摩周の森外観。テラス席もある

管理人　駐在（11:00〜20:00）

施設・設備　管理・受付の「カフェ摩周の森」、簡易トイレ・炊事場各１棟、バイオトイレ３カ所、水飲み場１カ所

Ⓟ　多数あり（無料）

温泉　ペンションビラオ（p244参照）まで約２㎞

■カフェ併設のキャンプ場

弟子屈市街と屈斜路湖を結ぶ国道243号沿いに立つ、カフェ摩周の森が営む施設。サイトは草地と林間に分かれ、好みの場所でオートキャンプが楽しめる。摩周地区の中心部に近いが、サイト周辺は自然豊かで、さまざまな野鳥が訪れる。ギョウジャニンニクを使ったパスタなど、カフェの人気メニューもお試しを。

※予約制（予約は４月１日から電話にて受付開始。以降、利用の３カ月前から予約可）　※ドッグランは１匹500円

期間	QRマップ
4月1日 ▼ 11月中旬	

MAP 12 どっぐらんぽっくる
ドッグランぽっくる

☎015-482-6178　川上郡弟子屈町弟子屈原野32線東3-8

MAPCODE® 462 705 774*06

予約　可（詳細は欄外参照）

宿泊料　高校生以上1人500円

持込テント料金　1張1,000円（大人1人分含む、追加料金1人500円、小学生以上300円）

場内裏手に小山があり、そこでもテントが張れる（左）。上は源泉かけ流しの温泉が楽しめる浴場

オートキャンプ　不可

バンガロー・貸用具　キャンプハウス（約6畳）１人1,000円（室内犬は500円）

管理人　駐在

施設・設備　簡易トイレ・炊事場各１棟、ドッグランなど

Ⓟ　多数あり（無料）

温泉　施設内に源泉かけ流しの温泉あり

■愛犬家も温泉好きも満足！

犬種にあわせて芝生と砂利の２タイプを用意するドッグラン。テントの設営は敷地内のどこでもＯＫで、もちろん愛犬と一緒に泊まることができる。また宿泊者は、施設併設の源泉かけ流しの温泉を無料で利用可。ゴミは大型ゴミなどを除き無料で受け入れ。

買い物　（上段）：摩周市街のセイコーマートまで約600m
（下段）：コンビニ、スーパーの多数ある摩周市街まで約7km

※予約制（予約は利用日の１カ月前より現地で受付開始）　※ゴミは分別の上、無料で受け入れ
※ペットの同伴は、リードの使用やトイレなどマナー厳守でOK（ロッジはケージ使用で同伴可）　※花火は手持ち式のみOK

期間	QRマップ
5月1日 ▼ 10月31日	

MAP 13 たっこぶおーときゃんぷじょう

達古武オートキャンプ場

☎0154-40-4448　釧路郡釧路町字達古武65-2

MAPCODE® 149 689 694*16

予約　可（詳細は欄外参照）
入場料　高校生以上1人100円、小中学生50円
フリーサイト　持込テント１張５人用まで640円（６人用以上の場合は要問合せ）
オートサイト　1区画1, 290円　25区画（一部電源付き）
宿泊施設　ロッジ：４人用１棟3, 780円5棟（寝具なしの2段ベッド・流し・テーブル・照明・電源付）／簡易バンガロー：2～３人用2, 200円10棟（設備なし、広さ約２畳）
貸用具　各種用具を有料で
管理人　駐在（受付は9:00～17:00、17:00～22:00は夜警）
施設利用時間　IN 13:00～ OUT 11:00まで
施設・設備　水洗トイレ２棟、炊事場３棟、野外炉５基、管理・受付のセンターハウスにシャワー・売店併設、貸自転車、コインランドリーなど
P　約40台（無料）
温泉　釧路市内の天然温泉ふみぞの湯（露天風呂付、大人490円、10:00～22:30受付終了）まで約23km

トイレや炊事場が点在する平坦なテントサイト（左下は場内のカヌーポート）

湖に面して建つテラス付のロッジ

簡易バンガローは親子３人で満員

釧路湿原の中にあってカヌーも楽しめる施設

道東でもトップクラスの人気を誇るオートキャンプ場。ただし、達古武湖から釧路川へのカヌーの乗り入れは、周辺に水鳥の繁殖地があるため禁止されている。とはいえ、湖でのカヌーはOKだ。レンタルカヌーも用意されているので、家族で挑戦してみよう。

ROUTE

国道391号を釧路側から標茶方面に進む。ＪＲほそおか駅への分岐のある達古武市街から、さらに１kmほど進んだ上り坂途中の国道左手に案内標識が。これに従って左折し、道なりに約２km進んだ達古武湖北東岸が現地。

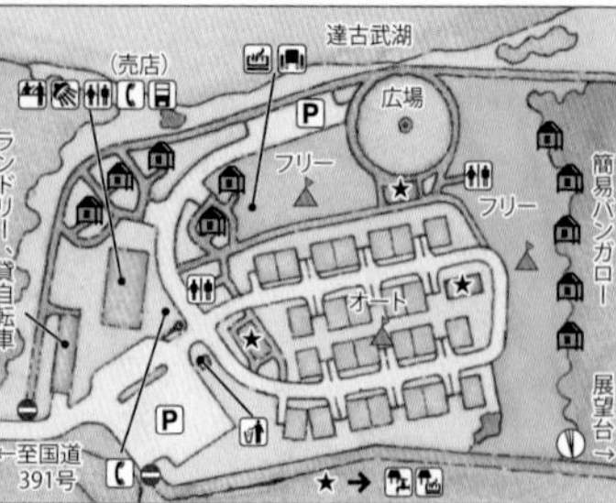

買い物　釧路町遠矢市街のセイコーマートまで約12km

※予約制（予約は３月１日よりFAX〈03-3426-1780〉にて受付、４月13日以降は現地にて電話受付。宿泊施設のみキャンセル料あり）
※ペットの同伴は、リードの使用などマナー厳守でOK（１頭350円）　※ゴミは完全持ち帰り制　※花火は手持ち式のみOK

期間 4月20日▼11月30日　QRマップ

MAP 14

おーろらふぁーむ・う゛ぃれっじ
オーロラファーム・ヴィレッジ

☎015-488-4588　川上郡標茶町字栄219-1

MAPCODE® 462 258 709*22

予約　可（詳細は欄外参照）
キャンプ利用料　中学生以上１人1,500円、４歳以上750円、３歳以下350円（いずれも場内の温泉入浴料込み）
貸用具　カート1組1台（無料）
宿泊施設　コテージ（６人まで）４棟：大人１人3,900円、４歳以上1,950円、３歳以下1,000円（照明・寝具・暖房・トイレ付）／ログハウス（４人まで）３棟：大人１人2,900円、４歳以上1,450円、３歳以下750円（照明・寝具付２段ベッド・暖房付）※各利用料込、コテージは１棟のみ犬同伴可で１頭700円
管理人　24時間駐在
施設利用時間　IN 14:00～ OUT 11:00まで
施設・設備　センターハウスに水洗トイレ・炊事場・食堂・囲炉裏を併設
P　約30台（無料）
温泉　場内に男女別の内湯と露天風呂、混浴露天風呂あり（キャンプ利用で無料、ビジター大人500円、10:00～19:00）
MEMO　施設は火曜休で、水曜は16:00からオープン

「夕陽の丘」から見た施設風景（左下は２㎞手前のゲート、右上はテントサイト）

コテージはシンプルな造り

湯は源泉かけ流し（写真は混浴露天）

森の中で楽しむ温泉三昧のキャンプ

広い敷地内にコテージなどの宿泊棟や温泉棟が並ぶ民営施設。キャンプは１日10組程度可能で、特に施設はないがオートキャンプもＯＫだ。

場内の温泉は自家泉源で、アルカリ性単純泉のモール泉をかけ流す。

ROUTE

標茶町市街から国道274号を鶴居村方面へ。約７㎞先右手に安藤牧場。その先右手にあるこの施設の看板に従って右折、ダート道を約１㎞で施設の入口。未舗装路をさらに２㎞進むと、蒲鉾型のセンターハウスが見えてくる。

買い物　スーパー、コンビニのある標茶市街まで約9km

※５月１日〜５月31日は防火月間のため、焚き火台は使用不可

期間	QRマップ
5月1日 ▼ 10月31日	

MAP 15 たわだいらきゃんぷじょう

多和平キャンプ場

☎015-486-2806

川上郡標茶町字上多和（グリーンヒル多和）
◎問合先／標茶町バスターミナル観光案内所 ☎ 486-7872

MAPCODE® 462 686 032*15

予約　不可
持込テント料金　高校生以上１人380円、小中学生220円
オートキャンプ　不可
バンガロー・貸用具　なし
管理人　グリーンヒル多和に駐在（10:00〜17:00）
施設・設備　簡易水洗トイレ・炊事場各１棟、野外炉多数、テーブルベンチ、あずまや３棟、管理受付のグリーンヒル多和に車イス対応トイレ・売店・軽食喫茶などを併設
Ⓟ　約50台（無料）
温泉　ペンション熊牛（露天風呂付、大人400円、８：00〜19:30 受付終了 ※家族風呂方式で貸切利用）まで約10km
MEMO　ゴミは有料ゴミ袋使用で受け入れる

展望台側から見たテントサイトと360°のパノラマ（右上は流しとトイレ）

管理棟兼務のグリーンヒル多和

源泉をかけ流すペンション熊牛

地平線を見晴るかす眺望最高のキャンプ場

　日本最大級とされる標茶町育成牧場内にあるキャンプ場。およそ1,279ha（東京ドーム約278個分）という広大な放牧地には、夏場で約2,800頭のホルスタイン牛が放牧される。そのため、サイトの横からは牛の鳴き声が聞こえ、その北海道らしい環境が人気を呼ぶ。

　テントサイトは、駐車場横のグリーンヒル多和から眺望抜群の展望台までの間に広がる草地。サイトからでも360°の大パノラマを堪能できるが、展望台からは地平線まで見えるのが多和平最大の魅力。それだけに、キャンパーも道外客中心でライダーが多い。

ROUTE

国道391号の磯分内、または国道243号標茶町エリアとの境界に近い弟子屈町エリア（萩野）から道道1040号（弟子屈・熊牛原野線）に入る。途中にある多和平展望台の看板に従い、展望台への進入路に入って道なりで現地。

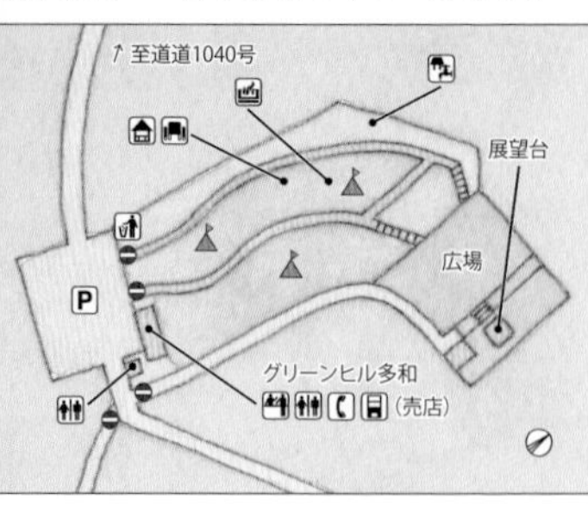

買い物　標茶町磯分内のセイコーマートまで約11km

※予約制（予約は３月１日より現地にて受付開始。以降、利用日の２カ月前より受付）　※コテージは７・８月を除き１棟6,600円
※ペットの同伴は受付時に申告の上、リードの使用などマナー厳守でOK　※花火は手持ち式のみOK　※５月は焚き火台使用不可

期間　5月1日▼10月31日　QRマップ

MAP 16　にじべつおーときゃんぷじょう

虹別オートキャンプ場

☎015-488-2550

川上郡標茶町字虹別690-32
◎問合先／標茶町バスターミナル観光案内所 ☎ 486-7872

MAPCODE® 613 443 711*48

予約　可（詳細は欄外参照）

フリーサイト　高校生以上380円、小中学生220円

オートサイト　個別サイト（電源付）：1区画3, 300円25区画／キャンピングカー（電源・下水口付）：4, 400円５区画／パーティー（グループ用・電源付）：6, 600円１区画

宿泊施設　コテージ：４～８人用１棟11, 000円（6人目以降は１人1, 100円追加）３棟（設備完備の貸別荘タイプ、うち１棟はバリアフリー対応）／簡易バンガロー：４～５人用1棟3, 300円2棟（屋外電源付）

貸用具　テントなど有料で

管理人　駐在（10:00～17:00）

施設利用時間　IN 13:00～17:00（コテージは14:00～）OUT 10:00～11:00

施設・設備　水洗トイレ１棟、炊事場２棟、バーベキューハウス１棟、センターハウス（水洗トイレ・シャワー・ランドリー併設）など

Ⓟ　フリー用20台（無料）

温泉　西春別温泉ペンションクローバーハウス（露天風呂付、大人 490円、11:00～20:30受付終了、不定休）まで約９㎞

フラットな芝生のフリーサイト。駐車場隣接部分に設営すると便利だ（右上は場内中央部に位置する広々とした炊事場）

木立が多く残されたオートサイト

屋外に電源がある簡易バンガロー

森と清流に囲まれたテントサイト＆コテージ

西別川支流のシュワンベツ川沿いにある本格オート施設。恵まれた自然環境が魅力で、焚き火台を使用する際は芝や周囲の林に引火しないよう注意しよう。ゴミは町指定の有料ゴミ袋使用で受け入れ。

ROUTE

国道 391 号を釧路側から標茶方面に進み、標茶市街の国道 274 号との分岐を右折して道道13号に入る。約20㎞先の虹別市街で右折して国道243号に合流。さらに別海方面へ約３㎞進んだ左手に、現地への入口がある。

買い物　虹別市街のセブンイレブンまで約2km

※バンガローのみ予約制(オープン前の予約は、観光商工課観光係で受付。オープン後は現地)
※テントサイトのチェックアウトは翌日の昼頃まで、バンガローはチェックインがフリー、アウトが翌12:00まで

期間 7月1日 ▼ 9月30日 QRマップ

MAP 17 ちくしこいきゃんぷじょう

筑紫恋キャンプ場

☎0153-52-6627

厚岸郡厚岸町筑紫恋2-2
◎問合先/厚岸町観光商工課観光係 ☎ 52-3131

MAPCODE® 637 072 067*80

予約 バンガローのみ可
入場料 高校生以上1人220円、小中学生110円
持込テント料金 入場料のみ
オートキャンプ 不可。荷物の搬出入時のみ進入可能
バンガロー 4人用1棟2, 200円計12棟(内部に設備なし、各棟に野外炉付)
貸用具 リヤカー、LEDランタン(バンガロー利用者にのみ無料で貸出)
管理人 駐在(7:00〜21:00)
施設・設備 トイレ2棟(うち1棟は洋式簡易水洗)、炊事場2棟、コミュニティーハウス内にシャワー室(1回330円)・コインランドリー(1回220円)・乾燥機(1回100円)を併設、テーブルベンチ10基
Ⓟ 約30台(無料)
MEMO ゴミは分別の上、無料で受け入れ

砦に囲まれた場内に広がる草地のテントサイトと、赤い屋根が映えるバンガロー群。バンガローは内部設備こそないものの、屋外に野外炉を設備する

テントサイトに立つログ風のトイレ

抜群の眺望が楽しめる愛冠岬

低価格で設備は充実！ 長期滞在者にもぴったり

厚岸の名所・愛冠岬に近い半島部分にあり、周囲を木製の塀が取り囲む様子は、西部劇の砦を思わせる雰囲気だ。

場内には草地のテントサイトが広がり、その周囲にはバンガローが建ち並ぶ。コミュニティーハウス内にはシャワーやランドリーも設備され、長期滞在にも向く。

周辺には野生のエゾシカが生息し、場内に姿を現すことも。車で約7分の愛冠岬では、海鳥繁殖地の大黒島などを望む雄大な景観が楽しめる。

ROUTE

国道44号のJRあっけし駅付近から、道道123号で霧多布方面へ。厚岸大橋を渡ったらそのまま直進して一般道に入り、右奥にセイコーマートのある5叉路を左斜めへ。案内看板に従い愛冠岬方面に進んだ先、右手が現地。

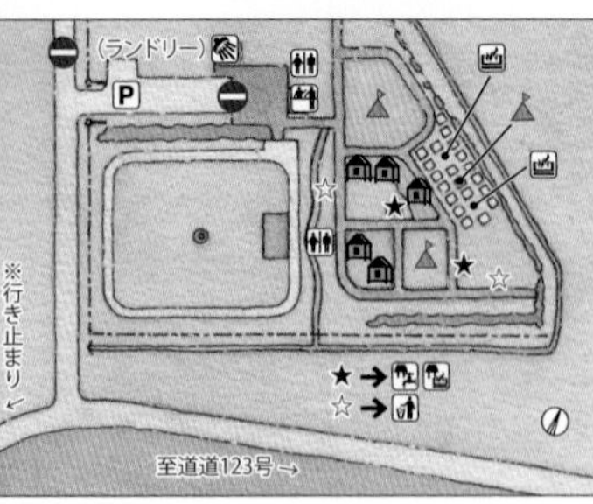

買い物 厚岸町松葉のセイコーマートまで約3km

※バンガローのみ完全予約制（予約は霧多布温泉ゆうゆで受付〈10:00～19:00〉。受付開始時期は浜中町公式サイトで確認を）
※ゴミは町指定の有料袋使用で受け入れ（要分別）　※ペットの同伴はマナー厳守でOK（バンガロー前のサイトは同伴禁止）

期間	QRマップ
6月上旬▼10月中旬	

MAP 18 きりたっぷみさききゃんぷじょう 霧多布岬キャンプ場

☎0153-62-3726　厚岸郡浜中町湯沸432 ※現地TELなし ←問合先／霧多布温泉ゆうゆ

高台のサイト（左）。焚き火台は芝生を傷めない高さのものに限り使用可。上は大きな炊事棟

MAPCODE® 614 590 210*66

予約　バンガローのみ可

持込テント料金　無料（霧多布温泉ゆうゆで要事前受付）

オートキャンプ　不可

バンガロー　要予約で４人用１棟1,760円18棟（内部に設備なし、2棟のみペット同伴可）各棟に野外炉付）

貸用具　なし

管理人　不在

施設利用時間　バンガローは IN 14:00 ～ 19:00 OUT 12:00まで

施設・設備　簡易水洗トイレ１棟、炊事場２棟、管理棟など

Ⓟ　普通車約30台＋バイク約20台（無料）

温泉　霧多布温泉ゆうゆ（露天風呂付、大人500円、10:00～21:00受付終了）まで約３km

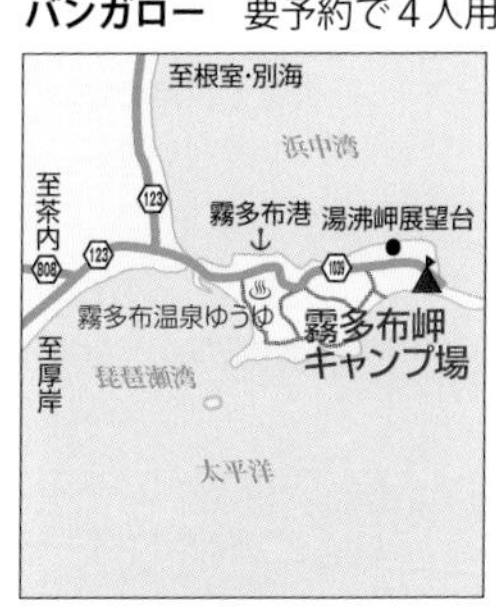

■晴れた日の景色は感動もの

サイトは太平洋へ突き出た岬突端に近い、やや起伏のある草地。眺めのいい海側にはバンガローが立ち並ぶ。

※ゴミは分別の上、無料で受け入れ　※駐車場利用のキャンピングカー、車中泊は１台330円を徴収

期間	QRマップ
4月下旬▼10月下旬	

MAP 19 もーっとかぜて MO-TTOかぜて

☎0153-64-3000　厚岸郡浜中町浜中東６線66 ◎期間外問合先／浜中町商工観光課 ☎62-2147

芝生のテントサイトは、開放的な雰囲気（左）。上はきれいで使いやすいトイレと炊事場

MAPCODE® 614 822 659＊47

予約　不可

持込テント料金　１張330円（６人用以上550円。スクリーンテント・タープも１張扱い）

バンガロー・貸用具　なし

管理人　駐在（火～土９:00～17:00、日・月曜・祝日は巡回）

施設利用時間　IN 12:00～ OUT 11:00まで

施設・設備　車イス対応水洗トイレ２棟、炊事場１棟、MO-TTOかぜて（管理事務所・有料シャワー室併設）、遊具など

Ⓟ　約120台（無料）

温泉　町内の霧多布温泉ゆうゆ（前項参照）まで約12km

■各種体験も楽しみ！

体験施設の敷地内にある広大な町営キャンプ場。事前予約で、浜中町産牛乳を使ったアイスクリームやピザ作り体験も楽しめる。敷地内や周辺へのクマ出没でキャンプ場が閉鎖される場合もあるので、利用の際は事前に確認を。

買い物（上段）：霧多布市街のセイコーマートまで約3.5km
（下段）：茶内町市街のセイコーマート、コープはまなかまで約9km

MAP きとうしやえいじょう ※ペットの同伴はマナー厳守でOK ※ゴミは無料で受け入れ ※問合先の電話番号は変更の可能性あり

20 来止臥野営場

釧路郡釧路町昆布森字来止臥 ※現地TELなし
問合先／釧路町商工観光課観光係(仮称) ☎ (0154) 62-2193

MAPCODE® 576 097 808*83

予約 不可

期間 6月上旬～10月下旬

持込テント料金 無料

オートキャンプ 普通車で約15台分が可能（無料）

バンガロー・貸用具 なし

管理人 不在

施設・設備 簡易水洗トイレ・炊事場各１棟

Ⓟ 約15台（無料）

■断崖上の風と潮騒の野営場

はるばる遠くへ来たもんだ、という気分にさせてくれる、断崖絶壁の上の施設。太平洋の潮風と波の音に包まれて、孤独な時間を過ごせるのが魅力だ。

設備も近年、改修されて快適度はアップ。ただし、風の強い日は設営場所に注意が必要だ。

MAP つるのさと きゃんぷ ふぃーるど ※予約制（予約は電話か公式サイト、SNSで利用日の３日前まで受付） ※ゴミは一部有料で受け入れ（要問合せ）

21 鶴の里 CAMP FIELD

阿寒郡鶴居村下幌呂
予約・問合先／☎ (0154) 65-2225

MAPCODE® 149 849 325*27

予約 可（詳細は注記参照）

期間 4月下旬～３月中旬

利用料 大人1人1,000円、小中学生500円（車両横付１台＋500円）、冬期は大人2,500円、小中学生1,000円（車両横付無料）

貸用具 テント3,000円など

管理人 駐在（8：00～17：00）

施設利用時間 IN 9：00～16：00 OUT 14：00

施設・設備 管理棟、炊事場・トイレ各２棟（冬期は各1棟）

Ⓟ 約40台（無料）

温泉 HOTEL TAITO（露天風呂付、大人700円、11：00～21：30受付終了、日・祝は10：00～）まで約10km

■釧路湿原をキャンプで体感

タンチョウが訪れる豊かな自然と、広大な空間を満喫できる。

MAP とうろもとむらきゃんぷじょう ※５月は焚き火台使用不可 ※ゴミは有料ゴミ袋使用で受け入れ ※ペット同伴は受付時に申告の上、マナー厳守でOK

22 塘路元村キャンプ場

川上郡標茶町塘路 ☎ (015) 487-2172 ※元村ハウスぱる
期間外問合先／標茶町観光案内所 ☎ 486-7872

MAPCODE® 576 841 050*74

予約 不可

期間 ５月１日～10月31日

持込テント料金 高校生以上１人380円、小中学生220円

バンガロー・貸用具 なし

管理人 駐在（９：00～17：00）

施設・設備 水洗トイレ１棟、炊事場（炉付）２棟、ぱる内に売店・食堂・休憩所など

Ⓟ 約30台（無料）

温泉 標茶温泉味幸園（大人500円、10：00～20：00受付終了、木曜休）まで約16km

■釧路川でカヌー体験を

ここから塘路湖を経て釧路川本流へ出られるとあって、カヌーツアーの基地として人気。湖岸のサイトは木立が残され、自然と一体化した時間が楽しめる。

買い物 （上段）：釧路町昆布森市街の商店まで約5km
（中段）：鶴居村市街のセイコーマートまで約3km （下段）：標茶町市街のセブンイレブンまで約20km

※完全予約制（予約は現地で随時受付、当日は隣接の雑貨店で受付） ※焚き火台の使用は、芝地以外の指定場所に限り可
※ペットの同伴はリードの使用などマナー厳守でOK ※サイトでの直火・花火の使用は条件付でOK

期間 4月下旬▼10月上旬 QRマップ

MAP 23 ちくたくきゃんぷじょう
築拓キャンプ場

☎0153-26-2798 根室市明郷101-21（明郷 伊藤☆牧場）

MAPCODE® 734 270 403*38

予約 可（詳細は欄外参照）
入場料 中学生以上800円、3歳以上小学生以下550円（シャワーなど施設利用料込）
持込テント料金 1張800円
オートサイト 1区画2,500円 計3区画（利用人数分の入場料を別途加算、AC電源・テーブルベンチ付）
バンガロー 1～2人用3,000円計1棟（入場料を別途加算、設備は特になし）
貸用具 手ぶらキャンププランあり（詳細は要問合せ）
管理人 巡回
施設利用時間 IN 14:00～16:00 OUT 11:00まで
施設・設備 炊事場・車イス対応水洗トイレ各1棟、洗濯乾燥機、シャワー棟、受付兼務の雑貨店、レストランなど
Ⓟ 約20台
温泉 別海町ふるさと交流館（p258参照）まで約22km

馬の放牧地に隣接するフリーサイトは、木陰もある牧草地

林間にあるシンプルなオートサイト

オシャレなデザインの水洗トイレ

牧場内のキャンプ場で根室の自然を体感！

根室市と浜中町の境界に近い、牧場内のキャンプ場。各サイトの利用者数を限定したスローキャンプ・スタイルだ。フリーサイトは木立がほどよく残された牧草地で、オートサイトは林間に造られている。

農業への理解を深めてもらう目的で開設されたため、乳搾りやバター作りなど体験メニュー（要予約）も揃う。受付兼務の雑貨店では、地元産の乳製品なども販売。なおゴミは分別の上、無料で受け入れ。

ROUTE

釧路方面から国道44号利用の場合、厚岸市街から約44kmの厚床交差点（JRあっとこ駅前）を左折。国道243号に入り、別海市街へ向かった約2km左手に「明郷伊藤☆牧場」がある。別海市街からは約21km、根室市街から約35km。

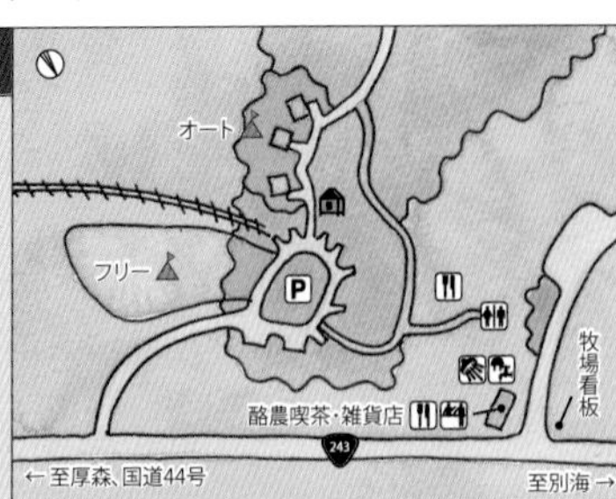

買い物 根室市厚床市街のセブンイレブンまで約2.5km

※ペットサイトとウッドデッキは予約制（予約は４月１日より現地で電話受付開始）　※ペットの同伴はペットサイトのみOK
※テント・タープ・スクリーンドームの追加設営は、１張各200円を別途徴収　※ゴミは有料袋の利用で受け入れ

期間 4月20日 ▼ 10月8日　QRマップ

MAP 24

べつかいちょうふれあいきゃんぷひろば

別海町ふれあいキャンプ広場

☎0153-75-0982

野付郡別海町別海141-1
◎期間外問合先／別海町商工観光課 ☎ 74-9254

MAPCODE® 496 763 591*65

予約　ペットサイトとウッドデッキは可

入場料　高校生以上 1人 300円、小中学生200円

サイト利用料　フリー・バイクサイト：１張400円／オートサイト：１台800円約70台分／ペットサイト：１台800円／ウッドデッキ：１基2,600円計３基（有料キャンプセットあり）

バンガロー　なし

貸用具　テントなど各種有料で（電源使用料400円）

管理人　期間中は24時間駐在（開錠時間は8:00〜20:00）

施設利用時間　IN 13:00〜17:00　OUT 10:00まで

施設・設備　水洗トイレ２棟（うち１棟ランドリー併設）、炊事場２棟、野外炉18基、テーブルベンチ、コンセント盤３基、管理棟（売店）など

P　約10台（無料）

温泉　別海町ふるさと交流館（露天風呂付、大人 510 円、11:00〜20:30受付終了、月曜休で祝日の場合は翌日休）まで約300m

MEMO　花火は指定場所に限り可（20:00まで）、出入口のゲートは20:00〜翌7:00閉鎖

公園内の芝地を活用した平坦で開放的なテントサイト。右下は管理棟（左）とトイレ

炊事場の周りには野外炉やベンチが

サイト至近の「ふるさと交流館」内湯

長期滞在者も目立つ設備充実のキャンプ場

公園風のキャンプ場ながら、ランドリー併設の水洗トイレや炊事炉付き炊事場など、設備は充実。温泉施設に隣接し観光の拠点としても最適だ。ファミリー向きではあるが、利用者の層は幅広い。

ROUTE

国道 243 号を釧路側から根室方面に進む場合、役場のある別海市街の少し前、右手のミノルカンパニー手前から右折、直進した左手にある。逆に根室方面からは、役場を過ぎて千歳橋を越えたすぐを左折し、直進で右手。

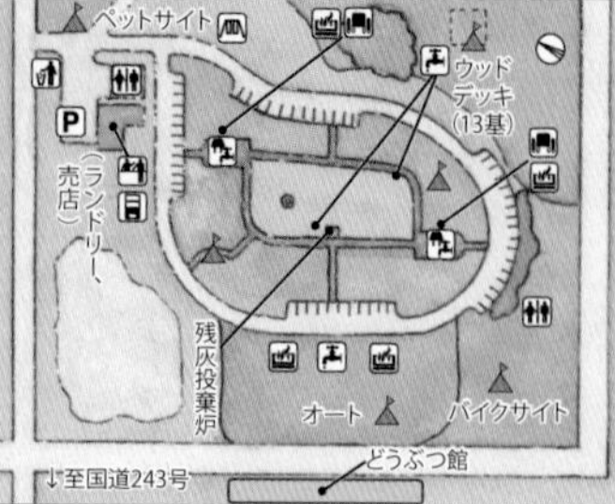

買い物　別海上川町のセイコーマートまで約1.3km

※バンガロー・コテージのみ予約制（予約は4月1日より現地で電話受付開始）　※各種料金は変更の場合あり　※花火は手持ち式のみOK
※ゴミは有料袋利用で受け入れ　※ペットの同伴は車内のみOK。散歩はドッグランか場外で（場内の散歩は禁止）

期間　4月20日▼10月31日　QRマップ

MAP 25
おだいとうふれあいきゃんぷじょう

尾岱沼ふれあいキャンプ場

☎0153-86-2208
野付郡別海町尾岱沼岬町66
◎期間外問合先／別海町商工観光課 ☎ 74-9254（予約対応不可）

MAPCODE® 448 596 667*24

予約　バンガロー・コテージのみ可
入場料　高校生以上1人300円、小中学生200円
持込テント料金　1張400円
オートキャンプ　不可（海岸沿いの一部でセミオート可）
キャンピングカー　1台1泊500円（特に設備なし）
宿泊施設　バンガロー：4～5人用4,000円15棟／コテージ：～8人用1室14,500円1棟2室（各照明・暖房・ベッド・流し台他付、要予約）
貸用具　要予約・有料で各種
管理人　期間中は24時間駐在（開錠時間は8:00～20:00）
施設利用時間　IN 13:00～17:00　OUT 10:00まで
施設・設備　自動洗浄機付水洗トイレ2棟、炊事場3棟、野外炉3基、グリルキャビン1基、管理棟（売店・シャワー・ランドリー併設）、コンテナサウナ
Ⓟ　約100台（無料）
温泉　野付温泉浜の湯（露天風呂付、大人490円、14:00～22:00、火曜休で祝日の場合は翌日休）まで約2km

サイトは海岸に近い方から埋まっていく。写真左がグリルキャビン。左下は新設のコテージ。場内にはコンテナサウナも設備する（利用料金など詳細は要問合せ）

キャビンタイプのバンガロー

源泉度の高い浜の湯の露天風呂

MEMO　場内出入口のゲート閉鎖時間は20:00～翌7:00

初夏には打瀬舟の姿も野付湾岸にある人気施設

北海道遺産「野付半島と打瀬舟」が目の前に広がるキャンプ場。ここは管理がいい割にソフトな対応で感じがいい。初夏にはホッカイシマエビ漁の打瀬舟が見えるなど、ロケーションも抜群だ。

ROUTE

国道244号を別海・風蓮湖側から標津方面に進むと、漁港や観光船乗場などのある尾岱沼市街を過ぎて約1.5kmの国道沿い右手に看板とキャンプ場入口がある。右折して進入路に入り、約200mで左手に管理棟、右手に駐車場。

買い物　尾岱沼潮見町のセイコーマートまで約3km

※予約制（予約サイト「なっぷ」で宿泊日の2カ月前から受付。宿泊日前日の12:00まで予約可）
※焚き火台は火気使用指定エリア内でのみ可　※リヤカー５台あり　※ゴミは有料で受け入れ

期間	QRマップ
5月1日 ▼ 10月31日	

MAP 26

なかしべつちょうみどりがおかしんりんこうえんきゃんぷじょう

中標津町緑ヶ丘森林公園キャンプ場

☎0153-73-2191

標津郡中標津町北中3-16
◎期間外問合先／中標津都市施設管理センター ☎ 72-0473

MAPCODE® 429 835 249*84

予約　可（詳細は欄外参照）
持込テント料金　７人用以下１張220円、８人用以上550円
オートキャンプ　不可
バンガロー　A：４人用4,000円４棟／B：４人用3,800円７棟（各照明・電源付、車１台横付可）
貸用具　寝袋500円、焚き火台シート、鉄板・網は無料貸出
管理人　駐在（8:30～17:00、夏休み期間は19:00まで）
施設・設備　トイレ３棟（うち簡易水洗１棟・車イス対応簡易水洗１棟）、炊事場（炉付）２棟、バーベキューハウス２棟、管理棟、コインシャワー室、遊具など
Ⓟ　約70台（無料）
温泉　ホテルマルエー温泉本館（大人650円、7:00～21:00受付終了）まで約２㎞
MEMO　混雑時を除き、荷物搬出入時のみサイト付近まで車で進入可

緑豊かな林間サイトと写真左が炊事場（右下は山小屋風の簡易水洗トイレ）

Aタイプのバンガロー

ホテルマルエー温泉本館の浴場

アカゲラにも出あえる緑豊かな森の中のサイト

中標津市街至近の広大な公園内にある施設。サイトは木漏れ日の射す林間と開放的な草原に分かれ、その間にA・Bタイプのロッジが建つ。

森の中には、アカゲラやハシブトガラなどが生息。園内を流れる緑川周辺では、カワセミやヤマセミの姿も時折見られ、野鳥観察が楽しめる。また、隣接する「道立ゆめの森公園」には、パークゴルフ場（計36H・有料）もある。

ROUTE

国道272号から道道経由で中標津市街へ。さらに道道69号（中標津空港線）に入り、中標津大橋を渡って役場（右手）の手前を左折、すぐを右折し道なりで現地。道道69号沿いにある「ゆめの森公園」の入口からも行ける。

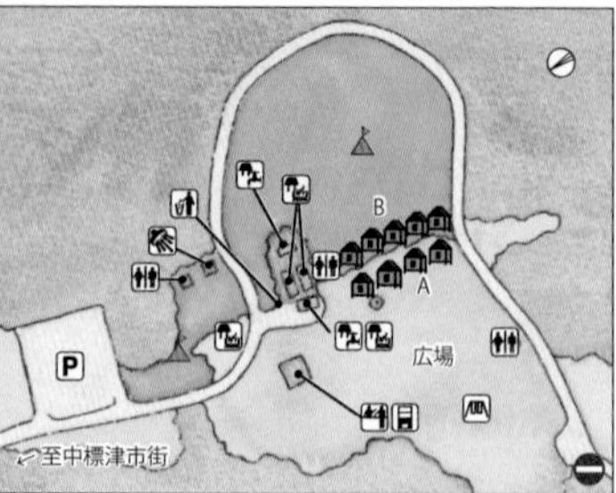

買い物　スーパー、コンビニの多数ある中標津市街まで約3km

※予約制（予約サイト「なっぷ」で受付、4月29日〜5月12日分は4月1日から、5月13日以降分は4月29日から予約可。電話予約は4月1日〜28日は観光協会、以降は現地で受付。キャンセル料あり） ※ペットの同伴はマナー厳守でOK（貸テント、建物内は同伴禁止）

期間	QRマップ
4月29日 ▼ 10月31日	

MAP 27

しべつ「うみのこうえん」おーときゃんぷじょう

しべつ「海の公園」オートキャンプ場

☎0153-82-2265

標津郡標津町南3条東1丁目
◎問合先／南知床標津町観光協会 ☎ 85-7226

MAPCODE® 448 856 827*45

予約　可（詳細は欄外参照）
入場料　清掃協力金として小学生以上1人200円を徴収
フリーサイト　6人用まで1張310円、7人用以上630円（6人用以下のタープ一体型テントも同額）※タープなども1張分として料金を徴収
オートサイト　1区画3,140円 計7区画（電源15A・流し付）
バンガロー　5.5畳1棟5,240円・照明・台所・電源付）計4棟
貸用具　有料で各種
管理人　駐在（9:00〜19:00、5・6・10月は〜17:00）
施設利用時間　IN 13:00〜18:30（5・6・10月は〜16:30） OUT 10:00まで
施設・設備　炊事場2棟、管理棟に車イス対応水洗トイレ併設、釣り突堤など
Ⓟ　40台（無料）
温泉　ホテル川畑（露天風呂付、大人600円、14:00〜19:00受付終了、不定休）まで約200m

きれいな芝生のテントサイトに流しと電源が付く、使い勝手のいいオートサイト（左上はホテル川畑の露天風呂）

フリーサイトと写真奥が炊事場

バンガロー内部は折畳式のロフト風

前浜に釣り突堤もある海浜オートキャンプ場

標津町市街地の海沿いにある「海の公園」内の施設。海岸沿いにあるがサイトは平坦な芝地で、場内は全体的に小ぢんまりとした印象だ。

園内にはキャンプ場と通路で連絡する釣り突堤もあり、カレイのほか、ソイやアブラコなどの根魚を狙える（浜での遊泳とカヌーは禁止）。砂浜の海岸は、消波ブロックの効果で波は穏やか。子どもたちも安心して磯遊びを楽しめる。

ROUTE

中標津市街からの場合、国道272号を羅臼方面へ約18km直進。国道244号との交差点を進むと行き止まりに「しべつ海の公園」の案内板があり、そこを左折する。約200m進むと右手が現地で、受付を行う管理棟がある。

買い物　標津市街のセブンイレブンまで約300m

※予約制（予約は６月上旬から農林漁業体験実習館で電話受付。予約開始日等の詳細は羅臼町公式サイトで確認を）
※下記料金は変更の可能性あり　※ペットのサイト同伴禁止（駐車場のマイカー内に限りOK）　※芝生での焚き火台使用は不可

MAP 28　らうすおーときゃんぷじょう

羅臼オートキャンプ場

☎0153-88-1094

目梨郡羅臼町幌萌町628-7（羅臼町農林漁業体験実習館）
◎期間外問合先／羅臼町産業創生課 ☎ 87-2126

MAPCODE® 757 044 610*83

予約　可（詳細は欄外参照）
フリーサイト　小学生以上１人400円（約50張収容）
オートサイト　キャンピングカーサイト：1区画2,000円５区画（設備は電源のみ）／オートA・B（電源付）：2,000円15区画／オートC（設備なし）：1,500円７区画
宿泊施設　住箱サイト（コンテナタイプ）12,000円１棟
貸用具　なし
管理人　管理・受付の羅臼町農林漁業体験実習館に駐在
施設利用時間　IN 13:00〜 OUT 10:00まで
施設・設備　車イス対応水洗トイレ・炊事場各２棟など。隣接の農林漁業体験実習館に無料バーベキューハウス併設
Ⓟ　約30台（無料）
温泉　らうす第一ホテル（露天風呂付、大人600円、13:00〜16:00、不定休、混雑時は休業の場合あり）まで約15㎞

天候に恵まれれば、小高くなったテントサイトの奥側から国後島を望むこともできる（左上は管理・受付の農林漁業体験実習館）

炊事場は使い勝手のよい造り

炊事場と並んで建つ水洗トイレ

羅臼町ではここだけの本格オートキャンプ場

羅臼町農林漁業体験実習館の裏手にあるキャンプ場。実習館で受付を済ませてから、テントサイトへ向かおう。

サイトは平坦な芝生で、設備は必要最小限のシンプルな造り。とはいえ周辺では数少ないオート施設なので、上手に活用したい。隣接の運動公園にはパークゴルフ場（有料）があり、釣りを楽しめる漁港も近い。なお、ゴミは指定の有料袋利用で受け入れ。

ROUTE

羅臼町市街からは、海沿いの国道335号で約13㎞。標津町側からの場合、国道244号と国道335号の分岐から約31㎞。羅臼町農林漁業体験実習館と町営パークゴルフ場の間の道から内陸側に入り、道なりで現地。

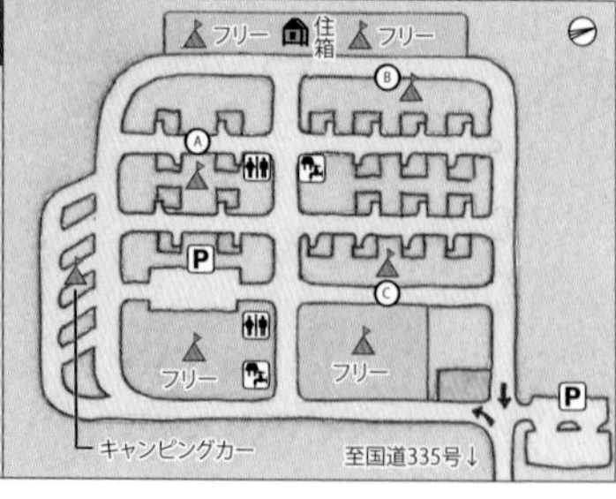

買い物　羅臼町八木浜町のセイコーマートまで約6km

※ペットのサイト内への同伴は禁止。ただし駐車場のマイカー内に限りOK
※クマの目撃情報などにより、キャンプ場が閉鎖される可能性あり。事前に確認を　※芝生などでの焚き火台の使用は不可

期間　6月中旬 ▼ 10月中旬
QRマップ

MAP 29
しれとここくりつこうえんらうすおんせんやえいじょう

知床国立公園羅臼温泉野営場

☎0153-87-2126　目梨郡羅臼町湯ノ沢 ※現地TELなし
←問合先／羅臼町産業創生課

MAPCODE® 757 409 605*15

予約　不可
清掃協力金　小学生以上1人300円
オートキャンプ　不可
バンガロー・貸用具　なし
管理人　駐在（8:00〜12:00、15:00〜19:00）
施設・設備　水洗トイレ2棟（うち1棟は車イス対応）、炊事場3棟（うち1棟は車イス対応型）、バーベキュー用野外炉、近くに知床羅臼ビジターセンター（入館無料）など
Ⓟ　約60台（無料）
温泉　国道を挟んだ向かいに無料露天風呂「熊の湯」あり
MEMO　知床羅臼ビジターセンターは、羅臼市街寄りに少し下がった国道沿い左手にあり、キャンプ場開設期間中は9:00〜17:00開館（月曜休）

大きなテント床が並ぶファミリーゾーンと写真中央が炊事場（右下は管理棟）

ウトロ側のサイトには林間部分も

男女別湯で女性も安心の「熊の湯」

全国から長期滞在者が集まる屈指の人気施設

道内外のキャンパーから絶大な人気を誇るキャンプ場。知床が世界遺産に登録されてから、さらに賑やかさを増している。かつては無料で管理人も不在の施設だったが、有料化されたあとは管理人が駐在。受付業務や交通整理、ゴミの管理などを行っている。

サイトは森に囲まれた緑濃い山間にあり、各サイトに野外炉付きのテント床が点在。車イス対応の専用サイトがあるほか、炊事場、トイレも各所に配され不便は感じない。

なお、ゴミは指定の有料ゴミ袋利用で受け入れ。

ROUTE

網走・ウトロ側からだと国道334号で、知床峠を越え、羅臼市街に下る途中の国道沿い左手にある。右手の羅臼川に架かる橋を渡った所には、無料の露天風呂「熊の湯」があるので、すぐにわかる。羅臼市街からは約3㎞。

買い物　羅臼市街のセイコーマートまで約4km

※ゴミは完全持ち帰り制　※ペットの同伴はマナー厳守でOK　※駐車場での車中泊OK

期間 5月1日 ▼ 10月31日　QRマップ

MAP 19 別海町立小野沼公園（べつかいちょうりつおのぬまこうえん） NEW

☎0153-74-9254
野付郡別海町中春別74
←問合先／別海町産業振興部商工観光課

MAPCODE® 448 241 010*28

予約　不可
持込テント料金　無料
オートキャンプ　不可
バンガロー・貸用具　野外用七輪・貸ボート各無料

草地のサイトには林間部分も。写真右手が管理棟(左)。上はその内部。無料のキャリーを用意する

管理人　駐在(9:00～17:00)
施設利用時間　IN 11:00～17:00　OUT 10:00まで
施設・設備　管理棟（車いす対応水洗トイレ併設)、炊事場１棟、野外炉５基、遊具、遊水池、せせらぎ水路など
Ⓟ　約65台（無料）
温泉　別海町ふるさと交流館(p258参照)まで約18km

■無料だが環境は申し分なし

小川をせき止めて造られた小野沼のほとりにある、キャンプも楽しめる公園。故小野勝治氏が10年の歳月をかけて造成し、町に寄附したもの。利用は無料ながら、自然林に囲まれた静かな環境の中で過ごせる。ボートやせせらぎ水路で水遊びを満喫しよう。

※ペットの同伴は、リードの使用などマナー厳守でOK（展望館内への同伴は禁止）　※Wi-Fi環境は展望館周辺のみ

期間 4月下旬 ▼ 10月末　QRマップ

MAP 31 ウシ空のキャンプ場（うしぞらのきゃんぷじょう）

☎0153-73-3111
標津郡中標津町字俣落2256-17 ※現地TELなし
←問合先／中標津町経済振興課

MAPCODE® 976 104 357*65

予約　不可
持込テント料金　無料
オートキャンプ　不可
バンガロー・貸用具　なし
管理人　不在

展望館屋上から見たテントサイト。写真左が炊事場(左)。上はカフェを併設する開陽台展望館

施設・設備　水洗トイレ２カ所、炊事場１棟、開陽台展望館（10:00～17:00、10月は～16:00、火曜休で祝日は開館)、屋上展望台は24時間開放
Ⓟ　約60台（無料）
温泉　ホテルマルエー温泉本館(p260参照)まで約13km
MEMO　焚き火台は高さのあるものに限り使用可。ゴミは有料袋を購入し、町の規定に沿った分別の上、受け入れ

■パノラマ満喫の高台サイト

標高 270 mの開陽台は、雄大なパノラマが堪能できる道東有数の人気スポット。テントサイトは展望館裏手に広がる。駐車場とサイトをつなぐバイク専用通路が新設され、より利用しやすくなった。

買い物　(上段):別海町中春別のセイコーマートまで約5km
(下段):スーパー、コンビニのある中標津市街まで約13km

※ゴミは完全持ち帰り制　※ペットの同伴は、リードの使用などマナー厳守でOK

期間	QRマップ
通年	

MAP 32 むそう村（むそうむら）

☎090-3395-7540　標津郡中標津町俣落2002-2（佐伯農場内）

MAPCODE® 429 876 788*54

予約　可（電話で受付）

持込テント料金　ソロ：1張2,000円／グループ2名以上：3,000円（各薪代込み）

宿泊施設　1人2,000円（トイレ・照明・電源など設備）

「レストラン牧舎」(p239)を営む佐伯牧場が運営するキャンプ場（左）。上はおしゃれなトイレ棟

貸用具　スウェーデントーチ大・小1,000円、ファットバイクレンタル1,000円（2、3時間）

管理人　朝夕に巡回

施設利用時間　特になし

施設・設備　センターハウス、炊事場、水洗トイレ、汲み取り式トイレ、炊事小屋、焚き火小屋、石窯、無料MTBコースなど

Ⓟ　あり（無料）

温泉　ホテルマルエー温泉本館（p260）まで約19km

■人間力を培うキャンプ場

直火での調理を推奨するなどローテクな環境で人間力を培う場所に…がコンセプトのキャンプ場。基本は無人施設なので、受付時に支払いを。焚き火は指定場所ならOK。

※完全予約制（予約サイト「RESERVA（レゼルバ）」〈https://reserva.be/shiretokorausu_noasobi〉で随時受付、キャンセル料あり）
※ペットの同伴は、リードの使用などマナー厳守でOK

期間	QRマップ
5月 ▼ 10月末	

MAP 33 知床羅臼野遊びフィールド（しれとこらうすのあそびふぃーるど）

☎080-9398-6019　目梨郡羅臼町礼文町31

MAPCODE® 757 351 899*68

予約　可（詳細は欄外参照）

手ぶらキャンプ料金　大人1人18,000円～計4区画（2～4人用テント・寝袋・エアーマット・ストーブ・モバイルバッテリーなど含む）、小学生以下半額、幼児無料

スキー場の跡地を町民有志が整備したテントサイト（左）からは、満天の星空を満喫できる（上）

貸用具　ギア各種有料で

管理人　8:00～18:00

施設利用時間　IN 15:00～19:00　OUT 10:00まで

施設・設備　センターロッジ（簡易水洗トイレ・カフェ・テラス）、シャワー

Ⓟ　4台（無料）

温泉　らうす第一ホテルまで（p262）まで約5km

■羅臼の海と町並みを一望

羅臼町民スキー場の跡地を活用した、新しいスタイルの体験型キャンプ施設。国後島や漁港を望む絶景のサイトで、手ぶらキャンプが楽しめる。知床半島の自然を体感できる各種アクティビティの拠点に。

買い物　（上段）：スーパー、コンビニのある中標津市街まで約19km
（下段）：羅臼市街のセイコーマートまで約3km

AREA GUIDE

ガイドツアーで知床の豊かな自然を体感!

五感を使って楽しむ 雄大な知床の大自然

手つかずの自然が残る北海道の秘境・知床半島。オホーツク海に突き出した半島の中央には、羅臼岳や硫黄山など1200～1600m級の山々が連なり、豊かな海と森に恵まれた自然環境のもと、さまざまな動植物が生息している。

みどころは数多いが、知床八景のひとつに数えられる「知床五湖」は必見。景観の美しさはもちろん、整備された遊歩道で気軽に知床の自然に触れられるのも魅力だ。

高架木道の展望台からは、1湖と知床連山の美しい稜線を望むことができる。片道約800mの道は段差がないので、車イスでも通行OKだ

五湖には流れ込む川がない

森で仔ジカに遭遇することも

●ガイドツアーに参加しよう

期間によって自由に散策できる知床五湖だが、その魅力を深く体感するなら、ガイドツアーの参加がおすすめ。

例えば、多彩なネイチャーツアーを行うSHINRAでは、開園期間に合わせて「知床五湖ガイドウォーク」を催行している。小学生以上1名から参加でき、料金は大人5,100円、小学生は2,600円となっている。参加希望者は、事前の申し込みが必要だ。

ルートは一番小さな5湖からスタートし、約3時間かけて5つの湖をたどる。全体で約3kmあり、岩や木の根で起伏のあるコースを歩く。

その道程で目にするのは、ミズバショウの群生、ヒグマやエゾシカが残す足跡にフン、木の実を採ろうと木に登ったヒグマの爪痕など。6～7月のエゾシカの出産シーズンには、かわいらしいシカの赤ちゃんが見られることも。

森を熟知したネイチャーガイドの案内で歩く原始の森は、驚きと感動に満ちている。

【SHINRA(シンラ)】
斜里郡斜里町ウトロ西187-8
☎0152-22-5522

●知床五湖散策の注意点

知床五湖には、地上2～5mに渡された高架木道と地上遊歩道がある。ヒグマ対策として電気柵が張り巡らされている高架木道は、4月下旬～11月上旬の開園期間を通して自由に利用可能。手続きや入場料も不要だが、地上遊歩道は時期によって利用条件が異なるので、注意が必要だ。

《植生保護期》

個人でも申請手続きとレクチャー受講(約10分)で散策可能。【期間】4月下旬～5月9日、8月1日～11月上旬 【入場料金】大人250円、小人100円

《ヒグマ活動期》

登録引率者のガイドツアーのみ利用可能。要予約。【期間】5月10日～7月31日【料金】ガイドツアーは大人1人5,000円前後が目安となる。

知床五湖散策のレクチャーやガイドツアーの受付・会場は、【知床五湖フィールドハウス】(斜里郡斜里町大字遠音別村、☎0152-24-3323)。

また、開園期間や遊歩道利用の詳細、ガイドツアーを行う事業者については、事前に知床五湖のHP(https://www.goko.go.jp)で確認を。

ふくろうの渓谷

網走

知床・網走・清里
津別・北見・美幌
サロマ湖・遠軽・雄武

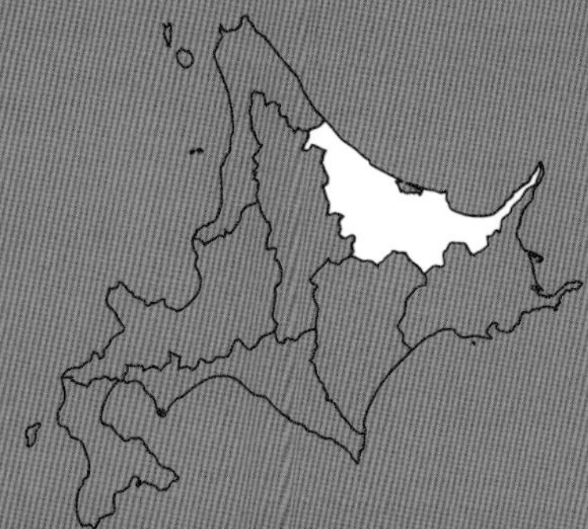

網走エリア CONTENTS & MAP

おうむ
27
興部
31
にしおこっぺ
おこっぺ
紋別
30
紋別
239
238
33
29
湧別
23
32
273
かみゆうべつ
24
たきのうえ
242
28
遠軽
遠軽
サロマ湖
まるせっぷ
遠軽IC
333
242
333
25
39
15
16
上川
北見
奥白滝IC
26
しらたき
19
北見
留辺蘂
おんねゆ温泉
20
21
訓子府IC
39
13
242
273
陸別小利別IC
30km

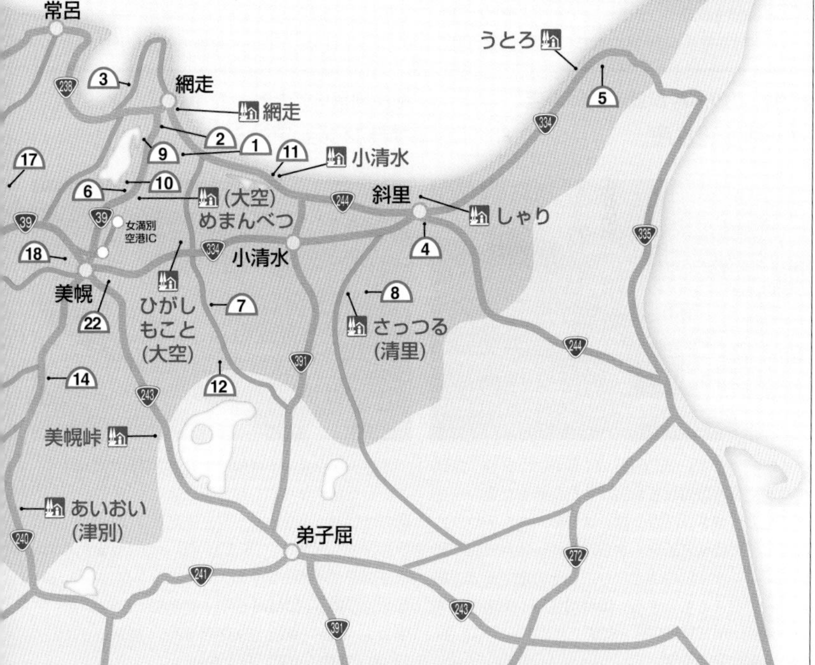
常呂
238
3
網走
網走
2
1
9
11
小清水
17
10
6
(大空)
めまんべつ
39
39
女満別
空港IC
18
334
小清水
斜里
244
しゃり
4
美幌
ひがし
もこと
(大空)
7
8
さっつる
(清里)
22
14
12
391
243
美幌峠
あいおい
(津別)
弟子屈
240
241
272
243
391
うとろ
5
334
335
244

網走エリアの立ち寄りスポット

動物写真家のマスター運営のほっこりカフェ

coffee albireo

こーひー あるびれお

ウトロにあるカフェで、動物写真家のマスターが淹れる濃厚な「ひぐま」、マイルドな「ももんが」、程よい酸味の「ケイマフリ」各550円はテイクアウトも可。メニューは週替りでカレーやスイーツが楽しめる。【DATA】住所：斜里郡斜里町ウトロ東14ファミリーショップささき2階　電話：0152-26-8101　営業：8:00～16:30LO　定休：火・水・木曜（11月～4月中旬は冬期休業）　P：なし（公共駐車場利用）

オホーツクの“いいもの”を発信

uminoba

うみのば

国道391号沿いに立つ、オホーツクの食と生活雑貨のセレクトショップ。木工クラフトや地元産原料の調味料、乳製品など約50軒の生産者から仕入れる厳選アイテムが揃う。オホーツク食材のハンバーガーやドリンクなどテイクアウトグルメも要注目。最新情報はインスタで確認を。【DATA】住所：網走市字藻琴14-1　電話：0152-61-7870　営業：10：00～17：00（フードは16：00LO）　定休：不定　P：20台

とれたての海鮮が並ぶ漁師の店

カネ活渡辺水産

かねかつわたなべすいさん

オホーツク海沿岸の国道244号沿いにあり、店頭にはすぐ裏手の海から水揚げされた新鮮な魚介が並ぶ。毛ガニやタラバガニ脚をはじめ、ホタテやウニなども直売価格で販売。さらに、4～10月の10～15時に限り、水槽内の活きたカニをその場で茹で、熱々で食べることもできる。【DATA】住所：網走市鱒浦21　電話：0152-45-3188　営業：9:00～17:00　定休：水曜　P：6台

地産地消にこだわった手作りパン

ブランジェ アンジュ

ぶらんじぇ あんじゅ

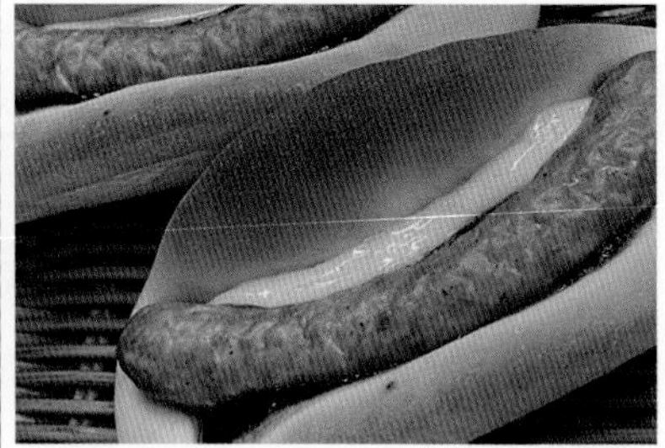

オホーツク産の小麦粉や牛乳など、地場の食材にこだわった手作りパンが自慢の店。女満別産サクラ豚のオリジナルソーセージが絶品な「ソーセージパン」216円（写真）や、春よ恋100％の「女満別本食」713円など、オホーツクの大地の恵みを感じる魅力的なパンが揃う。【DATA】住所：網走郡大空町女満別夕陽台1-4-25　電話：0152-74-5208　営業：6:00～18:00　定休：火曜　P：5台

魚本来の生き生きとした姿に感動！

北の大地の水族館（山の水族館）

きたのだいちのすいぞくかん（やまのすいぞくかん）

様々な仕掛けを施した画期的な展示方法で人気を集める水族館。滝つぼなどの自然を模した水槽で、魚が本来持っている力強さや繊細さを観察できる。【DATA】住所：北見市留辺蘂町松山1-4　電話：0157-45-2223　営業：8:30〜17:00（11〜3月は9:00〜16:30、最終入館受付は各20分前）　定休：4月8〜14日、12月26日〜元日　入館料：大人670円、中学生440円、小学生300円　P：200台

特製醤油ダレの名物たれかつ丼！

ぷらっとカフェ 駅茶屋

ぷらっとかふぇ えきちゃや

サクッと揚がったトンカツを甘辛タレで味わう訓子府名物「たれかつ丼」899円をはじめ、定食やそば、うどん、パスタなど和洋中の多彩なメニューを用意。近郊産豚肉や低農薬米など素材にもこだわりが光る。【DATA】住所：常呂郡訓子府町大町170、旧訓子府駅舎内　電話：0157-47-5161　営業：11：00〜14：00LO、17:00〜19:30LO、日曜・祝日は昼営業のみ　定休：木曜（祝日の場合は営業）　P：公共駐車場利用

北海道産の食材で作る絶品かまぼこ

出塚水産

でづかすいさん

北海道の様々な食材を使用した、上品で甘みのあるかまぼこが人気を呼ぶ昭和5（1930）年創業の老舗。カニとマヨネーズが絶妙にマッチする名物カニマヨボールやホタテ天、チーズ巻、野菜天などバラエティに富んだかまぼこが揃う。かまぼこは持ち帰りだけでなく、店内で揚げたてが食べられる。【DATA】住所：紋別市港町5-3-23　電話：0158-23-2012　営業：8:30〜18:00　定休：なし　P：10台

味と製法にこだわる農場直営ショップ

ノースプレインファーム・ミルクホール

のーすぷれいんふぁーむ・みるくほーる

興部市街から西に約2㎞の国道239号沿いにある農場直営ショップ。自社有機生乳など原料こだわった乳製品や菓子類を販売する。地元産生乳のソフトクリームをはじめ、11〜14時のランチタイムにはモッツァレラチーズハンバーグなど食事メニューも提供。【DATA】住所：紋別郡興部町北興116-2　電話：0158-82-2422　営業：10:00〜17:00　定休：火曜（祝日は営業）　P：20台

※予約制（予約サイト「なっぷ」〈https://www.nap-camp.com/hokkaido/14873〉で利用月の3カ月前より受付開始。空きがあれば当日利用も可、キャンセル料あり） ※ペットはリード使用で同伴OK ※ゴミは有料ゴミ袋500円利用で受け入れ

期間	QRマップ
通年	

1 ふくろうの渓谷

ふくろうのけいこく

☎Web予約制

網走市字豊郷131
◎問合せはメールで対応（info@owl-canyon.net）

MAPCODE® 305 468 738*82

予約　可（詳細は欄外参照）
利用料　中学生以上1,500円、小学生1,000円、未就学児無料
オートキャンプ　上記料金で10区画分あり
貸用具　薪１箱1,000円
管理人　駐在（8:00～17:00、１日３回巡回）
施設利用時間　IN 12:00～17:00　OUT 11:00まで
施設・設備　管理棟（アウトドアショップ併設）、非水洗トイレ2棟、炊事場１棟など
Ⓟ　約30台（無料）
温泉　ホテル網走湖荘（露天風呂付、大人1,000円、13:00～20:00受付終了 ※混雑状況で受入れ不可の場合あり）まで約12km
MEMO　花火は手持ち式のみOK

緑濃い森の中に流れる小川沿いに、直火での焚き火が楽しめる雰囲気たっぷりのオートサイトが並ぶ。車の横付けは１台のみ可能。右下は場内の非水洗トイレ

コンテナ内に設置された炊事場

受付の管理棟には売店も併設する

直火・冬キャンOKのオールオートサイト

網走市豊郷地区の森を切り拓いて造られたオートキャンプ場。豊かな自然をできるだけ残すという方針のもと、ソロからファミリーにまで対応する全10区画が、木立のある小川に沿ってゆったりとした間隔で配されている。

１～２名用のサイト（テント・タープ各１張）は広さ30～40㎡で、ほかに50～64㎡と広めのサイトも用意（各横付け駐車は１台まで、２台目からは駐車場へ）。直火での焚き火に加え、冬キャンや車中泊も可能だ。隣接する菜園での収穫体験も有料で楽しめる。

至網走市街　至網走市街
呼人浦キャンプ場
石北本線　てんとらんど　釧網本線　ますうら
東農大　至斜里
よびと　ふくろうの渓谷
至美幌　至大空

ROUTE

網走市街から向かうと、国道240号（国道391号と重複）経由で国道244号に入り、約6.5km進んだ先の海側に立つ「感動の径」（中園方面）の看板から右折。約2.3km先の十字路を右折し、約700m先の小さな看板を左折すると現地。

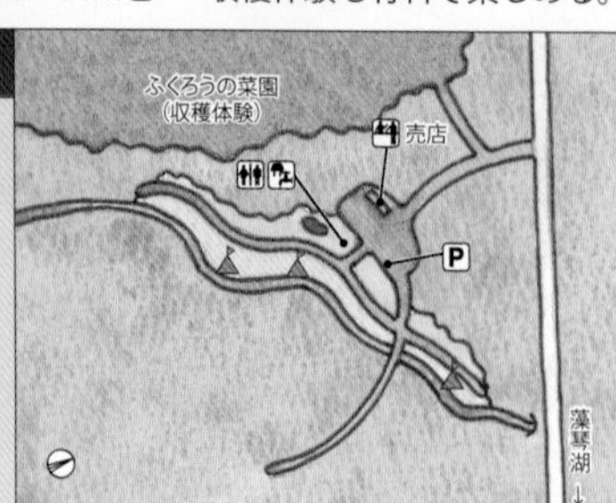

買い物 網走市つくしケ丘のセイコーマートまで約5km

※予約制（予約は利用日の3カ月前の月の1日から電話・公式サイトで受付開始、11:30〜12:30は電話・窓口対応不可）
※ペットの同伴はオートサイトの一部（7区画）のみ、マナー厳守でOK　※オフシーズンは最大半額割引　※花火は手持ち式のみOK

期間	QRマップ
4月27日 ▼ 10月14日	

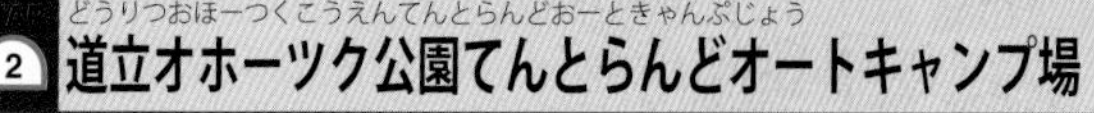

どうりつおほーつくこうえんてんとらんどおーときゃんぷじょう

2 道立オホーツク公園てんとらんどオートキャンプ場

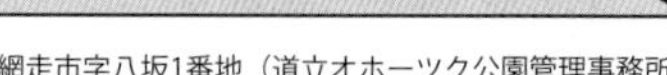

☎0152-45-2277　網走市字八坂1番地（道立オホーツク公園管理事務所）

MAPCODE® 305 554 246*50

予約　可（詳細は欄外参照）
利用料金　中学生以上1,200円、小学生500円（ロッジ利用者は、中学生以上1,600円、小学生700円）
フリーサイト　1張500円22張
オートサイト　キャンピングカー：1区画3,800円8区画／プライベート：2,600円20区画（各電源15A・上水道付）
ロッジ　A：定員8人1棟19,500円10棟、バリアフリー対応1棟20,200円1棟／B：定員5人12,800円6棟（各設備完備の貸別荘タイプ）
貸用具　キャンプ用品各種
管理人　センターロッジに駐在（8:00〜21:00、以降夜警員）
施設利用時間　IN 13:00〜19:00（ロッジは14:00〜）OUT 10:00まで
施設・設備　水洗トイレ・炊事場各2棟、バーベキューハウス3棟、センターロッジにシャワー・ランドリー・Wi-Fiなど
Ⓟ　約30台
温泉　網走湖荘（露天風呂付、大人1,000円、13:00〜20:00受付終了　※混雑状況で受入れ不可の場合あり）まで約8km

知床連山を望む丘陵のオートサイト（左上は「ぼうけんの森」の大型遊具）

サイト横に駐車場のあるフリーサイト

貸別荘スタイルのロッジ（写真はA）

オホーツク海が眼下に充実設備の本格オート

オホーツク流氷館や北方民族博物館などが並ぶ天都山中腹にあり、オホーツク海の眺めが見事。サイトは選択の幅が広く、無料のドッグランなどもある充実ぶりだ。なお、ゴミは生ゴミのみ無料で受け入れ、その他は有料となる。

ROUTE

国道244号と同39号が直角に交差する網走市街中心部から、道道683号（大観山公園線）に入って約5kmの道道沿い左手にある。手前右手に北方民族博物館があり、そのすぐ先左手の進入路から入ると左側にセンターロッジ。

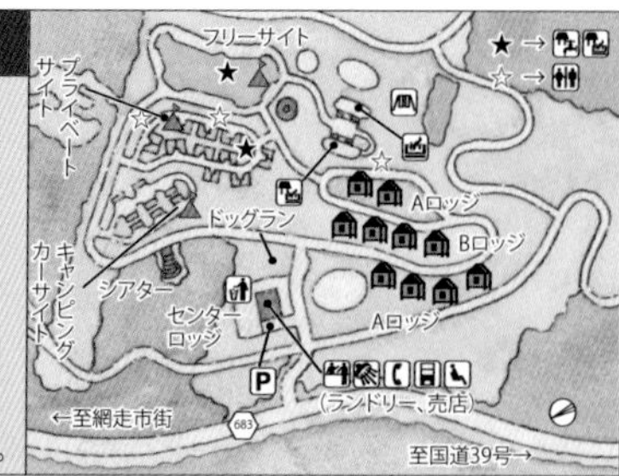

買い物　網走市潮見のセイコーマート、セブンイレブンまで約4km

※予約制（予約は利用日2カ月前の月1日から現地電話・FAX〈番号同じ〉で受付、フリーサイトは予約不要）※ゴミは持ち帰り制　※花火は手持ち式のみOK
※ペットの同伴は、プライベートサイトおよび7月の連休とお盆期間を除くスタンダードサイトのみOK（フリーサイトは不可）。大型犬の同伴は禁止

期間　6月1日 ▼ 9月30日　QRマップ

MAP 3　れいくさいどぱーく・のとろ

レイクサイドパーク・のとろ

☎0152-47-1255

網走市能取港町5-1
◎期間外問合先／網走市水産漁港課漁業振興係 ☎ 44-6111

MAPCODE® 305 758 034*84

予約　可（詳細は欄外参照）
フリーサイト　大小を問わずテント１張1,050円約30張
オートサイト　スタンダード：1区画2,100円22区画（設備なし）／プライベート：1区画3,150円3区画（流し・電源付）
宿泊施設　コテージ：6人用1棟10,500円３棟（浴室以外の諸設備完備）／パオ：8人用１棟6,300円２棟（照明・電源付）
貸用具　テントなど各種有料
管理人　期間中24時間駐在
施設利用時間　IN 13:00～18:00　OUT 8:00～11:00
施設・設備　車イス対応水洗トイレ・炊事場各２棟、センターハウス（車イス対応水洗トイレ・コイン式温水シャワーとランドリー併設）、パークゴルフ場（36H・コース１日250円・用具100円）など
Ⓟ　約150台（無料）
温泉　ホテル網走湖荘（p273参照）まで約11km

目の前に能取湖を望む場内にゆったりとした感覚で配されたオートサイト（右下がセンターハウス、左下は炊事場とトイレ）

セミオート感覚のフリーサイト

コテージと照明付のパオ（写真左下）

能取漁港のそばにあるテントサイトと宿泊施設

汽水性の海跡湖・能取湖東岸、能取漁港隣接のオートキャンプ場。テントサイトは平坦な芝生で開放的だ。さらに、諸設備を完備する貸別荘タイプのコテージやバンガロータイプのパオも用意する。

サイトの先には、岸壁越しに能取湖が広がる。汽水湖のため海水性の魚が集まるので、釣りに挑戦するのもいい。絶景を満喫できる能取岬までは約12km、ひと足延ばそう。

ROUTE

網走市街から約３kmで国道39号と238号の分岐。ここを能取湖・サロマ湖方面への国道238号に入り約1.5kmで道道1010号との分岐。道道に入り約４kmで能取岬へ向かう道道76号に合流。右折し約２kmの左手が現地。

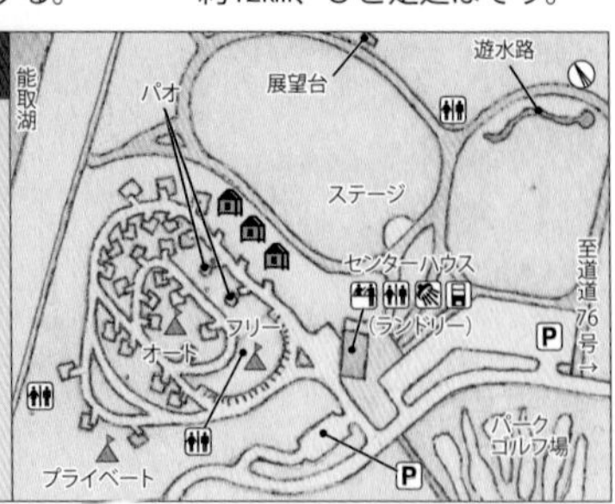

買い物　網走市大曲のセブンイレブン、ローソンまで約7km

※ペットの同伴は、ケージに入れて車内またはテントの中でのみ可

期間	QRマップ
6月1日 ▼ 9月30日	

MAP 4

みどりこうぼうしゃり そよかぜきゃんぷじょう

みどり工房しゃり そよ風キャンプ場

☎0152-22-2125

斜里郡斜里町以久科北586
←問合先／知床斜里町観光協会

MAPCODE® 642 488 883*82

予約　不可
サイト使用料　大人500円、小学生300円
オートキャンプ　不可
バンガロー・貸用具　なし
管理人　駐在（9:00〜18:00）
施設利用時間　IN 9:00〜18:00　OUT 11:00まで
施設・設備　車イス対応水洗トイレ2棟、炊事場1棟（ほかに水飲み場3カ所）、バーベキューハウス1棟（無料）、遊具、多目的広場、管理棟など
Ⓟ　約50台（無料）
温泉　グリーン温泉（大人490円、12:00〜22:00受付終了）まで約4㎞
MEMO　ゴミは分別の上、受け入れ。荷物運搬用のリヤカー2台、一輪車1台あり

木々を背にした開放的な芝生のサイト（右下は駐車場横にある管理棟）

国道側駐車場横の車イス対応トイレ

モール泉をかけ流すグリーン温泉

知床連山を一望できるのどかなキャンプ場

斜里町市街から標津町へ向かう、国道244号沿いのシンプルなつくりの公共キャンプ場。市民体験農園などの体験学習施設との複合施設で、遊具や多目的広場なども備える。

テントサイトは手入れの行き届いた芝生で、広々とした空間の背後は緑濃い林。サイトからは知床連山が一望でき、のどかな雰囲気が漂う。

そうした環境の良さに加え、炊事場やトイレ棟など設備も充実。それでいて料金は安価というのがうれしい。さらに、世界遺産「知床」への観光拠点としても便利な位置にあり、まさに穴場的施設といえる。

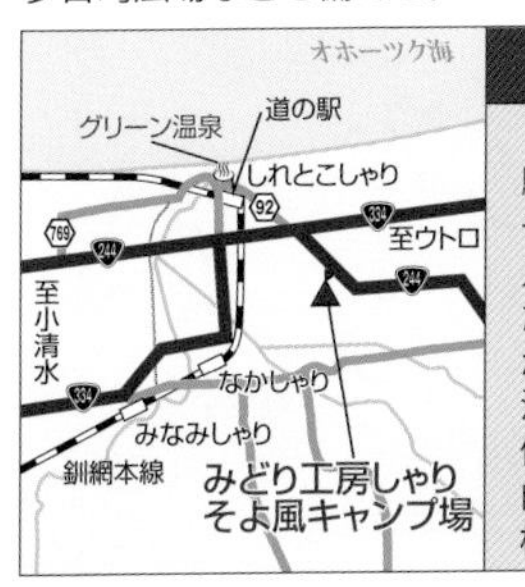

ROUTE

JRしれとこしゃり駅から約5㎞。道道92号経由で国道244号に入り、標津方面へ進んだ右側にある。網走側からは国道244号を標津方面へ。知床ウトロ側からは、国道334号経由で同244号に入り、標津方面に進むと現地。

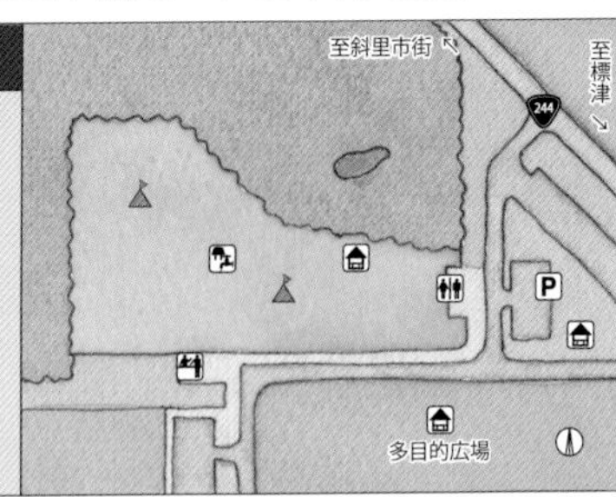

買い物 スーパー、コンビニの多数ある斜里市街まで約3km

※バンガローは予約制(5月のGW頃から知床斜里町観光協会〈☎ 22-2125〉で受付開始、6月からは現地)
※ペットの同伴は、リード使用などマナー厳守でOK

期間	QR マップ
6月上旬 ▼ 9月下旬	

MAP 5 しれとこやえいじょう

知床野営場

☎0152-24-2722

斜里郡斜里町字ウトロ香川
◎期間外問合先／網走南部森林管理署 ☎ 62-2211

MAPCODE® 757 540 439*74

予約 バンガローのみ可
持込テント料金 高校生以上1人500円、小中学生300円
オートキャンプ 可
バンガロー 要予約で4人用1棟4, 000円5棟、2人用3, 200円2棟（各照明付）
貸用具 なし
管理人 駐在（9:00〜18:00）
施設利用時間 IN 11:00〜18:00 OUT 11:00まで(バンガローは10:00まで)
施設・設備 受付の知床ボランティア活動施設、仮設トイレ3棟、炊事場(炉付)1棟など
Ⓟ 約40台（無料）
温泉 町営夕陽台の湯（露天風呂付、大人500円、14:00〜19:30受付終了。営業は6月1日〜10月31日）まで徒歩3分
MEMO ゴミは分別の上、無料で受け入れ

周囲を木立に囲まれた草地のテントサイト。場内にはこのほか林間のサイトもある。右下はキャンプ場の受付を兼務する知床ボランティア活動施設

木立の中に立つ4人用バンガロー

「夕陽台の湯」の眺めのいい露天風呂

世界遺産・知床にある夕陽が魅力の野営場

2005年、世界遺産に登録された知床半島。その西岸に位置するウトロ温泉郷の、高台の一角にある野営場。

原生木が残るテントサイトには、時にエゾシカなどの野生動物も現れ、そんな知床らしさを求めて全国からキャンパーが集まるところだ。

受付はサイトのお隣にある「知床ボランティア活動施設」で。また、以前はできたオートキャンプが、今は原則不可になっているので注意したい。場内徒歩すぐの夕陽台から望む落陽は、一見の価値あり。

ROUTE

国道334号を、知床半島の網走側の入口である斜里町市街からスタートして、オホーツクの海岸線を延々と約40kmでウトロ市街。そのGSのあるあたりから看板に従って坂道を約800mほど上った海側の突き当たりが現地。

買い物 ウトロ市街のセブンイレブン、セイコーマートまで約1km

期間	QRマップ
7月1日 ▼ 8月31日	

めまんべつこはんきゃんぷじょう
6 女満別湖畔キャンプ場

☎0152-74-4252
網走郡大空町女満別湖畔（観光案内所）
◎問合先／大空町産業課商工グループ ☎74-2111

MAPCODE® 305 275 654*11

予約 不可
持込テント料金 公園使用料として中学生以上１人300円、小学生以下200円を徴収
オートキャンプ 不可
バンガロー・貸用具 なし
管理人 不在、受付のみ観光案内所で対応（8：45〜17：30）
施設利用時間 IN 9：00〜17：30 OUT 17：00まで
施設・設備 水洗トイレ２棟、炊事場３棟、冷水シャワー２基など
Ⓟ 約200台（無料）
温泉 湯元ホテル山水（露天風呂付、大人490円、11：00〜21：30受付終了）まで300m、農業構造改善センター（大人490円、11：00〜21：30受付終了、第2・4水曜休）まで約1.5km
MEMO 例年７月中旬〜８月下旬の期間、シジミ採りが体験できる（今年度予定休止）

広葉樹の林間に広がるサイトは快適だ（右上はキャンプ受付の観光案内所）

トイレは水洗で内部も清潔

徒歩３分の「ホテル山水」露天風呂

湖畔に面した林間にある自然度の高いサイト

ＪＲめまんべつ駅から歩道橋を渡った駅裏という環境ながら、場内に足を踏み入れると樹林内のテントサイトは緑いっぱいの世界。その中を明るい方へと歩いて行くと視界が開け、網走湖が広がる。

林間のサイトはきれいな草地だが湖岸は砂地。ここからカヌーを繰り出せば、静かな湖面でアウトドア気分を満喫できる。なおかつ、徒歩３分とすぐ近くに温泉もあるので数日過ごしたい所だ。なお、ゴミは持ち帰り制となる。

ROUTE

国道39号を網走方面から来ると、女満別市街からＪＲめまんべつ駅の表口側を素通りして線路を越え、すぐを国道から右折、駅の裏側方向へ進むと、左手に現地。７〜８月は、駅裏道路沿いの観光案内所でまず受付を。

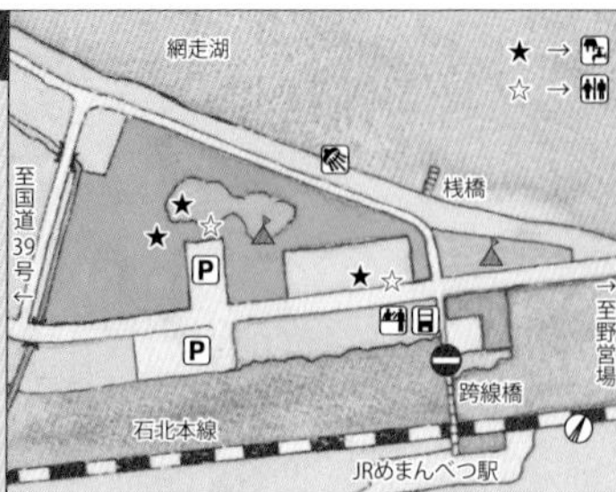

買い物 女満別市街のセイコーマートまで約500m

※オートサイト・バンガローは予約制（予約は6月1日から受付開始、フリーサイトは不可） ※焚き火台は耐火マット使用で利用OK
※芝桜の開花期間（例年5月初旬〜6月初旬）は、キャンプ場が利用できないのでご注意を ※ゴミは指定の有料ゴミ袋で受け入れ

期間	QRマップ
7月1日 ▼ 9月30日	

MAP 7

ひがしもことしばざくらこうえんきゃんぷじょう

ひがしもこと芝桜公園キャンプ場

☎0152-66-3111 網走郡大空町東藻琴末広393（東藻琴芝桜公園管理公社）

MAPCODE® 638 713 485*41

予約 オートサイトとバンガローのみ可（詳細は欄外参照）
宿泊料 中学生以上1人400円、小学生200円
フリーサイト 上記料金で可
オートサイト 電源あり：1区画3,000円計11区画／電源なし：1,800円計14区画（各区画料に宿泊料を別途加算）
バンガロー ドリームハウス（7〜8人用）：1棟5,000円3棟（台所・冷蔵庫・照明・電源付）
貸用具 なし
管理人 駐在（8:00〜17:00）
施設利用時間 IN 14:00〜17:00 OUT 10:00まで
施設・設備 水洗トイレ・炊事場各1棟、ゴーカート（有料）、釣り堀（中学生以上1,800円）
P あり（無料）
温泉 場内に「芝桜の湯」（大人490円、16:00〜19:00最終受付、水曜休）がある

電源付きもあるシンプルな芝生の区画オートサイト。そのお隣にフリーサイトが広がる。写真左は炊事場、中央奥が宿泊施設のドリームハウス

フリーサイトと温泉施設（写真中央左）

日帰り天然温泉・芝桜の湯の浴場

芝桜の時期は使えないが家族向きののどかな施設

毎年5月初旬から6月初旬にかけて、丘の斜面が芝桜のピンク一色に染まる公園内の施設。だが、芝桜の期間は、遊覧用の車が場内を走るため、キャンプは開花時期が終わってから。その時期を除けば、オートサイトもある芝生の場内はのどかな雰囲気だ。

園内には、ゴーカートや釣り堀（8月末まで）など、子ども向きの施設が多く、ファミリーに最適。さらに日帰り温泉施設や足湯もサイトのそばにあり、楽しみ方はいろいろ。

ROUTE

弟子屈町側から国道391号利用の場合、川湯温泉付近を過ぎ間もなくの分岐を道道102号（網走・川湯線）に入り、藻琴峠を下ってしばらく行くと、道道沿い右手に大きな看板が。その表示に従って右折すると、道なりで現地。

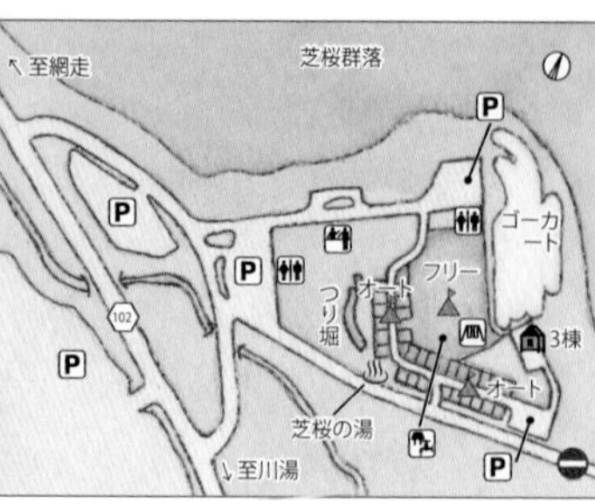

買い物 東藻琴市街のスーパー、コンビニまで約8km

※予約制（予約は３月１日からきよさと観光協会〈☎25-4111〉、または現地で受付開始。受付は平日9:00～17:00）
※花火は手持ち式のみOK　※ペットの同伴は、ペットサイトのみOK

期間	QRマップ
4月20日 ▼ 9月21日	

MAP 8　きよさとおーときゃんぷじょう

清里オートキャンプ場

☎0152-25-3500　斜里郡清里町字江南807-3

MAPCODE® 444 444 834*12

予約　可（詳細は欄外参照）
入場料　中学生以上1人500円、小学生300円
フリーサイト　持込テント１張1,000円23張
オートサイト　1区画2,000円20区画（電源・水道・炊事台付）／ペット同伴サイト１区画2,000円５区画
宿泊施設　バンガロー：4人用1棟5,000円７棟（照明・電源・寝具なしの2段ベッド）／コテージ：8人用14,000円5棟（寝具を除く設備完備の貸別荘）
貸用具　焼肉炉など有料で
管理人　駐在（8:00～19:00、夜間は宿直駐在）
施設利用時間　IN 13:00～18:00　OUT 7:00～10:00
施設・設備　水洗トイレ・炊事場各１棟、センターハウス（売店・トイレ・コインランドリー併設）、ドッグランなど
P　フリーサイト用約25台
温泉　道の駅パパスランドさっつる（露天風呂付、大人450円、10:00～21:00）まで約5km
MEMO　ゴミは分別の上、無料で受け入れ

斜里岳を遠望できるフリーサイトとその後方に立つのがバンガロー（だ円写真は貸別荘クラスのコテージ、右下は場内のトイレ）

電源・流し台付のオートサイト

パパスランドさっつるの温泉浴場

雄大な斜里岳を望む 低料金の町営オート施設

清里町市街から約７㎞、町営江南牧場東側にある町営のオートキャンプ場。周辺には遊歩道があるほか、レンタルのＭＴＢ（2時間1,000円）を用意するので、サイクリングも楽しめる。牧場南側の「宇宙展望台」からは、知床連山やオホーツク海を望むことも。

ROUTE

清里町役場付近から道道857号（江南・清里停車場線）をエトンビ山方面に約５㎞進んだ交差点で右折、さけ・ますふ化場のそばを通って町営牧場・宇宙展望台方向に約１㎞進んだ左手。パパスランド温泉はその先約５㎞。

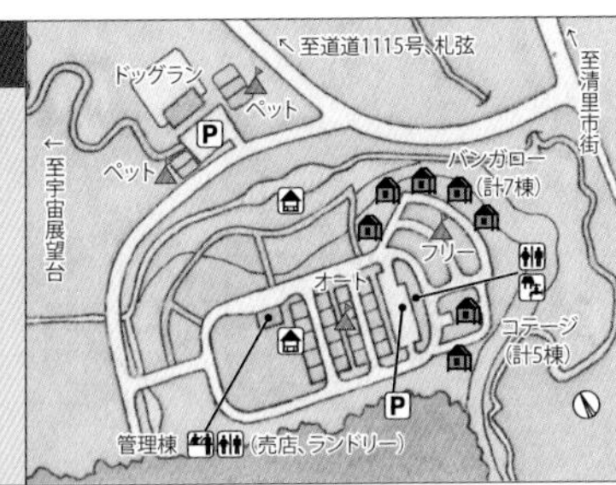

買い物　清里市街のスーパー、コンビニまで約7km

※焚き火台の使用は、燃え殻を持ち帰れる場合のみ可　※ペットの同伴はマナー厳守でOK　※ゴミは完全持ち帰り制

期間 4月下旬 ▼ 10月中旬　QRマップ

MAP 9 よびとうらきゃんぷじょう
呼人浦キャンプ場

☎0152-44-6111

網走市字呼人 ※現地TELなし
←問合先／網走市観光課

MAPCODE® 305 582 158*14

予約　不可
持込テント料金　無料
オートキャンプ　不可（バイクの乗り入れは通路のみ可）
バンガロー・貸用具　なし

網走湖に面した明るい芝生のテントサイト（左）。上はサイトの国道側にあるきれいな炊事場

管理人　不在
施設・設備　水洗トイレ・炊事場各１棟など
Ⓟ　約30台（無料）
温泉　ホテル網走湖荘（露天風呂付、大人1,000円、13：00～20：00受付終了）まで約2km

■湖に面した人気の無料施設

網走湖岸に面した開放的な芝地がテントサイトで、環境は申し分ない。とはいえ、ここは駐車公園も兼ねるため、共用のトイレを利用する観光客がサイト周辺を行き交うことも。それを除けば、眺めいい湖畔のサイトが無料というのがうれしい。さらに、網走周辺の観光中継地にも最適な立地のため、いつもキャンパーやライダーの姿が絶えない。

※予約制（予約は開設日の１週間前頃より大空町産業課で受付開始予定、オープン後は現地で受付）　※ゴミは完全持ち帰り制

期間 7月1日 ▼ 8月31日　QRマップ

MAP 10 めまんべつやえいじょう
女満別野営場

☎0152-74-4252

網走郡大空町女満別湖畔（観光案内所）
◎問合先／大空町産業課商工グループ ☎74-2111

MAPCODE® 305 306 115*38

予約　可（詳細は欄外参照）
持込テント料金　無料
オートキャンプ　不可
バンガロー・貸用具　なし
管理人　不在、受付のみ観光案内所で対応（8：45～17：30）

草地を区画割りした湖岸のサイト（左）。写真右下は水洗トイレ。上は堅牢な造りの炊事場

施設利用時間　IN 9：00～17：30　OUT 10：00まで
施設・設備　車イス対応簡易水洗トイレ１棟、炊事場（炉付）２棟など
Ⓟ　約20台（無料）
温泉　湯元ホテル山水（p277参照）まで約1km、農業構造改善センター（p277）まで約2km

■受付が必要な無料サイト

p277の女満別湖畔キャンプ場から500mほど離れた湖岸にあり、サイトは湖と林に挟まれた平坦な草地。無料ながら受付が必要で、区画割りされたサイトの指定番号にテントを設営する仕組みだ。駐車場隣接のサイトを選べば、セミオートキャンプも楽しめる。

買い物（上段）：網走市大曲のローソン、セブンイレブンまで約3km
（下段）：女満別市街のセイコーマートまで約1.6km

※ペットの同伴は、リードの使用などマナー厳守でOK

期間	QRマップ
7月5日 ▼ 9月5日	

はまこしみずまえはまきゃんぷじょう

11 浜小清水前浜キャンプ場

☎0152-62-4481

斜里郡小清水町字浜小清水 ※現地TELなし
←問合先／小清水町商工観光係

MAPCODE® 958 054 764*11

予約 不可

持込テント料金 18歳以上は300円、18歳未満150円

オートキャンプ 不可

バンガロー・貸用具 なし

右手の立派なトイレが印象的な小ぢんまりとしたテントサイト（左）。上は堅牢な造りの炊事場

管理人 期間中駐在（6:00〜8:00、13:00〜19:00）

施設・設備 車イス対応水洗トイレ・炊事場各１棟、管理棟、テーブルベンチなど

Ⓟ 約20台（無料）

温泉 原生亭温泉（大人400円、13:00〜21:00、不定休）まで約２km

MEMO ゴミは持ち帰り制

■自然観察に最適な海浜施設

フレトイ展望台下の海浜施設。砂地のサイトは小ぢんまりとした空間で、少しだけ草地もある。前浜で遊泳はできないが、小清水原生花園に近く、背後には濤沸湖もあり自然観察に最適。近隣のはまこしみず駅周辺には、コンビニや道の駅もあって便利だ。

※バンガローの予約は商工観光係で受付　※ペットの同伴はマナー厳守でOK　※ゴミは有料で受け入れ

期間	QRマップ
7月5日 ▼ 9月30日	

はいらんどこしみずきゃんぷじょう

12 ハイランド小清水キャンプ場

☎0152-62-4481

斜里郡小清水町字もこと山 ※現地TELなし
←問合先／小清水町商工観光係

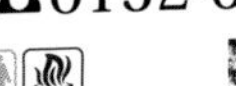

MAPCODE® 638 447 828*57

予約 バンガローのみ可

持込テント料金 18歳以上１人300円、18歳未満150円

フリーオートサイト 上記料金で約100張分可能（先着順）

草地の階段状サイト（左）。写真右下は設備豊富な体験交流センター。上は寝台付のバンガロー

バンガロー ６〜７人用１棟5,000円３棟（照明・電源付）

貸用具 なし

管理人 駐在（13:30〜19:00）

施設利用時間 IN 15:00〜 OUT 10:00まで

施設・設備 水洗トイレ・炊事場各２棟、露天式の五右衛門風呂（無料）、管理兼務の体験交流センター（シャワー併設）など

Ⓟ 約100台（無料）

温泉 芝桜の湯（p278参照）まで約10km

■山奥にありながら設備充実

藻琴山の登山基地。林間の階段状サイトは、荷物運びにひと苦労しそう。管理棟裏のオートサイトのほか、バイク乗入れ可のサイトもある。

買い物（上段）:「道の駅」隣接のセイコーマートまで約200m
（下段）:東藻琴市街のコンビニまで約18km

期間	QRマップ
5月中旬 ▼ 10月下旬	

ちみけっぷこきゃんぷじょう

13 チミケップ湖キャンプ場

☎0152-77-8388 網走郡津別町字沼沢 ※現地TELなし ←問合先／津別町産業振興課商工観光係

MAPCODE® 561 225 101*10

予約 不可
持込テント料金 無料
オートキャンプ 不可
バンガロー・貸用具 なし
管理人 巡回
施設・設備 車イス対応水洗トイレ・炊事場一体型1棟
Ⓟ 約16台(無料)
銭湯 津別町公衆浴場(p283参照)まで約20km
MEMO 一部、テントの設営が禁止されている区画があるため、設営の際に確認を。また釣りは、コイやワカサギのほか、ニジマスも狙える。

湖岸に向かって広がる草地のサイトは開放的(右上は炊事場併設のトイレ)

集まるキャンパーたちは釣りやカヌーのベテラン

チミケップとは「崖を破って流れゆく川」という意のアイヌ語。湖の南岸には鹿鳴の滝があり、その様子にちなんだのだろう。キャンプ場はそんな湖の北岸に位置する。

チミケップ湖は今から1万年ほど前、大規模な地滑りでできたとされる堰き止め湖。阿寒湖と並ぶヒメマスの原産湖であり、原生林と織り成す原始の風景が今なお残る。

林間サイトは使用できない場合も

約1万年の歴史を持つという湖面

草地のサイトも、炊事場を併設するトイレがあるだけと至って簡素。利用者はトラウトフィッシングやカヌーのエキスパート、ベテランキャンパーが多く、不便な場所だけに通好みの施設といえる。

なお、サイトの林間部分は、落下の恐れがある高所の枝が除去できない場合、使用が制限される可能性がある。

ROUTE

国道240号津別町市街から北見方面へ向かう道道27号(北見・津別線)に入り、途中から道道682号(二又・北見線)でチミケップ湖を目指す。湖岸近くで道が二手に分かれる分岐を左折、少し行った右手湖岸が現地。

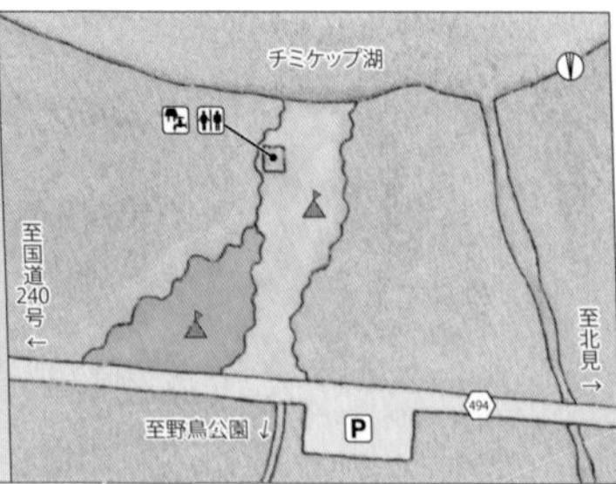

買い物 津別市街のセイコーマート、またはセブンイレブンまで約20km

※バンガローは予約制（予約は４月１日より振興公社で受付開始）
※ゴミは分別の上、8:00〜11:00と13:00〜16:00の時間帯のみ受け入れ（ゴミ処理料はキャンプ場利用料に含まれる）

期間	QRマップ
5月1日 ▼ 10月下旬	

MAP 14 つべつ21せいきのもりきゃんぷじょう

津別21世紀の森キャンプ場

☎0152-76-1737
網走郡津別町字豊永127
◎問合先／津別町振興公社 ☎ 76-1283

MAPCODE® 185 109 128*12

予約　バンガローのみ可
利用料　小学生以上1人300円
持込テント料金　テント１張500円（上記利用料に加算）
オートキャンプ　不可
バンガロー　４～５人用１棟2,000円４棟（照明・電源付）
貸用具　なし
管理人　駐在（8:00～17:00）
施設利用時間　テントサイト IN 9:00～17:00　OUT 17:00まで／バンガロー IN 15:00～17:00　OUT 10:00まで
施設・設備　水洗トイレ（うち車イス対応１棟）3棟、炊事場２棟、バーベキューハウス１棟（コンロ10台、要予約）、遊具など
Ⓟ　約50台（無料）
銭湯　津別町公衆浴場（大人450円、15:00～21:00、月曜休）まで約２km

200張は収容可能という広々とした芝生のテントサイト（左下はバンガロー）

サイト南側に並ぶ炊事場やトイレ

サイト横を流れる津別川では釣りも

津別町市街にほど近い公園内の広々サイト

　津別町は、面積の８割以上を森林が占めるという木の町。そのシンボル的な存在「津別21世紀の森」に隣接するのが、このキャンプ場だ。
　テントサイトは、21世紀の森と津別川に挟まれたフラットな芝地。子どもたちが思う存分走り回れる広さに加え、町の中心部から近い利便性の高さもあって、近隣のキャンパーを中心に人気は高い。
　津別川の対岸には有料のパークゴルフ場があるほか、つべつ木材工芸館にも隣接し、楽しみ方はいろいろだ。

ROUTE

国道240号利用で、美幌町市街から約17km、阿寒湖温泉街から津別市街までは約40Km。キャンプ場は、国道沿いに立つ木材工芸館から美幌方面に進み、ガソリンスタンドを目印に右折、約200m進んだ先の看板が目印となる。

買い物　津別町共和のセブンイレブンまで約1km

※バンガローは完全予約制（予約は５月１日より現地で受付開始）　※キャンプ場周辺は携帯電話の圏外エリアとなる
※ペットの同伴は、リードの使用などマナー厳守でOK（バンガロー内への同伴は禁止）

期間	QRマップ
5月1日 ▼ 10月31日	

きたみしとみさとこしんりんこうえんきゃんぷじょう

15 北見市富里湖森林公園キャンプ場

☎0157-33-2520　北見市富里393
◎期間外問合先／北見広域森林組合☎23-7425

MAPCODE® 586 074 898*65

予約　バンガローのみ可
利用料　１人１泊330円（未就学児は無料）
オートキャンプ　不可
バンガロー　7人用3, 300円４棟、10人用4, 100円4棟（各照明付）、20人用9, 000円1棟（照明・トイレ・台所付）で要予約
※上記料金は変更の場合あり。事前に問い合わせを
貸用具　なし
管理人　駐在（8：30～17：30）
施設利用時間　IN 14：00～17：00　OUT 12：00まで
施設・設備　簡易水洗トイレ・炊事場（炉付）各２棟、テーブルベンチ５基、ファイヤーサークル、管理棟、貸ボート（有料）、ダム堤下の「いこいの杜」にパークゴルフ場など
P　約100台（無料）
温泉　端野温泉「のんたの湯」（大人500円、10：00～21：45受付終了）まで約18km

キャンプ場はダム湖に面した斜面にあり、その最も低い湖岸沿いに芝生のフリーサイトが広がる（右上は炊事場）

道路側の斜面に並ぶバンガロー

緑にマッチしたトイレはきれい

森と湖に囲まれた陽光燦々の湖岸サイト

富里ダム完成に伴い生まれた人造湖「富里湖」の湖畔にあるキャンプ場。日当たりの良い水辺の芝生サイトは、眺望の開ける湖側が人気だ。

場内は管理棟を挟んで二分され、雰囲気は上流側がいい。サイトは道路より一段低く、荷物を運ぶ際は階段を上り下りすることになる。道路の山側斜面に建ち並ぶバンガローは、荷物運びに少々苦労するが、眺めは良く料金も手頃だ。ゴミはすべて持ち帰り制。

ROUTE

国道39号の北見市相内付近から道道245号（下仁頃・相内線）に入り約８kmで、富里ダム方向への道を左折、道なりに約３km進んだ所にある。国道333号利用だと、道道７号経由の同245号逆回りで、国道分岐から約15km。

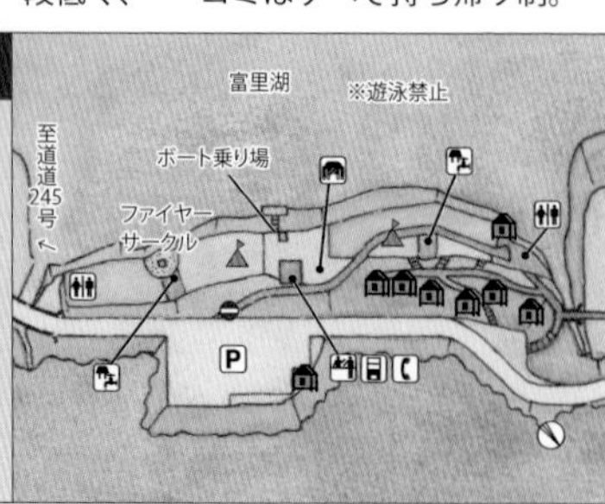

買い物　北見市東相内町のセブンイレブンまで約10km

※完全予約制（現地にて電話受付。コテージ予約はオダリサーチ・ファーム〈0157-36-5987〉へ。キャンセル料あり）
※ゴミは完全持ち帰り制　※コテージは通年営業

MAP 16 やまのうえてんぼうひろばきゃんぷじょう

山のうえ展望広場キャンプ場

☎0157-36-1688　北見市柏木152-2

MAPCODE® 561 877 266*82

予約　可（詳細は欄外参照）
利用料　大人１人1,000円、小学生以下無料
オートサイト　１区画2,000円（車２台・６人まで）／ソロオートサイト：１区画1,000円／キャンピングカーサイト：１区画3,000円
宿泊施設　バンガロー：８人用6,600円３棟、４人用4,400円１棟（ロフト式、各照明・電源・暖房器具付）／コテージ：８人用22,000円１棟（最大10名収容、設備完備の貸別荘タイプで天然温泉浴室付）
貸用具　寝袋など有料で
管理人　駐在（9:00〜16:00）
施設利用時間　IN 14:00〜16:00　OUT 10:00まで
施設・設備　トイレ・炊事場各１棟、ＢＢＱコーナーなど
Ⓟ　約50台（無料）
温泉　端野温泉「のんたの湯」（p286参照）まで約６㎞

北見市街を一望する丘の上に設けられた開放的なテントサイト（左下は炊事場）

貸別荘タイプの温泉併設コテージ

こちらはロフト式バンガロー

北見市内を一望できる高台のキャンプ場

北見の農業生産法人オダリサーチ・ファームが運営する民営キャンプ場。高台に位置するサイトからは、北見の街並みをはじめ雄阿寒岳・雌阿寒岳の美しい山並みも楽しめる。山林の自然を生かした広大な敷地には、コテージやバンガローなどの施設も充実。

また、子どもたちに大人気なのが、五右衛門風呂の体験コーナー（有料・完全予約制）。満天の星空を眺めながらの入浴は最高の気分だ。

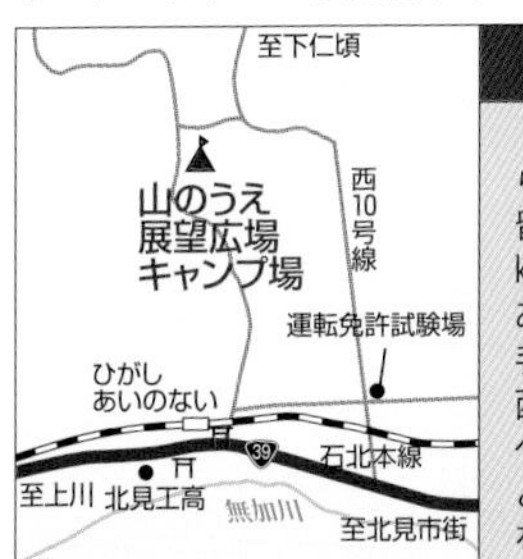

ROUTE

ＪＲきたみ駅付近からの場合、国道39号を留辺蘂地区方面へ約７㎞行った、ＪＲひがしあいのない駅のふたつ手前の交差点で右折。西10号道路を柏木方面へ約５㎞道なりに進むと看板があり、進入路を上った先が現地。

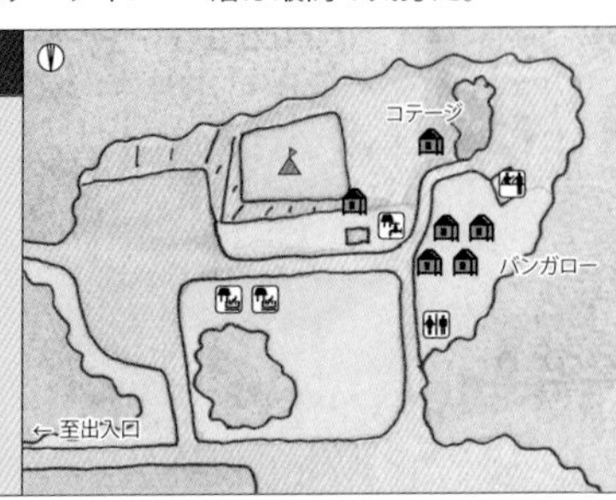

買い物　北見市東相内町のセブンイレブン、または北見市大正のセイコーマートまで約5km

※予約制（予約は利用の６カ月前から、現地または北見市端野総合支所建設課で受付〈8:30～16:45〉）
※ペットの同伴は、リードの使用などマナー厳守で受け入れ（建物内への同伴は禁止）　※ゴミは完全持ち帰り制

期間	QRマップ
5月1日 ▼ 10月31日	

MAP 17 きたみしたんのちょうもりときのさときゃんぷじょう

北見市端野町森と木の里キャンプ場

☎0157-56-4500
北見市端野町忠志318-8（森と木の里管理センター）
◎問合先／北見市端野総合支所建設課 ☎ 56-4004

MAPCODE® 525 013 615*20

予約　可（詳細は欄外参照）
持込テント料金　小学生以上１人１泊330円
オートキャンプ　不可
バンガロー　概ね４人用720円２棟（設備は照明のみ）
貸用具　なし
管理人　駐在（8:30～17:00）
施設利用時間　IN 14:00～16:00　OUT 12:00まで
施設・設備　水洗トイレ・炊事場各1棟、バーベキューハウス１棟、管理受付の森と木の里管理センター（車イス対応トイレ・木工室併設）、遊歩道
温泉　端野温泉「のんたの湯」（大人500円、10:00～21:45受付終了）まで約10km
Ⓟ　2カ所・計20台（無料）
MEMO　受付は16時までに管理センターで。管理センターでは１人280円で、木工品づくりも体験可（材料は要持参）

階段状になった見晴らしのいい草地のテントサイト（右下は受付の管理センター）

広葉樹の林間に建つ炊事場

各バンガローに小さな野外炉を設備

設備充実で低料金の自然派キャンプ場

北見市端野自治区の北部にあるオホーツクの森は、シマリスやエゾシカなど野生動物が生息する自然豊かな場所。キャンプ場はその近くにあり、丘上に建つ「森と木の里管理センター」下の斜面に、テントサイトが造られている。

急斜面を生かし段々畑状に設置されたサイトからは、端野市街や北見中心部までを一望。テント９張程度のスペースしかないが、設備は整っている。シンプルなバンガローを含め、料金の安さも魅力だ。

ROUTE

北見市街側から国道39号利用の場合、端野市街を越え約５km先を左折、常呂方面へ向かう道道308号に入る。常呂川を右に見ながら進み、国道から約５km先の案内板を右折。常呂川を渡り林道を１kmほど進んだ先が現地。

買い物　端野町緋牛内のローソンまで約7.5km。またスーパー、コンビニのある端野市街まで約10km

※宿泊施設のみ予約制（予約は２月１日より振興公社で受付開始。キャンセル料は当日のみ発生）
※ゴミは分別の上、一部有料で受け入れ

期間 4月20日▼10月14日　QRマップ

MAP 18

びほろみどりのむらしんりんこうえんきゃんぷじょう
美幌みどりの村森林公園キャンプ場

☎0152-72-0178　網走郡美幌町字みどり ※現地TELなし
←問合先／美幌みどりの村振興公社

MAPCODE® 185 625 110*64

予約　宿泊施設のみ可
持込テント料金　小中学生１人330円、高校生以上440円
オートキャンプ　不可
宿泊施設　マッシュルームキャビン：４人用2,750円 ３棟（照明付）／バンガロー：6～15人用3,300～4,950円計16棟（各照明・電源10Ａ付）
貸用具　貸テント6人用1,000円、タープ１張500円など
管理人　駐在（9:00～17:00）
施設利用時間　IN 15:00～ OUT 10:00まで
施設・設備　水洗トイレ３棟、炊事場４棟、コインシャワー室（6分300円）など
Ⓟ　約60台（無料）
温泉　峠の湯びほろ（露天風呂付大人600円、10:00～21:20受付終了、第２水曜休で祝日の場合は翌日休）まで約７㎞

谷間の緩やかな斜面に造られた、奥行きのある芝生のテントサイト（円写真はサイト奥に立ち並ぶバンガロー、右下は管理棟に併設された炊事場）

バンガローは山側の斜面にも点在する

露天風呂もある「峠の湯びほろ」

宿泊施設と遊具充実でファミリーにおすすめ

美幌町郊外にある森林公園内のキャンプ場。木々に囲まれた場内は、全面芝生のテントサイトのほか宿泊施設も充実。バンガローは19棟もある。

公園は小高い丘の上にあり、斜面に並ぶバンガローからの眺めが特にいい。美幌市街の街並みや藻琴山、遠くは知床連山を一望でき、夜は天体観測や夜景も楽しめる。

園内には、道内有数の長さを誇る約200mのジャンボ滑り台やトリムコースなど、ちびっ子向きの施設が数多く、ファミリーにおすすめだ。

ROUTE

国道39号を美幌町市街から北見方面へ約２km進み、網走川に架かる「みどり橋」を渡ってすぐの信号を左折。右手に見えてくる美幌博物館、農林業体験実習館などの施設の裏側に回り、１kmほど進んだ丘の上にある。

買い物　美幌町鳥里のセイコーマートまで約2km。またスーパー、コンビニの多数ある美幌市街まで約3.5km

※ゴミは完全持ち帰り制

期間	QRマップ
5月1日 ▼ 10月31日	

おんねゆおんせんつつじこうえんきゃんぷじょう

19 おんねゆ温泉つつじ公園キャンプ場

☎0157-42-2464

北見市留辺蘂町花丘 ※現地TELなし
←問合先／北見市留辺蘂総合支所建設課

MAPCODE® 402 602 769*20

予約　不可
持込テント料金　無料
オートキャンプ　不可
バンガロー・貸用具　なし
管理人　不在

緩やかな斜面に広がる芝生のサイトはパークゴルフ場に隣接する（左）。上は炉付きの炊事場

施設・設備　水洗トイレ・炊事場（炉付）1棟、隣接地にパークゴルフ場（27H・無料）
Ⓟ　約150台（無料）
温泉　おんねゆ温泉大江本家（露天風呂付、大人1,200円、14:00～21:00受付終了）まで約1㎞

■温泉郷隣接の無料サイト

　おんねゆ温泉郷に近い、ツツジ山の麓に広がる公園内のキャンプ場。無料施設ながら、芝生のテントサイトでは駐車場に隣接する部分でセミオートキャンプが楽しめる。

　例年5月上旬になると、園内にはエゾムラサキツツジが咲き誇る。その時期に、「おんねゆ温泉つつじ祭り」も開催され、園内は大いに賑わう。

※予約制（予約は利用の1カ月前より現地で受付、月曜休）　※ゴミは完全持ち帰り制

期間	QRマップ
5月上旬 ▼ 10月中旬	

はっぽうだいしんりんこうえんきゃんぷじょう

20 八方台森林公園キャンプ場

☎0157-42-5005

北見市留辺蘂町旭公園87 ※現地TELなし
←予約・問合先／留辺蘂町体育館

MAPCODE® 402 674 275*75

予約　可（詳細は欄外参照）
持込テント料金　1人330円（要予約、留辺蘂町体育館で随時受付、月曜休）
オートキャンプ　不可

設備の整った芝生サイトが安価で利用できる（左）。上は源泉をかけ流すポンユ三光荘の浴場

バンガロー・貸用具　なし
管理人　公園内の留辺蘂町体育館に駐在（9:00～21:00、日・祝日は～17:00、月曜休）
施設・設備　車イス対応水洗トイレ1棟、炊事場1棟、BBQハウス2棟（1棟1,400円）、パークゴルフ場（36H・有料）
Ⓟ　約50台（無料）
温泉　ポンユ三光荘（大人500円、9:00～21:30）まで約3㎞

■テントサイトの設備が充実

　留辺蘂町市街の南に位置する八方台森林公園は、八方台スキー場と旭運動公園に挟まれた高台の公園。

　キャンプ場はその中にあり、芝生のテントサイトには立派な設備が整っている。これを使わない手はない。

買い物（上段）：温根湯市街のセブンイレブンまで約1.5km
（下段）：留辺蘂市街のスーパー、セイコーマートまで約1.5km

※予約制（Googleマップで検索の上、予約アプリCarstayのリンクから随時受付。キャンセル料あり）
※二輪車はサイトに乗り入れOK、一部オートサイトも設備　※ゴミは１袋500円で受け入れ

期間	QRマップ
通年	

21 サウスヒルズ（さうすひるず）

☎Web事前予約制　北見市若松116

MAPCODE® 185 394 566*36

予約　可（詳細は欄外参照）
利用料　大人1人1,000円、中学生以下無料
オートサイト　1区画1,000円計15区画（５名・車１台まで、ＡＣ電源＋1,000円、追加車両１台1,000円）
宿泊施設　なし
貸用具　薪（15kg）1,000円
管理人　駐在（10:00～19:00）
施設利用時間　IN 12:00～19:00　OUT 12:00まで
施設・設備　管理棟（流し台併設）、簡易水洗トイレ２棟
Ⓟ　20台（有料）
温泉　端野温泉「のんたの湯」（p284参照）まで約12km

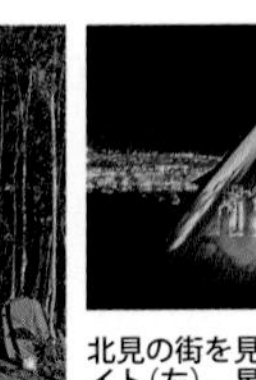

北見の街を見下ろす丘の上のサイト（左）。星空と焚き火、夜景のコントラストが楽しめる（上）

■絶景が魅力の全15サイト

北見市街の夕景や夜景を独り占めできる、丘の上の民営施設。設営・撤収時は車を横付けでき、管理棟に水道設備を新たに併設したほか、フリーWi-Fiも完備。北見ならではの極寒の冬キャンプをぜひ。

※予約は電話で随時受付　※ペットの同伴は、マナー厳守で建物内を除きOK（芝生内での散歩は禁止）　※ゴミは有料で受け入れ

期間	QRマップ
5月1日 ▼ 10月31日	

22 峠の湯びほろ ライダーテント（どうげのゆびほろ らいだーてんと）

☎0152-73-2121　網走郡美幌町都橋40-1

MAPCODE® 638 783 708*80

予約　可（詳細は欄外参照）
サイト利用料　1人400円計５区画（バイク・自転車の利用者専用施設、入浴料別）
RVパーク利用料　車中泊専用１台2,000円５区画（電源使用1台500円加算、入浴料別）
バンガロー　ログハウス４人用１人1,000円計１棟（料金は変更の予定あり）
管理人　駐在（10:00～22:00）
施設利用時間　IN 10:00～21:20　OUT 11:00まで
施設・設備　水洗トイレ１棟（流し併設）
Ⓟ　約100台（無料）
温泉　峠の湯びほろ（p287参照）に隣接

温泉の敷地内にある小さな芝生部分がテントサイト（左）。上は管理・受付の「峠の湯びほろ」

■温泉併設のライダーサイト

温泉施設の敷地内に二輪車乗り入れ可の小さなライダー専用サイト（サイト内での火気使用厳禁）とバンガロー、車中泊用RVパークを設備。温泉内にはレストランや売店も。

買い物　（上段）：北見市街のコンビニまで約2km
（下段）：美幌市街のスーパーまで約3km

※予約制（予約は４月１日よりシダックス大新東ヒューマンサービス オホーツク営業所で受付開始、オープン後は現地）
※ゴミは原則持ち帰り制（有料ゴミ袋購入で受け入れ）

期間	QRマップ
7月20日 ▼ 8月20日	

MAP 23 さんりはまきゃんぷじょう
三里浜キャンプ場

☎01586-5-3144

紋別郡湧別町字登栄床
◎期間外問合先／シダックス大新東ヒューマンサービス ☎4-3203

MAPCODE® 955 347 848*05

予約　可（詳細は欄外参照）
フリーサイト　1張2,000円
オートサイト　1区画3,000円計47区画（１台分の駐車料込み、設備は特になし）
二輪車サイト　1張400円計25区画（設備は特になし）
バンガロー　４人用1棟4,000円計10棟（照明・流し・電源付）
貸用具　なし
管理人　巡回（9:00〜19:00、繁忙期は24時間駐在）
施設利用時間　IN 13:00〜19:00　OUT 10:00まで
施設・設備　水洗トイレ・炊事場各２棟、管理棟、温水コインシャワー室など
Ⓟ　約300台（無料）
温泉　かみゆうべつ温泉チューリップの湯（p291参照）まで約20km

目の前にサロマ湖が広がる、区画されたオートサイト。グラウンドは砂地になっている（右下はトイレ一体型のシャワー・ランドリー棟）

屋外炊飯棟もあるバンガローサイト

フリーサイトは砂浜に張る感覚だ

設備充実で夏場に人気 海と湖のキャンプ場

サロマ湖は、琵琶湖・霞ヶ浦に次ぐ日本で３番目に大きな、海水と淡水が混じり合う汽水湖。その湖とオホーツク海を仕切る細長い砂州に位置するのが三里浜だ。

テントサイトは目の前に湖が広がる砂地で、フリーサイトだけでも約300床を収容。それでも夏場は、サイトがテントで埋まるほど混雑する。

バンガローサイトは、駐車場から近いものの車の横付けはできない。また、荷物の運搬を厭わなければ、場外の駐車場に車を停めてフリーサイトを利用することも可能だ。

オホーツク海
至紋別
サギ沼原生花園
湧別町五鹿山キャンプ場
三里浜キャンプ場
かみゆうべつ温泉
サロマ湖
道の駅 ファミリー愛ランドyou
至遠軽
至常呂

ROUTE

国道238号の湧別市街から道道656号（湧別・佐呂間湖線）に入り砂嘴に沿った道の先端部分にある。国道238号の分岐から約14km。遠軽・上湧別側から国道242号利用の場合は湧別市街の国道238号との合流点を直進する。

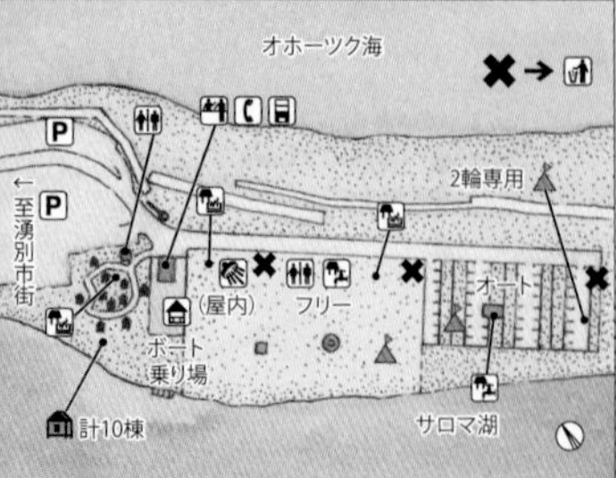

買い物　湧別市街のセイコーマート、セブンイレブンまで約15km

※予約制（予約は４月１日よりシダックス大新東ヒューマンサービス オホーツク営業所で受付開始、オープン後は現地）
※焚き火台はフリーサイトを除き使用可　※ゴミは有料で受け入れ

期間	QRマップ
5月1日 ▼ 9月30日	

ゆうべつちょうごかざんきゃんぷじょう
MAP 24 湧別町五鹿山キャンプ場

☎01586-2-3141
紋別郡湧別町北兵村2区（公園管理棟）
◎期間外問合先／シダックス大新東ヒューマンサービス ☎4-3203

MAPCODE® 404 644 634*13

予約　可（詳細は欄外参照）
フリーテントサイト　１区画500円計18区画
オートサイト　1区画2,000円計17区画（電源付）
ログキャビン　3～4人用１棟3,000円計18棟（照明・電源付、屋外に駐車スペース・野外炉・テーブルベンチ付）
貸用具　なし
管理人　駐在（8:30～20:00）
施設利用時間　IN 13:00～ OUT 10:00まで
施設・設備　簡易水洗トイレ・炊事場各３棟、ファイヤーサークル、公園管理棟、温水コインシャワー室（１回100円）、野外炉20基、パークゴルフ場（54H・有料）など
Ⓟ　約50台（無料）
温泉　かみゆうべつ温泉チューリップの湯（露天風呂付、大人650円、10:00～21:00受付終了）まで約３㎞

緩やかな斜面に広がる林の中に点在するテント床がフリーサイト。焚き火台の使用も含め、フリーサイトでの焚き火は厳禁となる（右上は炊事場）

テーブル・ベンチ付のログキャビン

公園入口にある電源付オートサイト

明るいオートサイトと木陰のフリーサイト

　公園入口にある開放的なオートサイトも悪くないが、日差しの強い日はタープがないと厳しい。それに比べて林間のフリーサイトは、木陰で過ごせるので夏場は快適そう。
　一方、フリーサイトでの焚き火は禁止だが、焚き火台を使えばオートサイト（無料貸出しのマット使用が必須）とログキャビン前はOK。ただし、シャワー室はフリーサイト側にしかない。いずれも料金は手頃。あなたはどちら派？

ROUTE
　国道242号の湧別町中湧別市街、文化センター付近から、五鹿山スキー場の案内看板に従って枝道に入り、約１㎞ほど進んだ右手にある。入口付近にオートサイト、管理棟は通路奥の右手にあり、フリーサイトはさらに奥。

買い物　湧別町北兵村のセイコーマートまで約2.5km、中湧別市街のセブンイレブンまで約3km

※完全予約制（予約は4月1日より公式サイト〈https://www.engaru-camp.jp/maruseppu/〉で受付開始）　※花火は手持ち式のみOK
※下記料金は繁忙期・通常期・閑散期で変動あり　※ペットの同伴はリードー使用で建物内を除きOK　※ゴミは有料で受け入れ

期間 4月27日▼10月20日　QRマップ

まるせっぷいこいのもりおーときゃんぷじょう
25 丸瀬布いこいの森オートキャンプ場

☎0158-47-2466

紋別郡遠軽町丸瀬布上武利（いこいの森郷土資料館）
◎問合先／遠軽町丸瀬布総合支所 ☎ 47-2211

MAPCODE® 617 040 444＊85

予約　可（詳細は欄外参照）
入場料　大人 400～1,200 円、小中学生200～600円（下記使用料に加算）
フリーサイト　二輪車等 100～400円、4ｔ未満200～1,000円、4ｔ以上500～1,600円（特に設備なし）
オートサイト　第1（電源20Ａ付）：1区画1,200～4,000円43区画／第2（電源なし）：1区画1,000～3,500円75区画
バンガロー　4～6人用 1,200～8,000円27棟（照明・電源付）
貸用具　貸テントなど有料で
管理人　駐在（8:00～17:00、繁忙期は24時間）
施設利用時間　IN 13:00～ OUT 11:00まで
施設・設備　センターハウス（水洗トイレ・シャワー・ランドリー併設）、水洗トイレ・炊事場各5棟、パークゴルフ場
Ⓟ　約300台（無料）
温泉　丸瀬布温泉（露天風呂付、大人600円、10:00～20:30受付終了、火曜休）まで約400m
MEMO　林鉄ＳＬ雨宮21号は土・日曜・祝日を中心に運行

すぐそばを煙を上げながらＳＬ雨宮21号が通り過ぎるエリアもあるフリーサイト（左下は南側のフリーサイトに隣接する高床式バンガロー）

電源を設備する第１オートサイト

丸瀬布温泉やまびこの露天風呂

ＳＬやゴーカートなど場内には遊具がいっぱい

　場内はフリーサイトも含めすべてのサイトでオートキャンプが楽しめ、区画オート2カ所に加え、電源付サイトも設備する。園内には乗車ができる林鉄ＳＬや、水遊びと釣りが楽しめる武利川があるほか、昆虫生態館にも隣接。家族の休日にぴったりの所だ。

ROUTE

　国道333号の丸瀬布市街、同施設の看板を目印に道道1070号（上武利・丸瀬布線）に入る。丸瀬布温泉やまびこ方向へ約12km進んだ左手に「いこいの森」入口が。丸瀬布温泉やまびこは、その手前右手の高台に立つ。

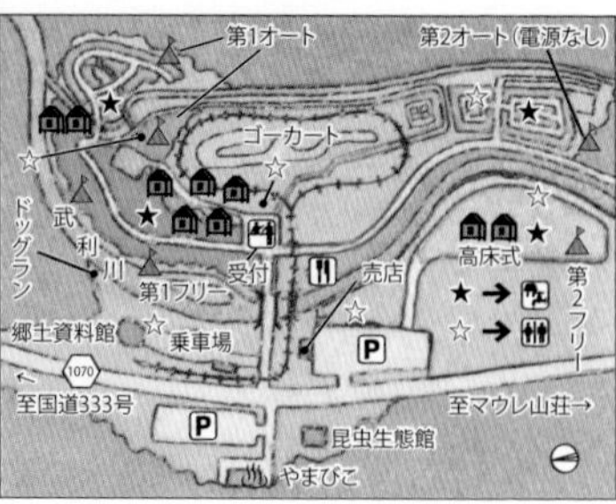

買い物　丸瀬布市街のセイコーマートまで約9km

※予約制（予約は利用月の２カ月前より公式サイト〈https://www.engaru-camp.jp/shirataki/〉で受付開始）
※ペットの同伴はマナー厳守でOK（バンガロー内はケージ使用で小型犬のみ同伴可）　※ゴミは持ち帰り制（炭捨て場あり）

期間	QRマップ
6月1日 ▼ 9月30日	

MAP 26

しらたきこうげんきゃんぷじょう
白滝高原キャンプ場

☎0158-48-2803

紋別郡遠軽町白滝天狗平
◎問合先／遠軽町白滝総合支所 ☎ 48-2211

MAPCODE® 787 370 739*11

予約　可（詳細は欄外参照）
入場料　大人600円、小学生400円、未就学児無料
フリーサイト　車10台分のセミオートスペースも含め、入場料のみで利用可能
オートサイト　スタンダード（設備なし）：1区画2,000円24区画／プライベート（電源15A付）：1区画3,000円6区画
バンガロー　4人用１棟3,500円15棟（照明・電源付）
貸用具　ストーブ300円
管理人　駐在（8:45〜17:30、清掃作業などで不在あり）
施設利用時間　IN 13:00〜 OUT 10:00まで
施設・設備　水洗トイレ２棟、炊事場4棟、管理棟、無料五右衛門風呂・有料シャワー各4基
P　約50台（無料）
温泉　丸瀬布温泉「やまびこ」（露天風呂付、大人600円、10:00〜20:30受付終了、火曜休）まで約40km

通路は砂利敷き、サイトの境界は生け垣のオートサイト（左下はバンガロー）

バンガロー前に広がるフリーサイト

サイトには駐車場に隣接する部分も

避暑地の雰囲気漂わせる高原のさわやかサイト

標高約700mの高原にあり、白樺林が避暑地のムードを醸し出すキャンプ場。クラシックなバンガローが立ち並ぶ草原のフリーサイトには、車を横付けしてセミオートが楽しめる部分もある。一方、管理棟裏手に広がるオートサイトは全面芝生になっており、各区画のスペースもゆったり。

なお、ここは標高が高いため、天候が変わりやすい。雨への対策はお忘れなく。

ROUTE

旭川・紋別自動車道の奥白滝ＩＣ（道の駅しらたき入口）から、白滝高原キャンプ場の看板を目印にＴ字路を右折。山道を約２km上った所に分岐があり、そこを左折して100ｍほど進んだ左手が現地。管理棟は駐車場に隣接。

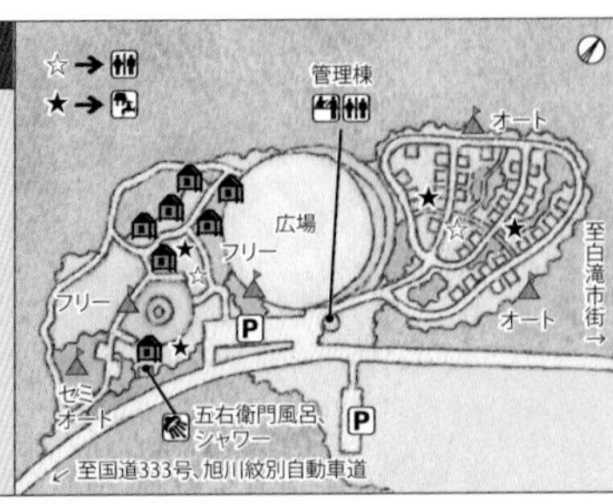

買い物　丸瀬布市街のセイコーマートまで約30km

※バンガローは予約制（予約期間は4～9月で、オープン前は産業振興課商工観光係、オープン後は現地）
※ペットの同伴はリード使用などマナー厳守で、バンガロー内を除きOK

期間 6月1日 ▼ 9月30日　QRマップ

MAP 27 ひのでみさききゃんぷじょう

日の出岬キャンプ場

☎0158-85-2044

紋別郡雄武町沢木
◎問合先／雄武町産業振興課商工観光係 ☎ 84-2121

MAPCODE® 587 712 293*01

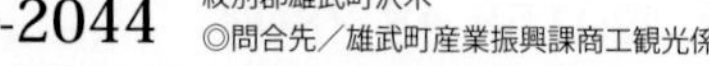

予約　バンガローのみ可
持込テント料金　４人用以下１張400円、５人以上600円
オートキャンプ　不可
バンガロー　要予約で５～６人用１棟3,000円10棟（内部設備は照明と電源のみ、１棟につき車１台が乗り入れ可能）
貸用具　なし
管理人　駐在（9:00～17:00）
施設利用時間　バンガローは IN 14:00～ OUT 10:00まで
施設・設備　水洗トイレ・炊事場各１棟、野外炉、管理棟、展望台など
Ⓟ　約100台（無料）
温泉　オホーツク温泉ホテル日の出岬（露天風呂付、大人750円、12:00～21:00受付終了）まで約500m
MEMO　運動広場と海浜公園でのテント設営は原則禁止。ゴミは完全持ち帰り制になっている

オホーツク海を望むテントサイトは緩やかな斜面の芝生。写真中央のトイレを棟挟んで右側にあるのが炊事場、左奥が管理棟（右下は高台にたつバンガロー）

サイト内にあるシンプルな炊事場

海を一望のホテル日の出岬大浴場

遠浅の海岸で磯遊びを名前の通り日の出も魅力

　オホーツク海に突き出た岬にあるキャンプ場。近くにあった海水浴場は廃止されたが、場内から遠浅の岩場に出ることもでき、夏場は磯遊びが楽しめる。さらに、温泉にも至近と好条件が揃う。

　場内は海側のテントサイトと高台のバンガローサイトに分かれ、普段は潮騒がＢＧＭの静かな所。その名のとおり日の出の美しさが自慢なので、早起きをして水平線から昇る日の出を眺めるのも一興だ。

ROUTE

　国道238号を紋別市側から進むと、興部町を過ぎて雄武町エリアに入った約６km先、沢木漁港のある集落付近から表示に従い右折。約１km進んだ岬の突端部の手前左手が現地。雄武町市街地までは、ここから約11km。

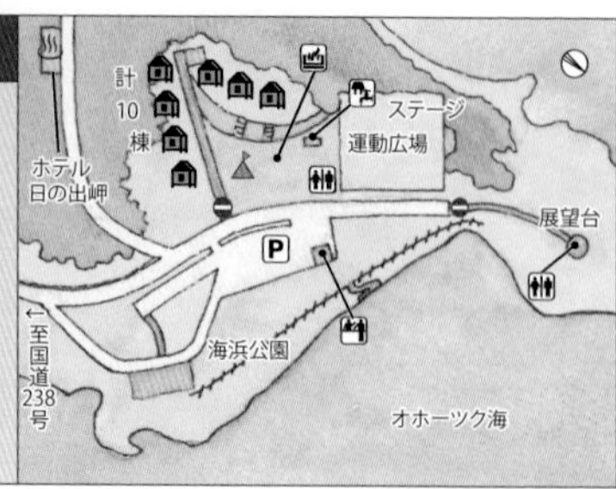

買い物　雄武市街のセイコーマートまで約10km

※ペットの同伴は、リードの使用などマナー厳守でOK　※ゴミは完全持ち帰り制

期間	QRマップ
6月上旬▼9月	

28 サロマ湖キムアネップ岬キャンプ場
さろまこきむあねっぷみさききゃんぷじょう

☎01587-2-1200　常呂郡佐呂間町字幌岩 ※現地TELなし
←問合先／佐呂間町経済課商工観光係

MAPCODE® 525 664 518*86

予約　不可
持込テント料金　無料
オートキャンプ　不可
バンガロー・貸用具　なし
管理人　7・8月のみ駐在（8:00〜18:00、7月下旬〜8月中旬の繁忙期は21:00まで）

木陰のない広大なサイトは、眺めのいい海側にテントが集まる（左）。上は設備充実の管理棟

施設・設備　水洗トイレ１棟、炊事場２棟（うち炉付１棟）、管理棟内に無料休憩所・コインシャワー（１回100円、７〜８月のみ）併設
Ⓟ　約100台（無料）
温泉　湧別町のチューリップの湯（露天風呂付、大人650円、10:00〜21:00受付終了）まで約34km
MEMO　リヤカーあり

■日本屈指の夕日が見もの

サロマ湖南東岸に突き出た岬の先端部分にある。サイトは草と土の平原で遮るものは何もなく、夕日を満喫できる。周辺は原生植物の宝庫で、約50種類の草花が咲き乱れる。

※ゴミは、レストハウスで販売する有料のゴミ袋購入で受け入れ

期間	QRマップ
4月下旬▼10月末	

29 紋別コムケ国際キャンプ場
もんべつこむけこくさいきゃんぷじょう

☎0158-28-2146　紋別市沼の上コムケ湖畔（レストハウス）
◎問合先／紋別市産業部農政林務課 ☎ 24-2111（内線253）

MAPCODE® 1040 002 355*40

予約　不可
サイト使用料　高校生以上１人200円、中学生以下100円
オートキャンプ　不可
バンガロー・貸用具　なし

場内の進入路は、両側にセミオートスタイルでテント設営可能だ（左）。上はレストハウス

管理人　駐在（9:00〜16:00、６・９月は9:00〜17:00、７・８月は8:00〜20:00）
施設・設備　バイオトイレ２棟、炊事場（炉付）４棟、管理・受付のレストハウス（水洗トイレ・シャワー・ランドリー併設）など
Ⓟ　約110台（無料）
温泉　湧別町のかみゆうべつ温泉チューリップの湯（前項参照）まで約15km

■野鳥のさえずりでお目覚め

野鳥の宝庫・コムケ湖畔のキャンプ場。基本的にオートキャンプは不可だが、通路沿いに駐車すればオート感覚で利用できる（先着順で約10台分）。運がよければサイトでアカゲラを間近に見られるかも。

買い物　（上段）：浜佐呂間市街のスーパーまで約10km
（下段）：湧別市街のセイコーマートまで約12km

※ペットの同伴は、リードの使用などマナー厳守でOK（海水浴場は同伴不可）

期間 6月▼9月　QRマップ

30 紋別ガリヤ地区港湾緑地
もんべつがりやちくこうわんりょくち

☎080-7233-2149

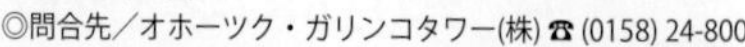
紋別市海洋公園1
◎問合先／オホーツク・ガリンコタワー(株) ☎(0158) 24-8000

MAPCODE® 801 585 753*07

予約　不可
清掃協力金　500円（テント・タープ各１張ごとに発生）
オートキャンプ　不可
バンガロー・貸用具　サイトから約10kmの紋別山山頂に、貸コテージあり（料金など詳細はオホーツクスカイタワー☎0158-24-3165まで）
管理人　巡回
施設・設備　車イス対応水洗トイレ１棟、流し台１カ所、周辺に海水浴場など
Ⓟ　約100台（無料）
風呂　紋太の湯（大人650円、13:00～21:00受付終了、21:30閉館、第1水曜休）まで約４km

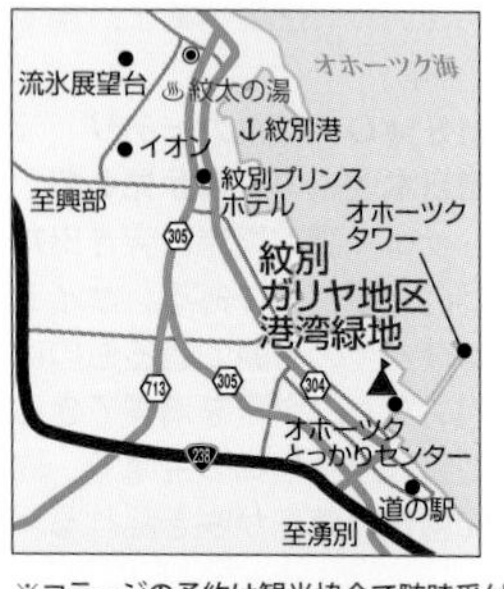

港に面した芝生のテントサイトは広々（左）。上は24時間トイレ横の屋根と照明が付いた流し台

■観光施設隣接のキャンプ場
　氷海展望塔・オホーツクタワー隣接の緑地帯がテントサイト。周辺には観光施設が多く、夏場は賑やか。テントやタープの設営に際しては、ゴミ回収の協力費として、500円の支払いが必要となる。

※コテージの予約は観光協会で随時受付　※ゴミはコテージ利用者のみ受け入れ　※二輪車乗り入れは一部サイトに限りOK

期間 7月中旬▼8月中旬　QRマップ

31 沙留海水浴場
さるるかいすいよくじょう

☎0158-82-2345
紋別郡興部町沙留 ※現地TELなし
←問合先／おこっぺ町観光協会

MAPCODE® 401 672 426*11

予約　コテージのみ可
持込テント料金　無料
オートキャンプ　不可
コテージ　要予約で６～７人用1棟1泊10,000円計２棟（諸設備完備、うち１棟は車イス対応）
貸用具　なし
管理人　駐在（9:00～17:00）
施設利用時間　コテージのみ IN 13:00～ OUT 10:00まで
施設・設備　水洗トイレ・炊事場各１棟、管理・受付の海の家に有料温水シャワーなど
Ⓟ　約80台（無料）
銭湯　興部町公衆浴場（大人490円、17:00～21:00、日曜休）まで約10km

海水浴場に面した草地の小ぢんまりとしたテントサイト（左）。上は海を一望できるコテージ

■海辺のサイトで海水浴を
　沙留岬の砂浜海水浴場で、浜の右手にある小さな草地がテントサイト。キャンプと海水浴が楽しめる。コテージの利用料は、午後１時～翌日午前10時を1泊としてカウント。

買い物（上段）：海洋交流館内のセイコーマートまで約300m、スーパー、コンビニの多数ある紋別市街まで約4km
（下段）：沙留市街のスーパー、セイコーマートまで約1km

※コテージの予約は、ホテル渓谷 ☎ 29-3399で受付　※ペットの同伴は、サイト内と駐車場のみ可　※ゴミは完全持ち帰り制

期間	QRマップ
5月1日 ▼ 10月31日	

32 渓谷公園キャンプ場（けいこくこうえんきゃんぷじょう）

☎0158-29-4233　紋別郡滝上町元町（渓谷公園センターハウス）
◎問合先／滝上町まちづくり推進課商工観光係 ☎ 29-2111

MAPCODE® 570 701 534*30

予約　コテージのみ可
持込テント料金　有料を予定（料金は未定、要問合せ）
オートキャンプ　不可
コテージ　4人用15,000円1棟、8人用30,000円1棟（諸設備完備の貸別荘、冬期暖房料加算）
貸用具　なし
管理人　駐在（8:00〜16:00）
施設・設備　炊事場（炉付）1棟、公園センターハウス内に水洗トイレ併設、パークゴルフ場（36H・有料）など
Ⓟ　約30台（無料）
風呂　童話村たきのうえホテル渓谷（大人600円、10:00〜21:00受付終了）まで約200m

炊事場周辺の小ぢんまりとした草地のテントサイト（左）。上が貸別荘級の設備を誇るコテージ

■広大な公園の一角がサイト

公園の炊事場周辺草地と道道沿いの芝地がテントサイト。隣接する郷土資料館駐車場は、キャンピングカー用となる。サイト横には貸別荘級コテージも。渚滑川の釣りはキャッチ＆リリースで楽しもう。

※ログハウスの予約は、ホテル森夢 ☎ 0158-87-2000 で随時受付

期間	QRマップ
6月 ▼ 10月中旬	

33 西興部森林公園キャンプ場（にしおこっぺしんりんこうえんきゃんぷじょう）

☎0158-85-7125　紋別郡西興部村字西興部 ※現地TELなし
←問合先／観光情報発信施設「里住夢（りずむ）」

MAPCODE® 741 893 119*84

予約　ログハウスのみ可
持込テント料金　1張500円
オートキャンプ　不可
ログハウス　5人用夏季（6〜8月）1棟10,000円2棟（諸設備完備の貸別荘タイプ）
貸用具　寝具を有料で
管理人　駐在（9:00〜16:30、休園日の火曜は不在）
施設利用時間　ログハウスは IN 15:00〜 OUT 10:00まで
施設・設備　水洗トイレ2棟、炊事場2カ所など
Ⓟ　約70台（無料）
風呂　ホテル森夢（リム、大人500円、6:00〜8:00、11:00〜22:00受付終了、月曜は12:00〜）まで約300m

新設されたサイトには写真右のトイレや炊事場などを新たに設備（左）。上は豪華なログハウス

■サイトが大幅リニューアル

大規模な改修工事を経て、サイトや遊具が大幅リニューアル。トイレも新設された。そのため、今季からテント設営が有料化されている。詳細は村の公式サイトで確認を。

買い物（上段）：滝上市街のセイコーマートまで約2km
（下段）：西興部市街のスーパーまで約300m、セイコーマートまで約400m

キャンプ談話室③

なぜここに…〈ぼっちバス停〉の世界

多 映介

乗降客のいない場所に立つバス停の存在とは

あいつ寂しくないのかな？──視界に入ったのは、岩見沢と苫小牧を結ぶ国道234号沿いにポツンと立っているバス停「柏原西口」(苫小牧)。周辺に人家は皆無ながら、時刻表には数本の停車が記されているが、おそらく利用する人はいないだろう。

近年話題の秘境駅には列車が発着し、少なくとも駅としての役割を全うしている。しかし、この停留所にバスが停まることはまずない。ならばなぜここにバス停が？　だが、道内にはこれを遥かに上回る衝撃的な〈ぼっちバス停〉が存在していた！

左はバス停「清原」(上右端、2022年9月廃止)。夏草に埋もれた標識(下)。右はぼっち度№1の「歩古丹」(上)。海岸の手前に校舎跡が見える(下)

●なぜこんな所にバス停が？

森を切り裂いて支笏湖へと向かう国道沿いに立つ「東烏柵舞」(千歳市)。付近には観光名所はおろか人家すらなく、頭の中は「ナゼ？」の嵐だ。

国道276号を喜茂別市街から伊達に向かい、広島峠を下った分岐に立つ「清原」(伊達市大滝区)もスゴい。バス停が夏草に埋もれ見つけることすら難しく、おまけに見通しの悪いカーブ付近に立つから、バスが律儀に停車したなら危険なことこの上ない。

●失われつつある集落の記憶

これら驚愕のバス停に共通するのは、その周辺にかつて集落があったという事実だ。「東烏柵舞」と「清原」の付近には、信じ難いがかつて小学校があったという。

古い時刻表の路線図を見ると、道内を網羅する公共交通機関がびっしりと書き込まれ、バスや鉄道で「行けない場所はない」状態だった。

しかしマイカーが普及し、都市部への一極集中と地方の過疎化に拍車がかかったいま、ＪＲやバスは利用者の減少した路線や駅の廃止を急速に進めている。見方を変えれば、それはコミュニティの記憶を喪失することにもつながる。

●ぼっちバス停ナンバーワン！

さて、栄えある〈ぼっちバス停〉ナンバーワンは…「歩古丹」(増毛町)！“西の知床”とも呼ばれる雄冬から続く断崖絶壁を北上し、連続するトンネルのわずかな隙間に忽然と出現するバス停には、誰もが唖然とさせられるはずだ。

下車したところで前後はトンネル、左右は絶壁。ニッチもサッチもドーモナラン。暮らしの痕跡を探して、道路から遥か眼下の海岸線に目を凝らすと、木立の陰から幽然と、倒壊寸前の屋根格子が頭を覗かせた。あれは…、歩古丹小学校だ！　まさに孤高の集落最後の語り部。だけど、このバス停の存在意義って…？

＊

今後、人知れずひっそりと消えてゆく可能性大の超秘境停留所〈ぼっちバス停〉。案外、アナタのすぐ近くに潜んでいるかもしれませんよ。

■おおの・えいすけ　鎌倉市生まれ、安平町在住。高校時代に「北の国から」ファンの友人に連れられ初上陸。以来、北海道にハマり、カヌーや自転車などで周遊。北海道移住後は、「消えた集落」探訪をライフワークに活動中。

うたのぼり健康回復村ふれあいの森キャンプ場

留萌

増毛・留萌
オロロンライン・
焼尻島

宗谷

枝幸・豊富・稚内
利尻島・礼文島

留萌・宗谷エリア CONTENTS＆MAP

30km

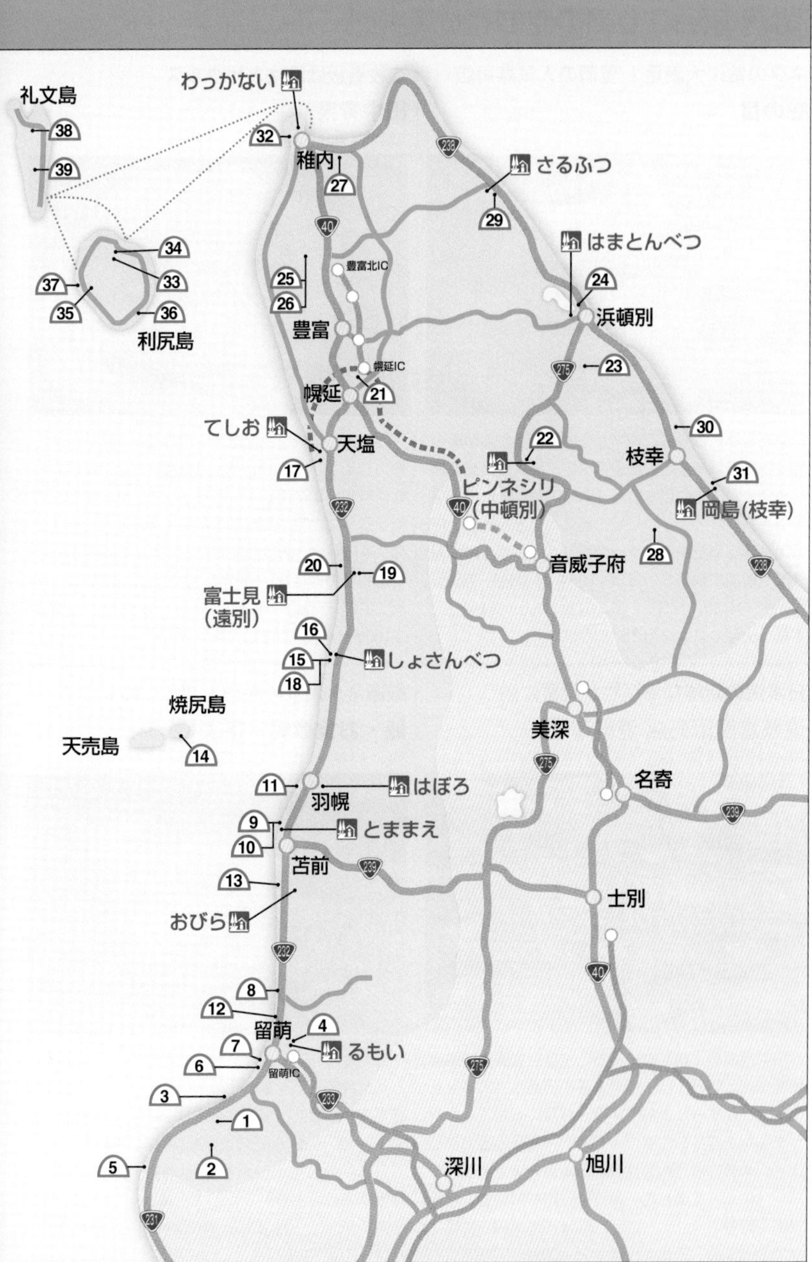
礼文島
38
39
わっかない
32
稚内
27
238
さるふつ
29
40
34
33
37
35
36
利尻島
25
26
豊富北IC
豊富
はまとんべつ
24
浜頓別
幌延IC
幌延
21
275
23
てしお
天塩
17
22
30
枝幸
ピンネシリ
(中頓別)
31
岡島(枝幸)
232
40
音威子府
28
238
20
19
富士見
(遠別)
16
15
18
しょさんべつ
焼尻島
天売島
14
美深
275
名寄
11
はぼろ
羽幌
9
10
とままえ
苫前
239
239
13
おびら
士別
232
40
8
12
留萌
4
7
るもい
6
留萌IC
275
3
233
1
5
2
深川
旭川
231

留萌・宗谷エリアの立ち寄りスポット

ネタの質に大満足！ 留萌の人気寿司店

蛇の目

じゃのめ

地元客はもちろん、遠方からも客が訪れる留萌の名物店。前浜産などの厳選ネタを、職人技が光る握りや華やかな蛇の目ちらし3,080円(写真)などで堪能できる。21カンがつく蛇の目スペシャル4,378円は大食漢も満足間違いナシのボリューム感！【DATA】住所：留萌市錦町3　電話：0164-42-0848　営業：11:00～14:00、17:00～21:00(20:30LO、変動あり)　定休：火曜　P：2カ所計30台ほか

二枚看板は漬物とピクルス

田中青果

たなかせいか

田中家の伝統を受け継ぐ自慢のニシン漬け「やん衆にしんづけ」(200g) 600円が看板商品。保存料や着色料を一切使用せずに造り上げている。また、野菜ソムリエの田中美智子さんが手掛けるピクルス各種750円～は、野菜の食感と美味しさを引き出したこだわりの逸品だ。【DATA】 住所:留萌市栄町2　電話：0164-42-0858　営業：10:00～18:00 (土・日曜は9:00～)　定休：なし　P：3台

日本海の新鮮な海産物が豊富に揃う

遠藤水産直売店 港町市場

えんどうすいさんちょくばいてん みなとまちいちば

増毛港のすぐ向かいにある、水産会社直営の海産物直売店。店頭には、増毛名産の朝獲れ甘エビやボタンエビがずらりと並ぶ。7・8月に水揚げされるうま味たっぷりの生ウニ、10月から12月の活アワビなど、季節の魚介も要注目。日本海の幸で、豪勢なバーベキューを楽しんでみては。【DATA】住所：増毛郡増毛町港町4-26　電話：0164-53-3119　営業：9:00～15:00　定休：火曜　P：20台

厳選ネタ満載の海鮮生ちらし丼！

鮨・お食事処　福よし

すし・おしょくじどころ　ふくよし

近海産中心の新鮮魚介を握る寿司や、食べ応えある海鮮丼で人気を集める。なかでも、うま味濃厚な増毛産甘エビをびっしりと盛りつけた甘えび丼（時価：2,600～3,000円前後)や、ネタが満載の海鮮生ちらし丼の松3,630円(写真)は必食。【DATA】住所：増毛郡増毛町永寿町2-30-1　電話：0164-53-1190　営業：11:00～14:00LO、17:30～21:00 (20:30LO)　定休：不定　P：17台

ご飯を埋め尽くす絶品甘エビ

北のにしん屋さん

きたのにしんやさん

羽幌町は日本有数の漁獲量を誇る甘エビの町。そのプリプリで風味濃厚な甘エビを、産直特価で味わえる食堂がここ。人気は、エビがご飯を埋め尽くすえび丼2,200円や、10種類以上のネタがのる海鮮丼2,200円。直売所では、日本海産の鮮魚が手に入る。【DATA】住所：苫前郡羽幌町栄町89　電話：0164-62-5671　営業：11:00～14:00LO（直売所は9:00～15:00ごろ）　定休：火曜（食堂は12～2月休業）　P：12台

温泉で味わうエゾ鹿肉ジンギスカン！

ふれあいセンター食堂「味彩」

ふれあいせんたーしょくどう「あじさい」

町営入浴施設内の食堂。町内で加工されたエゾ鹿肉ジンギスカンが名物で、イートインで味わえるほか、小売りもしている。美肌の湯として知られる温泉も試してみよう。【DATA】住所：天塩郡豊富町温泉　電話：0162-82-1777（ふれあいセンター）営業：食堂11:00～14:00（土・日曜・祝日は～15:00）、16:00～20:00（LO各30分前）、入浴10:00～最終受付20:30　定休：火曜（祝日の場合は翌日）、隔週木曜　P：45台

広大な湿原で季節の花々や野鳥を観察

サロベツ湿原センター

さろべつしつげんせんたー

日本三大湿原の一つ、サロベツ湿原。その玄関口として、最新の自然情報のほか湿原の成り立ちや、開拓の歴史などを紹介する。周囲には1周1㎞の木道が整備され、季節の可憐な花々や野鳥を間近から観察できる。【DATA】住所：天塩郡豊富町上サロベツ8662　電話：0162-82-3232　営業：9:00～17:00（11～4月は10:00～16:00）　定休：なし（11～4月は月曜）　入館料：無料　P：62台

ご当地グルメのチャーメン！

わっかないラーメン

わっかないらーめん

稚内で20年以上愛される老舗。中華のほか海鮮丼などの丼ものや一品料理とメニューは100種類以上あり、どれもボリューム満点だ。メニュー選びに迷ったら、稚内市のご当地グルメ・チャーメン（塩・醤油）1,480円、（味噌）1,580円を！【DATA】住所：稚内市萩見2-14　電話：0162-33-4882　営業：11:00～15:00、16:45～19:30（土・日曜・祝日は通し営業）　定休：木曜（祝日の場合は翌週火曜）　P：28台

※完全予約制（予約は４月中旬より現地で受付開始）　※花火は手持ち式のみ可

期間：4月下旬 ▼ 10月中旬　QRマップ

MAP 1　ましけりばーさいどぱーくおーときゃんぷじょう

増毛リバーサイドパークオートキャンプ場

☎0164-53-1385

増毛郡増毛町別苅459番地外
◎問合先／増毛町商工観光課 ☎ 53-3332

MAPCODE® 802 647 366*88

予約　可（詳細は欄外参照）

オートサイト料金　ノーマル：1台2,000円27区画／スタンダード：4,000円32区画（電源20Ａ付）／キャンピングカー：6,000円４区画（電源30Ａ・上下水道・ＴＶ端子・バーベキューテーブル付）

コテージ　５人用１棟12,000円計３棟（テラス付で寝具・炊事用具を除く諸設備完備）

貸用具　なし

管理人　駐在（10:00～17:00）

施設利用時間　IN 13:00～17:00　OUT 11:00まで（コテージは10:00まで）

施設・設備　水洗トイレ３棟、炊事場（炉付）２棟、センターハウス（受付・食堂ほか併設）、サニタリーハウスにコインシャワー・ランドリー併設、テニスコート、パークゴルフ場、児童遊具など

Ⓟ　約100台（無料）

風呂　トロン温泉のオーベルジュましけ（大人600円、11:00～21:30受付終了）まで約１㎞

ＭＥＭＯ　ゴミは分別の上、無料で受け入れ

巨木の木蔭でくつろげる下流側のノーマルカーサイト（左下は炊事場）

上流側のスタンダードカーサイト

コテージは寝具こそないが別荘級

清流・暑寒別川沿いのオート専用キャンプ場

暑寒別川河口から約800ｍ上流の川沿いにある、本格オートキャンプ場。事前予約でのみ利用でき、フリーサイトはない。センターハウスを中心に下流側をノーマル、上流側をスタンダードとキャンピングカーサイトに区分。遊具も設備され家族で楽しめる。

ROUTE

国道231号（オロロンライン）を雄冬側から留萌方面へ進む場合、増毛町市街の手前、暑寒別川に架かる橋を渡る手前直前で右折、約800ｍ川沿いの上流への道に入った左手。まずは入口にあるセンターハウスで受付を。

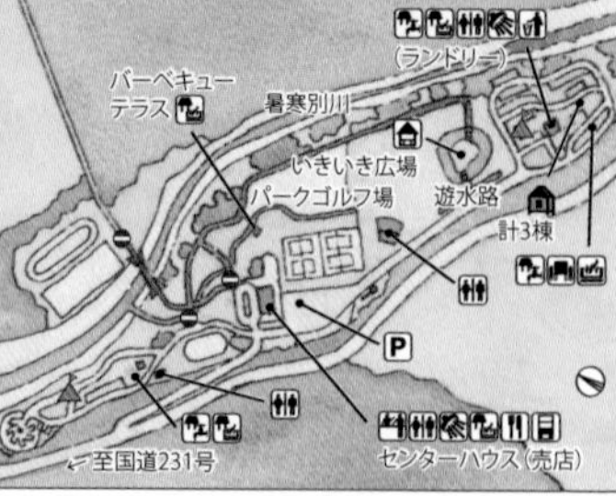

買い物　増毛町市街のセブンイレブンまで約1.5km

※ペットの同伴は、リード使用やフンの持ち帰りなどマナー厳守でOK

期間	QRマップ
6月下旬 ▼ 10月初旬	

MAP 2

ましけちょうしょかんやえいじょう

増毛町暑寒野営場

☎0164-53-3332

増毛郡増毛町暑寒沢830 ※現地TELなし
←問合先／増毛町商工観光課

MAPCODE® 802 376 230*44

予約 不可
持込テント料金 無料
オートキャンプ 不可
バンガロー なし
貸用具 なし
管理人 不在
施設・設備 水洗トイレほか計３棟、炊事場１カ所、暑寒荘（約60名収容の無料宿泊施設、トイレ併設）など
Ⓟ 約30台（無料）
風呂 トロン温泉のオーベルジュましけ（p304）まで約12km
MEMO ヤブ蚊が多いので、防虫対策は必須。暑寒荘は事前申請なしで無料宿泊できる

暑寒荘からせせらぎに架かる小橋を渡った炊事場周辺の草地がテントサイト

駐車場に隣接の水洗トイレ

暑寒荘は事前申請不要で宿泊できる

暑寒別岳の登山基地で自然観察にも最適

増毛山地の主峰・暑寒別岳（1,492m）。その増毛側・暑寒コース登山口にある野営場で、増毛市街から10km以上も離れた山中にある。

無料宿泊できる暑寒荘の裏手がサイトで、湧き水を利用する水場も含め、登山基地らしい素朴な雰囲気が漂う。

野営場周辺の森は、①望岳の森②せせらぎの森③さえずりの森④清流の森の４つのゾーンからなる「渓流の森」となっている。この渓流の森があることで、登山目的だけでなく、行楽でここを訪れる人も増えているそう。

望岳の森には約２kmの散策路が設けられていて、高台のあずまやからは暑寒別岳を望むことができる。なお、ゴミはすべて持ち帰り制となる。

ROUTE

国道231号の増毛市街から暑寒別川沿いの道道546号（暑寒別公園線）を道なりに進んで約９kmで分岐。これを左折して、支流のポンショカン川沿いの狭い車道を沢沿いに進むと、暑寒荘下の駐車場にたどり着く。

買い物 増毛町市街のスーパー、コンビニまで約10km

※ペットの同伴は、フンの持ち帰りやリードの使用などマナー厳守でOK　※ゴミは完全持ち帰り制

MAP 3

ましけちょうしょかんかいひんきゃんぷじょう

増毛町暑寒海浜キャンプ場

☎0164-53-3332　増毛郡増毛町暑寒海岸町71-1外
←増毛町商工観光課

MAPCODE® 802 676 328*52

予約　不可

持込テント料金　無料

オートキャンプ　無料（設備は特になし、芝生への乗り入れは禁止）

駐車スペース隣接の芝生サイト（左）。前浜では水遊びが楽しめる。上はサイト内にある炊事場

バンガロー・貸用具　なし

管理人　不在

施設・設備　水洗トイレ・炊事場各1棟

Ⓟ　2カ所約100台（無料）

風呂　トロン温泉のオーベルジュましけ（p304参照）まで約500m

■無料がうれしい海浜サイト

かつては海水浴場だったが、現在はキャンプ場として夏場のみ開設する。場内は浜側の砂地がオートキャンプ可で、陸側の芝生サイトはフリー専用となるのでご注意を。

料金は無料ながら、必要最小限の施設が揃い、入浴施設や買い物に便利な市街地にも近い。そのためシーズン中はそれなりに混み合う。

※ペットの同伴は駐車場のみ可で、サイト内は禁止　※ゴミは完全持ち帰り制

期間　QRマップ
5月上旬
▼
10月31日

MAP 4

かむいわこうえんぐりーんすぽーつきゃんぷじょう

神居岩公園グリーンスポーツキャンプ場

☎0164-42-1344　留萌市大字留萌村字マサリベツ1178-1
◎問合先／留萌市都市整備課 ☎ 42-2010

MAPCODE® 416 397 189*71

予約　不可

持ち込みテント料金　無料

オートキャンプ　不可

バンガロー・貸用具　なし

管理人　不在

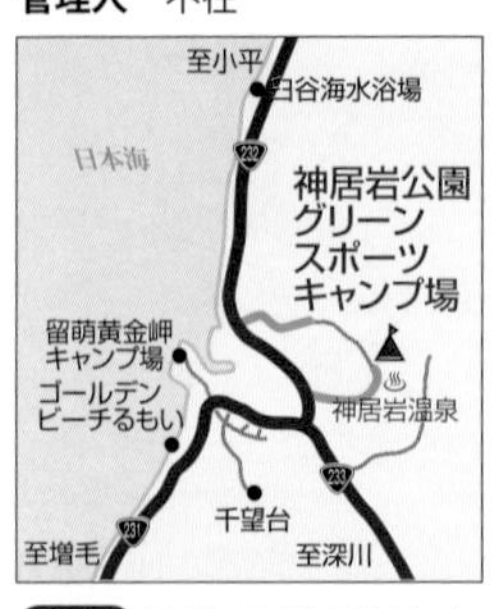

斜面に広がる草地のサイト（左）と写真左手が炊事場。上は至近にあるホテル神居岩の温泉浴場

施設・設備　車イス対応水洗トイレ・炊事場各1棟、管理棟、野外炉4基、フィールドアスレチックなど

Ⓟ　220台（無料）

温泉　ホテル神居岩（大人490円、10:00～22:00、月・金曜は～21:00）まで徒歩約10分

■草地のサイトは斜面が中心

スポーツ公園の一角にあり、スキー場の斜面に造られた草地のサイトは、平らな場所を探すのにひと苦労する。サイトのそばに照明設備が乏しく、ソロキャンプは心細いかもしれない。とはいえ、徒歩圏内に温泉施設があり、市街地へも約3㎞と便利だ。荷物の積み下ろしは、サイトに接した園路から行うと楽にできる。

買い物　(上段)：増毛町市街のセブンイレブンまで約500m
(下段)：スーパー、コンビニの多数ある留萌市街まで約3km

MAP おふゆやえいじょう ※ペットの同伴は、フンの持ち帰りやリードの使用などマナー厳守でOK

5 雄冬野営場

増毛郡増毛町雄冬 ※現地TELなし
問合先／増毛町商工観光課 ☎ (0164) 53-3332

MAPCODE® 927 551 302*85

予約 不可

期間 7月上旬～8月下旬

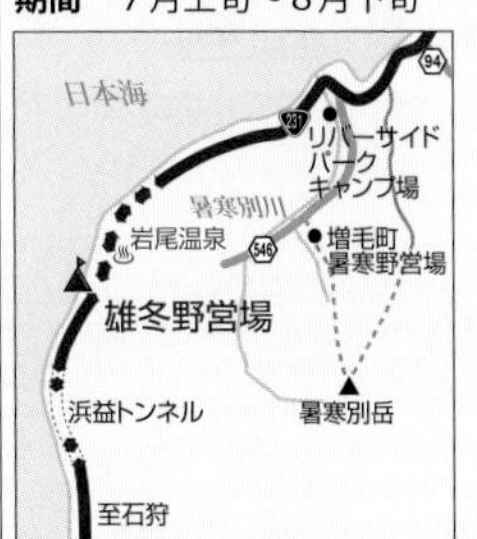

持込テント料金 無料

オートキャンプ 不可

バンガロー なし

貸用具 なし

管理人 不在

施設・設備 水洗トイレ・炊事場各1棟

Ⓟ 約30台（無料）

温泉 増毛町営岩尾温泉あったま～る（露天風呂付、大人500円、11:00～20:15受付終了、第3木曜休で祝日の場合は前日休、12～3月休業）まで約5㎞

■国道駐車帯に隣接したサイト

浜益トンネル近くの、駐車帯と海の間の空地がテントサイトとなる。ゴミは持ち帰り制。

MAP ごーるでんびーちるもい ※ペットの同伴は、リードの使用などマナー厳守でOK ※状況により運営内容変更の場合あり

6 ゴールデンビーチるもい

留萌市沖見町 ※現地TELなし
問合先／NPO法人留萌観光協会 ☎ (0164) 43-6817

MAPCODE® 416 331 184*17

予約 不可

期間 7月上旬～8月中旬

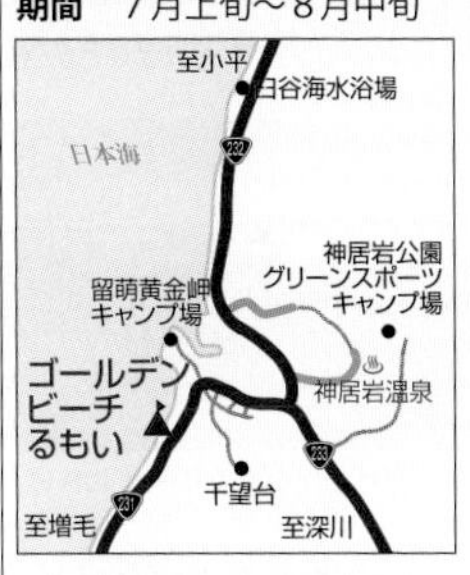

持込テント料金 一部有料

オートキャンプ 不可

貸用具 なし

管理人 駐在（9:00～17:00）

施設・設備 監視棟（車イス対応トイレ・炊事場・有料温水シャワー併設・Wi-Fi）など

Ⓟ 840台（普通車1日700円）

温泉 ホテル神居岩（p306参照）まで約10㎞

■設備充実の人気海水浴場

設備が整い、水質の良さでも知られる人気の海水浴場。約1㎞にわたり砂浜が続く海岸では、駐車料のみでテント設営ができる。また、海岸の一部芝地でも、テント1張500円で設営可能だ。

MAP るもいおうごんみさききゃんぷじょう ※ペットの同伴は、リードの使用などマナー厳守でOK ※Wi-Fi環境あり（波涛の門付近のみ）

7 留萌黄金岬キャンプ場

留萌市大町2 ※現地TELなし
問合先／NPO法人留萌観光協会 ☎ (0164) 43-6817

MAPCODE® 416 391 332*80

予約 不可

期間 4月下旬～10月上旬

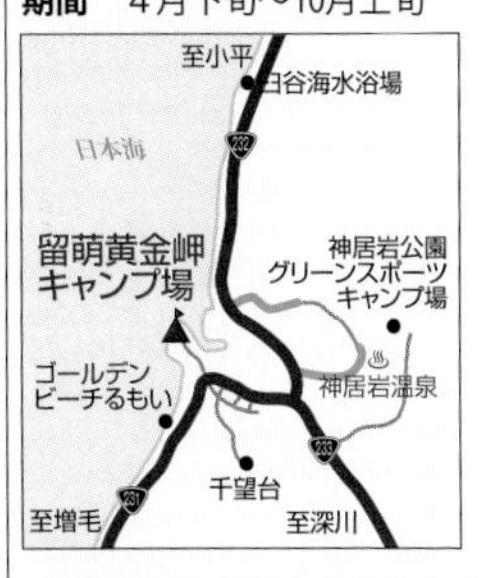

持込テント料金 無料

オートキャンプ セミスタイル

バンガロー・貸用具 なし

管理人 不在

施設・設備 水洗トイレ1棟、炊事場1棟、売店、喫茶店、海のふるさと館など

Ⓟ 約20台（無料）

温泉 ホテル神居岩（p306参照）まで約6㎞

■磯遊びができるキャンプ場

目の前が磯浜で、テントサイトは道路際のグリーンベルト。わずか15張分ほどの帯状のスペースしかなく、テントがなければ誰もキャンプ場とは思わないだろう。ゴミは持ち帰り制。

買い物 （上段）：増毛町市街のスーパー、コンビニまで約20km
（中段）：留萌市街のセブンイレブンまで約1km （下段）：留萌市街のセイコーマートまで約1.5km

※オートサイトとバンガローは予約制（予約は５月１日より小平町経済課商工水産係で受付開始、オープン後は現地で受付）
※花火は手持ち式のみOK（20:00まで）　※ゴミは分別の上、無料で受け入れ　※Wi-Fi環境あり（管理棟内のみ）

期間　QRマップ
6月下旬
▼
8月下旬

MAP 8

おびらちょうぼうようだいきゃんぷじょう

小平町望洋台キャンプ場

☎0164-59-1950

留萌郡小平町字花岡17-37
◎期間外問合先／小平町商工水産係 ☎ 56-2111

MAPCODE® 416 695 551*55

予約　フリーサイト以外は可
入村料　１泊２日高校生以上400円、中学生以下300円（２泊目以降は１泊ごとに上記料金の半額を徴収）
フリーサイト　1人用１張450円、２人用以上1,500円
オートサイト　電源なし：１区画3,000円18区画／電源付：１区画3,500円16区画
バンガロー　６～７人用：１棟2,500円10棟（照明・ベッド・電源付）／４～５人用：１棟5,000円11棟／流し付４～６人用：１棟5,500円３棟（４～５人用は、ともに照明・ベッド・電源・Ⓟ付）
貸用具　毛布150円など
管理人　駐在（8:30～21:00）
施設利用時間　IN 13:00～20:00　OUT 10:00まで
施設・設備　水洗トイレ３棟、炊事場４棟、温水コインシャワー、管理棟など
Ⓟ　約100台（無料）
風呂　ゆったりかん（大人500円、10:00～20:30受付終了、第３火曜休）まで約800m
MEMO　ゲートは21:00～翌8:30まで閉鎖

日本海を一望の電源付オートサイト（下段右から４～５人用、流し付、５～６人用）

展望塔側の電源なしオートサイト

最も奥にあるフリーサイト

バンガローが豊富に揃う管理のいいキャンプ場

青少年旅行村というだけに管理体制はしっかりしている。それでも必要以上の堅苦しさはなく、オートサイトやバンガローなど選択肢が広いこともあり、利用者層は多彩だ。ゆったりかん裏手には有料のパークゴルフ場も設備する。

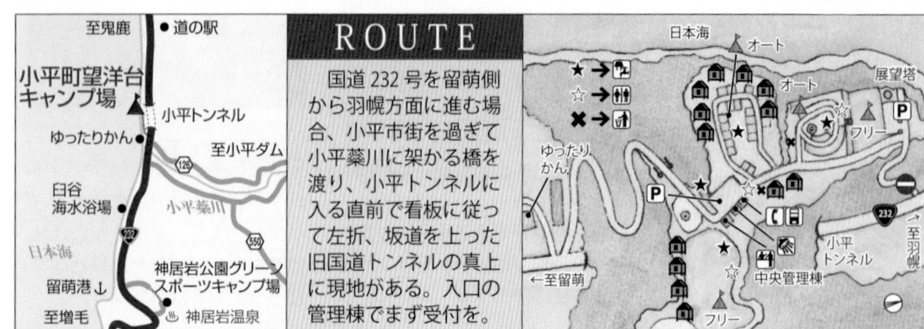

ROUTE

国道232号を留萌側から羽幌方面に進む場合、小平市街を過ぎて小平蘂川に架かる橋を渡り、小平トンネルに入る直前で看板に従って左折、坂道を上った旧国道トンネルの真上に現地がある。入口の管理棟でまず受付を。

買い物　小平町市街のセブンイレブンまで約2km

※予約制（予約は７月分までが４月１日、８月分以降は６月１日より電話受付開始。オープン前は商工労働観光係、以降は現地）
※花火は手持ち式のみOK　※Wi-Fi環境あり（管理棟周辺のみ）

期間	QRマップ
4月27日 ▼ 9月30日	

MAP 9 とまきえゆうひがおかおーときゃんぷじょう

とままえ夕陽ヶ丘オートキャンプ場

☎0164-64-2339

苫前郡苫前町字栄浜67-1
◎問合先／苫前町商工労働観光課商工労働観光係 ☎ 64-2212

MAPCODE® 508 514 347*24

予約　可（詳細は欄外参照）
オートサイト　サイトＡ：１区画4,250円計21区画（電源20Ａ・流し・石炉付）／サイトＢ：１区画2,050円50区画（特に設備なし）
フリーサイト　1人500円計10区画（二輪車等の利用者専用）
バンガロー・貸用具　なし
管理人　駐在（9：00～17：00）
施設利用時間　IN 12：00～17：00　OUT 11：00まで
施設・設備　洗浄便座付の水洗トイレ・炊事場各１棟、管理･受付のセンターハウス（温水シャワー・コインランドリー併設）
Ⓟ　完全オートキャンプ場
温泉　とままえ温泉ふわっと（露天風呂付、大人 500 円、10：30～21：30受付終了）に隣接
MEMO　フリーサイトは、バイク・自転車・徒歩のキャンパー専用。ゴミは有料袋購入等で受け入れ

キャンプ場は日本海に面した高台に位置し、海岸沿いに立ち並ぶ風力発電の風車が目を引く。写真は場内北側の流し・電源・石炉を設備するオートサイトＡ

設備なしのオートサイトＢも人気

隣接の海水浴場「ホワイトビーチ」

温泉と海水浴場至近で人気の高いキャンプ場

　天売・焼尻を一望にする高台のオートキャンプ場。温泉宿泊施設の「とままえ温泉ふわっと」隣接とあって、夏休み中は混雑必至だ。オートキャンプ専用施設で一般的なフリーサイトはないため、持込テント派は崖下の苫前漁港前にある「未来港公園」（p310）を利用しよう。キャンプ場のすぐそばには、白い砂浜が人気の海水浴場「ホワイトビーチ」もあり、夏場は賑わう。

ROUTE

　国道 232 号を小平町側から羽幌町方面に進むと、苫前町エリアに入って古丹別川に架かる苫前橋を渡り、そこから約４kmの苫前町市街左手の丘の上にある。場内は一方通行になっており、入場はセンターハウス側から。

買い物　苫前町市街のセイコーマートまで約800m

※花火は手持ち式のみOK　※生ゴミ・一般ゴミは有料の指定袋で受け入れ、空き缶やペットボトルは指定場所へ

期間	QRマップ
7月13日 ▼ 8月18日	

MAP 10

とままえゆうひがおかみらいみなとこうえん

とままえ夕陽ヶ丘未来港公園

☎0164-64-2212

苫前町字栄浜313 ※現地TELなし
←問合先／苫前町商工労働観光課商工労働観光係

MAPCODE® 508 514 456*51

予約　不可

持込テント料金　1人用1張500円、2人用以上1張1,000円、イベント用1張3,000円

オートキャンプ　芝生内への車両乗り入れ不可

バンガロー・貸用具　なし

管理人　駐在（8:00〜18：00）

施設・設備　管理棟（炊事場・車イス対応水洗トイレ併設）

Ⓟ　約200台（無料）

温泉　とままえ温泉ふわっと（p309参照）まで約700m

丘の上の風車を望む開放的な芝生のテントサイト（左）。上は炊事場・トイレを併設する管理棟

■風車一望の港に面した施設

「とままえ夕陽ヶ丘オートキャンプ場」（p309）の崖下にある公園内の施設。フラットな芝生サイトからは、丘上の風車を一望できる。場内の通路は車で進入できるため、荷物の積み下ろしも快適だ。

なお、毎年7月28日には公園を会場にイベントを開催。前後を含め4日間はサイトを利用できないのでご注意を。

※ゴミは完全持ち帰り制

期間	QRマップ
7月上旬 ▼ 8月中旬	

MAP 11

はぼろさんせっとびーち

はぼろサンセットビーチ

☎0164-62-5080

苫前郡羽幌町港町5-16
問合先／羽幌町商工観光課 ☎ 68-7007

MAPCODE® 508 698 617*65

予約　不可

持込テント料金　無料

オートキャンプ　不可

貸用具　焼台

管理人　駐在（8:00〜22:00）

施設・設備　水洗トイレ・炊事場各2棟、ビーチハウスに売店・有料温水シャワーなど

Ⓟ　約300台（無料）

温泉　はぼろ温泉サンセットプラザ（露天風呂付、大人600円、10:00〜22:00受付終了）まで約1km

奥行きのある砂浜のサイト（左）。上はトイレや休憩室を併設する管理施設のビーチハウス

■道北屈指の大型海水浴場

道北でも最大規模を誇る、テント設営OKの海水浴場。駐車場もテント設営もすべて無料の上、スーパーやコンビニのある羽幌市街にも近く、利便性の高さは見逃せない。

波打ち際からの奥行きがある砂浜からは、彼方に天売・焼尻の島影を一望。天気さえ良ければ、その名の通り水平線に沈む夕日を満喫できる。

買い物　（上段）：苫前町市街のセイコーマートまで約1km
（下段）：羽幌町市街のセイコーマートまで約1km

MAP うすやかいすいよくじょう ※ゴミは完全持ち帰り制　※料金は変更の可能性あり、事前に確認を

12 臼谷海水浴場

留萌郡小平町字臼谷 ☎ (0164) 56-2710 ※臼谷観光協会
期間外問合先／小平町商工水産係 ☎ 56-2111

MAPCODE® 416 573 629*78

予約　不可

期間　７月上旬～８月中旬

持込テント料金　３人用以下１張700円、4～5人用1張1,000円、6～10人用2,000円、11人用以上3,000円、タープ１張500円

オートキャンプ　不可

バンガロー・貸用具　なし

管理人　駐在（8:00～17:00）

施設・設備　水洗トイレ、炊事場各１棟、冷水シャワー（無料）

P　約100台（一部有料）

■規模縮小だが人気は健在

かつて道北随一といわれた海水浴場。漁港整備事業の影響で以前より規模は縮小されたが、遠浅の海岸で水洗トイレもあり、相変わらずの人気だ。なお、各種料金は変更の可能性あり。

MAP おにしかついんびーち

13 おにしかツインビーチ

留萌郡小平町字鬼鹿元浜 ☎ (0164) 57-1951 ※鬼鹿観光協会
期間外問合先／小平町商工水産係 ☎ 56-2111

MAPCODE® 959 244 581*01

予約　不可

期間　７月中旬～８月中旬

サイト使用料　１区画1泊2,000円（日帰り利用1,000円）計約100区画

オートキャンプ　上記料金で可（特に設備なし）

持込テント専用の砂浜サイト

区画割りされた砂地のフラットなオートサイト。左下はトイレと炊事場

バンガロー・貸用具　なし

管理人　巡回

施設・設備　車イス対応水洗トイレ・炊事場各１棟、管理受付のセンターハウスに有料シャワー・脱衣場・食堂・売店を併設

P　約400台（無料）

シャワーもあるセンターハウス

■人気の高い海浜キャンプ場

持込テント専用の砂浜サイトがある、外海に面した「オープンビーチ」と、周囲を堤防で囲まれたオートキャンプ可の「クローズドビーチ」に分かれた海浜施設。コンビニも近くにあり、ファミリーで利用しやすい。

ただし、サイトへのペットの同伴はできず、ゴミもすべて持ち帰り制となるので注意したい。

買い物 （上段）：小平町市街のセイコーマートまで約2km
（下段）：小平町市街のセイコーマートまで約300m

天売・焼尻GUIDE

海鳥たちの楽園・天売島、自然林と花の焼尻島

島内1周でも12km、荷物軽量で行こう

天売も焼尻も、島内1周で約12kmほどの島。多少のアップダウンはあるものの、バックパッキングで徒歩というキャンパーも多い。

荷物さえ軽量なら貸自転車で充分。その方が島の自然をより満喫できる。所要時間は、徒歩で約3時間、自転車なら1時間半ほどだ。

◎フェリー・高速船情報

キャンプ期間内のフェリーと高速船の時刻表、一般旅客運賃（小人は半額程度）は右表の通り。フェリーでは、羽幌―焼尻間60分、羽幌―天売間95分となっている。

ただし高速船の方が、両島とも30分ほど早く着くことができるものの、車輌の積載は行っていない。

定期船の問合先と自動車航送運賃は、下記の通り。

《羽幌沿海フェリー》
羽幌／☎(0164)62-1774
天売／☎(01648)3-5211
焼尻／☎(01648)2-3111

《自動車航送運賃》※要予約

運転者1人分の2等旅客運賃を含む。4m以上5m未満の普通車の場合は以下のとおり。

羽幌～焼尻……10,040円
羽幌～天売……14,640円
焼尻～天売…… 4,600円

◎天売・焼尻の島内交通情報

島内交通手段は下記の通り。
おろろんレンタル…☎090-8633-3906
《焼尻島・市外局番01648》
レンタサイクル梅原☎2-3559

天売島を代表する観光地のひとつ「赤岩」は黒崎から約3km(左)。貴重なオンコ(イチイ)の群生も見られる焼尻島の自然林入口と散策路(右)

■定期船運航時刻表 ※高速船は予約制 (高)は高速船 (F)はフェリー

運航期間	便名	羽幌発	焼尻着	焼尻発	天売着	天売発	焼尻着	焼尻発	羽幌着
10月1日～4月7日	1(F)	9:00	10:00	10:20	10:45	11:35	12:00	12:20	13:20
4月8日～4月26日	1(高)	9:00	9:35	9:50	10:05	10:30	10:45	11:00	11:35
4月27日～5月6日 6月1日～6月30日 7月1日～8月9日の平日 8月16日～8月31日	1(高)	8:00	8:35	8:45	9:00	9:40	9:55	10:05	10:40
	2(F)	8:30	9:30	9:40	10:05	10:25	10:50	11:10	12:10
	3(高)	11:40	12:15	12:25	12:40	13:20	13:35	13:45	14:20
	4(F)	14:00	15:00	15:10	15:35	15:50	16:15	16:25	17:25
5月7日～5月31日 9月1日～9月30日	1(F)	8:30	9:30	9:40	10:05	10:25	10:50	11:10	12:10
	2(F)	14:00	15:00	15:10	15:35	15:50	16:15	16:25	17:25
7月1日～8月12日の土・日曜・祝日	1(高)	8:00	8:35	8:45	9:00	9:40	9:55	10:05	10:40
	2(F)	8:30	9:30	9:40	10:05	10:25	10:50	11:10	12:10
	3(高)	11:00	11:35	11:45	12:00	12:40	12:55	13:05	13:40
	4(高)	14:00	14:35	14:45	15:00	15:40	15:55	16:05	16:40
	5(F)	14:30	15:30	15:40	16:05	16:25	16:50	17:00	18:00
8月13日～8月15日	1(高)	7:20	7:55	8:05	8:20	8:40	8:55	9:05	9:40
	2(F)	7:30	8:30	8:40	9:05	9:25	9:50	10:05	11:05
	3(高)	10:00	10:35	10:45	11:00	11:20	11:35	11:45	12:20
	4(F)	11:30	12:30	12:40	13:05	13:25	13:50	14:05	15:05
	5(高)	14:00	14:35	14:45	15:00	15:20	15:35	15:45	16:20
	6(F)	15:30	16:30	16:40	17:05	17:25	17:50	18:05	19:05

■フェリー「おろろん2」 (円)

一般旅客運賃				
期間／区間	9月～6月		7月・8月	
	1等	2等	1等	2等
羽幌～焼尻島	2,830	1,600	3,060	1,730
羽幌～天売島	4,050	2,330	4,370	2,520
焼尻島～天売島	1,220	730	1,320	790

■高速船「さんらいなぁ2」(円)

一般旅客運賃		
区分	4月～6月	7月・8月
羽幌～焼尻島	2,830	2,960
羽幌～天売島	4,170	4,360
焼尻島～天売島	1,340	1,400

（2024年2月現在）

※ゴミは完全持ち帰り制

期間	QRマップ
5月初旬 ▼ 9月下旬	

MAP 14 やぎしりしらはまやえいじょう
焼尻白浜野営場

☎0164-68-7007　苫前郡羽幌町大字焼尻白浜 ※現地TELなし ←問合先／羽幌町商工観光課

MAPCODE® 929 350 083*64

予約　不可
持込テント料金　無料
オートキャンプ　不可
バンガロー　なし
貸用具　なし
管理人　不在
施設･設備　簡易水洗トイレ・炊事場(更衣室併設)各１棟
Ⓟ　約５台（無料）

海を望む丘の上に広がるフラットな芝生サイト。サイトはトイレと炊事場がある下段２カ所と上段１か所に分かれる

テントサイトの簡易水洗トイレ

更衣室を併設する炊事場内部

日本海を望む丘の上のフラットな芝生サイト

焼尻フェリーターミナルから約３㎞の島内南岸に位置するキャンプ施設。フェリーターミナルからは車で約12分の距離だが、起伏の多いルートのため、徒歩だと40分ほどかかる。レンタサイクルを利用するのも手だ。

海に面したテントサイトは、見晴らしのいい丘の上にあり、整地された平坦な芝地のサイトが３つに分かれる。トイレと炊事場を挟んで上下２つに分かれるサイトのほか、そこから少しのぼる高台にも１つあり、もちろんこちらのサイトの眺めが抜群だ。とはいえ、周囲に風を遮るものはなく、吹きっさらしなので、荒天時の利用は避けたい。

野営場直下の白浜海岸とは遊歩道でつながり、岩場での磯遊びが楽しめる。また、ここから遊歩道で、島の中央部に群生する、風雪で背が低くなったオンコ(イチイ)の奇木の植生地を訪れることも可能。６～８月にはエゾカンゾウなど野の花も観察できる。

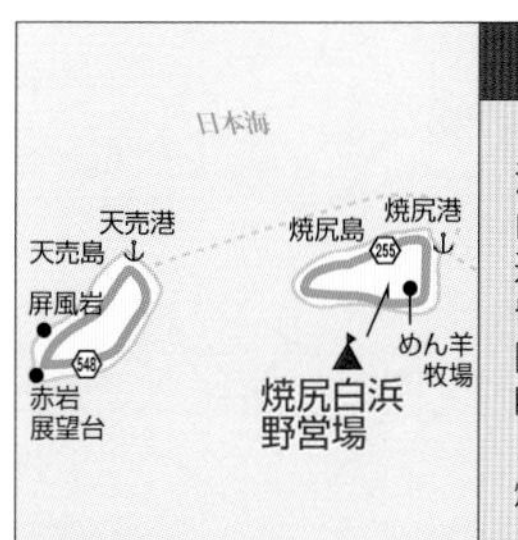

ROUTE

道央自動車道利用は深川JCT･深川留萌道経由で留萌ICから、一般道は国道231号などで留萌へ。留萌市街から国道232号へ入り、約51㎞先の羽幌市街よりフェリーターミナルへ。焼尻島までは高速フェリーで片道約35分。

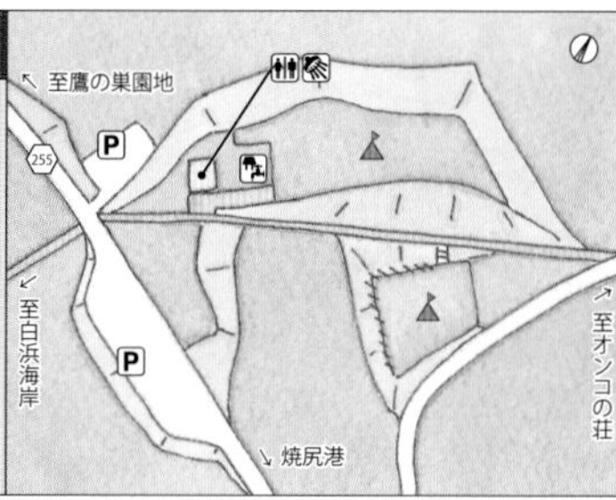

買い物　焼尻東浜の商店まで約2km

※バンガローは完全予約制（予約は利用日３カ月前の月の１日より岬の湯フロント ☎ 0164-67-2031 で受付開始、キャンセル料あり）

期間	QRマップ
4月下旬 ▼ 10月下旬	

MAP 15

しょさんべつむらみさきだいこうえんきゃんぷじょう

初山別村みさき台公園キャンプ場

☎0164-67-2211

苫前郡初山別村字豊岬 ※現地TELなし
←問合先／初山別村経済課

MAPCODE® 692 513 251*82

予約 バンガローのみ可
持込テント料金 無料
オートキャンプ 不可
ログ型バンガロー 5,200円 ９棟（４～5人用、照明付）
貸用具 なし
管理人 不在
施設利用時間 IN 13:00～（バンガローは16：00～） OUT 12:00まで（バンガローは10:00まで）
施設・設備 水洗トイレ・炊事場各３棟、北極星（食堂・農産物直売所）、天文台、パークゴルフ場（18H・無料）など
Ⓟ 約120台（無料）
温泉 しょさんべつ温泉ホテル岬の湯（露天風呂付、大人500円、6:00～7:30、11:00～21:30各受付終了）に隣接
MEMO ゴミは持ち帰り制

天文台裏手のテントサイトは海側が見晴らし抜群だ（右下は北極星側のサイト）

バンガローには車の乗り入れが可能

日本海を一望の「岬の湯」露天風呂

サイトから日本海を一望 眺望抜群のキャンプ場

みさき台公園内の持込テント専用施設。初山別村は星空が美しいことで知られ、公園の入口には65㎝反射式天体望遠鏡を有する天文台がたつ。

サイトは天文台海側の草地部分と、その下段のバンガロー周辺、さらに食堂兼直売所の「北極星」下の海側に分かれている。北極星下側は、駐車場周辺の芝生がサイトのためセミオート感覚で利用が可能。バンガロー前のサイトを除き、日本海の眺望が魅力だ。

その上、テント設営も無料のため、夏休み期間を中心に週末はいつも混雑している。

ROUTE

国道232号の初山別市街から北（遠別・天塩方面）へ約４km進んだ国道左手海側が現地。場内は、海に向かって左手の天文台裏にサイトがあり、その下段に降りると右手に北極星下側サイト、左手にバンガローサイトがある。

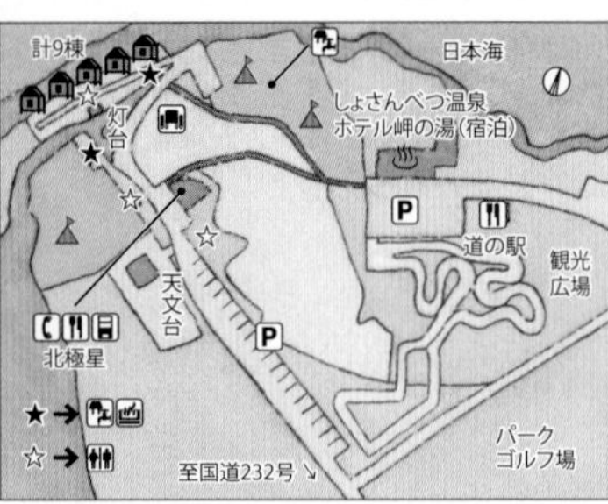

買い物 初山別市街のセイコーマートまで約5km

※オートサイトは予約制（予約は４月15日より現地で受付開始、６月と９月は土・日・祝日のみ営業。期間外は岬の湯フロントで受付）
※ペットの同伴は、リードの使用などマナー厳守でオートサイトに限りOK　※花火は手持ち式のみOK

期間	QRマップ
6月12日 ▼ 9月20日	

MAP 16

しょさんべつむらみさきだいこうえんおーときゃんぷじょう

初山別村みさき台公園オートキャンプ場

☎0164-67-2077

苫前郡初山別村字豊岬
◎期間外予約・問合先／しょさんべつ温泉ホテル岬の湯 ☎ 67-2031

MAPCODE® 692 514 336*42

予約　オートサイトのみ可
フリーサイト　１張500円（駐車場は24台分限定）
オートサイト　キャンピングカー：1区画3,500円3区画（電源・炊事台付）／スタンダード電源・炊事台付：1区画3,500円20区画／スタンダード炊事台付：1区画3,000円10区画
バンガロー　なし
貸用具　テント、コンロなど各種有料で（要確認）
管理人　開設期間中の営業日のみ駐在（9:00～17:00）
施設利用時間　IN 13:00～17:00　OUT 12:00まで
施設・設備　管理棟内に車イス対応水洗トイレ、フリーサイトに炊事場１棟
Ⓟ　フリーサイト用24台
温泉　しょさんべつ温泉ホテル岬の湯（ｐ314参照）に隣接
MEMO　ゴミは持ち帰り制

海を一望、とまではいかないが開放的なオートサイト（左下は電源と炊事台）

炊事棟のあるフリーサイト

水洗トイレ併設のセンターハウス

日本海の眺望優先ならオートサイトがおススメ

ホテル岬の湯の北東、海側に広がる本格オートキャンプ場。芝生のサイトはフラットで、サイトからは日本海がちらりと見える。また、お隣にある天文台への配慮で、夜間は場内の照明が暗めになるため、満天の星空を楽しめる。

フリーサイトは国道側にあるが、オートサイトは海側にあり、№９～18までのスタンダードサイトは崖際となるので、眺望優先ならこちらへ。近くの浜辺には、夏場になると海水浴場が開設される。

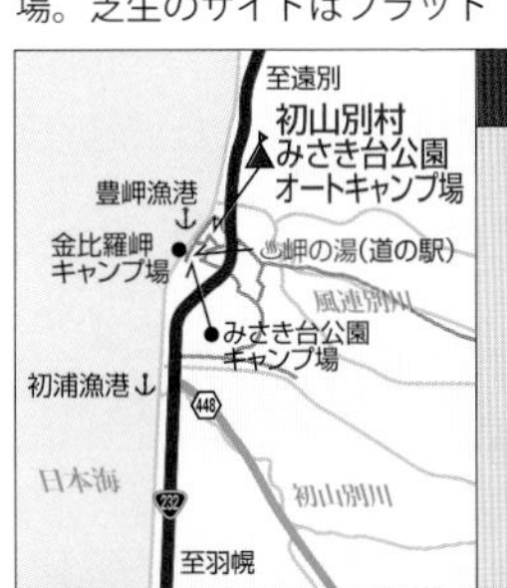

ROUTE

国道232号の初山別市街から遠別・天塩方面へ約4.5km進んだ、国道左手の海側にある。左手に天文台が見えてもそのまま直進。左手にオートキャンプ場の看板があり、それに従って左折すると現地が見えてくる。

買い物　初山別市街のセイコーマートまで約5km

※オートサイトとバンガローは完全予約制（予約は4月1日より企画商工課で受付開始、5月以降は現地） ※Wi-Fi環境あり(管理棟周辺のみ)
※ペットの同伴は、マナー厳守で犬のみOK（バンガロー内への同伴は禁止） ※駐車場での車中泊は1泊500円

期間 5月1日 ▼ 10月中旬 QRマップ

MAP 17 てしおちょうかがみぬまかいひんこうえんきゃんぷじょう

天塩町鏡沼海浜公園キャンプ場

☎01632-2-1830

天塩郡天塩町字更岸7476
◎問合先／天塩町企画商工課 ☎ 2-1729

MAPCODE® 830 734 831*75

予約 フリーサイトとライダーハウス以外は可

フリーサイト料金 1張1泊500円

オートサイト料金 電源・野外炉付1区画3,000円7区画

バンガロー 4人用1棟3,300円8棟、6人用1棟3,800円5棟（照明・電源付、4人用のみ2段ベッドも設備）

貸用具 手ぶらキャンプセット7,000円（要予約）など

管理人 駐在（8:00〜21:00）

施設利用時間 IN 13:00〜 OUT 10:00まで

施設・設備 簡易水洗トイレ5棟、炊事場2棟、野外炉、管理棟（多目的交流施設）、自販機、ライダーハウス

P 約50台（無料）

温泉 てしお温泉夕映（露天風呂付、大人600円、11:00〜21:00受付終了、土・日・祝日は10:00〜）に隣接

湖畔のフリーサイトと左下はサイト横のバンガロー（だ円写真は夕映の露天風呂）

てしお温泉裏手のオートサイト

オートサイト横の6人用バンガロー

海に近いが沼沿いにある施設多彩なキャンプ場

天塩川河口付近の鏡沼のほとりに広がる、海浜公園内のキャンプ場。サイトは鏡沼を挟んで海側がフリーテントサイト、丘側がオートサイトに分かれる（丘側のフリーサイトは貸テント専用）。

バンガローも海側と丘側に分かれて建つので、好みのシチュエーションを選ぼう。設備にさほどの違いはないが、居住性はオートサイト側に軍配が上がる。なおゴミは分別の上、有料袋利用で受け入れ。

ROUTE

国道232号を遠別町側から天塩町市街に向かって進むと、市街に入る約1km手前の左手に、案内看板がある。この看板に従って左折、道なりに鏡沼・天塩新港を目指すと、左手に鏡沼とキャンプ場の施設が見えてくる。

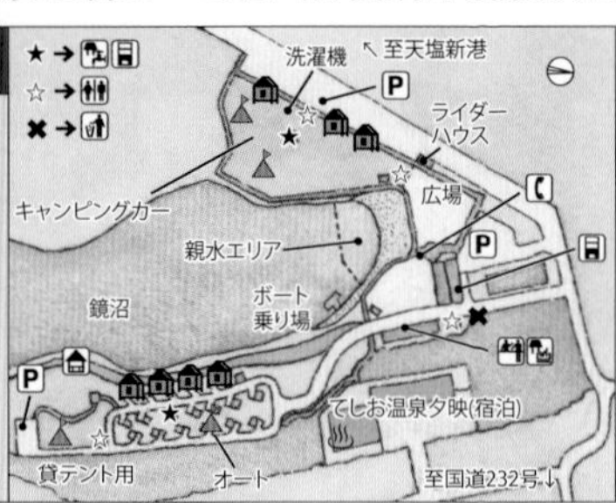

買い物 天塩町市街のセイコーマートまで約600m

※開設期間は炊事場が利用できる期間で、テントサイトは通年利用可

期間	QRマップ
4月下旬 ▼ 10月下旬	

MAP 18 こんぴらみさききゃんぷじょう

金比羅岬キャンプ場

☎0164-67-2211
苫前郡初山別村豊岬153-7 ※現地TELなし
←初山別村経済課水産商工係

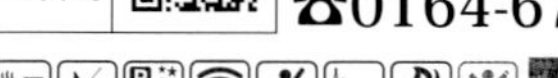

MAPCODE® 692 513 334*28

予約 不可
持込テント料金 無料
オートキャンプ 不可だが、サイトと駐車場が隣接
バンガロー・貸用具 なし

海に面した崖下のテントサイト(左)。土のサイトは駐車場に隣接し、炊事場と鳥居がある(上)

管理人 不在
施設・設備 炊事場1棟のみ、サイトにトイレはなく、崖上の「みさき台公園キャンプ場」(p314)にあるトイレを利用
Ⓟ 約10台(無料)
温泉 ホテル岬の湯(p314参照)まで約1km

■崖下の小さなテントサイト

豊岬漁港に隣接する金比羅岬の崖下に位置し、海辺のサイトには炊事場と小さな鳥居があるのみ。トイレはなく、急階段を上った崖上のキャンプ場の施設を共用する。

風の強い日はキツイが、日本海に沈む夕陽など眺めのよさは抜群。鳥居は岩浜にもあり、満潮時には海に浮かぶように見えると密かな人気だ。

※ケビンは予約制(予約は商工観光係で受付) ※ペットの同伴は、リードの使用などマナー厳守でOK ※ゴミは完全持ち帰り制

期間	QRマップ
4月下旬 ▼ 10月下旬	

MAP 19 えんべつちょうふじみがおかこうえんきゃんぷじょう

遠別町富士見ヶ丘公園キャンプ場

☎01632-7-2146
天塩郡遠別町字富士見46-1
←遠別町経済課商工観光係

MAPCODE® 830 171 193*41

予約 ケビンのみ可
持込テント料金 1張500円
オートキャンプ 不可
ケビン 2人用1棟2,000円5棟(ベッド・照明・電源付、予約方法については要問合せ)
貸用具 なし
管理人 未定(要問合せ)
施設利用時間 IN 14:00～ OUT 10:00まで
施設・設備 トイレ2棟(うち1棟水洗)、炊事場2棟、BBQハウス2棟、パークゴルフ場(計54H)、アスレチック遊具など
Ⓟ 約150台(無料)
風呂 交流センターなごーみ(大人490円、14:30～20:30退館、日曜・祝日休)まで約1km

管理棟裏手にあるメインサイトは、パークゴルフ場に隣接(左)。上はサイトの横に建つケビン

■野鳥の森に囲まれたサイト

「道の駅えんべつ富士見」裏手の広々とした公園内にあり、サイトは緩斜面の草地となる。今季の管理方法が未定のため、利用の際は役場の商工観光係まで事前に問合せを。

買い物 (上段):初山別市街のセイコーマートまで約5km
(下段):遠別町市街のセイコーマートまで約1.5km

※今季の管理方法が未定のため、事前に問合せを　※ペットの同伴はリードの使用などマナー厳守でOK　※ゴミは完全持ち帰り制

期間	QRマップ
4月下旬 ▼ 10月下旬	

MAP 20
えんべつちょうかせんこうえんきゃんぷじょう
遠別町河川公園キャンプ場

☎01632-7-2146
天塩郡遠別町字富士見32-1
←遠別町経済課商工観光係

MAPCODE® 830 170 612*46

予約　不可
持込テント料金　テント１張１泊500円
オートキャンプ　不可（道路から荷物の積み降ろし可能）

海に面した芝生サイト（左）。写真右の炊事場など施設はどれも立派。上はサイトの海水浴場側

バンガロー・貸用具　なし
管理人　未定（要問合せ）
施設・設備　水洗トイレ２棟、炊事場１棟、遊具など
Ⓟ　約50台（無料）
風呂　交流センターなごーみ（p317参照）まで約１㎞

■川と海に面した芝生サイト

　日本海に注ぐ遠別川河口にあり、サイトは広々とした平坦な芝生。開放的ながら遮るものがなく、晴れた日はタープが必須で、風の強い日にはペグを念入りに打ち込むなどの対策も必要となる。
　園内には子ども用の遊具や遊歩道を設備するほか、シャワー施設を備えた海水浴場みなくるび〜ち（７月中旬〜８月中旬開設）にも隣接する。

※ペットの同伴は、リードの使用などマナー厳守でOK（バンガロー内への同伴は禁止）
※バンガローは予約制（予約は産業建設課公園住宅係で随時受付）　※花火は手持ち式のみOK　※ゴミは完全持ち帰り制

期間	QRマップ
5月1日 ▼ 10月31日	

MAP 21
ほろのべちょうふるさとのもり しんりんこうえんきゃんぷじょう
幌延町ふるさとの森 森林公園キャンプ場

☎01632-5-1116
天塩郡幌延町字幌延102-1 ※現地TELなし
←予約・問合先／幌延町産業建設課公園住宅係

MAPCODE® 530 671 267*41

予約　バンガローのみ可
持込テント料金　無料
オートキャンプ　不可
バンガロー　要予約で６人用１棟2, 500円３棟（照明付）

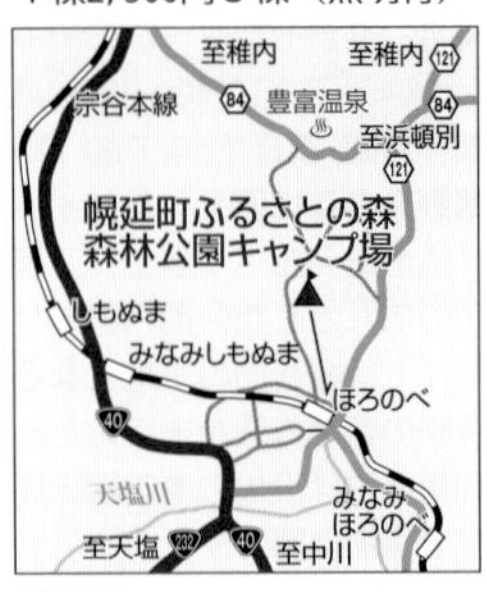

芝生の平坦なテントサイト（左）と写真右下が水洗トイレ。上は車を横付けできるバンガロー

貸用具　なし
管理人　不在
施設利用時間　IN 14:00〜 OUT 10:00まで（バンガロー）
施設・設備　水洗トイレ・炊事場各１棟、管理棟、コンビネーション遊具など
Ⓟ　約40台（無料）
風呂　幌延町老人福祉センター（大人410円、13:00〜19:15受付終了、水曜・毎月最終月曜・1月1日と2日・7月15日・8月15日休）まで約400m

■森に囲まれた無料の施設

　公園内にある場内に木立は少ないが、森に囲まれ林間気分を味わえる。近年の再整備で設備が更新され、バンガローもリフォームされて見違えるようにきれいになった。

買い物　（上段）：遠別町市街のセイコーマートまで約1.5km、スーパーまで約2km
（下段）：幌延町市街のスーパーまで約800m、セイコーマートまで約1.3km

AREA GUIDE

地平線を一望! サロベツ湿原の魅力

湿原を巡る木道からは雄大な景色が楽しめ、天気が良ければ湿原の彼方に秀峰・利尻山も眺められる

初夏から秋がおすすめ 湿原植物と野鳥の楽園

北海道北部の日本海側に広がるサロベツ湿原は、面積が6,700haという日本国内屈指の規模を誇る。季節の花々で彩られる大湿原と、洋上に利尻山を望む雄大な景色は素晴らしく、日本最北の「利尻礼文サロベツ国立公園」に指定されている。

日本最大の高層湿原として知られ、動植物の宝庫でもあることから、自然保護のため、自由に立ち入ることは控えたい。そこで、その魅力に触れるなら、豊富町と幌延町の案内施設を上手に利用したい。

●公園内の施設と木道を利用

サロベツ湿原の北側、豊富町には「サロベツ湿原センター」、南側の幌延町には「幌延ビジターセンター」がある。

サロベツ湿原センターには、展望デッキや休憩デッキを設備した約1㎞の木道が、幌延ビジターセンターには、長沼などと結ばれた木道が、それぞれ整備されている。

各施設内には、湿原の自然や成り立ちを解説する展示も用意。湿原散策の前に立ち寄り、さまざまな知識を学んでおくと、奥深い湿原の世界をより楽しめるはずだ。

●季節の花々と野鳥を堪能

湿原では春から秋にかけて、ミズバショウ(4月下旬)をはじめ、タテヤマリンドウ(5月中旬)やホロムイイチゴ(6月)、エゾカンゾウ(6月下旬)、ノハナショウブ(7月上旬)、タチギボウシ(7月中旬)、サワギキョウ(8月)、エゾリンドウ(8～9月)など、可憐な湿原植物が次々に咲き乱れる。

またラムサール条約に登録されているサロベツ湿原は、野鳥たちの楽園でもある。5月中旬～7月中旬には、ツメナガセキレイやノゴマなどが観察可能。さらに、チュウヒやオオジシキ、タンチョウなどが繁殖する。加えて渡り鳥の中継地でもあるため、春と秋にはコハクチョウやマガン、オオヒシクイなど数千～数万羽の群れが飛来し壮観だ。

6月下旬が見頃のエゾカンゾウ

夏鳥のツメナガセキレイ

豊富町「サロベツ湿原センター」

幌延町「幌延ビジターセンター」

◇DATA

【サロベツ湿原センター】
(p303参照)

【幌延ビジターセンター】 住所：天塩郡幌延町字下沼／☎01632-5-2077／開館時間：9:00～17:00／開館期間：5～10月で期間中無休

※写真提供／サロベツ・エコ・ネットワーク

※予約制（予約は利用日の６カ月前より道の駅ピンネシリで受付〈9:00～17:00〉） ※ゴミは指定ゴミ袋500円購入で受け入れ
※コテージとキャンピングボックスは通年利用可で、キャンセル料あり ※ペットの同伴はリード使用などマナー厳守でOK

期間 5月中旬▼10月中旬　QRマップ

MAP 22 なかとんべつぴんねしりおーときゃんぷじょう

中頓別ピンネシリオートキャンプ場

☎01634-7-8510　枝幸郡中頓別町字敏音知（交流プラザ・道の駅ピンネシリ）

MAPCODE® 684 761 001*16

予約　可（詳細は欄外参照）
入場料　高校生以上300円、中学生以下100円
フリーサイト　持込テント１張１泊350円
オートサイト　スタンダードカーサイト：1区画2,000円10区画（野外炉付）／カーサイト：1区画2,500円３区画（電源・水道付）
宿泊施設　コテージ：４人用16,000円２棟、６人用24,000円２棟／キャンピングボックス：４人用16,000円２棟（それぞれ諸設備を完備する貸別荘タイプ）
貸用具　テントなど各種有料
管理人　交流プラザに駐在
施設利用時間　IN 13：00（コテージ15:00）～17：00　OUT 11:00（コテージ10:00）
施設・設備　水洗トイレ２棟、炊事場１棟、野外炉、管理・受付の交流プラザ（ランドリー・売店併設）など
P　約20台（無料）
温泉　ピンネシリ温泉（大人400円、10:30～20:30受付終了、第２・４月曜休で祝日は翌日休）に隣接

オートサイトには写真右下の流しと野外炉を設備（だ円写真はキャンピングボックス）

温かみのあるウッディなコテージ

肌がすべすべになるピンネシリ温泉

簡素な設備が心地いい シンプルなオートサイト

本格オート施設ながら簡素な設備が心地よく、自然の中でのんびりと過ごせる。

軽登山に最適な敏音知岳に加え、管理兼務の道の駅や、泉質のいい温泉施設に隣接するなど利便性は高い。花火は手持ち式のみ使用可。

ROUTE

国道275号を中頓別市街から音威子府村方向へ15kmほど進んだ国道右手に「ピンネシリ温泉」がある。キャンプ場は国道を挟んだその向かい側（国道左手）。音威子府村市街からは同国道を逆回りで約26kmで現地。

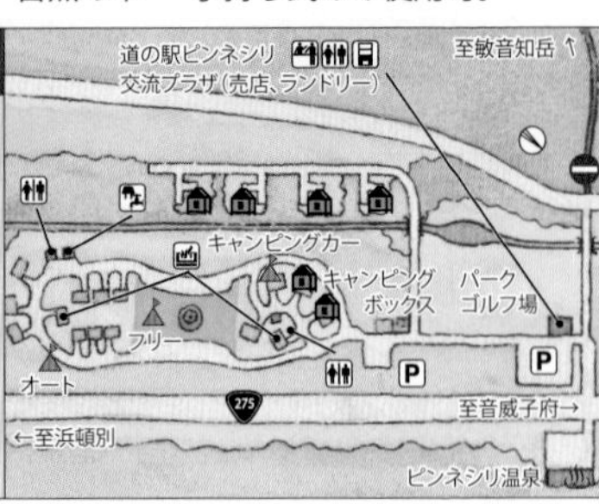

買い物　中頓別町市街のセイコーマートまで約15km

※施設は月曜定休（祝日の場合は翌日休）　※車中泊は持込テント料金と同額で可　※ゴミは完全持ち帰り制

期間	QRマップ
6月上旬 ▼ 9月下旬	

MAP 23
うそたんないさきんさいくつこうえんきゃんぷじょう
ウソタンナイ砂金採掘公園キャンプ場

☎01634-5-6313
枝幸郡浜頓別町字宇曽丹
◎問合先／浜頓別町産業振興課商工観光係 ☎ 2-2346

MAPCODE® 644 508 184*06

予約　不可
持込テント料金　中学生以上1人400円、小学生200円
オートキャンプ　不可
バンガロー　なし
貸用具　鉄板・金網各200円
管理人　駐在（9:00～17:00）
施設・設備　簡易水洗トイレ・炊事場各1棟、流し1カ所、管理棟のゴールドハウス内に売店併設、バーベキューハウス、砂金掘り体験（川堀り1人500円、水槽掘り1人1,000円）
Ⓟ　約30台（無料）
温泉　浜頓別町のはまとんべつ温泉ウイング（p322参照）まで約15km
MEMO　砂金採掘体験は、道具一式と指導料込み。ウソタン川での一攫千金パターン（9:00～16:30）と、確実にいくらかは見つかる水槽パターン（30分間）が選択できる

河畔のテントサイトには木陰の部分もある（左下は管理棟のゴールドハウス）

サイト全景。写真左奥が水槽のあるテント

ウソタン川で砂金を探す一攫千金派

一攫千金を夢見ながら砂金掘り＆キャンプを

1898（明治31）年6月、頓別川上流で砂金が発見された。これをきっかけに、ウソタン川でも有望な砂金場が見つけられ、この一帯にゴールドラッシュが巻き起こったのである。管理棟兼務のゴールドハウスは、その記念の建物だ。

テントサイトは、ウソタン川沿いに広がる平坦な草地。川では先客が真剣に砂金を探している。だからここにテントを張ると、誰もが砂金掘りに挑戦したくなってしまう。一攫千金を狙ってみては？

ROUTE

国道275号の浜頓別町下頓別から、道道586号（豊牛・下頓別線）に入り、約2kmで看板に従って右折。道なりに進んだウソタン川の手前、川沿いにある。要所ごとに看板が出ているので、迷うことはないだろう。

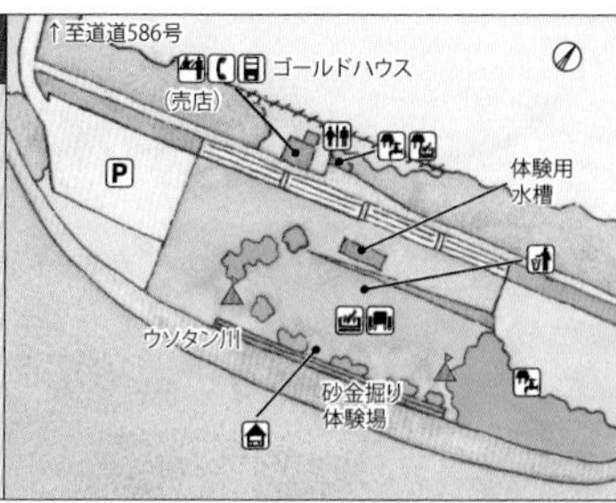

買い物　浜頓別町市街のスーパーまで約10km、セイコーマートまで約13km

※ペットの同伴は６～９月の期間のみ、リードを使用するなどマナー厳守でOK　※有料のEV車（電気自動車）電源２基あり

期間	QRマップ
5月上旬 ▼ 10月下旬	

MAP 24

くっちゃろこはんきゃんぷじょう

クッチャロ湖畔キャンプ場

☎01634-2-4005

枝幸郡浜頓別町クッチャロ湖畔
◎問合先／はまとんべつ温泉ウイング ☎ 2-4141

MAPCODE® 644 747 722*63

予約　不可
持込テント料金　中学生以上１人400円、小学生200円
オートキャンプ　不可
バンガロー　なし
貸用具　毛布１枚350円
管理人　直売所に駐在（9:00～17:00 ※変動あり）
施設・設備　水洗トイレ２棟、炊事場３カ所（うちコインランドリー・炊事炉併設１棟）、直売所内に管理事務所
Ⓟ　約200台（無料）
温泉　はまとんべつ温泉ウイング（大人600円、11:00～20:30受付終了。11:00～14:00と、4～10月の6:00～8:30は450円で入浴可）に隣接
MEMO　温泉前にパークゴルフ場（18H・有料）あり

湖畔の芝生サイトは好みの場所にテントを設営できる（右上ははまとんべつ温泉ウイングの斜め向かいにあるコインランドリー棟、左下は温泉施設の浴場）

車は湖岸の通路沿いに駐車できる

管理を兼務する場内出入口の直売所

野鳥の聖域内に位置する広々とした湖畔のサイト

　全国で３番目にラムサール条約の登録湿地に指定されたクッチャロ湖。キャンプ場は、春と秋に数千羽のコハクチョウが飛来する湖畔にある。

　テントサイトは湖岸沿いに広がる帯状の芝地で、視界の開けた開放的な空間だ。サイトの奥にはテント床もあるが、好きな場所に自由にテントを張ることができる。

　また、駐車場付近には管理事務所を兼務する直売所や、水洗トイレとコインランドリーを併設する炉付炊事場、サイトの奥にもトイレと流しが設備され、どこにテントを張っても不便は感じない。

ROUTE

　国道238号と同275号が合流する浜頓別町市街から約1.5km。枝幸町側から国道238号利用で浜頓別町に入った場合は、宗谷岬方面（右折）への交差点をそのまま直進する。市街に入ると、至る所に案内看板があるのでわかる。

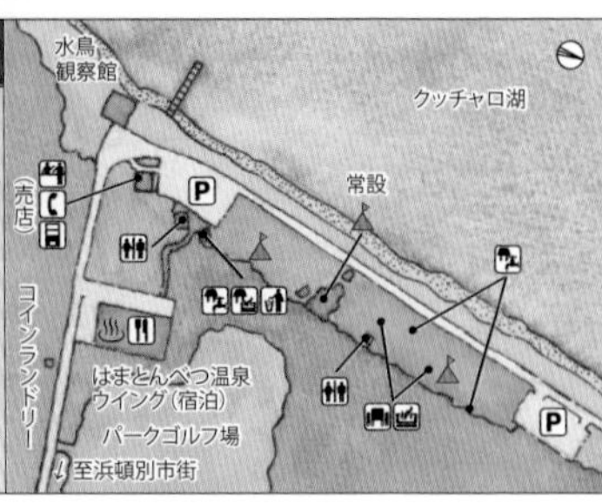

買い物　浜頓別町市街のスーパー、またはセイコーマートまで約2km

※バンガローは予約制（利用日の１カ月前から電話・公式サイト〈https://kabutonuma-camp.com/index.html〉で受付開始）
※連泊割引サービスあり　※Wi-Fi環境は受付周辺のみ　※花火は21:00以降不可

期間：5月1日 ▼ 9月30日　QRマップ

MAP 25

かぶとぬまこうえんきゃんぷじょう

兜沼公園キャンプ場

☎0162-84-2600

天塩郡豊富町字兜沼
◎問合先／豊富町商工観光課 ☎ 73-1711

MAPCODE® 353 159 739*76

予約　バンガローのみ可

持込テント料金　１～２人用1張830円、3人用以上1,040円

オートキャンプ　不可。荷物の搬出入時のみ接近可

宿泊施設　バンガロー：３人用1棟1,570円５棟／やすらぎの家：２人用1,570円１棟・４人用3,140円５棟／10人用5,230円２棟（全棟電源付）

貸用具　毛布など各種有料で

管理人　駐在（9:00～18:00）

施設利用時間　IN 13:00～ OUT 10:00まで

施設・設備　水洗トイレ３棟、炊事場４棟（うち炉付２棟）、管理のインフォメーションセンター（売店併設）など

Ⓟ　約100台（無料）

温泉　豊富温泉ふれあいセンター（大人510円、10:00～20:30受付終了、火曜休、祝日の場合は翌日休、及び隔週の木曜休）まで約23km

MEMO　キャンパーには温泉入浴割引券を配布。駐車場は夜間にゲート閉鎖があるのでご注意を。ゴミは指定の有料袋利用で受け入れ

林間のサイトは手入れがよく快適に過ごせる（右下はふれあいセンターの浴場）

通路沿いの炊事場（手前）とトイレ

シンプルなログ造りのやすらぎの家

針・広混交林に包まれた素朴なサイトが人気

　水鳥が飛来する兜沼湖岸に草地のサイトが広がる。雰囲気のよさから道内でも人気が高く、利用者層は幅広い。

　オートキャンプはできないが、荷物の搬出入時のみ、場内の通路を使い設営場所近くに車で近づける。連泊割引の設定があるのもうれしい。

ROUTE

　国道40号を豊富町市街から稚内方面へ約17km行った左手に兜沼入口（キャンプ場）の看板が見える。これに従って国道から左折し、約３kmでＪＲかぶとぬま駅との分岐。ここを左方向に進み、踏み切りを渡ってすぐ。

買い物　豊富町市街のスーパー、セイコーマートまで約17km

※予約制（利用日の1カ月前から電話・公式サイト〈https://kabutonuma-camp.com/index2.html〉で受付開始）
※連泊割引サービスあり　※ペットの同伴は指定サイトのみOK、予約時に確認を　※Wi-Fi環境は受付周辺のみ　※花火は21:00以降不可

期間	QRマップ
5月1日 ▼ 9月30日	

MAP 26
かぶとぬまおーときゃんぷじょう
兜沼オートキャンプ場

☎0162-84-2600
天塩郡豊富町字兜沼
◎問合先／豊富町商工観光課 ☎ 73-1711

MAPCODE® 353 188 141*02

予約　可（詳細は欄外参照）
フリーサイト　セミオートタイプ1張1,040円（車13台分）
オートサイト　一般サイト（設備なし）：1区画1,570円28区画／一般サイト（電源付）：1区画2,090円29区画／キャンピングカーサイト（給排水・電源付）：1区画2,610円5区画
宿泊施設　コテージ5人用1棟12,570円3棟（諸設備完備）
貸用具　寝袋など各種有料で
管理人　駐在（9:00～18:00）
施設利用時間　IN 13:00～ OUT 10:00まで
施設・設備　管理のセンターハウス内に車イス対応水洗トイレ・炊事場ほか併設
Ⓟ　約100台（無料）
温泉　豊富温泉ふれあいセンター（p323参照）まで約23km
MEMO　キャンパーには温泉入浴割引券を配布。ゴミは指定の有料袋利用で受け入れ

日当たりのいい湖岸に広がるオートサイト（左下はキャンピングカーサイトの流し）

フリーサイトはセミオートスタイル

別荘スタイルのコテージ

明るく広く、開放的な沼岸のオートサイト

周囲約12kmの兜沼北東岸にある本格オートキャンプ場。お隣の公園キャンプ場とは対照的に、こちらはさえぎるものがない開放的な芝生サイトが広がる。ロケーションのよさはもちろん、浴室まで付いた別荘タイプのコテージなど、豪華な設備も魅力のひとつ。そのため、こちらはファミリ層が利用の中心となる。

受付は前頁「兜沼公園キャンプ場」が兼務。連泊時は料金の割引サービスもある。

ROUTE

国道40号を豊富町市街から稚内方面へ約17km行った左手に、兜沼入口（キャンプ場）の看板が見える。これに従って国道から左折し、約3kmでJRかぶとぬま駅との分岐。ここを左方向に進み、踏み切りを渡ってすぐ。

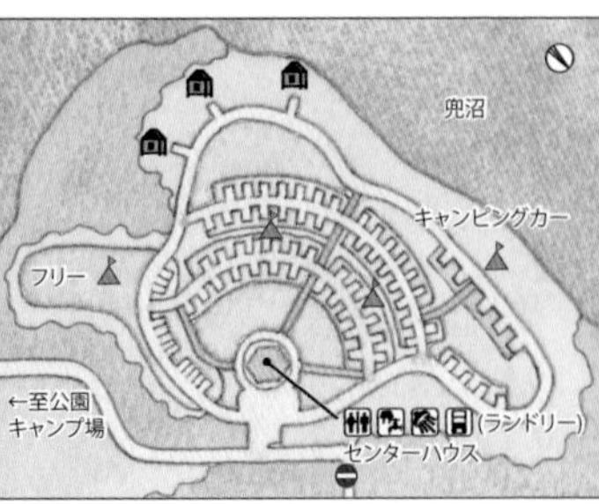

買い物　豊富市街のスーパー、セイコーマートまで約17km

※予約制（予約は利用月の３カ月前の１日より公式サイト〈https://soyafureaikoen.com/〉や電話で受付）※サイト料金等変更の場合あり
※ペット同伴はマナー厳守で指定場所のみOK（条件等の詳細は要問合せ） ※Wi-Fi環境は受付のみ ※ゴミは分別の上、無料で受け入れ

期間	QRマップ
4月27日 ▼ 9月30日	

MAP 27 ほっかいどうりつそうやふれあいこうえん

北海道立宗谷ふれあい公園

☎0162-27-2177 稚内市声問５丁目40-1

MAPCODE® 353 826 129*35

予約　可（詳細は欄外参照）
施設維持費（入場料）　中学生以上500円、小学生300円
フリーサイト　セミオートタイプで1区画500円～計24区画
オートサイト　プライベートサイト：１区画800円～計24区画（電源・上水道・炊事台付）／キャンピングカーサイト：１区画1,500円～計４区画（電源・上水道・炊事台付）
宿泊施設　Aロッジ：6人用1棟10,000円～計5棟／Bロッジ：8人用1棟11,000円～計5棟／Cロッジ（バリアフリー）：１棟10,000円～1棟（諸設備完備）
貸用具　各種有料で（予約制）
管理人　期間中24時間駐在
施設利用時間　IN 13:00～19:00（ロッジ15:00～19:00） OUT 8:00～11:00
施設・設備　水洗トイレ３棟、炊事場２棟、キャンパーズハウス（無料温水シャワー・コインランドリー併設）など
温泉　港のゆ（露天風呂付、大人680円、10:00～21:30受付終了）まで約８km
MEMO　ゲートは夜間閉鎖、花火は手持ち式のみ可

広々としたオートサイトの周囲の小高い部分にロッジが立ち並ぶ（だ円写真は管理棟、左下はフリーサイトの炊事場）

設備完備で別荘タイプのロッジ

ヤムワッカナイ温泉港のゆの内湯

広大な園地内にある設備充実の本格オート

丘に囲まれた本格オートキャンプ場。園地は広大で、無料シャワーやランドリー併設の施設もあって快適だ。なお、掲載料金は閑散期の割引料金で、夏休み期間は割高な繁忙期料金となる。事前に公式サイトなどで確認してほしい。

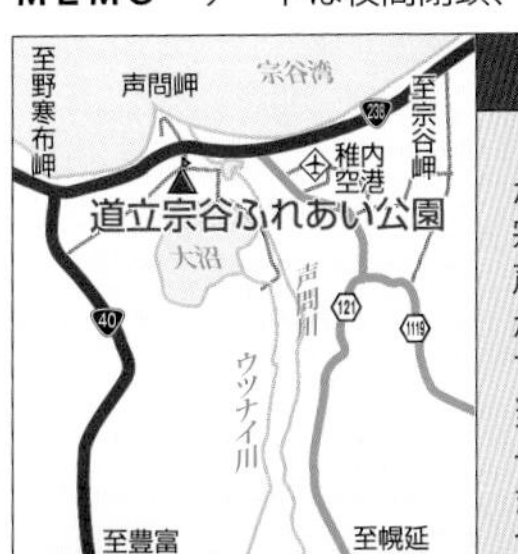

ROUTE

国道40号を稚内市街から国道238号に入り、宗谷岬方面へ約５kmの声問岬を過ぎたあたりから右折、表示に従って道なりに進んだ突き当たりが現地。ビジターセンターで受付を済ませた後、専用カードでサイト内へ入場する。

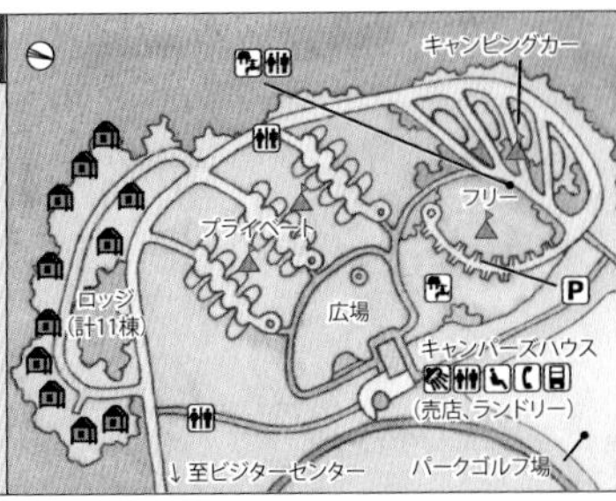

買い物　はまなす地区のセイコーマートまで約7km。またスーパー、コンビニの多数ある稚内市街まで約8km

※コテージは予約制（予約はグリーンパークホテル ☎ 68-3101 で随時受付）
※ペットの同伴は、リードの使用などマナー厳守でOK（建物内への同伴は禁止）

期間	QRマップ
5月中旬 ▼ 10月中旬	

MAP 28

うたのぼり健康回復村ふれあいの森キャンプ場

うたのぼりけんこうかいふくむらふれあいのもりきゃんぷじょう

☎0163-68-2111

枝幸郡枝幸町歌登辺毛内 ※現地TELなし
←問合先／枝幸町歌登総合支所

MAPCODE® 571 106 191*83

予約　コテージのみ可
持込テント料金　無料
オートキャンプ　無料（炊事場周辺に普通車約10台可能）
宿泊施設　コテージ８人用１棟28,000円３棟（諸設備完備）
貸用具　なし
管理人　巡回
施設・設備　簡易水洗トイレ・炊事場（炉付）各１棟、センターハウス（流し付の休憩舎）
Ⓟ　約20台（無料）
温泉　うたのぼりグリーンパークホテル（大人480円、10:00～21:30受付終了。月曜、または月曜が祝日の場合の翌日は15:00～）まで約２㎞

サイトは通路横の草地（左）。右奥が森林館、左下写真は炊事場。上はホテル裏手の豪華コテージ

■広大な高原の小さな施設

健康回復村内にあるキャンプ場。自然環境は抜群だが、通路両側の草地のサイトは狭く平らな部分も少ない。場内には荒天時の避難所にもなるセンターハウスがある。なお、ゴミは完全持ち帰り制。

※バンガローは予約制（４月１日より現地で受付開始）　※７月16日～22日、8月23日～25日は休業予定　※ゴミは完全持ち帰り制

期間	QRマップ
5月1日 ▼ 9月30日	

MAP 29

さるふつ公園キャンプ場

さるふつこうえんきゃんぷじょう

☎01635-2-2311

宗谷郡猿払村浜鬼志別214-7（道の駅さるふつ公園）

MAPCODE® 680 591 203*18

予約　バンガローのみ可
持込テント料金　中学生以上400円、小学生200円
オートキャンプ　上記料金で先着順（一部セミオート可）
バンガロー　４人用1棟5,000円計３棟（照明・電源・流し・トイレ・2段ベッド・暖房など）
貸用具　なし
管理人　管理・受付兼務の道の駅に駐在（9:00～17:30）
施設利用時間　IN 13:00～17:30　OUT 11:00まで（バンガローは10:00）
施設・設備　水洗トイレ・炊事場各１棟、パークゴルフ場
Ⓟ　24台（無料）
風呂　ホテルさるふつ憩いの湯（大人450円、13:00～19:00受付終了、木曜休）に隣接

車を横づけできるサイト（左）と写真左下は炊事場。バンガロー（上）は10月31日まで利用可

■最果ての地のテントサイト

道の駅横の海と牧場に挟まれた施設。状況により各期間や時間等は変動の可能性があるので、利用の際は確認を。

買い物　（上段）：歌登市街のスーパー、コンビニまで約10km
（下段）：猿払村浜鬼志別のセイコーマートまで約2km

MAP うすたいべせんじょういわきゃんぷじょう ※ゴミは町指定の有料ゴミ袋購入で受け入れ

30 ウスタイベ千畳岩キャンプ場

枝幸郡枝幸町岬町 ※現地TELなし
問合先／枝幸町観光課 ☎ (0163) 62-4242

MAPCODE® 571 775 006*22
予約 不可
期間 6月1日〜10月31日

持込テント料金 無料
オートキャンプ 可(設備なし)
バンガロー・貸用具 なし
管理人 不在
施設・設備 水洗トイレ2棟、炊事場(炉付)1棟、バーベキューコーナー10カ所など
Ⓟ 約150台(無料)
温泉 枝幸温泉ホテルニュー幸林(大人510円、10:00〜21:00受付終了)まで約3km

■オホーツク海を望むサイト
海に突き出た岬に広がるキャンプ場。眼前には千畳岩と呼ばれる平磯が広がる。約150張が設営できる草地サイトは、車の乗り入れOKという大らかさがいい。

MAP はまなすこうりゅうひろばきゃんぷじょう ※ゴミは町指定の有料ゴミ袋購入で受け入れ

31 はまなす交流広場キャンプ場

枝幸郡枝幸町岡島 ※現地TELなし
問合先／枝幸町観光課 ☎ (0163) 62-4242

MAPCODE® 957 136 765*27
予約 不可
期間 6月1日〜10月31日

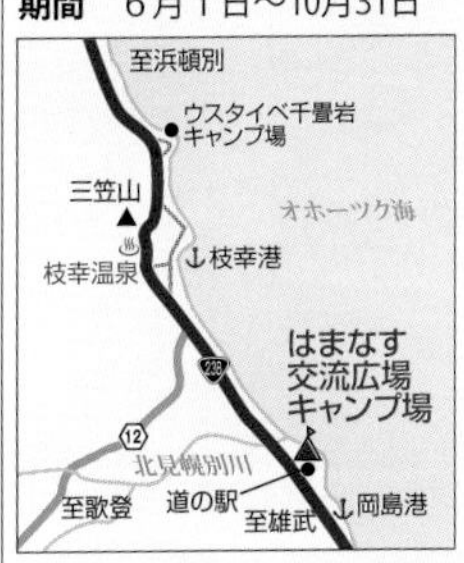

フリーサイト 無料
オートサイト 無料(計12区画、先着順)
バンガロー・貸用具 なし
管理人 不在
施設・設備 サイトに水洗トイレ・炊事場各1棟、隣のはまなす公園に車イス対応トイレ1棟
Ⓟ 約150台(無料)
温泉 枝幸温泉ホテルニュー幸林(前項参照)まで約9km

■利便性の高い穴場キャンプ場
道の駅マリーンアイランド岡島に隣接。先着順の区画サイトが整備され、さらにきれいな炊事場もありながら無料という、まさに穴場的施設だ。

MAP わっかないしんりんこうえんきゃんぷじょう ※ペットの同伴は、リードの使用などマナー厳守でOK ※生ゴミは持ち帰り制

32 稚内森林公園キャンプ場

稚内市ヤムワッカナイ ※現地TELなし
問合先／稚内市建設産業部農政課 ☎ (0162) 23-6476

MAPCODE® 353 875 146*45
予約 不可
期間 5月1日〜10月31日

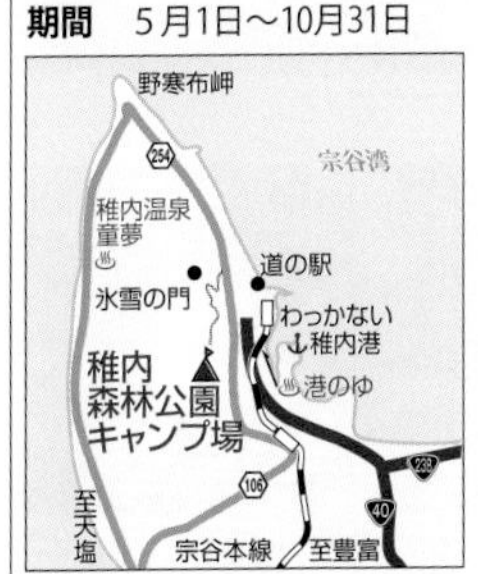

持込テント料金 無料
オートキャンプ 不可
バンガロー・貸用具 なし
管理人 不在
施設・設備 水洗トイレ・炊事場(うち1棟炉付)各2棟、炉付卓10基、あずまやなど
Ⓟ 四輪車約40台・二輪車約15台(各無料)
温泉 ヤムワッカナイ温泉港のゆ(p325参照)まで約4km

■眺望抜群の公園内無料サイト
森林公園最奥の高台に広がるサイトは、一部傾斜のある草地。眺望抜群ながら、強風には注意したい。フェリー乗り場に近く、離島への旅の中継地に最適だ。

買い物 (上段):枝幸町岬町のセイコーマートまで約1.5km (中段):「道の駅」まで約300m、枝幸町幸町のセイコーマートまで約8km
(下段):稚内駅前のセイコーマートまで約1.5km。また稚内市中央の卸売スーパーまで約2km

利尻・礼文GUIDE

名山の島「利尻」と、美しい花の島「礼文」

キャンプをしながら、島巡りを楽しもう

利尻・礼文のキャンプ場は、合わせて計7カ所。そのうち5カ所が利尻島にある。標高1,721mの名山「利尻山」を中心とする利尻島は、面積約182㎢という大きい島。森林地帯も多く、海洋の鳥はもちろん、山麓でも普通は高山帯に生息する鳥を見ることができる“野鳥の宝庫”だ。

一方、礼文島は面積約82㎢で、最も高い所でも礼文岳の標高490mという、なだらかな島。全体が緑の絨毯で覆われ、海抜0mの海辺にも高山植物が見られる。また、レブンアツモリソウやレブンウスユキソウなど、礼文島にしか咲かない固有種が多く、世界的に貴重な花の島でもある。

立ち寄りポイントは、利尻島なら浜でウニや昆布を採ったり食べたりできる「神居海岸パーク」や、クラフト体験もできる島の駅「海藻の里・利尻」。礼文島なら、「高山植物園」や最北の縄文文化を伝える「郷土資料館」がいい。

◎**利尻・礼文フェリー情報**

キャンプ期間内の稚内から両島へのフェリーの時刻表と料金は次ページの通り。なお、定時便のほか必要に応じて1日2便まで臨時便を運航することがあるので、以下のいずれかに問い合わせてほしい。

《ハートランドフェリー》
札幌／☎(011)233-8010
稚内／☎(0162)23-3780
鴛泊／☎(0163)82-1121
沓形／☎(0163)84-2424
香深／☎(0163)86-1662

《自動車航送運賃》

次ページのフェリー料金のうち、自動車の項は自動車航送運賃のこと。車両の長さにより運賃が異なり（3段階のみ掲載）、いずれも運転者1人分の2等旅客運賃が無料。手続きの際に車検証が必要だ。

◎**利尻・礼文の島内交通**

両島とも、島内には貸自転車・貸バイク・レンタカー、タクシー(ハイヤー)がある。そのほか路線バスや周遊観光バスもあるので、詳細は下記に問い合わせてほしい。

《利尻島・礼文島観光案内》
利尻富士町産業振興課商工観光係 ☎(0163)82-1114
利尻富士町観光案内所 ☎(0163)82-2201
利尻町観光協会 ☎(0163)84-3622
礼文町役場産業課 ☎(0163)86-1001
礼文島観光案内所 ☎(0163)86-2655

天気が良ければサハリン(樺太)を望める、礼文島最北端のスコトン岬。香深港からはバスで1時間ほど。正面に見えるのは無人のトド島

利尻北麓野営場近くの「甘露泉水」

原生林に囲まれた利尻の姫沼

礼文島固有種のレブンアツモリソウ

礼文島には、花と海の眺望を味わいながら散策を楽しめる岬めぐりコースほか各種コースがある。上の写真は、岬めぐりコース中間地点にある澄海(すかい)岬。澄んだコバルトブルーの海原と断崖絶壁の入江や奇岩は必見

フェリー時刻表（ハートランドフェリー／2024年2月現在）

（　）は利尻島・鴛泊経由便

期間	稚内～利尻島間		稚内～礼文島間		利尻島～礼文島間	
	稚内発～鴛泊着	鴛泊発～稚内着	稚内発～香深着	香深発～稚内着	鴛泊発～香深着	香深発～鴛泊着
4月28日～5月31日	06:45～08:25 10:10～11:50 14:30～16:10	08:55～10:35 14:35～16:15 16:40～18:20	06:30～08:25 (10:10～13:00) 14:45～16:40	08:55～10:50 (13:25～16:15) 17:05～19:00	12:15～13:00	13:25～14:10
6月1日～9月30日	07:15～08:55 11:15～12:55 16:40～18:20	08:25～10:05 12:05～13:45 17:40～19:20	06:30～08:25 10:30～12:25 14:50～16:45	08:55～10:50 14:20～16:15 17:10～19:05	鴛泊発～香深着 09:20～10:05 13:15～14:00 沓形発～香深着 15:30～16:10	香深発～鴛泊着 10:25～11:10 16:30～17:15 香深発～沓形着 12:50～13:30
10月1日～31日	06:45～08:25 10:10～11:50 14:30～16:10	08:55～10:35 14:35～16:15 16:40～18:20	06:30～08:25 (10:10～13:00) 14:45～16:40	08:55～10:50 (13:25～16:15) 17:05～19:00	鴛泊発～香深着 12:15～13:00	香深発～鴛泊着 13:25～14:10

フェリー料金（片道）

※消費税込み

		稚内～利尻	稚内～礼文	利尻～礼文	
		稚内～鴛泊	稚内～香深	鴛泊～香深	香深～沓形
旅客	1等ラウンジ運賃	5,640円	6,170円	2,180円	2,180円
	1等和室運賃	4,960円	5,510円	1,870円	1,870円
	2等運賃	2,990円	3,290円	1,140円	1,140円
自転車		1,890円	1,890円	970円	970円
自動2輪車	原付=125cc未満	3,810円	3,810円	1,890円	1,890円
	小中=750cc未満	5,710円	5,710円	2,850円	2,850円
	大型=750cc以上	7,590円	7,590円	3,800円	3,800円
自動車	4m未満	18,290円	20,500円	6,690円	6,690円
	5m未満	23,150円	25,940円	8,470円	8,470円
	6m未満	29,270円	32,790円	10,700円	10,700円

※7月以降の料金はフェリー会社Webサイトなどで確認を

※バンガローのみ予約制（予約は５月14日までは商工観光係、以降は現地で随時受付）※Wi-Fiは利用時間の制限あり
※ペットの場内同伴は不可だが、駐車場の車内から出さなければOK　※管理棟にコインロッカー（小200円／大500円）あり

期間	QRマップ
5月15日 ▼ 10月15日	

MAP 33

利尻北麓野営場

りしりほくろくやえいじょう

☎0163-82-2394

利尻郡利尻富士町鴛泊国有林
◎問合先／利尻富士町産業振興課商工観光係 ☎ 82-1114

MAPCODE® 714 490 449*45

予約　バンガローのみ可
フリーサイト　大人1人520円、中学生310円、小学生以下無料
オートサイト　1区画2,610円 ３区画（３台分）
ケビン　要予約で、１棟5,230円計５棟（照明・電源・毛布・ベッド付）
貸用具　なし
管理人　駐在（9:00～17:00）
施設利用時間　バンガローは IN 14：00～17：00　OUT 8:00～10:00
施設・設備　炊事場１棟、管理棟に水洗トイレ（車イス対応型）・シャワー（100円、9:00～17:00）・休憩所を併設
P　約25台（無料）
温泉　利尻富士温泉保養施設（露天風呂付、大人500円、12:00～21:00）まで約２km
MEMO　ゴミは分別の上、無料で受け入れ

森に囲まれた斜面に階段状に造られたフリーサイト（左上はシャワーやトイレを併設する管理棟、その奥に見えるのがフリーサイトの炊事場）

シンプルながらお洒落なケビン

眺めのいい利尻富士温泉の露天風呂

野趣を残しながらも 最新の設備で使いやすく

利尻富士とも呼ばれる秀峰利尻山（1,721m）の、鴛泊ルート登山口に位置する野営場。登山道を15分ほど登れば、日本の名水百選「甘露泉水」が湧き、自然の恵みを満喫できることから人気が高い。

野趣あふれるテントサイトの環境を生かしながら、場内設備は最新のものに更新されており、使い勝手がいい。

設備充実の管理棟に加え、シンプルなバンガローも設備。さらに３台分ながら、オートサイトも用意されている。

ROUTE

鴛泊港フェリーターミナルから港を背に進路を右手にとり、道道105号を約500m進んだ先、「登山道」「利尻富士温泉」の看板を左折。約800m先右手に利尻富士温泉があり、そのまま道なりに約２km進んだ登山口手前が現地。

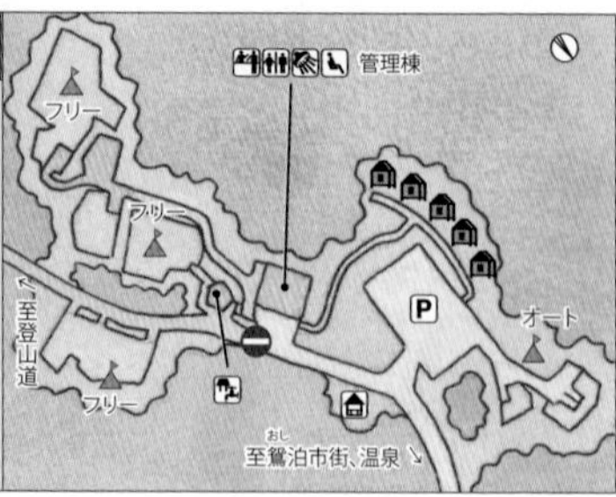

買い物　鴛泊市街のセイコーマートまで約3km

※宿泊施設は予約制（予約は４月末までは商工観光係で受付、以降は現地で随時受付）
※ペットの場内同伴は不可だが、駐車場の車内から出さなければOK　※Wi-Fiは利用時間の制限あり

期間 5月1日 ▼ 10月31日

MAP 34

りしりとうふぁみりーきゃんぷじょう ゆ〜に

利尻島ファミリーキャンプ場 ゆ〜に

☎0163-82-2166

利尻郡利尻富士町鴛泊字栄町
◎問合先／利尻富士町産業振興課商工観光係 ☎ 82-1114

MAPCODE® 714 551 284*53

予約　宿泊施設のみ可
入場料　大人520円、身障者・小学生以下310円（持込テント料金を含み、計40張収容）
オートキャンプ　不可
宿泊施設　コテージ：設備完備で５人用１棟16,760円４棟／バンガロー：６人用7,330円２棟、4人用5,230円4棟（照明・電源・２段ベッド・寝具・電気ポット・座卓・暖房付）
貸用具　寝袋・テント・タープ・コンロなど各種有料で
管理人　駐在（7:00〜19:00）
施設利用時間　IN 14:00〜19:00　OUT 10:00まで
施設・設備　車イス対応水洗トイレ・炊事場各１棟、バーベキュー施設、管理棟など
Ⓟ　８台（無料）
温泉　利尻富士温泉保養施設（p330参照）まで徒歩１分

芝生のサイトからは海を望めるほか、背後には利尻岳も姿を見せる（左上）

貸別荘タイプのコテージ

設備充実でお得なバンガロー

利尻富士温泉向かいの眺めのいいキャンプ場

鴛泊港フェリーターミナルから２㎞弱、利尻富士温泉の真向かいにあるキャンプ場。約40張のフリーサイトに加え、貸別荘クラスのコテージ、バンガローも設備されている。

キャンプ場の隣に温泉があり、フェリー港からも徒歩圏内という立地条件のよさ。おまけに設備も充実しているのだから、利用価値は高い。

なお、フリーサイト用の駐車場は８台分しかないが、温泉施設横の駐車場も利用できるので、不便はないはず。ゴミは無料で受け入れる。

ROUTE

鴛泊港フェリーターミナルから港を背に進路を右手にとり、道道105号を約500m進んだ先、「登山道」「利尻富士温泉」の看板を左折。約800m先右手に利尻富士温泉が見えてくる。そのすぐ先左手の看板から進入すると現地。

買い物　鴛泊市街のセイコーマートまで約1km

※テント料金などは変更の場合あり
※バンガローは予約制(予約は４月１日より利尻町建設課で受付開始)　※焚き火はテントサイト付近の焼き台を使用

期間 5月1日 ▼ 10月31日　QRマップ

MAP 35

りしりちょうしんりんこうえん
利尻町森林公園

☎0163-84-3551

利尻郡利尻町沓形字富野7-1
◎問合先／利尻町建設課 ☎ 84-2345

MAPCODE® 714 332 474*03

予約　バンガローのみ可
持込テント料金　１張500円
オートキャンプ　不可
バンガロー　要予約で４人用１棟3,000円８棟（照明・２段ベッド・毛布・枕付）
貸用具　なし
管理人　駐在（7:30～18:00）
施設利用時間　IN 14:00～18:00　OUT 10:00（バンガローは9:00）まで
施設・設備　水洗トイレ２棟、炊事場（炉付）１棟、管理棟、バーベキュー広場（野外炉７基付）、テーブルベンチ２基など
Ⓟ　約20台（無料）
温泉　利尻ふれあい温泉ホテル利尻（露天風呂付、大人650円、13:00～20:30受付終了、不定休）まで約800m
MEMO　釣りは沓形港周辺で春はカレイ・ホッケ、夏はアブラコ・ソイなど。ゴミは分別の上、無料で受け入れ

野鳥が集まる原生木の下に広がる、階段状になった草地のテントサイト

夏場は予約でいっぱいのバンガロー

利尻ふれあい温泉の露天風呂

入浴施設や海にも近い野鳥の森のテントサイト

港のある沓形市街からすぐの所にあるキャンプ場だが、場内に入ると驚かされる。森林公園だから樹木の多いのは当たり前だが、サイト周辺には枯れた太い木が幾本か残され、その幹には大きな丸い穴が開いているからだ。

これは何と、クマゲラなどキツツキの仲間の巣穴だそうで、アカゲラやアリスイなども飛来する環境を持つ。またサイト周辺からは、沓形岬や礼文島を眺望できる。

ROUTE

鴛泊港からは、港を背に右手の道道105号（利尻富士・利尻線）に入り、約13kmで沓形市街。さらに道道を数百m進んだ左手に駐車場（これを利用）と公園への進入路がある。サイトまでは200mで、荷物搬出入時のみ接近可。

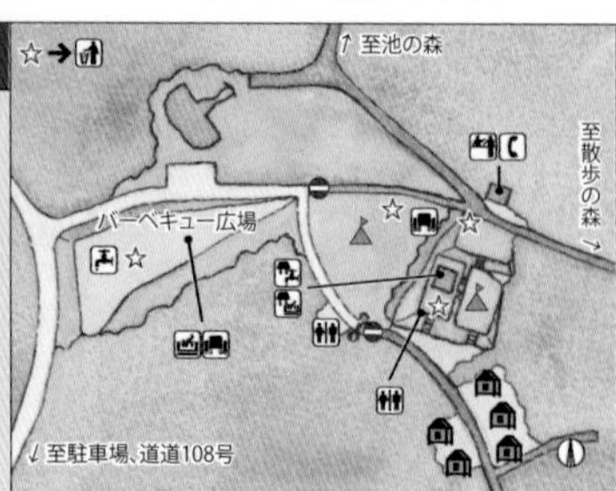

買い物　沓形市街のセイコーマートまで約1km

※ペットの場内同伴は不可だが、駐車場の車内から出さなければOK　※ゴミは分別の上、無料で受け入れ

期間	QRマップ
6月1日 ▼ 9月30日	

MAP 36　ぬまうらきゃんぷじょう

沼浦キャンプ場

☎0163-82-1114

利尻郡利尻富士町鬼脇字沼浦 ※現地TELなし
←問合先／利尻富士町産業振興課商工観光係

MAPCODE® 714 140 363*58

予約　不可
持込テント料金　無料
オートキャンプ　不可
バンガロー・貸用具　なし
管理人　不在

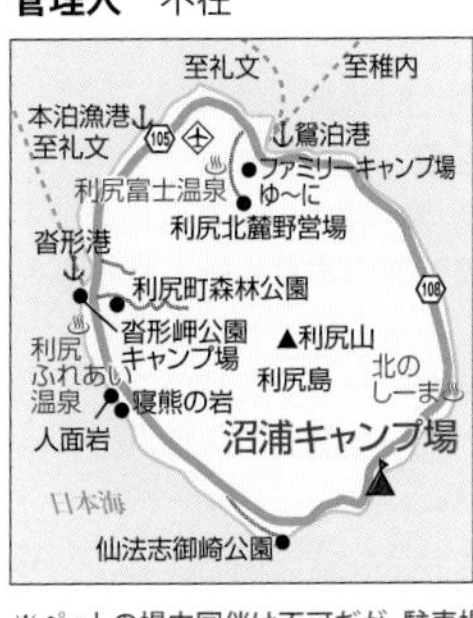

フラットな芝生サイトで施設も整う(左)。温泉入浴は町営施設「北のしーま」(上)が近い

施設・設備　トイレ(非水洗)・炊事場各１棟、夜間照明灯、展望台など
Ⓟ　約20台（無料）
温泉　北のしーま(大人500円、15:00～20:00、月・第４金曜休)まで約３km

■海水浴場至近の無料サイト

最小限ながら設備は充分のキャンプ場。利尻島唯一の砂浜である沼浦海岸のすぐそばに位置し、夏場は海水浴が楽しめる。キャンプ場の隣には日本最北限のアカエゾマツ原生林に囲まれたオタトマリ沼があり、１周約１kmの散策路を巡ることができる。また、その周辺は湿原となっているので、散策時に湿原植物を観察するのもいい。

※ペットの場内同伴は不可だが、駐車場の車内から出さなければOK

期間	QRマップ
5月1日 ▼ 10月31日	

MAP 37　くつがたみさきこうえんきゃんぷじょう

沓形岬公園キャンプ場

☎0163-84-2345

利尻郡利尻町沓形字富士見町 ※現地TELなし
←問合先／利尻町産業課

MAPCODE® 714 361 062*71

予約　不可
持込テント料金　１張1泊500円
オートキャンプ　不可
バンガロー・貸用具　なし

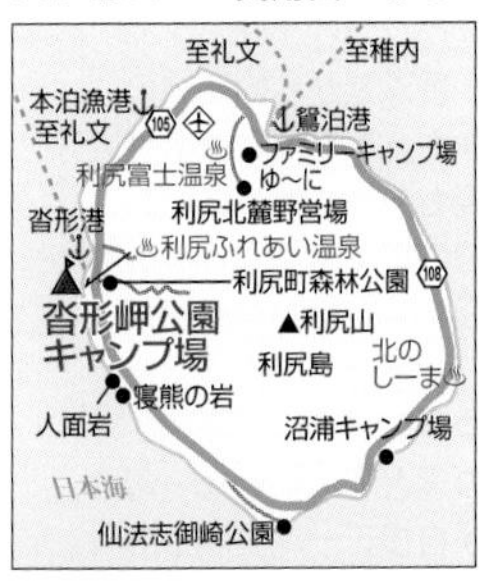

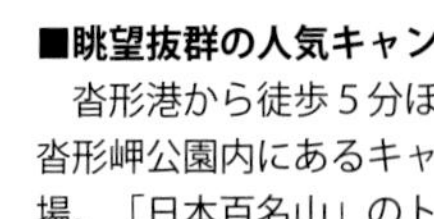

晴れた日には秀峰利尻富士の山容を望めるサイト(左)。トイレや炊事場もしっかり設備(上)

管理人　不在
施設・設備　簡易水洗トイレ・炊事場各１棟、野外炉１カ所、休憩所（コインランドリー併設）、ミニビジターセンター
Ⓟ　２カ所・約15台（無料）
温泉　利尻ふれあい温泉（p332参照）まで約500m
MEMO　ゴミは無料で受け入れ

■眺望抜群の人気キャンプ場

沓形港から徒歩５分ほどの沓形岬公園内にあるキャンプ場。「日本百名山」のトップを飾る、標高1,721mの利尻富士を望む眺望の良さが自慢だ。

さらに夕暮れの美しさも見事で、ライダーを中心とした道外キャンパーから、圧倒的な支持を受けている。

買い物　(上段)：鬼脇市街のセイコーマートまで約1.5km
(下段)：沓形市街のセイコーマートまで約1km

※オートサイトと宿泊施設は予約制（予約は４月１日より産業課で受付開始、オープン後は現地）
※礼文島温泉までの無料送迎バスあり　※車中泊は入場料を徴収　※ゴミは無料で受け入れ

期間 5月1日▼9月30日

MAP 38 くしゅこはんきゃんぷじょう
久種湖畔キャンプ場

☎0163-87-3110
礼文郡礼文町船泊字大備
◎期間外問合先／礼文町産業課 ☎ 86-1001

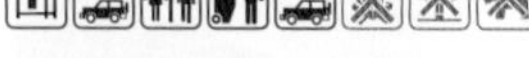

MAPCODE® 854 648 808*76

予約　フリーサイト以外は可
入場料　大人620円、小中学生310円
サイト使用料　フリーサイト：入場料のみ／オートサイト：1区画2,000円16区画（電源付）
宿泊施設　コテージ：5人用1棟 15,000円3棟（設備完備）／バンガロー：4人用2,000円6棟
貸用具　火器など有料で
管理人　駐在（7:00〜21:00）
施設利用時間　IN 14:00〜19:00　OUT 7:00〜10:00
施設・設備　共同水洗トイレ・共同炊事場各２棟、管理棟（ランドリー併設）など
Ⓟ　約30台（無料）
温泉　礼文島温泉うすゆきの湯（次項参照）まで約19km

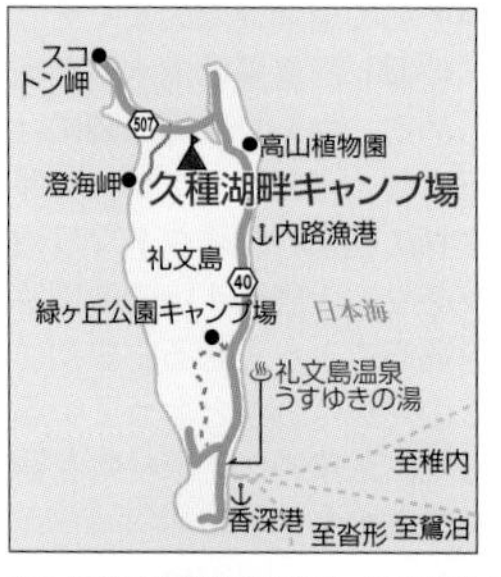

湖に面した芝生のフリーサイトと炊事場（左）。上は豪華なコテージ。簡素なバンガローもある

■湖畔の本格オートサイト
オートサイトから簡素なバンガローまでをバランスよく配置した施設。久種湖のほとりに位置し、サイト内には散策路も。夜間はゲートを閉鎖。

※入場料は変更の予定あり　※盲導犬を除くペットの同伴は禁止　※ゴミは無料で受け入れ

期間 5月1日▼10月31日

MAP 39 みどりがおかこうえんきゃんぷじょう
緑ヶ丘公園キャンプ場

☎0163-85-7131
礼文郡礼文町香深字香深井
←問合先／礼文町建設課

MAPCODE® 854 320 779*74

予約　不可
入場料　大人620円、小中学生310円
オートキャンプ　不可
バンガロー　なし
貸用具　なし
管理人　駐在（8:30〜17:15）
施設・設備　水洗トイレ・炊事場各１棟、管理棟、テーブルベンチ５基など
Ⓟ　約20台（無料）
温泉　礼文島温泉うすゆきの湯（露天風呂付、大人600円、12:00〜20:30受付終了、10〜３月は13:00〜）まで約５km

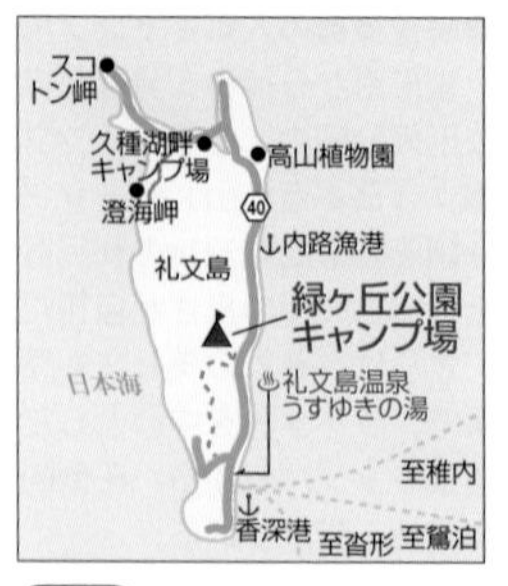

場内入口から見たテントサイトの全景（左）。上は香深港にある温泉入浴施設「うすゆきの湯」

■野鳥の森の静かな空間
香深港から約５kmの緑豊かなキャンプ場。道道付近は工場もあって俗っぽいが、管理棟の奥に広がるサイトは森に囲まれた静かな空間だ。
香深港に隣接の温泉「うすゆきの湯」は、源泉かけ流しの湯と利尻富士を一望の眺望が自慢。一度お試しあれ。

買い物（上段）：船泊市街のストアーまで約1km。また香深市街のセイコーマートまで約17km
（下段）：香深市街のセイコーマートまで約3.5km

全道ラジオ周波数一覧

放送局名 / 聴取エリア		AM(KHz)				FM(KHz)		
		HBCラジオ	STVラジオ	NHK第1	NHK第2	NHK-FM	AIR-G' FM北海道	FMノースウェーブ
渡島檜山	函館	900	639	675	1467	87.0	88.8	79.4
	日浦					83.6		
	今金			1161	1539			
	江差	1269	882	792	1359	89.7		
	松前			1161		85.7		
	北檜山	1098	882			86.0		
	奥尻大成					84.3		
石狩空知後志	札幌	1287	1440	567	747	85.2	80.4	82.5
	札幌大通					81.6	79.2	
	夕張					83.9		
	芦別					83.8		
	歌志内					84.3		
	深川					84.0		
	小樽					84.5	81.9	79.5
	岩内					84.2		
	ニセコ					78.9		
	南羊蹄					83.1		
	黒松内					84.6		
	島牧					85.7		
胆振日高	洞爺					81.6	86.5	
	室蘭	864	1440	945	1125	88.0	89.4	
	登別					84.9		
	苫小牧	801	1440					
	日高					84.1		
	静内					84.0		
	浦河			1341	1602	86.1		
上川	富良野					84.2		
	幾寅					84.7		
	旭川	864	1197	621	1602	85.8	76.4	79.8
	上川					84.5		
	名寄	1494	1197	837	1125	88.2		
	知駒					89.1		
十勝	新得					83.5		
	帯広	1269	1071	603	1125	87.5	78.5	82.1
	広尾			1584		83.8		
	本別					83.9		
	足寄					89.7		
釧路根室	釧路	1404	882	585	1152	88.5	86.4	80.7
	弟子屈					89.5		
	厚岸					85.5		
	根室	801	1062	1584	1359	85.6		
	中標津			1341	1539	89.9		
	羅臼					88.8		
網走	網走	1449	909				83.1	
	北見	801	1485	1188	702	86.0	87.8	
	新北見			1584		84.5		
	丸瀬布					84.5		
	遠軽	801	909	1026	1539	83.8		
	滝上					83.6		
	紋別					85.1		
	枝幸					89.9		
留萌宗谷	留萌	1557	1197	1161	1359	84.8		
	羽幌					83.8		
	遠別	864	1197	792	1602			
	中頓別			1026	1359			
	稚内	1368	1197	927	1467	84.5		
	礼文					89.7		

＊NHK-FMについては、周波数を一部割愛しました

温泉・入浴施設イエローページ

本書掲載及び関連の温泉(風呂)電話番号簿。ただし、地図のみに掲載の施設は除きます。施設名称は、各支庁単位で五十音順に並べました。なお、本文で名称を簡略化した場合もありますが、本欄では正式名称を表示しています。
※印は温泉ではない入浴施設　★印は日帰り入浴のみで宿泊不可の施設

地域	施設名称	電話番号	市町村	本文頁
渡島	長万部温泉ホテル	(01377)2-2079	長万部町	33
	温泉ホテル八雲遊楽亭(露天風呂付)	(0137)63-4126	八雲町	27
	グリーンピア大沼 温泉保養館ほっとぴあ しゅくのべの湯	(01374)5-2277	森町	32
	駒ヶ峯温泉ちゃっぷ林館(露天風呂付)	(01374)5-2880	森町	26·31·34
	知内温泉ユートピア和楽園(露天風呂付)	(01392)6-2341	知内町	34
	知内町健康保養センターこもれび温泉(露天風呂付)★	(01392)6-2323	知内町	33·34
	大盛湯(銭湯)★	(0138)57-6205	函館市	22·29
	ニヤマ温泉あじさいの湯(露天風呂付)	(0138)65-9000	七飯町	30
	函館市恵山福祉センター★	(0138)85-2800	函館市	29
	函館市戸井ウォーターパークふれあい湯遊館★	(0138)82-2001	函館市	23
	ひらたない温泉あわびの湯(露天風呂付)	(01398)2-3330	八雲町	28
	北斗市健康センターせせらぎ温泉(露天風呂付)★	(0138)77-7070	北斗市	24·25·30
	和(やわらぎ)の湯(露天風呂付)★	(0137)64-2626	八雲町	32
檜山	うずら温泉	(0139)65-6366	厚沢部町	39
	温泉ホテルきたひやま(露天風呂付)	(0137)84-4101	せたな町	45·46
	上里温泉 上里ふれあい交流センター(露天風呂付)★	(0139)64-3100	厚沢部町	38
	神威脇温泉保養所★	(01397)3-1130	奥尻町	42·43
	クアプラザピリカ(露天風呂付)	(0137)83-7111	今金町	46
	せたな公営温泉浴場やすらぎ館(露天風呂付)★	(0137)87-3841	せたな町	44·46
	花沢温泉(露天風呂付)★	(0139)55-1770	上ノ国町	36
	緑丘温泉みどりヶ丘の湯っこ(露天風呂付)	(0139)52-6310	江差町	37
石狩	石狩温泉番屋の湯(露天風呂付)	(0133)62-5000	石狩市	77·79·81
	石狩市浜益保養センター(露天風呂付)★	(0133)79-3617	石狩市	78·80·81
	えにわ温泉ほのか(露天風呂付)★	(0123)32-2615	恵庭市	66·67·73
	恵庭温泉ラ・フォーレ(露天風呂付)★	(0123)32-4171	恵庭市	54·55·58·67·73
	扇の湯(銭湯)※★	(011)611-6746	札幌市	74
	休暇村支笏湖	(0123)25-2201	千歳市	56·57
	小金湯温泉湯元 旬の御宿まつの湯(露天風呂付)	(011)596-2131	札幌市	60·62·69·70·74
	札幌あいの里温泉なごみ(露天風呂付)★	(011)778-7531	札幌市	64·72·80
	札幌市保養センター駒岡※★	(011)583-8553	札幌市	69·72·74
	しんしのつ温泉たっぷの湯(露天風呂付)	(0126)58-3166	新篠津村	76
	神宮温泉(銭湯)※★	(011)611-7992	札幌市	59·68
	千歳(せんさい)乃湯 えん(銭湯·露天風呂付)※★	(0123)40-1031	千歳市	65
	ていね温泉ほのか(露天風呂付)★	(011)683-4126	札幌市	71
	天然温泉やすらぎの湯 北のたまゆら江別(銭湯·露天風呂付)★	(011)381-2683	江別市	75
	根志越温泉くるみの湯★	(0123)24-5531	千歳市	66·73
	旅籠屋定山渓商店(露天風呂付)	(011)598-2928	札幌市	70
	豊平峡温泉(露天風呂付)★	(050)5539-5724	当別町	63·71

地域	施 設 名 称	電話番号	市町村	本文頁
空知	深川イルム温泉 アグリ工房まあぶ(露天風呂付)★	(0164)26-3333	深川市	104
	うたしないチロルの湯(露天風呂付)	(0125)42-5588	歌志内市	105･106
	浦臼町自然休養村センター	(0125)68-2727	浦臼町	96
	エルム高原温泉ゆったり(露天風呂付)★	(0125)34-2155	赤平市	102
	上砂川岳温泉パンケの湯	(0125)62-2526	上砂川町	105
	北村温泉ホテル(露天風呂付)	(0126)55-3388	岩見沢市	92
	サンフラワーパーク北竜温泉(露天風呂付)	(0164)34-3321	北竜町	100
	滝川ふれ愛の里(露天風呂付)	(0125)26-2000	滝川市	103
	秩父別温泉ちっぷ･ゆう&ゆ(露天風呂付)	(0164)33-2116	秩父別町	99･106
	月形温泉ゆりかご(露天風呂付)	(0126)53-2001	月形町	84･95
	くりやま温泉 ホテルパラダイスヒルズ(露天風呂付)	(0123)72-1123	栗山町	88･91･93
	ながぬま温泉(露天風呂付)	(0123)88-2408	長沼町	85･91
	南幌温泉ハート&ハート(露天風呂付)	(011)378-1126	南幌町	90
	ハイランドふらの(露天風呂付)	(0167)22-5700	富良野市	101
	ピパの湯ゆ〜りん館(露天風呂付)	(0126)64-3800	美唄市	105
	ホテルグリーンパークしんとつかわ	(0125)76-4000	新十津川町	94･98
	ほろしん温泉ほたる館(露天風呂付)	(0164)35-1188	沼田町	97･99･100
	由仁温泉ユンニの湯(露天風呂付)	(0123)83-3800	由仁町	86･87
	湯の元温泉旅館(露天風呂付)	(01267)6-8518	三笠市	92･93
	湯元岩見沢温泉なごみ(露天風呂付)★	(0126)32-1010	岩見沢市	89･93
	吉野地区活性化センター★	(0125)73-2632	新十津川町	98
後志	赤井川カルデラ温泉(露天風呂付)★	(0135)34-6441	赤井川村	107･114･116
	おこばち山荘※	(0134)25-1701	小樽市	113
	小樽朝里川温泉ホテル武蔵亭(露天風呂付)	(0134)54-8000	小樽市	108
	小樽天然温泉 湯の花 朝里殿(露天風呂付)★	(0134)54-4444	小樽市	112･113･116
	川上温泉	(0136)42-2566	京極町	127
	京極温泉(露天風呂付)★	(0136)42-2120	京極町	119･125･126･127
	宮内温泉旅館(露天風呂付)	(0136)75-6320	島牧村	117･118
	黒松内温泉ぶなの森(露天風呂付)★	(0136)72-4566	黒松内町	124
	盃温泉 潮香荘	(0135)75-2111	泊村	117
	サンサンの湯★	(0135)62-3344	岩内町	111
	珊内ぬくもり温泉★	(0135)77-6131	神恵内村	110
	寿都温泉ゆべつのゆ(露天風呂付)	(0136)64-5211	寿都町	115
	鶴亀温泉(露天風呂付)	(0135)22-1126	余市町	114･116
	仁木町交流センター「いきいき88」※★	(0135)32-2650	仁木町	109･115
	ニセコアンヌプリ温泉 湯心亭(露天風呂付)	(0136)58-2500	ニセコ町	129
	ニセコ駅前温泉綺羅乃湯(露天風呂付)★	(0136)44-1100	ニセコ町	125･129
	ニセコグランドホテル(露天風呂付)	(0136)58-2121	ニセコ町	122
	ニセコ五色温泉旅館(露天風呂付)	(0136)58-2707	ニセコ町	130
	まっかり温泉(露天風呂付)	(0136)45-2717	真狩村	120
	岬の湯しゃこたん(露天風呂付)★	(0135)48-5355	積丹町	117
	蘭越町交流促進センター幽泉閣(露天風呂付)	(0136)58-2131	蘭越町	123
	蘭越町交流促進センター雪秩父(露天風呂付)★	(0136)58-2328	蘭越町	130
	ルスツ温泉★	(0136)46-2626	留寿都村	121･128･140･149
	ルスツ温泉‥ことぶきの湯(露天風呂付)	(0136)46-3331	留寿都村	128
胆振	久保内ふれあいセンター★	(0142)65-2010	壮瞥町	148
	こぶしの湯あつま(露天風呂付)※	(0145)26-7126	厚真町	155
	樹海温泉はくあ(露天風呂付)★	(0145)45-2003	むかわ町	154
	壮瞥町営ゆーあいの家★	(0142)66-2310	壮瞥町	148

地域	施設名称	電話番号	市町村	本文頁
胆振	鶴の湯温泉	(0145)26-2211	安平町	150・153
	天然豊浦温泉しおさい(露天風呂付)	(0142)83-1126	豊浦町	136・145・146・151
	洞爺温泉洞爺いこいの家★	(0142)82-5177	洞爺湖町	137・138・146・147
	洞爺湖万世閣ホテルレイクサイドテラス(露天風呂付)	(0570)08-3500	洞爺湖町	147
	苫小牧アルテンゆのみの湯(露天風呂付)★	(0144)61-4126	苫小牧市	144
	仲洞爺温泉来夢人(キムンド)の家★	(0142)66-7022	壮瞥町	139
	ぬくもりの湯(露天風呂付)※★	(0145)25-2968	安平町	152・155
	むかわ温泉四季の湯(露天風呂付)	(0145)42-4171	むかわ町	155
	湯元ほくよう(露天風呂付)	(0144)87-2345	白老町	141~143
	楽々温泉(銭湯・露天風呂付)★	(0143)45-3121	室蘭市	150
日高	うらかわ優駿ビレッジ AERU あえるの湯※	(0146)28-2111	浦河町	165
	沙流川温泉ひだか高原荘	(01457)6-2258	日高町	157・166
	静内温泉★	(0146)44-2111	新ひだか町	164
	とまべつ憩いの湯ちゃっぷ※★	(01466)4-2177	えりも町	163
	新冠温泉ホテルヒルズ(露天風呂付)	(0146)47-2100	新冠町	160
	柏陽館※	(0146)27-4544	浦河町	165
	びらとり温泉ゆから(露天風呂付)	(01457)2-3280	平取町	158・159
	ホテルアポイ山荘(露天風呂付)※	(0146)36-5211	様似町	162・164・166
	みついし昆布温泉蔵三(露天風呂付)	(0146)34-2300	新ひだか町	161・166
上川	旭岳温泉湯元湧駒荘(露天風呂付)	(0166)97-2101	東川町	183
	朝日地域交流施設 和が舎(や)※	(0165)28-2339	士別市	204
	かなやま湖保養センター※	(0167)52-2223	南富良野町	172・173
	キトウシの森きとろん(露天風呂付)※★	(0166)82-7010	東川町	180
	協和温泉	(01658)6-5815	愛別町	188
	健康福祉施設ヘルシーシャトー※★	(0166)58-8112	当麻町	187
	剣淵温泉レークサイド桜岡	(0165)34-3100	剣淵町	196
	サンホールはぴねす	(0166)87-2112	鷹栖町	190
	住民保養センター天塩川温泉(露天風呂付)	(01656)5-3330	音威子府村	205・206
	せいわ温泉ルオント(露天風呂付)★	(0165)37-2070	幌加内町	200・206
	層雲峡黒岳の湯(露天風呂付)★	(01658)5-3333	上川町	189
	高砂温泉(露天風呂付)※	(0166)61-0227	旭川市	184・194
	龍乃湯温泉(露天風呂付)	(0166)36-1562	旭川市	192
	天然温泉士別 ホテル美し乃湯温泉(露天風呂付)	(0165)29-2611	士別市	197・206
	なよろ温泉サンピラー	(01654)2-2131	名寄市	198・199・204
	21世紀の森の湯★	なし	旭川市	185・186・191
	美瑛町国民保養センター★	(0166)94-3016	美瑛町	177・182
	びふか温泉	(01656)2-2900	美深町	201
	吹上温泉保養センター白銀荘(露天風呂付)	(0167)45-3251	上富良野町	176
	福祉健康施設「いきいきセンターたいせつの絆」※★	(01658)7-7555	上川町	193
	フタバ湯(銭湯)※★	(0166)53-4055	旭川市	191・192
	フロンティア フラヌイ温泉	(0167)45-9779	上富良野町	174・175
	ポンピラ・アクア・リズイング	(01656)7-2400	中川町	202
	松の湯(銭湯)※★	(0166)92-2647	美瑛町	182
	杜のSPA神楽(露天風呂付)※★	(0166)60-2611	旭川市	194
	森のゆ花神楽(露天風呂付)	(0166)83-3800	東神楽町	178・179・181・183
	遊湯(ゆうゆー)ぴっぷ(露天風呂付)※	(0166)85-4700	比布町	193
	和寒町保養センター※★	(0165)32-4215	和寒町	195・203
十勝	足寄町営温泉浴場「銀河の湯あしょろ」★※	(0156)28-3175	足寄町	221・227
	池田清見温泉★	(015)572-3932	池田町	227
	うらほろ留真温泉(露天風呂付)	(015)576-4410	浦幌町	234
	上士幌町健康増進センターふれあいプラザ★	(01564)2-4128	上士幌町	218
	サホロリゾートホテル(露天風呂付)※	(0156)64-7111	新得町	218・219
	然別峡かんの温泉(露天風呂付)	(050)5319-4068	鹿追町	214

地域	施設名称	電話番号	市町村	本文頁
十勝	然別湖畔温泉ホテル風水(露天風呂付)	(0156)67-2211	鹿追町	215･220
	しほろ温泉プラザ緑風(りょくふう)(露天風呂付)	(01564)5-3630	士幌町	216･223
	清水町公衆浴場※★	(0156)62-1012	清水町	212･217･219
	十勝エアポートスパそら(露天風呂付)★	(0155)67-5959	中札内村	225･226
	十勝川温泉ホテル大平原(露天風呂付)	(0155)46-2121	音更町	224
	十勝ナウマン温泉ホテルアルコ(露天風呂付)	(01558)8-3111	幕別町	228･230
	十勝ロイヤルホテル※	(015)574-2111	豊頃町	232･233
	トムラウシ温泉 東大雪荘(露天風呂付)	(0156)65-3021	新得町	219
	糠平温泉中村屋(混浴露天風呂付)	(01564)4-2311	上士幌町	220
	晩成温泉★	(01558)7-8161	大樹町	229
	福祉の里温泉(露天風呂付)★	(0155)53-3500	更別村	231
	山の宿 野中温泉(露天風呂付)	(0156)29-7321	足寄町	222
	湯宿くったり温泉レイク･イン(露天風呂付)	(0156)65-2141	新得町	213･220
釧路	阿寒湖温泉 阿寒湖畔トレーニングセンター★	(0154)67-2162	釧路市	243
	オーロラファーム･ヴィレッジ(露天風呂付)	(015)488-4588	標茶町	251
	霧多布温泉ゆうゆ(露天風呂付)★	(0153)62-3726	浜中町	255
	サークルハウス･赤いベレー	(0154)66-2330	釧路市	242
	三香温泉(露天風呂のみ)	(015)484-2140	弟子屈町	245･246
	標茶温泉 味幸園★	(015)485-2482	標茶町	256
	天然温泉ふみぞの湯(露天風呂付)★	(0154)39-1126	釧路市	250
	天然鉱石風呂しらぬかの湯※★	(01547)2-3272	白糠町	240･248
	西春別温泉ペンションクローバーハウス(露天風呂付)	(0153)77-1170	別海町	253
	仁伏温泉屈斜路湖荘(露天風呂付)	(015)483-2545	弟子屈町	247
	ペンション熊牛(露天風呂付)	(015)482-2956	弟子屈町	252
	ペンション&コンドミニアム ビラオ(露天風呂付)	(015)482-2979	弟子屈町	244･249
	HOTEL TAITO(露天風呂付)	(0154)64-3111	鶴居村	256
	山花温泉リフレ(露天風呂付)	(0154)56-2233	釧路市	241
根室	標津川温泉ホテル川畑(露天風呂付)	(0153)82-2006	標津町	261
	野付温泉浜の湯★	(0153)86-2600	別海町	259
	別海町ふるさと交流館(露天風呂付)	(0153)75-0711	別海町	257･258･264
	ホテルマルエー温泉本館	(0153)73-3815	中標津町	260･264･265
	らうす第一ホテル(露天風呂付)	(0153)87-2259	羅臼町	262･265
網走	ウトロ温泉夕陽台の湯(露天風呂付)★	(0152)24-2811	斜里町	276
	興部町公衆浴場(銭湯)※★	(0158)82-4126	興部町	296
	オホーツク温泉ホテル日の出岬(露天風呂付)	(0158)85-2626	雄武町	294
	おんねゆ温泉 大江本家(露天風呂付)	(0157)45-2511	北見市	288
	かみゆうべつ温泉チューリップの湯(露天風呂付)★	(01586)4-1126	湧別町	290･291･295
	北見温泉ポンユ三光荘	(0157)42-2288	北見市	288
	くつろぎ湯処 紋太の湯※★	(0158)23-1555	紋別市	296
	原生亭温泉★	(0152)64-2065	小清水町	281
	道の駅パパスランドさっつる(露天風呂付)★	(0152)26-2288	清里町	279
	芝桜の湯★	(0152)66-3111	大空町	278･281
	斜里グリーン温泉	(0152)23-2411	斜里町	275
	端野温泉のんたの湯★	(0157)67-6111	北見市	284~286･289
	津別町公衆浴場(銭湯)※★	(0152)76-1171	津別町	282･283
	峠の湯びほろ(露天風呂付)★	(0152)73-2121	美幌町	287･289
	童話村たきのうえホテル渓谷※	(0158)29-3399	滝上町	297
	ホテル網走湖荘(露天風呂付)	(0152)48-2311	網走市	272~274･280
	ホテル森夢(リム)※	(0158)87-2000	西興部村	297
	丸瀬布温泉やまびこ(露天風呂付)★	(0158)47-2233	遠軽町	292･293
	女満別農業構造改善センターひまわり温泉★	(0152)74-4747	大空町	277･280
	湯元ホテル山水(露天風呂付)	(0152)74-2343	大空町	277･280

地域	施　設　名　称	電話番号	市町村	本文頁
留萌	遠別町アクティブシニア多世代拠点交流センターなごーみ※★	(01632)7-2760	遠別町	317·318
	オーベルジュましけ※	(0164)53-2222	増毛町	304～306
	しょさんべつ温泉ホテル岬の湯(露天風呂付)	(0164)67-2031	初山別村	314·315·317
	てしお温泉夕映(ゆうばえ)(露天風呂付)★	(01632)2-3111	天塩町	316
	とままえ温泉ふわっと(露天風呂付)	(0164)64-2810	苫前町	309·310
	はぼろ温泉サンセットプラザ(露天風呂付)	(0164)62-3800	羽幌町	310
	ホテル神居岩	(0164)42-3500	留萌市	306·307
	幌延町老人福祉センター※★	(01632)5-1417	幌延町	318
	増毛町営岩尾温泉あったま～る(露天風呂付)★	(0164)55-2024	増毛町	307
	ゆったりかん※	(0164)56-9111	小平町	308
宗谷	うたのぼりグリーンパークホテル	(0163)68-3101	枝幸町	326
	枝幸温泉ホテルニュー幸林	(0163)62-4040	枝幸町	327
	総合交流促進施設 北のしーま★	(0163)83-1180	利尻富士町	333
	豊富温泉ふれあいセンター★	(0162)82-1777	豊富町	323·324
	はまとんべつ温泉ウイング	(01634)2-4141	浜頓別町	321·322
	ピンネシリ温泉	(01634)7-8111	中頓別町	320
	ホテルさるふつ憩いの湯※	(01635)3-4314	猿払村	326
	ヤムワッカナイ温泉「港のゆ」(露天風呂付)★	(0162)73-1126	稚内市	325·327
	利尻富士温泉保養施設(露天風呂付)★	(0163)82-2388	利尻富士町	330·331
	利尻ふれあい温泉ホテル利尻(露天風呂付)	(0163)84-2001	利尻町	332·333
	礼文島温泉うすゆきの湯(露天風呂付)★	(0163)86-2345	礼文町	334

キャンプ場目的別索引 ❖PURPOSE BY INDEX 50音順

【 目的別索引① ペットのサイト内同伴が可能 】

【目的別索引② バンガローなど宿泊施設を設備】

【目的別索引③　テントなどの設営が無料】

キャンプ場総索引 ❖INDEX 50音順

●編集室から

昨年版まで12年間にわたり、表紙と扉のデザインを担当いただいた江畑菜恵さんから、今年度版より長尾和美さんにバトンが引き継がれました。これまでご尽力くださった江畑さん、ありがとうございました。そして、長尾さんの手でイメチェンした表紙は、いかがでしょうか？◇最新版では新たに20カ所のキャンプ場を掲載しました。過去４年間に登場した新顔施設は100カ所近くに上ります。その一方で姿を消す施設も少なくなく、今後の動向が気になります。◇最後に札幌管区気象台が２月下旬に発表した、北海道地方６～８月の長期予報をご紹介。この夏は太平洋高気圧の北への張り出しが強いため、厳しい暑さが予想されています。降水量は平年並みの見込みとか。お出かけの際は熱中症対策をお忘れなく。 （編集長）

Special Thanks
本書の取材・制作にあたり、各施設ならびに市町村、取材先の皆様に多大なるご協力をいただきました。この場を借りて、厚くお礼申し上げます。

◇制作スタッフ／多 映介、野崎美佐、能登亨樹、宮川健二
◇写真撮影／新目七恵、伊藤博人、多 映介、加藤太一、亀畑清隆、木内政海
◇製作協力／石田雅巳

24-25 北海道キャンプ場ガイド

2024年4月3日 第1刷発行

編著者 亜璃西社(ありすしゃ)
編集人 井上 哲
発行人 和田 由美
発行所 株式会社 亜璃西社
〒060-8637 札幌市中央区南2条西5丁目 メゾン本府7階
電話 (011) 221-5396 FAX (011) 221-5386
URL http://www.alicesha.co.jp/
装 幀 長尾 和美 [Ampersand]
印刷所 株式会社 北海道アルバイト情報社
製本所 石田製本 株式会社

ISBN978-4-906740-65-9 C0026